KB267670
KB267670

oasis
supersonic
오아시스 공식 인터뷰집 슈퍼소닉

일러두기

1. 외국 인명, 지명, 독음 등은 외래어표기법을 따랐으나,
   이미 널리 굳어져 있는 표기가 있는 경우에는 그에 따랐다.
2. 이 책에 등장하는 인물이 인터뷰에 응하며 실제로 사용한 비속어나 욕설은
   순화하지 않고 최대한 그대로 살렸다.
3. 음반명 및 곡명은 원어로 표기했다.
4. 원서의 주는 ◆로, 편집자 주는 ●로 구분했다.
5. 음반·잡지·신문 이름은 《》로, 노래·방송 프로그램 이름은 〈 〉로, 영화·드라마 제목은 「」로 표기했다.

차례

"요새 바빠?" 노엘 갤러거가 우리 집 부엌에 앉아서 내가 따라 준, 진하게 우린 차 한 잔을 들고 건넨 첫 마디였다. 2014년 상반기에 있었던 일이다.

2014년은 내가 노엘을 만난 지 20년이 되는 해였다. 20년 전, 나는 당시 내가 살던 로스앤젤레스에서 그를 처음 만났다. 오아시스는 싱글 《Supersonic》의 미국 발매를 앞두고 뮤직비디오를 찍기 위해 그곳에 와 있었다. 그때 나는 음반 재킷 디자이너로 일하며 폴 웰러Paul Weller의 작업도 맡고 있었는데, 마침 폴과 전화하면서 오아시스의 뮤직비디오 촬영장에 들르기로 했다고 지나가듯 말했다. 뮤직비디오 감독 닉 이건도 나처럼 주로 해외에서 작업하던 사람으로 나와 폴의 공통 지인이었기 때문이다. 폴은 나에게 현장에 가서 꼭 노엘과 안면을 트라고, 그에게 폴과 아는 사이라고 말하라고 했다. 따져보면 그 친분 덕에 대단한 작업을 맡을 수 있었다. 촬영장에 초대받은 것도, 그날 저녁 할리우드 루스벨트 호텔에서 밴드 멤버와 에일 맥주 한두 잔을 같이 마시게 된 것도 다 그 덕이었다. 그때부터 나와 노엘, 리암의 우정이 시작되었다. 직후 2년 정도는 꽤 정기적으로 만났다. 힘든 공연이나 영상 촬영이 끝나면 우리는 함께 편히 시간을 보내곤 했었다.

첫 만남으로부터 20년 후 노엘과의 티타임 사이의 공백을 간략히 설명해 보자면, 1996년 중반쯤 난 다시 런던으로 이사했다. 내가 살던 북런던의 집은 노엘과 리암이 살던 곳에서 엎어지면 코 닿을 거리였기에 우린 제법 자주 만났다.

90년대 후반에 이르러 나는 오아시스의 LP 커버 디자인을 맡게 되었고, 밴드를 가까이 따라다니며 사진을 촬영하는 특권을 얻기도 했다. 스튜디오는 물론 파리, 밀라노, 미국 서부 투어에서 돌아오는 길까지 전부. 형제는 항상 나를 반겨주었다. 우리는 늘 버킹엄셔에 있는 오아시스의 작업 스튜디오인 휠러 엔드에서 만나곤

했다. 나는 내가 어느 사교 클럽의 회원이라도 된 것 같았다. 만날 때마다 우리는 대부분 떠들고, 웃고, 끝내주는 음악을 듣느라 시간을 다 썼다.

그리하여 그 시간을 지나 2014년에 우리 집 부엌에서, 노엘은 2016년 8월이면 오아시스의 넵워스 공연이 열린지 20주년이 된다고, 전설적이었던 그 두 번의 공연을 기념하는 짧은 다큐멘터리를 제작하는 일에 관심이 있냐고 나에게 물었던 것이다. 나 참, 관심 있느냐니! 고민할 것도 없이 곧바로 난 매우 열정적인 목소리로 승낙했다. "당연하지!" 솔직히 제안받은 것만으로도 엄청난 영광이었다.

그날 저녁이 되어서야 난 그 제안이 얼마나 대단한지, 어느 정도의 파급력을 갖게 될지 깊이 생각해 볼 수 있었다. 이번 다큐멘터리는 흔한 텔레비전 특별 프로그램처럼 '추억 되짚기' 정도에 그치지 않을 게 분명했다. 오아시스가 결성되고, 앨런 맥기와 계약을 하고, 넵워스에서의 전설적인 공연이 있을 때까지 첫 3년간의 서사는 모종의 사회현상이라고 부르기에 부족함이 없었기 때문이다. 나는 최근에 아시프 카파디아의 훌륭한 다큐멘터리 《세나: F1의 신화》를 보고는 넵워스 공연 20주년 기념 다큐멘터리도 이와 비슷하게 전개할 수 있겠다는 생각을 했다. 분량은 일반적인 영화 상영 시간으로 만들고, 과거 자료화면도 가져다 쓰고, 새로 인터뷰를 따서 코멘트도 생생하게 추가하면서.

이런 생각을 하면서 나는 《세나: F1의 신화》를 제작했던 제임스 게이리스를 만나 이번 일에 함께할 생각이 있는지 물었다. 그는 듣자마자 하겠다고 했다. 아시프는 총괄 프로듀서로 합류하기는 했지만 《에이미》를 만들고 있어서 감독을 맡을 여유는 되지 않았다. 바로 다음에 작업하기로 예정된 프로젝트도 있었다. 그래서 감독을 맡을 다른 사람이 필요했다.

이 프로젝트가 진행되기 전에, 나는 맷 화이트크로스와 다른 건으로 연락을 주고받은 적이 있었다. 영화 프로젝트가 흔히 그렇듯 뭔가 성사되기도 전에 끝나긴 했지만. 하지만 당시 맷의 열정은 아주 인상적이었고 영화에 대한 이해와 헌신도 대단했다. 맷은 정말 영리한 영화감독이다. 그는 콜드플레이 멤버들과 학생 때부터 친구였으며 같이 일하기도 했으니 록 밴드 안의 역학 관계가 어떤지도 잘 알 것이었다. 그래서 우리는 맷에게 연락했고 총알 같은 승낙을 받았다. 그렇게 맷과 그의 제작 파트너인 피오나 닐슨이 합류했다.

이제 우리에게 남은 건 리암을 설득하는 일이었다. 맷과 제임스와 나는 하이게이트에 있는 식당에서 리암과 그의 파트너 데비를 만나 이 프로젝트를 설명했다. 리암은 제안에 긍정적이었지만 중요한 질문을 던졌다. "그래서, 누가 주인공이고 누가 빌런인데?"

이번 다큐의 핵심을 꿰뚫는 질문이었다. 실은 우리도 이 영화는 전적으로 공정하고 솔직하게 밴드의 역사를 담아야 한다고 마음먹은 참이었다. 우리가 영화에 담

을 것은 시대정신이자 사회현상이었던 오아시스의 이야기이기도 하지만, 그 중심에는 두 형제가 있었으니까.

2015년 내내, 맷 화이트크로스의 감독하에 우리는 주요 인물 모두를 인터뷰할 수 있었고 「슈퍼소닉」이라는 영화도 계획대로 완성할 수 있었다. 가족을 포함해 밴드와 가까웠던 많은 이와 인연이 닿았던 것은 정말 행운이었다. 모두 친절하고 솔직하게 깊은 이야기를 선뜻 들려주었다. 인터뷰는 장장 몇 시간이나 이어지기도 했다.

맷이 모든 이야기를 훌륭하게 엮어서 밴드 당사자는 물론 팬과 평단까지 모두가 공감할 수 있는 영화로 만들어냈다. 게다가 상도 몇 개나 받았다. 이 영화를 리암만 '끝장 난다'라고 극찬한 것이 아니었던 것이다. 고故 조지 마이클George Michael부터 크리스 마틴Chris Martin, 심지어는 폴 토머스 앤더슨과 이완 맥그리거도 이 영화의 팬이었다. 리나 더넘은 로스앤젤레스에서 이 영화의 시사회를 열기도 했는데, 행사 소개를 브래드 피트가 맡았다. 우리가 아는 그 브래드 피트 맞다. 가장 놀라웠던 건 이 영화가 젊은 세대에게도 통했다는 것이었는데, 심지어 그 아이들은 오아시스가 넵워스에서 공연할 때 태어나지도 않았었다.

넵워스 공연의 25주년이 다가오자, 나는 지금이 영화에 쓰였던 인터뷰 전사본

을 다시 정리할 최적의 기회라고 생각했다. 노엘의 인터뷰는 총 16시간, 리암의 인터뷰는 총 12시간 분량이었다. 두 시간짜리 영화에는 도저히 다 담을 수 없는 양이었으니 그걸로 책을 낸다는 건 어쩌면 자연스러운 아이디어였다. 책은 몇 달의 컨펌을 거쳐 비로소 세상에 나왔고, 그 몇 달 동안 나는 오아시스와 관련된 핵심 인물의 인터뷰 전체를 다시 살펴볼 수 있었다.

나에게 이 책은 마지막 진술이나 다름없다. 이 책은 나의 자랑스러운 다큐멘터리의 완벽하게 진실된 마지막 장이자, 역사상 가장 중요했고 지금도 여전히 중요한, 어느 록 밴드의 진솔한 증언이다.

2021년 6월, 사이먼 햄폰

리암 | 오아시스는 페라리 같은 거였어. 보기에 좋고, 올라타기에도 끝내줬으니까. 너무 빨리 몰면 가끔 걷잡을 수 없다는 점도 비슷해. 낡아빠진 볼보처럼 굴러가는 밴드엔 전혀 관심 없거든. 우리는 모든 걸 끝장낼 듯이 끌고 가고 싶었어. 오늘 죽여주는 하루를 보내고 바로 다음 날 끝나버린다 해도 아무 상관 없었을 만큼.

노엘 | 가능하기만 하면, 그때로 돌아가서 단숨에 다시 하겠어.

리암 | 그땐 그냥 모든 걸 원했어. 지금 당장 기승전결, 모든 걸 갖고 싶었다고. 결말도, 중간도, 처음도 다 갖고 싶었다고……. 광기가 한꺼번에 폭발하듯이 한 번에 모든 걸 손에 넣고 싶었어.

노엘 | 다들 우리더러 세계 최고의 밴드라고 추켜세웠지만, 그들도 진짜 그렇게 믿기는 했을까? 난 실제로 그렇게 믿었고 아직도 그렇게 생각해. 한때는 누구도 우릴 건드리지 못했거든. 아주 짧은, 고작 18개월 아니면 2년이었지만, 그때 우린 역사 속 거장들과 어깨를 나란히 했었으니까.

유년 시절

노엘 l 난 1967년 5월 29일, 롱사이트에서 태어났는데 그해 6월 1일에 비틀스 The Beatles의 《Sgt. Pepper's Lonely Hearts Club Band》 앨범이 발매됐어. 난 내가 이 세상에 태어났던 바로 그 순간에 병원 라디오에서 그 앨범의 곡들이 흘러나왔을 거라고 굳게 믿어. 그게 사실이든 아니든 난 지난 48년 내내 그렇게 주장해 왔고.

페기 갤러거 l 결혼한 지 열 달 만에 폴이 태어났고, 그로부터 1년 뒤에 노엘이 태어났죠. 그때까지만 해도 모든 게 괜찮았어요. 적어도 그때는 그렇게 생각했어요.

폴 갤러거 l 우리는 바가지머리를 하고 니트스웨터에 짧은 반바지 차림으로 다녔어요. 엄마가 스웨터를 짜 주곤 했거든요. 상상해 보세요, 어쩔 도리가 있겠는지. "엄마, 그거 안 입을래요" 하고 말할 수 있었겠어요? 엄마가 스웨터 하나 입히겠다고 4년 내내 뜨개질만 줄창 하는 마당에? 절대 못 하죠. 노엘이랑 나는 똑같은 옷만 입었는데 아마 하나씩 짜는 것보다 한꺼번에 하는 게 싸서 그랬을 거예요.

페기 l 리암은 5년 반 뒤에 태어났어요. 잘 모르지만 아마 리암이랑 노엘은 항상 서로 질투했던 것 같아요. 리암이 태어나기 전에는 오랫동안 폴이랑 노엘만 있었으니까요. 자식이라곤 둘뿐이니 나야 폴이랑 노엘을 어화둥둥 했지요. 노엘이 아기 때 얼마나 예뻤는지. 그러다 리암이 태어와서 관심을 다 빼앗아 갔으니 모르긴 몰라도 형 두 놈은 마음에 안 들었을 거예요.

노엘 ┃ 우리 가족은 붐비는 큰 길가에 살았어. 집 바로 건너편에 롱사이트 마켓이 있었거든. 유동 인구가 많은 맨체스터 교외였고, 시내 중심에서는 아마 3킬로미터 정도 거리였을 거야. 이제 와서 어렸을 때가 좋았다고 포장하진 않을 거지만, 뭐, 나쁘진 않았어. 화장실은 집 밖에 있었지. 우울한 북부 그 자체였다고 보면 돼.

페기 ┃ 정말 좋았죠. 그때가 아이들이랑 참 잘 지내던 시기였어요. 동네 사람들하고도 다 알고 지내고. 지인 중에 아일랜드 사람만 몇백 명은 됐어요. 스톡웰 로드에 애들 데리고 쇼핑하러 가면 어릴 때부터 알고 지내던 지인이랑 지인 가족들을 항상 마주쳤지요. 성당에 가든 학교에 가든 어디서도 아는 사람들을 만날 수 있었어요. 아일랜드인 커뮤니티가 단단했던 시기라서요. 롱사이트에서는 침실 두 개짜리 집에 살았어요. 위층에 방 두 개, 아래층에 두 개. 그러다 그 집이 철거돼서 훨씬 남쪽에 있는 버니지라는 곳에 자리를 잡았거든요. 롱사이트랑 비교하면 이루 말할 것 없이 더 좋았답니다. 대문을 열면 길가가 보이는 대신 앞뒤로 마당도 있었으니까요. 위층에 있던 내 방은 고양이 하나 못 돌아다니게 좁아터졌었지만요.

폴 ┃ 방 세 개짜리 임대주택은 꽤 좁아요. 그러니 당연히 아웅다웅했죠. 다들 사정

을 잘 모르는 부분이 그거예요. 그러니까 리암은 열 살 때부터 열일곱 살 때까지 노엘이랑 방을 같이 썼어요.

노엘 | 우리 폴은 항상 자기 혼자 방을 썼어. *재수없는 자식.* 아직도 그것만큼은 용서가 안 된다니까. 난 리암이랑 방을 같이 써야 됐다고. 십 대가 되기 전까진 상관없었지만, 그 이후로 존나 짜증 나는 새끼가 돼서……. 사실 그 이후로 여태 그런 놈이긴 해.

리암 | 폴은 방을 혼자 썼고 나는 노엘이랑 썼었지. 뭐, 나쁘지 않았어.

노엘 | 난 오아시스를 하기 전까진 리암이랑 안 놀았어. 방이야 같이 썼어도 어릴 때 다섯 살 차이는 거의 세대 차이나 마찬가지잖아. 내가 열다섯 살일 때 걔 친구들은 고작 열 살이었으니 차이가 엄청나지. 난 열다섯에 학교를 자퇴했는데 걔는 열 살이었다니까? 열다섯 살에 대마초 뻑뻑 피우고 다니는데 걔는 어린애 티도 못 벗은 녀석이었으니, 어떻게 같이 다녔겠어.

리암 | 난 우리가 잘 맞았던 것 같아. 노엘은 골초에 외톨이여서 사람들이 손가락질하는 부류였어. 걔한테는 기타가 한 대 있었는데 그것만 붙잡고 살더라고. 무슨 말인지 알지? 기타 들고 자기들끼리 싸돌아다니는 이상한 애들 있잖아. 우리 폴 형은 좀 모드족• 같은 구석이 있어서 개성이 뚜렷했다고 해야 할지, 그래도 노엘만큼 이상하진 않았어.

• 1960년대 영국에서 유행한 청년 집단. 주로 워킹 클래스였으나 세련된 고급 양복을 차려 입고 커피를 즐기며 소울 음악과 클럽 문화를 향유하던 모습으로 대표된다.

페기 | 노엘은 항상 조용했어요. 위층에 올라가서 통 나오질 않고 기타만 치고. 방문 두드리면서 "기타 소리 때문에 시끄러워 죽겠다!" 하면, 노엘이 "기타가 뭐요!" 이랬다니까요. 그 시절에 전 뜨개질을 엄청 해댔는데, 노엘은 옆에 뜨개질 바늘만 있다 하면 드럼 치는 시늉을 하질 않나. 타고난 거지. 나야 뭐, '저러다 지 눈 찌르지' 했었고요.

폴 | 노엘은 조용하고, 감성적이고, 내성적이고, 말랐었어요. 자기 얘기는 통 안 했던 기억이 나요. 근데 리암은 되게 활동적이었어요. 「마법의 회전목마」 애니메이션 속 캐릭터 제베디하고, 그 뭐냐, 미키 마우스가 붙어 있다고 상상해 보세요. 골 때리는 거죠.

리암 | 노엘은 비밀스러워. 사실은 뒤가 구린 거지만.

노엘 | 도대체 나랑 리암은 왜 이렇게 다른지 모르겠어. 같이 자랐는데 이렇게 다른 게 말이 돼? 나는 혼자 있는 걸 좋아해. 진짜로 고독을 즐긴다고. 그렇다고 어디 가서 누구한테 말도 못 붙이고 수줍어하지도 않아. 제법 외향적이고, 친구들도 좋아하고 잘 지내지만 꼭 붙어 있어야 하는 건 아니고……. 한 몇 년 혼자 처박혀 지내다 보면 그딴 건 아무 상관도 없어지는 법이지.

리암 | 감방에 처넣어져도 괜찮다는 놈들을 조심해. "감옥? 갈 만하지." 그런 말을 하는 애는 무서운 놈이야. 난 절대 못 해. 걔는 항상 자기 속 얘기는 안 했어. 근데 존나 웃기기도 해. 훌륭하지만 못돼 처먹기도 했고.

노엘 | 리암은 짜증을 있는 대로 돋우는 놈이야. 사실상 리암이 해대는 온갖 정신 머리 없는 바보 짓거리는 제대로 표현할 단어가 없다니까.

리암 | 노엘은 생각이 많지. 난 생각이라곤 없어. 그딴 걸 할 시간이 어딨어? '그래, 까짓것 오늘도 가보자!' 하고 말지. 턱이나 벅벅 긁으면서 '이번 화요일 오후는 뭐 하고 보낼까?' 따위 고민은 안 한다고. 여태 그래본 적이 없어. 난 이랬었어. '화요일? 가서 화요일을 끝장내 버리자. 화요일을 괴롭혀서 세상에서 박멸시키자. 화요일한테 수요일더러 네 차례는 내일이라고 말하라고 하자.'

페기 | 리암은 순 악마였어요. 장담하는데 잡기만 했으면 아주 등짝을 솔이 부러지게 때렸을거예요. 부엌에서 나를 얼마나 성가시게 하던지!

He was a devil, Liam, full of it.

리암은 순 악마였어요.

리암 | 나는 위타빅스 시리얼을 미친 듯이 먹어서 에너지가 넘쳤어. 아침에 세 개 먹고, 학교 갔다가 집에 와서 세 개 먹고, 자기 전에도 세 개 먹고. 온 종일 통통 튀어 다녔다니까.

페기 | 리암은 엄마 껌딱지라서 항상 붙어 있었어요. 집에서도 엄마가 어딨나 들여다보고 졸졸 따라다녔죠. 자식 셋 다 나와 가까웠지만 리암은 더 각별했어요. 막내라서 그런가. 동네 사람들도 다들 예뻐했답니다. 어르신들한테도 잘했으니까. 뭘 사러 갔다 오면 항상 자기가 짐을 들겠다고 하고, 버니지 레인에 나가서 지나가는

사람 모두에게 손을 흔들기도 하고. 우리 동네에서는 누구나 리암을 사랑했어요.

노엘 | 리암한테는 항상 관중이 필요한가 봐. 아주 타고난 프론트맨이니까.

폴 | 걔는 관심 종자 그 자체예요. 내 옷도 훔쳐, 앨범도 훔쳐, 아주 모든 걸 다 훔쳐, 다. 돈도 훔쳤고요.

리암 | 글쎄, 난 언제나 당당하게 살았어. 무슨 말인지 알지? 그게 뭔 짓거린지, 참. 누구나 거울로 자기 얼굴을 보잖아. 등신같이 생겼으면 행동도 등신같이 하게 되는 법이거든. 난 그냥 생긴 대로 살았을 뿐이야. 좀 나대긴 하지만 항상 사람들의 관심을 좋아했고, 지금도 그래. 그렇다고 무슨 아역배우처럼 손 흔들며 오버하는 정도는 아니지만.

페기 | 애들 학교 연극을 보러 가면, 리암은 관객 속에서 항상 나를 찾곤 했어요. 꼬맹이 때부터 뭐든 최고가 되고 싶어 했죠. 큰 배역을 못 맡으면 연극을 아예 안 하겠다나. 노엘이랑은 전혀 다른 부류였어요.

노엘 | 내가 학교를 싫어한 건 아냐. "학교 망해라! 선생 놈들 다 꺼져라!" 하고 외치는 무정부주의자는 아니었거든. 근데 입학해 보니 다른 학교에서 진학한 또 다른 갤러거가 하나 있었는데 걔랑 출석부가 섞인 거야. 우리 학교에 우등생 반이 세 개, 꼴통 반이 세 개였는데 어느 학기에 내가 우등생 반에 배치됐더라. 암만 생각해도 뭔가 잘못된 것 같더라고. 수업 내용도 도통 모르겠고 선생 말이 헛소리로 들리고. 같은 반에 있는 이놈의 엘리트들은 대체 다 웬 녀석들인가 싶잖아. 그러다가 다른 반을 지나갔는데 보자마자 '아하! 바로 여기로군' 했었어. 마침내 나한테 맞는 반으로 돌아가서 맨 뒷자리를 차지했었지.

리암 | 학교는 괜찮았어. 꽤 재밌었고. 뭘 배운 건 없어도 학교생활은 존나 잘 즐겼거든. 덕분에 밴드 생활이나 투어 다니는 일에도 적응한 것 같아. 난 몰려다니는 걸 좋아하고, 친구랑 노는 것도 좋아해. 나는 혼자 앉아서 공상이나 하는 애는 아니었고 항상 뭔가 저지르는 타입이었거든.

노엘 | 돌이켜 보면 학교생활은 좋지도 않고 싫지도 않았어. 무슨 말인지 알려나? 나한테는 학교란 어른이 되기 전까지 가야만 하는 곳에 불과했고, 자퇴해도 된다고

We would just do fuck all, all day, apart from listen to music, get into mischief.

우리는 에라 모르겠다, 종일 음악이나 듣고 장난이나 쳤지.

하길래 자퇴했더니 그걸로 끝이었어. 땡땡이를 쳐댄 건 학교가 싫어서가 아니라 그냥 재미가 더럽게도 없어서였고. 내 친구 한 명이 학교 바로 옆에 살았는데 부모님이 온종일 나가 일하셔서 항상 그 집에 갈 수 있었거든. 그래서 우리는 에라 모르겠다, 종일 음악 듣고 장난이나 쳤지. 나중에 우리 엄마가 학교 급식실에서 조리사로 일하게 됐는데 그러다 보니 동선이 좀 까다로워졌어. 석식 시간엔 항상 학교 근처에 있어야 했으니까. 그래도 아침이나 오후 시간엔 도망갔고.

페기 ǀ 노엘은 학교에 가고 싶을 때만 갔어요. 제멋대로. 난 그때 학교 급식실에서 일했거든요. 노엘이 커다란 닥터 마틴 신발을 신고 줄을 서 있었어요. 공짜 밥이니 먹고 싶은 걸 다 먹은 다음 나중에 와서는 비스킷 먹기 싫다고 들고 오더니 이래요. "이러면 문제없을 거야." 그다음에는 선생님이 와서 그러는 거예요. "노엘 어딨어요?" "방금 봤는데요? 여기 있다가 갔는데." "아뇨, 어머님. 노엘 지금 3주째 학교 안 오고 있어요." "아까까지 저랑 얘기했는데요? 식판도 들고 왔는데." 알고 보니

담을 넘어 다녔더라고요. 골칫덩어리였죠.

리암 l 나는 머리를 밀고 귀도 뚫고, 선생 몇 명한텐 꺼지라고도 했었어. 숙제 안 하고서 외계인이 물어 갔다고 뻥치고. 다들 그러잖아? 당구 치고, 약 빨고. 그런 걸 땡땡이친다고 하던가? 아무튼, 그래도 학교에 나가면 꽤 웃겨주긴 했지.

페기 l 어떤 선생님이 나한테 했던 말이 있어. "어머니, 대체 리암을 어떻게 견디세요? 저는 하루에 리암을 두 시간만 봐도 집에 가서 두통약을 먹어요. 도대체 온종일 어떻게 보시는 거예요?" 아직도 그분을 종종 마주친답니다. 선생님은 리암이 에너지가 많은 아이라고 했지만, 사실 리암은 악마예요.

리암 l 난 학교 가는 거 좋아했어. 말했듯이 배운 건 없어도 설치고 다니는 게 좋았거든. 학교 가서 깔깔대던 게 기억나. 공부를 잘하지도 않아, 시험도 떨어져, 공부가 재미없으니까 창밖이나 쳐다보고, 다른 사람 귀에 대고 딱딱 소리를 내거나 이것저것 훔치고 그랬지. 반에서 제일 웃긴 새끼, 뭐 그런 역할이었지. 집에서는 물론 긴장할 일도 있고 거지 같은 일도 있었는데 학교에 가면 살짝 안심하는 거지. 친구

들이랑 놀러 다니고 장난 칠 수 있었으니까. 애들이랑 같이 뛰어다니면서 다른 학교 애들이랑 패싸움하고 다니기도 했는데 나름 굉장했어. 말썽 부릴 생각은 없었지만 누가 날 먼저 건드렸다고 도망가진 않았지. 내가 무슨 터프가이 이런 건 아니었어. 나보다 센 놈들이 많았거든. 친구 중에 싸움꾼들이 몇 명 있긴 했고.

폴 | 학교마다 쌈닭 노릇을 하는 애들이 있잖아요. 리암이 그때 딱 그랬어요. 근데 어느 날 라이벌 학교 애들이 찾아와선 리암을 데려다가 망치로 머리를 후려쳐 버렸죠.

리암 | 그래, 맞아. 망치 사건. 세인트 마크 다닐 때였지. 난 친구들이랑 그냥 학교 뒤에서 담배나 피우고 있었어. 여자애들이 우리 학교에 와서 시설을 썼거든. 우리 시설이 더 좋아서. 우리가 열다섯 살일 때 친구 중에 어떤 애 여동생이 열두 살이었

거든? 그때가 아직도 생생해. 남자애들 몇 명이 이쪽으로 오는데, 어느 학교 애들인지도 모르겠는데 싹 모이더니 갑자기 그중 하나가 그 여자애를 때린 거야. 우리는 중간에 낀 셈이 됐고. 나는 이 새끼 저 새끼 할 것 없이 다 두들겨 팼는데 어떤 새끼가 갑자기 망치를 꺼내 들고 내 머리를 갈기더라. 여기저기 피 뿌리면서 바로 병원에 실려갔지. 덕분에 수학 시간에 안 들어가도 됐으니까 이득이긴 했어. 근데, 바로 그때 말이야. 그날 이후로 뭐에 홀리기라도 한 건지 음악을 듣기 시작했다니까. 음악을 좀 알겠더라고. 그 전까진 관심 없었는데. 멍청한 소리긴 하지만 이 말은 한 번 더 해야겠어. 누군지 몰라도 망치로 때린 새끼야, 고맙다, 고마워.

노엘 | 누가 걔 머리에 망치로 음악을 때려 박았나⋯⋯. 감사 표시 제대로 해야겠네. 물론 난 그날 확실한 알리바이가 있어. 난 절대 범인 아니야. ◻

Somebody hammered the music into him...

누가 걔 머리에 망치로 음악을 때려 박았나⋯⋯.

제대로 된 직장

노엘 l 나는 1983년에 학교를 떠났는데, 그때 열다섯 살짜리가 맨체스터에서 할 수 있는 일이 뭐가 있었겠어? 아무것도 안 하는 것밖에 없지. 일하러 가서 잘리기 전까지 반년 정도 일하고. 실업수당 받고. 아니면 아버지 일하는 데 따라가기도 하고. 몸 쓰는 일 하러 다닌 시간을 빼면 난 주로 동네 공원에서 친구들이랑 놀았어. 환각 버섯을 하거나 약을 구하려고 애썼지. 그딴 것밖엔 할 게 없었으니까.

페기 l 솔직히 말하면 노엘은 일이라는 걸 하기 싫어했어요. 그저 빈둥거리려고만 했죠. 일이란 게 걔한테는 너무 귀찮았나 봐요.

리암 l 아마 난 열다섯 살쯤에 학교에서 쫓겨났었을걸. 그러고는 도로 현장 일자리나 정원 일을 구했는데, 뭐 나쁘진 않았지. 평화롭고 좋던데? 나무 위에 앉아 있으면 마음이 꽤 진정되거든. 얼마나 벌었는지는 기억이 잘 안 나. 일주일에 50파운드나 벌었던 것 같네. 일하러 갈 때 BMX 자전거를 타고 다니던 학교를 지나가면서 담장에 대고 내가 번 50파운드를 흔들어댔어. 아직도 학교에 붙어 있던 친구들한테 "멍청이들아!" 하고 소리치기도 하고. 아, 기분 좋던데. 그런데 출근하니까 나한테 화장실 청소를 하래. 때려 죽여도 그건 못 하겠다니까 바로 잘렸어.

페기 l 리암도 참 일하기 싫어했죠. 화장실 청소 따위는 못 하겠다며 바로 그만 뒀다니까요. 다 그런 식이었어요.

리암 l 제대로 된 직장은 다녀본 적이 없어. 이것저것 깔짝대기만 했지. 레브슘에서 온 남자가 있었는데, 우리한테 조드럴 뱅크 천문대에 있는 무슨 위성 장치에 페인트칠하는 일자리, ICI 공장에서 청소하는 일자리 같은 걸 구해줬었어. 하러 갔지. 나쁘지 않더라고. 우린 그냥 약에 취해가지고 변기에 한 시간씩 앉아서 대마초 말고 있으면 밖에서 "갤러거 어디 갔어?" 하는 소리 들리고. 이미 그땐 한 번씩 빨고 곯아떨어져서 코 골면서 자고 있었지.

노엘 l 나는 브리티시가스의 하청회사에 자리를 얻었었어. 맨체스터 전역에 가스 본관을 까는 일이었는데 그걸 하려면 온종일 도랑 안에 있어야 해. 말 그대로 먹고 살려고 삽질하는 거야. 그런데 어느 날 뭔 이유에선지 갑자기 가축우리로 가라더라고? 내가 뒤에서 뭔 잘못을 했었나? 아무튼 그때는 지금까지도 떠올렸다간 아주 소름이 돋는다니까. 아무도 그 똥통으로는 오려고 하지도 않아서 나는 혼자 거기 앉아서 온종일 라디오만 들었어. 아니면 카세트 플레이어랑 테이프를 들고 가서 같이 틀거나 했었지. 아, 잠깐 기술적인 얘기를 좀 하자면 거기에는 가스 본관 설치에 쓰는 철제 뚜껑 같은 게 잔뜩 있었거든. 그런데 어느 날 그중에 몇 개를 옮겨야 했는데 하나가 떨어져서 오른발이 부러지기도 했어.

리암 l 네온사인 설치하는 일도 했었지. 그라나다 방송국에서 뭔 씨발 11월에 네온사인을 설치하라는 거야. 하네스를 입은 다음에 누가 내 다리를 붙잡고 아래로 내려보내 주면, 얼어 죽을 날씨에 장갑도 못 끼고 전구를 가는 거지. 고작 하루에 10파운드 벌자고. 나는 전구 가는 법도 몰랐는데! '도저히 못 해먹겠네' 하면서 시간만 뼈겼어. 아주 진절머리가 나더만.

노엘 l 우리 아버지는 집에 시멘트 바닥을 까는 하청회사를 운영했어. 진정한 일꾼이자 노동자라서 우리한테 노동윤리를 주입하기도 했지. 그리고 다행히도 맨체스터 시티를 응원했거든. 그것참 다행이지. 아니었으면 우리도 저기 빨간 팀이나 응원했을 텐데. 아니, 누가 봐도 그것만큼은 정말 안 될 일이잖아?

리암 l 아빠 따라서 건축 현장에서 일을 좀 했는데 하여간 그 인간은 그때도 참 못됐었어. 도대체 돈을 제때 준 적이 없어. 아일랜드 출신 아저씨들이랑 건축 부지에서 그 힘든 일을 마치고 그다음 주말에 돈 받으러 가면 코빼기도 안 비치더라니까.

노엘 l 우리 가족은 드라마 「로일 패밀리」에 폭력과 긴장감을 조금 더한 거랑 비슷했어. 매일 그런 건 아니지만. 어쨌든 그땐 70년대 한복판에서 80년대로 넘어가는 시기였고, 대처 총리 때니까 일자리를 못 구해서 심각했지. 우리 엄마는 투잡까지 뛰면서 입에 풀칠이라도 하려고 애를 썼고. 하여간 우울한 시절이었어. 나가서 사고 안 치는 건 차치하고 할 만한 게 거의 없었으니까. 대마초 피우고, 본드 불고, 음악 듣고, 축구 보러 다녔어. 그게 전부야. 그때를 돌아봐도 낭만이란 눈곱만큼도 없어. 그렇다고 그 시절이 끔찍했냐? 전혀 아냐. 그냥 그렇게 자라왔을 뿐이야. 가게 절도죄로 몇 번 체포됐던 건 아직도 무섭긴 하지만. 그래서 나한테는 빨간 줄이 몇 개 있어. 그래도 세 번 정도 체포되는 경험을 하고 나면 알게 돼. 나는 범죄자로 살 운명은 아니구나. 그때 조금만 더 얍삽해서 경찰을 잘 피했다면 깡패가 됐을지도 모르지. 근데 나는 그쪽으론 영 소질이 꽝이었어.

페기 ǀ 노엘 얘기 재밌는 거 하나 있는데. 언제 한번 걔가 장난을 치다가 법원에 잡혀갔어요. 그때 신발 바닥에 구멍이 났는데 그 구멍이 꽤 커서 마분지로 때워놨거든요. 그래서 내가 "노엘, 네 아빠한테 신발 한 짝 받아오면 내가 다른 한 짝은 사주마" 그랬더니 알겠대요. 그러고 걔 아버지한테 노엘이 신발 한 켤레 사 달랬다고 전했더니, 그 인간은 "우리 주님도 신발이 없으셨는데 걔가 신발이 왜 필요한데?" 하고 대꾸하더군요. 그래서 속으로 하여간 저 인간은 제정신이 아니라고 생각했죠.

리암 ǀ 음악이 아니었다면 대체 어땠을지 아무도 모르지. 아마 죽었거나 감방에 갇혔을 거야. 간단하지? 난 멀쩡한 일을 할 정도로 정신을 차리진 못했을 테니까. ◻

노래

노엘 | 나한테 음악이란 일종의 도피처였던 것 같아. 난 항상 음악을 좋아해 왔고 연주하는 것도 즐기면서 살아왔지. 이제는 나이를 점점 먹으면서 음악이 내 전부가 되는 지경이야. 내 삶에서 훌륭한 것들은 전부 다 음악에서 왔다니까. 인생에서 제일 소중한 게 있다면, 그냥 거실 문 닫고 기타 들고 앉아서 한 시간, 한 시간 반 내내 뭘 치는 줄도 모르면서 치는 일이야. 그러다 보면 기분이 좋아지고 마치 다른 곳에 있는 것처럼 느껴지곤 하거든. 기타를 치든, 곡을 쓰든, 공연을 하든, 음악 얘기를 떠들든 상관없이. 다른 사람들은 과연 뭘 할까? 어떤 사람들은 쉴 때 골프를 치거나 운동도 하겠지. 아니면 비디오게임을 하거나. 상상이나 돼?

Everything I've got that is good in my life has come through my love of music.

내 삶에서 훌륭한 것들은 전부 다 음악에서 왔다니까.

리암 | 조금 더 크기 전까지는 음악에 관심 없었어. 원래는 밤새 나가 놀거나 축구만 했거든. 기타 메고 다니거나 밴드를 한다는 애들은 딱 봐도 수상해 보이잖아. 뭔 말인지 알지? 원래는 그런 애들한테 돌 던지고 다녔어. 걔들이 지나갈 때 욕도 하고. 사람들이 무슨, 자기는 세 살 때부터 조지 폼비George Formby를 좋아했다는데, 말이 돼? 이 새끼들아, 난 세 살 때 기저귀에 똥이나 싸고 있었다! 나한테 비틀스 음악은 다섯 살은커녕 열아홉 살이 돼서야 찾아왔다고.

노엘 | 내가 가장 처음으로 받은 음반이 뭐게? 아버지가 리오 세이어Leo Sayer의

《The Show Must Go On》 싱글을 사줬어. 〈톱 오브 더 팝스〉*에 그 사람이 광대 분장을 하고 나온 걸 보고 사 달라고 했지. 그때 내가 왜 광대에 흥미가 있었을까? 도대체 모르겠지만, 아무튼 아버지가 7인치짜리 싱글을 사 줬어. 아버지는 거지 같은 애비에다 끔찍한 남편이었지만 우리에게 음악성만큼은 물려준 것 같으니 그 점은 인정해 줘야겠지. 그 양반은 DJ였고 음반도 수집했거든. 그래서 우리 집엔 언제나 음악이 흘렀지. 맨체스터의 아일랜드 커뮤니티에서는 아버지를 모르는 사람이 없었을 정도야. 아버지가 디제잉을 하던 아일랜드 출신자 모임에서 엘비스 프레슬리Elvis Presley와 모타운Motown을 처음으로 들었고.

페기 ǀ 그 사람은 DJ를 몇 년을 했어요. 아일랜드 음악을 좋아했고, 컨트리나 웨스턴 음악에도 빠져 있었죠.

폴 ǀ 저랑 노엘이 아버지의 매니저 노릇을 해야 했어요. 그러다 당구를 배우기도 했고. 아버지는 앰프 한 대, 덱 두 대, 스피커 여러 대, 음반도 몇 장씩 들고 다녔거든요. 아버지는 성경에서 이름을 딴, 맨체스터 어딘가의 클럽에서 음악을 틀었는데 저희 둘한테 장비를 다 들고 오라고 했어요. 애비가 돼서는 일곱 살짜리한테 매니저 노릇이나 시키다니! "자, 1파운드 줄 테니까 가서 콜라 사 먹어라, 당구도 치고."

리암 ǀ 아빠는 항상 치프테인스The Chieftains, 더블리너스The Dubliners, 대니얼 오도넬Daniel O'Donnell 같은 이상한 노래를 틀었어. 아빠는 그랬지만 엄마는 음악에 딱히 관심이 없었지. 아마 노엘은 스미스The Smiths나 섹스 피스톨스Sex Pistols를 좋아했던 것 같아. 폴은 더 잼The Jam을 더 좋아하는 모드족 타입이었어. 그러니 우리 집엔 언제나 음악이 흘러나왔지. 근데 난 그때 말고 스톤 로지스The Stone Roses가 나왔을 때가 돼서야 음악에 빠지게 됐어.

노엘 ǀ 섹스 피스톨스의 《Never Mind the Bollocks》는 내가 처음으로 갖고 싶다고 생각한 앨범이야. 같은 동네에 살던 형들이 다 그걸 갖고 있었는데 노래에 대놓고 욕이 나왔거든. 노래에 씨발, 존나가 나온다니까? 세상에, 노래에 욕이 나온다니! 그 앨범이 내 인생 처음으로 중요한 앨범이 되었던 순간이 똑똑히 기억나.

리암 ǀ 우리 애는 스톤 로지스 앨범이나 스미스 앨범도 갖고 있었어. 보딘스The Bodines나 다른 맨체스터 밴드 앨범도. 큰형은 더 잼, 스타일 카운실Style Council,

UB40를 좋아했는데 소울 음악을 좋아하고 모드족 같은 면이 있었어.

폴 | 웰러가 대단하다고 생각했어요. 출신 지역은 달랐지만요. 아버지는 영국 거라면 뭐든 싫어해서 초록색 파카도 못 사게 했었어요. "등 뒤에 과녁을 달고 다닐 셈이냐?" 하면서 통 이해를 안 해줬다니까요. 그래서 전 갈색 파카를 사서 소매에 몰래 패치를 붙이고 다녔어요. 진짜 바보 같아 보였을 거예요.

노엘 | 대마초랑 기타랑 더 잼이랑 스미스 같은 걸 알게 되면서 바깥에 나갈 필요가 없었어. 인생에서 원하는 모든 게 스피커에서 흘러나오고, 그걸 기타로 따라 치기만 하면 어디로든 떠날 수 있었으니까. 정말 끝내줬다고.

리암 | 알다시피 난 노엘이랑 방을 함께 썼으니 항상 노엘이 듣는 걸 같이 들었지만, 스미스는 내 취향이 아니었어. 우리 애는 아주 푹 빠져 살았지만. 나도 조니 마Johnny Marr 좋아하긴 해. 노래도 좋고. 근데 난 항상 모리시Morrissey가 거슬리더라. 나이를 더 먹고 나서는 그럭저럭 좋아지긴 했어. 웃긴 양반이잖아. 근데 어렸을 때는 그렇게 거슬릴 수가 없더라. 무슨 말인지 알겠어? 아까 말한 것처럼 나는 스톤 로지스가 튀어나왔을 때 처음으로 음악에 관심이 생겼어. 말하자면 스톤 로지스가 자기들이 사이먼 앤드 가펑클Simon and Garfunkel, 지미 헨드릭스Jimi Hendrix, 야드버즈The Yardbirds한테 영향을 받았다길래 나도 나름대로 그걸 찾아 듣기 시작한 거야. 그때부터 나만의 음악 세계가 열렸고 스스로 뭔가를 만들어내기 시작했어. 어드벤트 캘린더랑 비슷해. 문 하나를 열고, 그다음 문도 열고. 꼭 크고 긴 사슬에 엮인 것처럼. 그렇게 난 알아차리기도 전에 비틀스의 세상에 스르륵 잠기게 됐어. 그리고 여태 푹 잠겨 있고. 존나 환상적이야.
　　우리 아빠한테 기타가 한 대 있었어. 근데 기타를 친 적은 없고 우리를 후려치는 데 썼지. 악기가 아니라 뭔 무기였다니까. 무슨 말인지 알지?

노엘 | 내가 처음 치는 법을 배운 기타는 결국 불이 붙었는데, 원래는 우리 집 거실문 뒤 벽에 세워져 있었어. 그게 왜 거기 있었을까? 아버지는 기타 치는 법을 몰랐고, 엄마도 전혀 몰랐지. 게다가 폴도 리암도 칠 줄을 몰랐는데. 도대체 그게 왜 있었는지 모르겠어.

리암 | 우리 애한테 기타가 하나 있었는데 자기 방에서 맨날 그것만 치더라고. 나랑 내 친구들은 그랬어. "야, 너네 형 존나 희한하다. 위층에서 기타만 치고 지랄

이다. 우리는 나가서 누구 머리통이나 깨고 오자!" "그래, 그러자!" 그러고 나갔다가 돌아오잖아? 그럼 그 시간까지 기타만 존나 쳐대고 있는 거야. 그래서 내 친구들은 노엘이 좀 이상하다고 생각했지. 물론 그렇게까지 막 이상하지는 않았어. 더 큐어The Cure 멤버 정도는 아니었으니까.

폴 | 걔는 그냥 자기 방에 앉아서 음악을 틀어놓고는 앰프랑 헤드폰만 끼고 살았어요. 몇 년 동안 얼굴도 못 봤다니까요.

I didn't really take the guitar seriously until Liam asked me to join Oasis.

리암이 나보고 오아시스에 들어오라고 할 때까지 기타에 진심이지는 않았어.

노엘 | 대단한 사람이 되겠다고 음악을 선택한 건 아니야. 난 자주 외출 금지를 당했거든. 그래, 요새는 집에 처박혀 있으라는 걸 '외출 금지'라고 한다면서? 내가 집에만 있었던 건 학교에서 문제아로 찍혔기 때문이었는데. 사실 그건 학교에 그냥 안 가서 그래. 나가기만 하면 사고를 치니까. 기타를 치던 게 기억이 나네. 여섯 줄 모두 한 번에 긁는 대신 이상한 줄만 튕기기도 하고, 조이 디비전Joy Division의 베이스 라인도 따라서 쳐보기도 하고. 방에 몇 시간 동안 박혀 있었어. 하지만 사실 리암이 나보고 오아시스에 들어오라고 할 때까지 기타에 진심이지는 않았어. 기타야 항상 한 대 갖고 있었고 꽤 좋아하긴 했지만 그렇다고 미친 듯이 집착하진 않았거든. 재미로 했던 거지, 직업으로 삼을 거라고는 생각도 안 했으니까. 밖으로 한 발짝도 못 나가던 시기에 기타가 있어서 천만다행이었어. 신에게 감사할 지경이야.

리암 | 나는 한때 바이올린을 켰는데, 다들 그렇듯이 엄청 못했어. 아니, 세상에 바이올린을 잘 켜는 사람이 있긴 해? 노엘은 기타 레슨을 받았지. 아마 학교에서 기타를 쳤을 거야. 근데 엄마가 웬 말도 안 되는 이유로 나한테는 무슨 바이올린을 사주기로 한 거야. 난 그냥 학교를 오가면서 바이올린 배달만 하는 수준으로 관심이 없었어. 멋이 없잖아. 악기 케이스 자체야 뭐, 들고 다니는 거 자체는 갱스터 같고 괜찮았는데, 바이올린은 꺼내는 순간부터 구리잖아?

페기 | 그 바이올린을 사려고 나는 빚을 냈었답니다. 당시에 30파운드였는데, 그 빚을 다 갚을 때쯤 리암이 그러더라고요. "나 이제 학교에 바이올린 안 들고 갈래.

누가 보면 내가 여자앤 줄 알겠어."

노엘 l 내가 인생 처음으로 갔던 공연은 1980년에 맨체스터 아폴로 공연장에서 열린 댐드The Damned 공연이야. 두 번째 공연은 스티프 리틀 핑거스Stiff Little Fingers였고, 그다음으로는 퍼블릭 이미지 리미티드Public Image Limited와 유투U2를 보러 갔지. 전부 아폴로에서 열린 콘서트였어. 아폴로에서 도어맨으로 일하는 숀 돌런이라는 사람이 있었는데, 그 사람이 우리 외가 쪽 지인하고 결혼했거든. 다들 아일랜드의 같은 동네에서 태어났고. 나는 그때 미성년자였는데, 거기 갈 때마다 숀이 다른 관중이 다 들어간 뒤에 나랑 일행을 뒤쪽에 서 있을 수 있도록 안으로 들여보내 줬었어. 아마 열두 살, 열세 살 때였을 거야. 공연장은 우리 집에서 몇 미터 떨어진 아드윅에 있었거든. 그때 이런저런 펑크 공연에 가기도 하고. 알다시피, 펑크 공연은 꽤 거칠고 아슬아슬하잖아. 뒤에 서서 보는데, 와, 우리는 정신이 나가는 줄 알았다니까.

리암 l 내가 처음 간 공연은 롱사이트에 있는 인터내셔널 원에서 열린 스톤 로지스 공연이었던 거 같아. 그때 난 실업수당이나 받는 신세여서 엄마한테 15파운드를 빌려서 갔지. 티켓은 10파운드. 암표상한테 티켓을 샀어. 사실 사람들은 암표상을 용납하지 못하지만, 그날 그 암표가 아니었으면 난 스톤 로지스를 못 봤을 거고 오아시스에 합류할 일도 없었을 거야. 암표상 만세! 스톤 로지스는 더 큐어나 스미스처럼 가죽 바지를 입지도 않았어. 난 항상 밴드하는 사람들은 나랑 옷을 다르게 입으니까 이상하다고 생각했거든. 그러다 스톤 로지스랑 해피 먼데이스Happy Mondays를 처음 보고는 이제 밴드하는 사람들한테 돌도 그만 던지고 침도 그만 뱉어야겠다 싶었지. 왜냐면 그 사람들은 우리처럼 하고 다녔으니까. 나한테는 그게 더 말이 됐어. 스톤 로지스를 보니까 밴드를 하려고 머리카락에 펌을 하거나 가죽 바지를 입거나, 짐 모리슨Jim Morrison처럼 시인에 빙의하지 않아도 된다는 걸 깨달은 거지. 스톤 로지스는 공연에서도 설치는 법이 없고 무대에 서서 그냥 연주만 했거든. 엉덩이에 꽃을 달고 흔들지도 않고.

I had two spliffs, bought two shitty beers, went down to the front, checked it out and thought, 'I'm having a bit of that.'

나는 대마초 두 대, 싸구려 맥주 두 병을 들고 무대 앞까지 갔다가 그들을 보고 생각했지. '나도 저걸 해야겠다.'

무슨 말인지 알지? 내가 보기에는 참 꾸밈이 없어 보였고, 그냥 보통 사람 같더라. 저 무대에 선 네 명의 사람들이 우리 형 친구들이나 내 친구들이랑 다를 바가 없었어. 물론 나보다는 나이가 많고 악기도 잘 다루는 사람들이지만, 알잖아. 그래서 그때 난 나도 그렇게 할 수 있을 것 같았어. 어려워 보이지도 않고 그냥 하면 되는 것 같았다고. 스톤 로지스를 비하하자는 게 아니야. 그렇게까지 안간힘 쓰지 않았다는 거야. 난 그게 이상적이라고 봐. 어떤 사람들은 로큰롤을 너무 거창하게 생각하잖아? 진짜 멋진 건 과하지 않은 거야. 록을 한다고 화장을 하거나 손톱을 칠하는 짓거리를 해야 하는 게 아니라고. 그 공연에서 나는 대마초 두 대, 싸구려 맥주 두 병을 들고 무대 앞까지 갔다가 그들을 보고 생각했지. '나도 저걸 해야겠다.' 끝나고 집에 가니 엄마가 묻더라고. "공연은 어땠니?" 난 대답했지. "끝내줬어. 나도 밴드 할 거야."

페기 | 사실 난 리암이 음악에 관심이 있는지 전혀 몰랐는데 걔가 어느 날인가부터 부엌에 앉아서 "엄마, 나 언젠가 꼭 유명해질 거야"라고 하더라고요. 그래서 난 "아, 그러니? 그럼 당장 엉덩이 떼고 나가서 일이나 해" 하고 대꾸했죠. 그런데 리암은 "아니, 엄마. 내가 말하잖아. 언젠가 나는 무조건 유명해질 거고 엄마는 날 자랑스러워할 거라니까?" 하는 거예요. "그래, 근데 엄마 눈에 흙 들어가기 전에 그렇게 되면 좋겠구나. 우리는 당장 돈이 필요하니까. 도대체 뭘 하려고 그러니, 리암?" 하니까 리암이 "난 싱어야"라고 하더군요. 거기다 대고 "네가 노래 부르는 꼴을 못 봤는데" 하고 말했지만, 리암은 그저 "말했잖아, 엄마. 나 밴드 할 거야"라고 하더라고요. 밴드 얘기를 처음 들었을 때가 그때예요. 내 대답이요? 오로지 이거였어요. "헛소리 그만하고 나가서 일이나 해라." ❏

인스파이럴 카페츠

노엘 | 난 인스파이럴 카페츠The Inspiral Carpets의 멤버 그레이엄 램버트Graham Lambert를 반ҡ 제28조 공연●에서 처음 만났어. 해피 먼데이스, 스톤 로지스, 제임스James가 라인업이었지. 그 공연이 지금 열린다면 17만 5000명은 모이고도 남을걸? 공연은 인터내셔널 투에서 열렸어. 전에는 캐러셀이라고 불리던 공연장인데, 웃기게도 우리 엄마 아버지가 만난 곳이기도 해. 아주 크고 오래된 아일랜드식 댄스홀이었거든. 거기 발코니에 서서 스톤 로지스 공연을 봤던 기억이 아직도 나. 그때 발코니에 기대어 있던 남자가 한 명 있었어. 희미하게 빨간빛이 보이길래 보니까 테이프 녹음기야. 가서 "지금 녹음 중인가요?" 했더니 그렇대. 그래서 내가 집 주소 알려줄 테니까 복사본을 보내줄 수 있겠냐고 물었지. 나는 스톤 로지스에 존나 미쳐 있었거든. 그랬더니 알겠다더라고. 아주 괜찮은 사람이었어. 음악 얘기를 좀 하다가 나한테 다른 밴드는 안 좋아하냐길래 인스파이럴 카페츠 공연도 몇 번 갔다고 했어. 그랬더니 자기가 거기 멤버라는 거야. '진짜? 씨발, 미쳤네!' 싶잖아. 그러고 얼마 안 지나서 리드싱어가 나간대. 그레이엄이 나한테 "어차피 우리 노래 다 아니까 와서 싱어 오디션 볼래?" 하더라고. 바로 오디션 보러 가긴 했는데 그땐 내 노래 실력이 그다지 좋지 않던 시절이라. 그래도 나쁘지 않았던 게, 그 사람들이 나한테 썩 꺼지라고 하지 않고 "야, 씨, 됐다. 와서 장비나 만져라" 했단 말이야. 훌륭한 결말이었지.

● 1988년에 제정된 영국의 지방정부법 제28조에는 동성애 조장을 금지한다는 내용이 있었고, 이에 반대하는 시위적 성격의 공연이 같은 해 5월 30일에 맨체스터에서 열렸다.

클린트 분◆ | 노엘과의 첫 기억은 1988년 중반쯤이었을 거예요. 노엘은 우리 밴드의 팬이었고 공연에도 자주 왔었어요. 언제였지? 그때 한두 달 정도였나, 노엘이

다리가 부러져서 목발을 짚고 공연 보러 오던 때가 있었어요. 인상이 참 강렬했죠.
노엘이 노래를 잘한다는 건 우리 모두 알고 있었지만 그때
우리가 찾고 있던 보컬 타입은 아니었어요. 성량이 더 큰
사람을 찾고 있었거든요.

노엘 ㅣ 그래서 난 밴드의 로드매니저가 돼서 사무도 보고, 몇 년 동안 인스파이럴
카페츠랑 일했어. 미친 듯이 행복한 날들이었지.

리암 ㅣ 걔는 그냥 행복해 보였어. 당연하지. 항상 주변에 음악이 있고, 인스파이럴
카페츠랑 같이 다녔으니까. 그때는 맨체스터 밴드 신이 활발했던 좋은 시절이었잖
아. 돈도 벌고, 세계를 돌아다니던데. 완전 멋지게.

폴 ㅣ 노엘이 웬 이상한 옷을 입고 집에 왔었어요. 어디 갔다 왔냐고 하니까 투어를
돌고 왔대요. "어? 누구랑?" "인스파이럴 카페츠." 친동생이 지구 반대편에 일하러
갔다 왔다고 해도 "와, 대단한걸? 우리 동생 멋진데!" 하고 말할 형이 어디 있겠어
요? "그래서 어쩌라고? 넌 임마, 맨시티 경기를 몇 개나 놓친 거냐?"

Drugs, women, booze, travelling the world, it doesn't get any better than that.

*마약도 있어, 여자도 만나, 술도 마셔, 세계 투어도 해.
더 바랄 게 없었어.*

노엘 ㅣ 그때는 바로 이거다, 이보다 훌륭할
순 없다, 했었어. 기타 세팅하고 공연 전에
미리 연주도 해보고, 끝내줬다니까. 그러면
서 일주일에 300파운드를 번다? 존나 좋지.
더할 나위가 없잖아. 마약도 있어, 여자도 만
나, 술도 마셔, 세계 투어도 해. 더 바랄 게 없
었어. 사실 그때가 빌어먹을 그 밴드를 할 때
보다 훨씬 더 나았던 것 같아.

페기 ㅣ 노엘이 마침내 하고 싶은 일을 찾았다니 아주 기뻤지만, 휴, 걱정이 태산이
기도 했죠. 내가 원래 걱정이 많아요. 사실 마약 문제는 이미 잘 알고 있어서, 애들
이 얘기를 꺼내려고만 해도 "다 아니까 굳이 얘기 꺼내지 마라" 하고 일렀었어요.

리암 ㅣ 나도 따라서 몇 번 간 적 있어. 런던 내려갈 때 손이 모자라거나 장비 옮
길 사람이 더 필요하면 나를 불렀었거든. 가끔 나도 끼워준 셈이야. 킹크스The
Kinks네 콩크 스튜디오에도 한 번 갔었어. 그때 참 좋았지.

클린트 분 | 리암도 공연에 자주 따라왔었죠. 자기 친구들이랑 분장실에 앉아 있곤 했는데 얼마나 얌전한지 볼 때마다 감탄했다니까요. 조용하고, 예의 바르고, 감사할 줄 알고. 달라는 것도 없이 분장실에 앉아서 그 나이대 애들답게 맥주나 좀 가져다 마시고, 누가 필요한 거 없냐고 묻기 전까지는 항상 공손하게 앉아 있었어요.

노엘 | 마크 코일을 처음 만난 건 밴드의 첫 번째 대형 영국 투어 날이었어. 그때 난 이 밴드에서 일한 지 좀 됐었는데 그즈음에 대박이 난 거지. 그래서 투어를 돌게 됐는데, 투어를 하려면 엄청나게 큰 투어버스며 크루도 필요했거든. 그때 버스 뒤쪽에 앉아서 대마초를 피우던 마크 코일과 처음 만났고, 우린 우정에 뭐 불이라도 붙은 듯이 친해졌어.

마크 코일 | 그렇게 노엘이랑 처음 만났어요. 방에 딱 들어갔는데 노엘이 구석에 앉아서는 특유의 그 못된 표정을 짓고 있었죠. 자기가 속한 집단이 갑자기 떴으니까 그럴 만했어요. 내가 로드매니저다, 그러니까 이 밴드는 내 거다, 뭐 그런 거. 한 이틀 정도는 말을 안 걸었는데 말을 트자마자 우리는 바로 절친이 됐어요. 노엘하고 있었던 일 중에 생각나는 게, 노엘은 절대 자기 손으로 잡일하는 법이 없었어요. 저야 트럭에 짐 나르고 상자도 옮기고 하니까 존나 힘들었는데. 그런데 노엘은 그 일의 목적 자체에 심취해 있었어요. 인스파이럴 카페츠라는 밴드를 사랑했고, 본인부터 대단한 팬이었거든요. 근데 멤버들은 다 노엘을 무서워했어요. 처음 만난 바로 그 순간부터 난 노엘이 거기 대상이란 걸 곧바로 알아차렸죠.

클린트 분 | 노엘이 땀 흘리는 거 봤어요? 걔는 땀 나는 일이라면 절대 안 하는 걸로 유명하죠. 로컬 크루들한테 힘든 일은 다 시키고 자기는 "그건 여기 두고, 저건 저기 꽂아둬" 하면서 시키기만 했어요. 가끔 공연 도중에 노엘을 보면 맥주 마시고 있거나, 지루해 보이는 얼굴로 '멍청한 놈아' 하는 손짓이나 했어요.

노엘 | 나랑 마크는 방을 같이 썼는데, 그 시절 내내 배꼽 빠지는 시간을 보냈지. 환각 버섯도 하고 온갖 희한한 건 다……. 웃겨서 돌아버릴 지경이었다니까. 하여간 우리 둘 다 아주 전형적인 로드매니저였어. 전 세계 어디든 갔지. 그것도 존나 여러 번이나. 정말 좋았어.

클린트 분 | 월드 투어도 돌고, 돈도 많이 벌고, 매일 밤 공짜 술을 마시면서 음반 팔릴 걱정은 안 하고, 다른 귀찮은 고민거리도 없었겠죠. 그때 노엘은 이 끝내주는

자동차가 달리는 동안 조수석에 탄 것처럼 그저 차가 이끄는 대로 즐기기만 했을 거예요.

노엘 | 인스파이럴 카페츠는 아주 웃긴 놈들이야. 정말로. 클린트 분이랑 그레이엄 램버트 때문에 맨날 배를 잡고 웃었다니까. 우린 항상 같이 깔깔대며 웃었어.

클린트 분 | 노엘은 자신감 넘치고 건방진 친구였죠. 나쁜 뜻은 아니에요. 딱 맨체스터 사람다워요. 오만하다는 말이 아니고, 배짱 좋고 쿨하고 매력이 넘친다는 뜻이에요. 사람 자체가 엄청 웃기고. 노엘이 싱어 자리에 오디션을 보러 왔을 때 제가 쓴 곡을 불렀는데, 부르다 말고 중간에 대뜸 그랬다니까요. "이 곡 어떤 새끼가 썼어? 쓰레기 같네." 눈 하나 깜짝 안 하고 그랬을걸요? 하여간 우리 모두 노엘을 좋아하게 됐고, 걔를 형제처럼 여기게 됐죠.

노엘 | 나랑 마크는 게으름뱅이야. 난 우리가 끝내준다고 생각했어. 그러니까 내 말은, 사실은 별로 끝내주지는 못했나 봐. 결국 잘렸으니까……. 밴드 멤버들이 우리더러 프로답지 못하다고 하기도 하고, 다른 투어 매니저들이 나한테 다가가기 어렵다고 했다는 말을 전하기도 했지.

클린트 분 | 노엘과의 기억 중에 가장 좋아하는 건 제가 맨체스터의 인디아 하우스에 있던 노엘 집에 갔을 때예요. 아마 작은 방이 한두 개 있는 집이었던 것 같은데 노엘이 침대에 앉아서 노래를 몇 곡 들려줬었죠. 그때 '이거 천재 아냐?' 하는 생각을 하지는 않았어요. 오히려 놀렸던 것 같은데? 아마 노엘의 커리어를 통틀어서 누군가 노엘이 쓴 곡을 놀린 건 그때가 유일할 거예요. 노엘도 자기 곡을 놓고 그렇게 웃었던 일도 마지막일 거고.

노엘 | 무대 구석에서 기타를 손볼 때마다 '언젠가 반드시 저 자리에 서겠다'라고 생각하지는 않았어. 진짜. 그런 생각은 추호도 안 했다고. 그냥 일만 했어. '나도 할 수 있는데'라거나 '저 자리가 내 것이어야 해' 같은 생각은 전혀, 전혀 안 들었어. 아무리 그래도 내가 그렇게까지 자기중심적이지는 않거든. 이런 내 자아는 말이지, 나중에 아주 우연히, 거대한 코카인 봉지와 함께 찾아온 거야. 재밌지? ◻

더 레인

I wanted it so fucking bad, man, and I was just obsessed with being in a band...

난 그런 삶을 간절히 원했고,
아주 간절하게 밴드에 들어가고 싶었어.

리암 | 그때 내 삶은 실업수당을 신청해서 돈 나오는 거 받고, 수표는 현금으로 바꿔다가 시프터스라는 음반 판매점에 가서, 표지가 마음에 드는 앨범 하나 사고, 그렇게 명반도 모으고, 대마도 좀 사고, 그렉스에서 빵 사고, 집에 와서 내내 음악을 존나 크게 듣는 식이었어. 노래는 자고로 크게 틀어야지. 난 그런 삶을 간절히 원했고, 아주 간절하게 밴드에 들어가고 싶었어. 진짜 존나 간절해서 미치고 팔짝 뛸 만큼. 나도 할 수 있겠다고 생각했고, 사실 잘하리란 것도 알고 있었거든. 작곡할 줄 아는 애들 몇 명, 아니면 밴드 멤버만 구하면 된다고 생각했지. 내가 음악에 재능이 있다는 건 확실하게 알고 있었지. 그게 내가 하고 싶은 거였어.

페기 | 리암은 자기가 유명해질 거라고 장담을 하더군요. 그러다 본헤드랑 어울리더니 토니 매캐럴이랑 귁시가 와서 밴드를 만들었다고 하더라고요.

폴 | 본헤드는 원래 키보드를 치던 애였어요. 걔가 아직 머리카락이 남아 있던 시절에 본템피 키보드인가 뭔가를 끼고 다니는 걸 웨스트포인트 주변에서 몇 번 봤거든요. 그러고 몇 년 소식이 없더니만 어느 날 리암이랑 같이 나타난 거예요.

본헤드 | 아마 본헤드라는 별명은 내가 여덟 살 때 생겼을 거예요. 1973년에 초등학교 다니던 애들은 머리가 다 길었거든요. 그때 유행이었으니까. 그런데 전 아니었어요. 매주 금요일이면 바로 이발소 직행이었죠. 그, 우리 부모님은 전형적인 아일랜드의 가톨릭 집안답게 긴 머리는 거들떠보지도 않았어요. 50펜스 받아다가 이발소에 가면, 이발사가 "늘 하던 대로? 뒷머리랑 옆머리 짧게?" 하시고. 우리 동네에서는 머리를 길게 하고 다닐 수가 없었어요. 그래서 여덟 살 때부터 지나가던 애들이 저 보고 "야, 저 빡빡이 좀 봐라! 완전 '본헤드'인데?" 하니까 그게 바로 별명이 됐어요. 중학생이 되니까 이미 선생님들까지 저를 본헤드라고 했어요. 화를 낼 때조차 본헤드! 그랬다니까요. 아서스라고 성으로도 안 부르고. 선생님이 성을 부른다? 그땐 정말 큰일 난 거잖아요. 어쨌든 그때부터 계속 본헤드라고 불렸고, 지금도 여전히 그러고 있죠. 우리가 아주 유명해진 다음에 프랑스에서 인터뷰를 하기도 했는데 그 사람들은 항상 제가 왜 본헤드인지 궁금해하더라고요. 그때마다 저는, 사실 우리 집안 역사를 거슬러 올라가면 내 진짜 이름은 '보나파르트 헤디머스'다, 그래서 줄이면 본헤드다, 이랬더니 다들 그걸 믿고. 아무튼, 어렸을 때는 주변에 음악에 관심이 있는 애들이 별로 없었어요. 관심사랄 게 음악 아니면 축구인데 제가 어울리던 애들은 다 축구파였거든요. 맨유나 맨시티 둘 중 하나를 좋아하고 그 중간은 있을 수 없죠. 다들 축구 광팬이었고 나이를 먹으면서 펍에 갈 수 있는 나이가 되니까 축구에 술이 끼어들게 됐어요. 그런데 운 좋게도 우리 형이 음악을 아주 좋아했어요. 형이랑 방을 같이 썼는데 형은 레코드플레이어랑 앰프 하나, 스피커 두 대, 거기다 엄청나게 좋고 멋있는 스테레오 시스템도 장만해 두고 있었죠. 음반 수집은 어찌나 대단하게 했는지. 형은 기타를 쳤는데 앰프를 하나 사더니 온 집 안에 기타를 치면서 돌아다녔어요. 형이 없을 땐 내가 치기도 했고요. 금요일 밤이면 늘 펍에 갔는데 그러다 발이 넓은 애들 건너 건너 크리스랑 귁시를 알게 됐어요. 펍에 오는 모든 사람들이 스톤 로지스 팬이고 속속 데뷔하는 맨체스터 밴드들에 관심이 많았던 거예요.

"밴드 할 건데 너도 올래?" 했더니, 귁시는 "난 뭘 하지?" 하더라고요. 그래서 베이스 쳐라, 한 번에 하나만 치니까 완전 쉽다, 말해주고. 크리스가 노래를 잘해? 그럼 마이크 하나 사라고 하고. 걔네 집 차고에서 노래를 불렀는데 사실 형편없었어요. 그래도 금요일 밤마다 차고에 모여서 앰프 하나라도 꽂고 시끄럽게 연습할 수 있게 돼서 좋았죠. 멋있잖아요. 귁시는 살면서 베이스라곤 그때 처음 잡아봤을 거예요. 크리스도 노래는 처음이었는데, 공연을 두 번 했어요. 평소엔 공연 같은 건 올리지도 않는 펍이었지만 펍 주인한테 가서 무작정 공연하고 싶다고 한 거죠. 그 주인 양반은 "뭔 공연?" 하고 대꾸했지만요. 드럼은 드럼머신을 썼어요. 모든 곡의 박자가 똑같았거든요. 그러다 레븐슘에서 온 토니 매캐럴이라는 애가 있다는 소식을 들었어요. 그게 누군지 몰라도 드럼 칠 줄 알기만 하면 되잖아요? 그렇게 드러머도 들어왔고요. 그때 곡들은 시끄럽기만 하고 엉망이었지만 한편으로는 끝내주기도 했어요.

리암 ㅣ 난 본헤드도 알았고 귁시도 알았는데 걔들이 더 레인The Rain이라는 밴드를 하면서 펍에서 공연도 하더라고. 걔들이 밴드를 한다니까 감명을 받았지. 나도 밴드를 하고 싶었으니까. 걔들은 이미 내가 멋지다는 걸 알고 있었고, 내가 밴드를 하고 싶어서 찾아다니고 있다는 것도 알고 있었을 거야. 그때쯤 나는 이미 음악적 깨달음인지 뭔지를 얻은 뒤였어. 그러다 어떤 사람이 나한테 와서 걔들이 싱어였던 크리스를 잘랐다는 소식을 전해주더라고. 그러고는 나더러 관심 있냐고 물어보잖아. "한번 만나볼래?" 나는 그래서 가보겠다고 대답하고 말로만 떠들지 말고 행동으로 보여줘야겠다 싶어서 그렇게 했어. 다들 좋아하던데?

본헤드 ㅣ 리암이 누구인지는 알고 있었어요. 어느 날인가 리암이 밴드에 들어가고 싶어 한다는 얘기를 듣기도 했고요. 밴드에서 노래를 부르고 싶어 하고, 실력도 있다고요.

리암 ㅣ 본헤드 집에 가서 무작정 노래를 불렀던 것 같아. 본헤드가 치는 기타에 맞춰서. 대체 뭘 처불렀는지 기억도 안 나네. 너무 옛날이라. 본헤드는 듣더니 "잘하네"라고 했고, 걔 여친이었던 케이트가 "뭐, 예전 애보다는 낫다"라고 했지. 그러니까, 크리스를 이기는 게 어려웠겠어? 존나 쉽지. 걘 최악이었거든.

I looked like a rock star even when I was digging holes in Manchester.

난 맨체스터 공사판에서 삽질을 해도 록 스타처럼 보였다니까.

본헤드 ㅣ 겉보기에도…… 사실 리암은 그때도 리암 그대로였어요. 코트도 멋지게 차려입고 다니고, 머리도 멋있게 자르고, 걸음걸이도 끝내주고, 목소리는 더 끝내줬어요.

노엘 ㅣ 리암은 헤어스타일도 멋있게 하고 다녔지. 걸음걸이랑 뭐 그런 것도.

리암 ㅣ 나? 존나 멋있었지. 난 맨체스터 공사판에서 삽질을 해도 록 스타처럼 보였다니까. 그땐 정말 멋있었어. 뭔 작업복 쪼가리 같은 거 입고 삽 들고 있어도 사람들이 지나가다가 내 얼굴 힐끗 보고 가고 그랬어.

공압 드릴 들고 흙투성이로 서 있어도 멋있어 보였다고. 맨체스터 사람 중에는 그러고 다니는 사람이 많았고, 옷도 비슷하게 입었었어. 사실 그러니까 나만 그랬다기보다는 그 시절의 우리가 다 같이 멋있었던 거겠지.

본헤드 ㅣ 리암 목소리는 말 그대로 "우와……" 하고 감탄이 나오더군요. 내가 알던 리암이랑 다르게 조금 부드럽기도 하고 훨씬 멜로딕했어요.

리암 ㅣ 그러더니 걔들이 내가 마음에 든다고 밴드에 들어오고 싶냐고 했어. 그래서 내가 "좋은데, 그 거지 같은 밴드 이름은 좀 바꾸자" 하고 대답했지. 그러고 이름을 오아시스로 바꾼 거야. 곧바로. 그러니까 공식적으로 난 더 레인이라는 밴드에는 들어간 적이 없어.

본헤드 ㅣ 더 레인. 리암이 밴드 이름을 거지 같다고 생각하는 것 같더니만, 누가 리암 아니랄까 봐 대뜸 "아, 아니, 거지 같아. 바꾸자"라고 했어요. 아마 인스파이럴 카페츠 투어 포스터에 쓰여 있던 공연장 이름을 보고 떠올리지 않았을까 싶어요. 스윈든 오아시스라고. 전 아무렴 어떠냐, 그래, 그렇게 하자고 대답했죠. 밴드 이름이 뭐 대수인가요? 사람들이 익숙해지기만 하면 이름은 그냥 이름일 뿐이니까요.

노엘 | 맨체스터에서 마켓 스트리트를 반쯤 걷다 보면 언더그라운드 마켓이 나와. 거기에 있던 '오아시스'라는 가판대에서 맨체스터룩의 근본인 아디다스 운동화를 팔았거든. 우리도 가서 이것저것 사고 그랬었지. 그러니 거기서 이름을 따왔다고 했으면 밴드로서 서사가 얼마나 훌륭했겠냐고? 근데 어떤 멍청한 싱어 놈이 어디 가서 이름을 내 방 벽에 붙은 인스파이럴 카페츠 포스터에서 보고 지었다느니 하는 바람에 망한 거지. 그 공연장 이름이 스윈든에 있는 오아시스 센터였거든.

리암 | 절대 스윈든 오아시스 보고 지은 거 아니야. 가판대가 있었어. 그, 내 기억에 애플렉스 팰리스 쪽이었는데. 거기서 아주 멋진 옷을 팔았지. 해피 먼데이스 노래 중에도 〈Oasis〉가 있고, 오아시스라는 케밥 가게도 있었고, 오아시스라는 택시 회사도 있었다고. 여기저기 둘러봐도 자꾸 보이니까 머리에 박힌 거지, 뭐. 오아시스, 듣기 좋잖아. 사실 그 이름을 싫어하는 사람도 많던데, 실제로 형편없는 이름일 순 있겠지만 그렇게 치면 형편없지 않은 건 뭔데? 이름을 어떻게 쓰느냐에 달린 거 아니냐? 참 나, 더 잼도 구린 이름이잖아! 그런데도 멤버가 멋지고 음악이 좋으니까 된 거지. 더 후The Who도 거지 같은 이름이야. 비틀스도 도대체가 이상하기 짝이 없잖아.

　우린 쓰레기 같은 곡 몇 곡을 썼는데 그중 하나가 〈Take Me〉야. 이미 작곡하던 순간부터 그게 쓰레기 곡이란 건 알고 있었고, 그 생각은 지금도 변함없어. 그래도 뭔가 특별한 게 있었어. 솔직히 작곡에는 별로 관심이 없었거든. 그때 직접 곡을 썼던 건 노엘이 밴드에 합류하기 전이었기 때문이야. 누가 멜로디 부를 줄 알고 기타만 칠 줄 알면 바로 공연할 수 있는 상태였다고. 작곡은 알 게 뭐야, 난 그냥 프론트맨 자리만 원했을 뿐이야. 본헤드는 작곡을 했지만 난 기타를 뭐, 어떻게 쳐다보는지도 몰랐어. 본헤드가 곡을 써서 여기저기 보내고. 그때 뭘 어떻게 했는지도 모르겠네. 걔가 쓴 곡을 내가 듣고 멜로디를 딴 다음에 거지 같은 가사를 끄적인 거지. 그 짓은 지금도 하고 있긴 해. 잘 알다시피.

본헤드 | 나랑 리암만 있었다면 앨범 하나를 작곡하진 못했겠죠. 난 작곡가는 아니니까요.

리암 | 우린 기대치에 전혀 못 미치고 있었어. 우리만 있었으면 아직도 거기서 빌빌대고 있을 수도 있어. 곡을 쓸 마음은 추호도 없었으니까. 우린 우리가 별로라는 걸 잘 알았어. 잘난 척이라곤 한 적도 없어. 제대로 곡이 나오기 전까지는 자신감이 붙지 않았지. 일단 하고 보자는 식으로. 사실 그땐 알다시피 겨우 문을 열었던 셈이니까. ◻

다섯 놈 완성

리암 | 그 시점에서 가장 중요한 건 노엘을 밴드에 데려오는 일이었어. 노엘은 작곡을 했고, 이미 그때면 곡을 쓴 지 꽤 됐을 때니까 적임자였지. 인스파이럴 카페츠랑 투어를 다녔으니 본 것도 많았을 거고. 누군들 평생 남의 장비나 손보고 싶겠어? 그건 그냥 일이잖아, 안 그래? 특히 재능 있는 사람에게 그런 건 그냥 중노동일 뿐이라고. 그래서 난 생각했어. 노엘이 돌아와서, 우리가 말만 하는 게 아니라 실제로 밴드를 하는 모습을 보면 자기도 끼고 싶어 할 거고, 일 처리도 대신해 줄 거라고. 우리가 잘하든 못하든. 사실 우리가 다 엄청 잘하고 그러진 않았지만 시작이 반이잖아. 걔를 밴드에 데려오자. 그러면 작곡은 알아서 다 할 테니 난 편하게 있으면 되겠다 싶었어. 그러다 걔가 진짜로 밴드에 들어왔고 곡이 다 끝내줬지. 이제 회사와 계약을 따내고 우리가 뭐 하는 놈들인지 보여주기만 하면 된다고 생각했어.

Get him in the band: he'll be the songwriter and I can just fart about.

걔를 밴드에 데려오자. 그러면
작곡은 다 할 테니 난 편하게 있으면 되겠다.

노엘 | 뮌헨에서 공연할 때였어. 그땐 일요일이면 집에 전화해서 엄마랑 통화를 했지. 공연장 옆에 있던 공중전화에서 전화를 하는데, 누가 베이스드럼 사운드체크를 하고 있었어. 붐, 붐, 하면서. "원, 투, 시빌런스, 시빌런스, 원, 투" 하는 옆에서 엄마한테 전화했거든. "여보세요? 나 뮌헨에 왔어요." "뮌헨이 어디냐?" "독일요." "독일은 또 어딘데?" 대체 뭔……. 아무튼 가족 얘기를 하다가, 리암은 뭘 하냐고 물어봤거든. "걔 리허설 갔단다." "네? 리허설요? 뭔 셰익스피어 연극 수업이라도 듣는대

요?” “아니, 밴드 들어갔어.” “네? 뭘 한다고요?” “노래 부른단다.” “아, 걔가 뭔 노래를 해요.” “난들 알겠냐? 자기 말로는 싱어래.” 그러고 말았어. 집에 왔는데 폴이 그러는 거야. 리암이 밴드 한다고, 제법 괜찮다고.

리암 ┃ 그때 우린 롱사이트에서 합주를 하고 있었어. 아일랜드 센터 비슷한 데서. 그땐 모든 게 잘 풀려가고 있었지. 그럼 다음 스텝은 공연이야. 축구선수랑 비슷해. 가서 실제 경기장에서 경기를 뛰어봐야 하는 거야.

노엘 ┃ 어느 날은 걔들이 동네에서 밴드 공연을 하더라고. 나도 보러 갔는데 꽤 인상 깊었지. 직접 쓴 곡도 있고 리암도 영 안 어울리지는 않는 거야. 속으로 생각했지. ‘미친놈이, 좀 하는데?’

리암 ┃ 그 공연은 쓰레기였어. 관객도 거의 없었지만 어쨌든 공연을 하긴 한 거니까……. 그걸 보고 합류한 거면 그렇게까지 나쁘진 않았다는 뜻이겠지.

노엘 ┃ 그 시점에 난 오아시스 멤버도 아니었고, 다른 밴드 멤버도 아니었어. 사실 어떤 밴드든 별로 들어갈 생각이 없었어. 단지 하던 일에서 잘리지 않기만 바랐지. 그 일자리에 정말 진심이었고 난 완벽한 기회주의자니까. 그때까지만 해도 밴드 멤버로 들어갈 마음은 안 생기더라고. 걔들이 나한테 와서 어땠느냐고 묻길래, 난 존나 끝내주더라고 했지. 그러더니 걔들이 그러는 거야. “그럼 우리 밴드 매니저 할래?” “뭐? 뭔 헛소리냐? 싫어.” “아니, 형은 인맥도 좀 있고 하니까.” “아니, 그건 잘 모르겠고. 나보다 나은 매니저를 구할 수 있을 거 같은데.”

리암 ┃ 처음에는 매니저가 되어달라고 했어. 인스파이럴 카페츠 통해서 연줄이 좀 있을 거 같아서. 그랬더니 “뭔 씨발, 매니저를 해. 차라리 곡 써주고 만다”라고 대답하더라. 걔도 속으론 하고 싶었던 거지. 뭐, 우리가 걔 머리에 총이라도 들이댔을라고? 사실은…… 걔가 무릎을 꿇더니 “뭐든 할게, 뭐든. 제발 너희 밴드에 받아줘” 하면서 애원했어. 그래서 내가 “일어나라, 청년이여. 능히 할 수 있으리라” 하면서 받아줬다고. 볼 만한 광경이었지. 찾아보면 그때 사진도 어디 있을 거야.

노엘 ┃ 2주 뒤에 리암이 자기들이랑 합주나 좀 하자고 했어. 그래서 나도 가서 걔들이랑 같이 연주도 하고, 좋았지. 아마 두 번째로 합주하러 갔을 때 리프를 하나 써서 가져갔던 거 같은데, 무슨 곡이었는진 기억이 안 나네. 리암이 그러는 거야.

"저번에 들려줬던 거 쳐봐." 모든 일이 거기서 시작됐어. 전체 멤버가 다 같이 합주실에서 내가 '쓴' 곡을 연주하는 걸 들으니까 "와, 존나 끝내주네!" 싶은 거지. 내 곡을 직접 들으면서 "너 이거 쳐봐. 너 여기서 이렇게 치면 그거 끝나고 내가 들어갈게" 같은 말을 하다니 정말 미친 듯이 행복한 거야. 그런데도 그 후로 2년은 아무 일도 일어나지 않았어.

폴 | 노엘한텐 완벽했겠죠. 리암한테서 잠재력을 봤을 테니까요. 어리지, 잘생겼지. 이미 자기한테는 곡이 몇 곡 있고, 없으면 이제부터 만들면 되겠다, 합치면 마법 같겠다. 무슨 천재가 나타난 것도 아니었고, 어쩌다 그렇게 된 거였어요.

리암 | 걔는 외톨이에 골초에, 좀 희한한 녀석이었어. 그런데 어느 날 갑자기 튀기 시작했는데 내 짐작으론 마약 덕분일걸? 보니까 카리스마가 좀 생겼더라고. 난 걔가 잘될 걸 확신했어. 로드 매니저 자리에서 잘리니까 '에라이, 그냥 오아시스나 해야겠다' 했을 거야. 그래서 인스파이럴 카페츠가 해고해 준 게 고맙지. 아주 잘했어.

노엘 | 내가 잘린 진짜 이유를 까보면 엄청나. 투어 중에 밴드랑 크루가 전부 같은 버스를 탔는데, 그땐 국경을 넘나드는 일이 아직 자유롭지 않은 시절이었거든. 밴드 멤버들은 버스 앞쪽에 앉고 나머지 골초 약쟁이들은 뒤에 앉았지. 그러다 갑자기 어떤 놈이 와서 이제 스페인 국경이라고 하대. 싱어는 벙커 침대에서 자고 있었고. 그래서 버스를 청소해야 했어. 약이 여기저기 사방에 널려 있었거든. 마약탐지견이 올라오고 아주 개판이었지. 버스가 출발하려는데 리드싱어

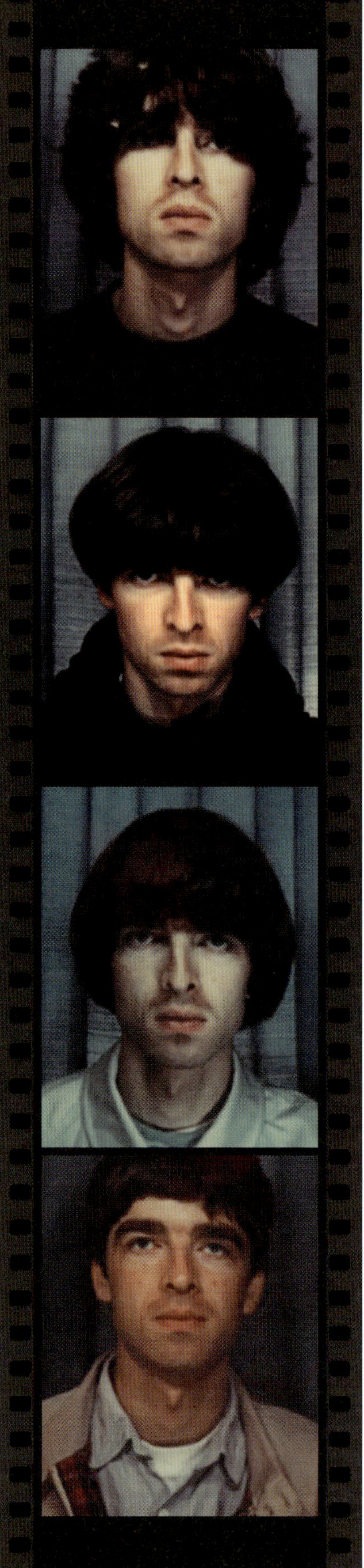

가 일어나더라. 내가 그 침대 앞에 서 있었거든. 나한테 묻는 거야. "씨발, 다들 간 거야?" "어, 갔어." "그 존나 많던 마약은 다 어떡하고?" "어, 아주 여기저기 마약 천국이었다니까." 그러니까 걔가 묻잖아. "어디다 숨겼는데?" 그래서 걔 베개 밑에 손을 넣고 말했지. "네 베개 밑에." 그러고 2주쯤 뒤에 잘렸어. 내 인생에서 가장 멋진 순간 중 하나야.

클린트 분 I 92년도 말쯤 되니 노엘 마음이 뜬 게 보였어요. 그때 이미 오아시스에 합류해서 곡도 쓰고, 시간 날 때 합주도 했으니까요. 매일 밤 집에 전화해서 리암한테 자기 아이디어를 말하더라고요. 그래서 노엘이 더는 인스파이럴 카페츠에 마음이 없구나, 하고 우리가 놓아준 거예요. 퇴직금 조로 2000파운드쯤 줬어요. 그 시절엔 큰돈이었죠.

I never had a clear vision of anything until Liam asked me to join and then I turned into a megalomaniac.

리암이 나더러 밴드에 합류하라고 하기 전까진
별 계획도 없었는데 갑자기 과대망상증 환자가 돼버린 거지.

노엘 I 무슨 고대 설화처럼 내가 합주실 문을 박차고 들어가니까 배경에 《석양의 무법자》 테마곡이 깔리는 와중에 "다들 하던 것 멈춰, 내가 너희를 백만장자로 만들어주겠다" 하며 선언했던 상황처럼 생각하나 보던데, 사실과 전혀 다른 얘기야. 내가 걔네랑 같은 밴드를 하게 된 건 순전히 우연이었어. 리암이 나더러 밴드에 합류하라고 하기 전까진 별 계획도 없었는데 갑자기 과대망상증 환자가 돼버린 거지. 난 항상 실제 실력보다 우리가 더 대단하다고 생각했거든. 무슨 말인지 알겠지?

사실 맨체스터에서 가장 잘나가는 밴드 세 개 중 하나인 인스파이럴 카페츠랑 일했던 사람이라면 뭐라도 좀 유리한 법인데 우린 그렇지 않았어. 우리가 믿을 구석은 직접 작곡한 곡들이랑, 사실상 첫 1년 반 동안 아무리 음악이 구렸어도 절대 포기하지 않았던 근성이었지.

리암 I 우리가 제일 훌륭한 뮤지션은 아니었고, 나도 노래를 제일 잘하는 싱어는 아니었지만 우린 포기하는 법 없이 머리 박고 그냥 계속했어. 제대로 된 계획도 없었고. 공연할 기회를 몇 건 잡고, 기본기를 익히는 게 전부였지. 우린 모두 진짜, 진짜로 밴드에 존나 진심이었어.

폴 | 걔들한테 마스터플랜이라는 게 있었다
면, 밴드에 토니 매캐럴을 데리고 있진 않았
을 거고, 귁시도 없었을 거고, 본헤드도 없었
을 거예요. 본헤드는 그때부터 이미 머리가
벗겨지고 있었다고요. 뭐라도 제대로 하려면
대머리보단 머리숱이란 게 있는 놈을 고르지
않았겠어요?

노엘 | 본헤드 같은 녀석을 데리고 밴드를 시
작한다 생각해 봐. 보는 사람이 뭘 제일 먼저
떠올리겠어? 쟤는 당장 쫓겨나야 한다고 생
각하겠지. 언제 한번은 앨런 맥기도 그러더라
니까. "쟤는 좀 모자라도 씌우면 안 되냐?" 안
되지. 걔는 걔야. 선글라스도 안 쓰는 녀석이
라고. 이왕 벗겨질 거면 아예 싹 다 밀고 정수

Bonehead was kind of the glue that held it all together.

*본헤드는 우리 모두를 뭉쳐놓는
본드 같은 존재였어.*

리에 유니언잭이라도 칠해놓을 걸 그랬어.

리암 | 본헤드는 영화 《백 투 더 퓨처》에 나오는 별 미친 박사 같은 사람이었어. 항상 뭔 미친 밴드에 들어가 있었고 웬 악기를 끼고 다니면서 그걸 고치든가, 부숴 먹든가, 아니면 연주하곤 했었지. 하여간 그런 스타일이었어.

노엘 | 본헤드는 레드와인이면 뭔 사족을 못 쓰는 새끼였어. 술 취하면 목을 가누지를 못해. 신에게 맹세하는데, 본헤드는 술만 먹으면 목 위에 머리 대신 쇳덩이가 달린 것 같았다니까.

리암 | 나는 본헤드의 연주 방식을 좋아했어. 군더더기가 없지. 지금은 자기가 무슨 지미 헨드릭스라도 되는 줄 아는데. 진정해, 이 양반아. 그 딱 떨어지는 리듬이 바로 예술이라고. 우리 밴드 사운드는 그런 식이었지. 빽빽하게 쌓여 있는 사운드

위로 노엘이 치고 나가는 와중에 귁시가 근음을 잡았거든.

노엘 | 본헤드는 우리 모두를 뭉쳐놓는 본드 같은 존재였어. 처음엔 우리 중에 개가 가장 미래를 내다볼 줄 알았지. 왜냐면 걔는 오아시스 전에도 여러 밴드를 거쳤거든. 초창기에는 본헤드야말로 오아시스의 영혼이었어. 그런 녀석이 아무것도 개의치 않는데 나라고 그랬겠어?

본헤드 | 오아시스의 영혼이라니 뭔 소리일까요? 나도 모르겠네요. 아마 노엘 말은, 노엘이랑 리암이 싸울 때마다 분위기가 험악해지면 말릴 사람이 한 명 필요했는데 그 사람은 나였단 소리일걸요. 나는 싸움을 지켜보다가 필요할 때 중재하곤 했죠. 장담하는데 다음 날 아침에 분위기 띄우는 사람은 항상 나였어요. 아직 반쯤 취한 채로 개그 콤비처럼 엘리베이터에서 떨어지는 흉내를 내며 한바탕 웃겨주고 나면, 그제야 모두 버스에 올라타더라고요. 그런 의미라면 뭐, 그 말이 맞아요.

노엘 | 나랑 리암 사이가 안 좋을 때마다 딱 본헤드만 우리를 화해시키려고 했었는데, 우리 둘은 걔를 완전히 무시했었거든. 걔가 자기 말 좀 늘어놓으면 우리는 잠잠해졌다가도 곧 "어쩌라고" 하면서 다시 싸우기 시작했어. 뭐였더라, 재킷에 털 달린 칼라 같은 걸로 싸웠나.

리암 | 본헤드. 하여간 정신 나간 새끼. 얼마나 미쳤는지 말로 설명이 안 될 지경이었다니까. 또 한 명의 형제 같은 존재야. 난 본헤드를 사랑하고 아직도 연락해. 일류 뮤지션이지. 뭐든 연주할 줄 아니까. 그러면서도 돌아버린 구석이 있어서 난 그런 면을 좋아했어. 우리 둘이 같이 미친 짓거리를 많이 했었거든. 알잖아.

노엘 | 귁시는 우리 중에 차분함을 담당했었어. 뭘 해도 당황하는 법이 없었지. 진중하고 조용한 사람이야. 귁시는 앨범 내는 데엔 관심이 없었어. 크리켓, 〈닥터후〉, 대마초를 좋아하고 맨시티 팬이었지. 아마 오아시스는 걔한테 5위 정도였을걸? 끽해야 5위. 귁시 인생에 중요한 물건이 딱 두 개 있는데, 그게 무슨 아이버 노벨로상 트로피 같은 거는 전혀 아니야. 하나는 BBC에서 샀던 달렉 로봇이고, 나머지 하나는 그 뭔 크리켓 선수 이언 보덤한테 사인받은 크리켓 배트일 거야. 걘 그냥 은둔자야. 우리는 1998년까지 귁시랑 같이 밴드를 했으니, 한 7년 되나? 그동안 걔가 나한테 했던 말을 다 적어봤자 한 문단 반 정도밖에 안 될걸. 하여간 베이스 연주자들은 좀 희한해, 안 그래? 항상 조용한 편이고.

리암 | 귁시. 차분한 녀석이지. 대마초에 절어 있었어. 밥 말리Bob Marley가 따로 없었지. 좋은 사람이고 나도 귁시를 좋아했어. 걘 정말 골초였어. 크리켓을 꽤 좋아하길래 속으로 존나 괴짜라고 생각했긴 해. 크리켓 같은 걸 대체 왜 좋아해? 귁시는 음악을 정말 좋아했는데, 너무 깊게 좋아했을지도 모르겠네. 사실 음악이란 "이건 그냥 음악일 뿐이야" 하면서 털어버려야 하기도 하는데.

본헤드 | 귁시는 '리 페리 귁스Lee Perry Guigs' 같은 이름을 지었으면 더 잘나갔을지도 모르죠. 대체 그런 애가 어떻게 레게 밴드 대신 록 밴드에 들어왔는지 알 턱이 없네요.

리암 | 토니 매캐럴은 좋았어. 같이 좋은 시간을 보내기도 했지. 토니는 아일랜드와 관련된 것에 관심이 많아서 같이 아일랜드식 펍에 갈 때마다 아일랜드 뮤지션 얘기를 많이 했었어. 멋진 친구였지.

토니 매캐럴 | 난 지쳐 있었어요. 완전히 지쳤었죠. 절대 잊지 못해요. 내가 처한 상황 탓인지 세상을 보는 관점이 달랐어요. 나머지 애들은 아이도 없고, 책임질 것도 없었는데, 난 열여덟 살짜리가 짊어지기엔 짐이 많았죠. 아마 걔들은 내 상황을 좋아하진 않았을걸요? 걔네만큼 시끄럽지도 않고 야단스럽지도 않았으니까. 사실 그럴 수가 없었어요. 폴라랑 만난 지 얼마 되지도 않았는데 애가 덜컥 생겼거든요. 우리 딸 젬마가. 그래서 난 하루빨리 돈을 벌어야 했어요. 초창기에는 밴드가 돈이 되지 않았으니 공사장이라도 가야 했어요. 돈이 필요했으니까요.

본헤드 | 노엘을 어떻게 묘사하냐고요? 노엘이 이유 없이 대장Chief이라고 불리지는 않았죠. 노엘은 타고난 리더예요. 유머 감각도 타고나서 어딜 가든 주목받고 금세 신뢰를 얻죠. 모두의 인생에서 제일 웃긴 사람이 바로 노엘일 거예요. 하지만 노엘의 성미를 잘못 거스르기라도 하면, 성질머리를 바로 깨닫게 돼요. 그렇다고 뒤끝 있는 사람은 아니에요.

리암 | 나는 노엘한테 대장이라고 안 했어. 하지만 대장으로 불리는 사람들을 몇 명 알긴 하지. 그거 별로 좋은 뜻 아니야.

노엘 | 리암? 리암이 없었다면 우린 여기까지 못 왔지. 그건 확실해. 노래의 역할이 중요했고, 필요했고, 여전히 그렇기는 하지만 오아시스를 만든 두 가지를 꼽자면

곡이랑 리암이야. 리암이 아니었다면 우린 그저 그런 밴드 중 하나였을 거야. 다른
사람이 보컬을 맡는 건 상상할 수조차 없어.

본헤드 | 리암은 리암이에요. 다들 리암
이 어떤지 안다고 생각할 테죠. 누구나 리
암의 걸음걸이며 입는 옷이며 목소리를
알잖아요. 정말 누구나 다! 언론 기사나
인터뷰 때문에 리암을 안다고 생각한다
면, 아마 4분의 3 정도는 맞는 말이에요.
리암은 솔직하거든요. 정말, 정말 솔직한

If it wasn't for him we might have been just another band.

리암이 아니었다면 우린 그저 그런 밴드 중 하나였을 거야.

사람이에요. 리암이 해온 수없이 많은 인터뷰를 읽어본 사람이라면, 리암을 실제로
만났을 때 알던 거랑 똑같다고 느낄 거예요. 리암은 거짓말을 못 해요. 난 그 솔직
함 때문에 리암을 좋아하거든요. 하지만 리암이 턱수염을 기르기 시작할 때는 조심
하세요. 뭔가 잘못돼 간다는 뜻이니까요. 수염이 길면 길수록 조심해야 된답니다.

리암 | 나? 난 아름답고, 돌았고, 어디서든 최고지. 내 안에 인격이 여러 개일 수도
있는데, 어떤 인격이든 존나 훌륭해. 그중 누굴 만난대도 다 끝내줄 거야. 다 멋지
다니까. ◻

집에서 집으로

본헤드 | 맨체스터에 보드워크라는 클럽이 있었어요. 슬프게도 지금은 사라졌지만요. 하시엔다에서 코너를 돌면 있었던 멋진 공연장이었죠. 겉은 오래된 교회처럼 생겨서 꽤 괜찮은 곳이었고 주말에 열리는 클럽의 밤이 훌륭했어요. 평일에는 좋은 공연도 열렸고요. 아마 영국의 밴드라면 누구든 어느 시점이었든 한 번은 보드워크에서 공연을 했을 거예요. 멋진 공연장에, 관객도 멋졌죠. 음악 좋아하는 사람들이 모인 거였으니까요. 짐 두는 곳도 넓었고 계단을 내려가면 나오는 지하실에서 맨체스터 출신 밴드 몇몇이 합주를 했었어요. 아마 해피 먼데이스랑 인스파이럴 카페츠도 거기서 합주했을 걸요. 우리도 방 하나를 받아서 앰프나 PA 같은 장비를 놔뒀었

어요. 직접 페인트도 칠하고, 그림도 붙여놓고 벽에다 뭘 둘러놓기도 하면서 우리만의 공간으로 만들었죠.

리암 I 벽에 유니언잭 그림을 그렸었어. 내 작품이야. 그 옆에는 비틀스 포스터를 붙였고. 거긴 한동안 우리 집이었다니까. 아주 좋았거든. 나는 댄스 음악에는 흥미가 없었는데 이놈의 동네랑 도시 전체는 댄스 음악에 미쳐 있었어. 도무지 이해가 안 돼. 다들 입에 알약을 털어 넣고 하시엔다에 가서 멍청이들처럼 춤을 춰대는 거야. 내 친구들은 죄다 우리 집 문을 두드리면서 "야, 오늘 밤에 뭐 하냐? 가서 다 찢어놓고 오자! 빨리 나오라고! 나가 놀자고!" 이랬었어. 난 이렇게 말했지. "싫어, 난 그런 멍청한 음악 안 들어. 난 여기서 페이시스Faces나 들을란다. 꺼져, 뭔 헛짓거리야? 약 빨았으니까 그딴 음악에 춤추고 자빠졌지. 약 안 하고 그거 들어도 이렇게 난리 칠까? 그럴 리가 없지." 나는 레드 제플린, 비틀스를 들었거든. 휘파람처럼 깔끔하잖아. 지금도 마찬가지고.

본헤드 I 항상 밤 11시만 되면 싸움이 났어요. 다들 냅다 도망가는 거예요. 기타 케이스도 그냥 내버려두고. 제일 나중에 나가는 사람이 열쇠를 챙겨야 했거든요? 사실 월세 때문에 한바탕 잔소리 듣겠다 했는데, 거기 세주는 사람들은 쿨해서 몇 달씩 월세가 밀려도 괜찮았어요. 다행히도.

리암 I "아, 다음 주에 낸다니까요, 왜 그래요. 진정하고 일단 한 대 피워봐요!"

노엘 I 늘 보드워크 운영하는 사람들이랑 트러블이 있었지. 마약도 하고 이상한 애들이랑 어울린다고. 뭐라도 도둑맞은 게 있으면 죄다 우리 탓을 했다? 그런데 우리는 한 번도 그런 적 없어.

본헤드 I 우린 합주에 진심이라서 합주 위주로 일상이 돌아갔어요. 그날이 무슨 날이든, 누가 그날 밤에 무슨 공연을 하든 상관없었을 정도로요. 합주하는 날이면 오로지 합주만 했죠. "얘들아, 미안한데 우린 거기 안 가. 그럴 시간 없어." 사람들은 이해를 못 하던데, 우리는 그렇게 우리 사운드를 발전시켜 나갔어요. 노엘 곡을 연주하고 부르면서요. 매일매일, 밤마다. 나도 일

If anything ever got stolen they said it was our fault, but it never was.

뭐라도 도둑맞은 게 있으면 죄다 우리 탓을 했다?
그런데 우리는 한 번도 그런 적 없어.

을 했고, 귁시도 직장이 있었거든요. 귁시는 제법 좋은 직장에 다녔어요. 브리티시 텔레콤이라고, 연금도 나오는 거의 평생 직장이었죠. 그래서 귁시는 출근했다가 바로 보드워크로 퇴근했어요. 밤이면 밤마다. 우리는 만나면 앰프에 케이블 꽂고 "야, 우리 한 시간 동안 잼이나 하자. 토니, 비트 하나 던져봐. 아이디어 있어?" 이러지 않았어요. 도착하면 다들 잡담 한 마디 안 하고 농담 따먹는 일 없이 바로 케이블 꽂고 연습 시작했거든요. 아무거나 치면서 장난치는 게 아니라요. 성공해야만 한다는 마음가짐이었다기보다는, 언젠간 꼭 *성공하도록* 노력하는 것에 가까웠죠.

노엘 ㅣ 그때 "여자 친구가 들들 볶는다니까" 하거나 "땡전 한 푼 없다고" 하고 말 수도 있었어. 무슨 말인지 알지? 그러다 음악이 찾아오고…… 일단 곡이 나오면 다른 건 아무것도 필요가 없어. 정말로, 그게, 씨발, 뭐가 됐든 하나도 상관없어진다니까. 모두가 연습에 매진하다 끝까지 간 거지. 합주는 신성한 거였어. 투어 돌기 전에 두 달 동안은 무조건 하루가 멀다 하고 연습했고. 공연을 하면 사람들이 보러 올 텐데, 어쨌든 그 사람들을 놀라게 해줘야 할 거 아냐.

Playing as loud as fuck, playing guitar and working out bits, it's great.

존나 시끄럽게 기타 치고,
이것저것 고쳐가는 건 그야말로 끝내주지.

리암 ㅣ 우리는 즉흥적으로 연주하면서 맞춰 가는 연습은 절대 안 했어. 레드 제플린 스타일은 아니라서. 그냥 계속 합주만 죽어라고 하면서 실력을 쌓았어.

노엘 ㅣ 나는 합주하는 걸 존나 좋아해. 잘해야 한단 압박 없이 합주하는 건 정말 최고라고. 존나 시끄럽게 기타 치고, 이것저것 고쳐가는 건 그야말로 끝내주지.

본헤드 ㅣ 연습할 때면 코일리도 항상 있었어요. 4트랙짜리 멀티 트랙 녹음기하고 마이크를 가져왔죠. 리암 목소리가 더 크게 들어가야 되는데, 음량만 높이면 하울링 때문에 삐 소리가 난다고 믹서를 조정하기도 하고요.

코일리 ㅣ 걔들은 항상 거기 있었어요. 연습에 매진하면서. 그때 사운드는 정말 파워풀하고, 쓸쓸하고, 공격적이고, 어두웠어요. 악마 같고 더러운 구석이 있었는데 듣자마자 바로 끌렸죠. 전 원래 그런 거 좋아하거든요.

본헤드 ⏐ 제 기억에도 그때 사운드가 확 좋아졌던 기억이 나요. 갑자기 기타가 둘이 돼서 그랬어요. 우리가 내던 소음은 터무니없을 지경이었거든요. 듣는 사람마다 모두 "야, 본헤드, 그 기타에 드라이빙 먹인 소리는 어떻게 내는 거냐?" 하고 묻곤 했죠. 전 그냥 망할 놈의 기타를 켜고, 소리를 키우고, 후려갈긴 게 전부였는데. 우리가 내는 소리를 듣고 그게 한 방 크게 날릴 거라고 금세 깨달았어요. 많은 사람이 좋아할 게 분명했죠. 무대에서 보여주기만 하면 사람들이 와서 곧바로 마음에 들어할 거라고요. 합주하러 갈 때 '그냥 연습하는 건데 뭐' 하면서 기타만 건성건성 잡다가 온 적 없어요. 할 거면 제대로 했고, 실제로 잘했고, 원하는 소리를 만들어가고 있었어요. 매번 제대로 해야만 했어요. 무조건. 리암 목소리, 노엘의 기타 소리, 귁시의 베이스 소리, 드럼 소리…… 전부 잘 들을 수 있도록 합을 맞췄죠. 어마어마하게 크게. 방 안에서 엄청난 소리가 났어요. 다들 서로를 들을 수 있었어요. 코일리가 그렇게 해줬으니까요. 매일 밤 어마어마한 공연을 하는 것 같았어요. 완성도는 점점 깊어져 갔고. 그렇게 시간이 지나자 진정한 자신감이 붙더군요. 그때쯤 되면 뭔가 터지겠다는 감이 오기 시작해요. 공연을 많이 하진 않았고 그저 연습, 연습, 또 연습이었죠. 다른 데보다 보드워크에서 제일 자주 공연했어요. 그냥 위층에 올라가서 "다음 주 금요일에 우리 공연 자리 있어요?" 하면 "그래, 너네 해라" 하고 끝이었으니까요. 우리는 그렇게 했어요.

리암 ⏐ 우리는 그냥 무대에 태연히 올라가서 존나 시끄럽게 연주한 것뿐이야. 그러니까, 우리가 그때 제일 요란한 애들이었거든. ◻

귀청 떨어지게
시끄러운

노엘 | 다 같이 합주하고 있는데 본헤드가 다음 주 화요일에 공연을 한다는 거야. 그게 우리 첫 공연이었지. 그때까지만 해도 나는 무대에 서서 기타를 연주한다는 개념 자체가 없었어. 그래서 "나 기타 스트랩 없는데" 이랬다니까. 그래서 다른 사람한테 스트랩을 빌려다가 방에 서봤다? 이미 한참 전에 테니스 라켓이라도 들고 해봤어야 하는 일이었어. 그거 진짜 중요해. 기타를 어떻게 들고 스트랩을 어떻게 맬 건지 정하는 거. 스트랩을 너무 길게 두면 펑크록 하는 사람 같고 너무 짧게 하면 헤어컷 100Haircut 100처럼 보이게 돼버리니까. 운 좋게도 난 기타를 멨을 때 가장 편한 자세가 보기에도 가장 멋있어 보였지. 하지만 닷새 안에 세트리스트 전체를 서서 연주할 수 있게끔 배우는 건 꽤 큰일이더라고. 뭐 그리 대단하냐 싶기도 하겠지만 나한텐 엄청난 일이었어.

리암 | 본헤드는 이전에도 밴드를 했으니까 공연도 존나 많이 했거든. 그래서 무대에서 어떻게 해야 할지, 어떤 공연장이 어떤지, 그딴 걸 많이 알고 있었어.

클린트 분 | 보드워크에 공연 보러 갔던 게 기억나네요. 노엘이 밴드로 처음 섰던 공연이었어요. 관객이 많진 않았는데, 아마 스무 명 됐으려나. 그중 다섯은 인스파이럴 카페츠였고요. 그땐 지금 우리가 아는 오아시스 느낌은 아니었고 리암은 이언 브라운Ian Brown의 주술에 걸려 있었어요. 빙의라도 한 줄 알았다니까. 이언이 하는 대로만 하면 성공할 수 있다고 믿는 것 같았어요.

리암 | 거기 누가 보러 오기나 했나? 몇 명 있기는 했는데 대부분 우리 친구들이었

고, 보면서도 "쟤들 저기서 대체 뭐 하는 거냐?" 이랬을걸? 몰라, 제대로 기억 안
나. 사람들이 좋아하든 말든 상관없었어. 남들 좋자고 하는 건 아니었으니까. 그냥
우리가 하고 싶어서 한 거야.

토니 ｜ 우리 친구들은 당연히 우릴 응원해
줬지만 다들 스톤 로지스랑 우리를 비교했
어요. 하지만 우린 처음부터, 의심할 여지 없
이 스톤 로지스랑은 다른 길을 가고 있었죠.

본헤드 ｜ 박수 치는 사람이 없었어요. 그냥
조용……. 아, 씨. 그러고 있다가 누가 어색
하게 박수를 짝, 짝, 짝 치는데, 아, 뭔 폭풍이
라도 지나갔냐, 그런 느낌?

It didn't matter to me whether people liked it or not, that wasn't what we were doing it for.

*사람들이 좋아하든 말든 상관없었어. 남들 좋자고
하는 건 아니었으니까.*

노엘 ｜ 나는 무대공포증도 없었고 떨지도 않았어. 왜냐면 연습을 그렇게나 많이 했
으니 곡을 거꾸로 해도 알 정도였거든. 우린 정말 연습이 잘돼 있었고 그 영향은 오
아시스까지 이어졌어. 밴드 전체가 한마음 한뜻으로 뭉쳤어. 최고의 무대를 만들기
위해 우리가 할 수 있는 건 다 했던 거야.

리암 ｜ 우리는 라이브를 잘했어. 그거 하나
만큼은 확실해. 존나 끝내줬지. 한 명 한 명
이 엄청난 뮤지션이라거나, 대단한 가수라
거나, 위대한 작곡가였다거나 하진 않았어
도 뭉치면 꽤 훌륭했던 거지.

We were good live, I can tell you that, we were fucking shit hot.

*우리는 라이브를 잘했어. 그거 하나만큼은 확실해.
존나 끝내줬지.*

노엘 ｜ 보드워크 공연장은 아주 작아. 길에
서 보면 계단이 두 개 있었는데, 하나는 지
하에 있는 합주실로, 나머지 하나는 입장료를 내고 들어가는 위층으로 연결돼 있었
지. 문으로 들어가면 왼쪽에 바가 있고 오른쪽에 바가 하나 더 있었는데 그 바로 앞
에 무대가 있는 구조였어. 작지만 제법 끝내주는 공연이 열렸지. 우리도 거기서 최
소 여섯 번은 했을걸.

코일리 ｜ 귀청이 터질 정도로 날카롭고 시끄러웠어요. 이 밴드는 뭔가 다르단 걸

알아차릴 수밖에 없었죠. 그렇다고 관객이 많았던 건 아니에요. 초기 공연에서는 관중석의 절반은 비어 있었을걸요. 대부분 그랬어요.

리암 l 당시에 우리 공연은 관객보단 우리 스스로를 위한 거였어. 공연이 끝나고 우리는 '존나 좋다, 이제 관객만 있으면 행복하겠군' 했었지. 그래도 머릿속으론 빨리 누군가 우릴 알아봐 주길 바랐던 것도 같아.

노엘 l 그때 나는 연주하는 일이 어색했어. 서서 기타 치는 게 어설퍼서 엄청 집중해야 했거든. 그때 경험 때문에 지금 무대에서 가만히 있는 '스틸리즘'이란 게 발명됐다고나 할까.

리암 l 나는 아무것도 안 하는 게 자연스럽게 느껴졌어. 무대 위에서 땀을 흘리거나, 믹 재거Mick Jagger처럼 콩콩 뛰어다니거나, 데이비드 보위David Bowie처럼 화장을 하거나, 이것저것 하지 않았다고. 그냥 다 무시하고 가만히 서 있는 게 훨씬 자연스러웠어. 마이크를 찢을 듯이 최선을 다해서, 최대한 파워풀하게 노래 부르는 게 다였지. 그게 전부였어. 난 그 정도는 할 수 있었어. 화장? 가죽 바지? 쿠바 힐? 그딴 게 왜 필요해? 서 있기만 해도 무대를 찢을 수 있는데. 그건 할 수 있겠다 싶었어.

폴 l 관객이랑 주고받고 하는 건 전혀 없었죠. 그냥 리암이 "이번 곡은……" 하고 외치며 바로 연주에 들어가더라고요. 맨체스터 출신답게 건방 떤 거예요. 무대에 올라서 노래 끝나면 꺼져버리는 식으로.

Who needs make-up and fucking leather kecks and fucking Cuban heels. Just stand there and fucking have it.

화장? 가죽 바지? 쿠바 힐? 그딴 게 왜 필요해? 서 있기만 해도 무대를 찢을 수 있는데.

리암 l 춤도 추려고 하긴 했어. 거울 앞에서 춰봤는데 뭔 미친 수탉 같더라고. 그래서 안 하기로 했지, 뭐. 나는 가만히 서 있는 건 잘했으니까.

노엘 l 싱어 놈은 '제발 날 사랑해 줘!' 하며 외치진 않았어. 뭔 말인지 알지? 믹 재거식 쇼맨십은 우리랑은 절대 안 맞았지. 우리를 보러 올 사람은 결국, 노래가 좋아서 오는 거 아니겠어?

리암 ㅣ 나는 절대 마이크를 손으로 안 들었어. 아마도 초창기에만 그랬을 거야. 마이크 들고 이언 브라운처럼 돌아다니는 건 나한테 별로 도움이 안 되더라고. 솔직히 난 도대체 다른 사람들이 어떻게 그러면서 노래를 하는지 이해가 안 돼. 나는 딱 서서, 뒷짐 지고 모든 걸 목청으로 쏟아냈어. 그거에 주목하는 사람들이 늘어날수록 우린 더 그렇게 밀고 갔지. 사실 그거 말곤 할 수 있는 것도 없었긴 해. 우리가 무슨 무용수가 될 수 있는 것도 아니었으니까. 시간이 갈수록 '움직이는 놈 벌금이다'라는 경지까지 갔다니까. 제임스 브라운James Brown이 가사 틀리는 놈 벌금 물리는 것처럼.

"야, 너 〈Supersonic〉 여덟 마디 중간에 움직였냐?" "아닌데." "아니어야 할 거다, 새끼야. 아까 너 〈Wonderwall〉 중간에는 발 까딱까딱했잖아?" "아니라니까." "내가 헛것을 봤나? 걸리기만 하면 벌금 물 줄 알아. 가만히 있어."

나는 진짜 가만히 잘 서 있어. 〈Jumping Jack Flash〉보다 잘 뛰거나, 제임스 브라운보다 춤을 잘 출 거 아니면 가만히 있는 게 훨씬 낫지. 사실 무대에 가만히 잘 서 있는 사람은 드무니까 그 방면에서는 우리가 앞서 있었다고. ◻

전국 납작 모자의 날

노엘 | 본헤드네 형제가 그라나다 방송국에서 일했는데, 아니, 지금 생각해 보니 제법 멋지잖아? 뭐였더라? 빨간 코의 날? 칠드런 인 니드• 행사는 절대 아니었을 거야. 그건 꽤 큰 행사니까. 그래도 뭔가 하긴 했었어. 그것보단 좀 더 동네에 특화된 행사였던 것 같은데. '핫포트 구원의 날'? '전국 납작 모자의 날'이었나? 아닌가? '우리 집 휘핏 찾기' 행사였나?

• 영국의 장애 아동을 돕기 위해 1980년 부터 시작된 자선 방송 프로그램.

토니 | 듣기로는 출연자들은 다 영상 찍힌다고, 그리고 그 찍힌 영상이 여기저기 나올 거랬어요. 텔레비전에도! 바로 우리가 기다리던 기회였어요.

본헤드 | 그 행사는 종일 야외에서 진행됐었어요. 그, 진행하는 사람이 내 형제의 지인이라고 하니까 그 얘기를 듣고 '오, 좋네. 텔레비전에도 나온다니' 했던 기억이 나는군요. 뭐가 어떻게 돌아가는 건지도 모르고요. 글쎄, 좀 엉망이었던 것 같아요. 흔해빠진 공연 중 하나였는데, 그딴 걸 해서 뭐 하겠어요? 부모들이 네 살짜리 애들 데려와서는 잔디밭에 앉아서 우리를 쳐다보는 그런 공연이었는데……

노엘 | 우린 앨빈 스타더스트Alvin Stardust 바로 다음 순서였어. 그 유명한 앨빈 스타더스트. 그런데 우리는 우리 데모곡 중 하나에 핸드싱크나 하고 있었다니까. 그냥 일요일 오후에 할머니들이 들으러 오는 느낌이었어. 그런데 진행자가 우리를 무슨 전자음악 밴드라고 소개했다? 말이 돼? 리암이랑 본헤드가 만든 〈Take Me〉라는 노래는 죽어도 녹화를 안 하겠다는 거야. 하여간 끝내주는 노랜데! 걔들이 작곡

We went on after Alvin Stardust, the Alvin Stardust, and we mimed to one of our demos.

우린 앨빈 스타더스트 바로 다음 순서였어.
그 유명한 앨빈 스타더스트. 그런데 우리는 데모곡 중
하나에 핸드싱크나 하고 있었다니까.

한 것 중에 유일하게 좋은 곡이란 말이야. 그 영상 자료가 아직도 안 나왔다는 것도 대단하긴 해. 누가 도중에 스위치를 홱 꺼버리고는 '저것들은 대체 뭐 하는 놈들이야?' 했던 게 분명해. 안 그래?

리암 | 그때 앨빈 스타더스트가 쓰던 드럼키트를 빌렸던 기억이 나. 공습 때 나는 사이렌 소리를 존나 크게 내면서 그 노래를 연주했었는데, 아주 이상하긴 했지. 그래도 우리 사운드 괜찮았어. 관객이 뭐, 있었겠어? 동네 축제 같은 거였으니까. 하여간 이상한 날이었어.

토니 | 속상했죠. 세상이 무너진 줄 알았다니까요. ◻

내가 되고 싶은 모든 것

노엘 ┃ 난 곡을 쓰면 냉동고 속 음식처럼 몇 년은 방치해 둬. 그게 내가 곡을 쓰는 방식이야. 훌륭하다는 걸 알고, 언젠가는 완성할 거란 것도 알지만 절대 서두르지는 않아. 하늘에서 뚝 떨어지기만을 기다리는 거지. 절대 억지로 쓰지 않아. 그래서 나한텐 항상 미완성곡들이 45곡 정도는 있어. 1절이나 중간에 여덟 마디 정도만 채우면 되는 상태로. 기본적으로는 완성된 상태긴 해.

리암 ┃ 난 음악에 아주 깊이 관여하진 않았어. 그냥 '그건 네 일이니까, 난 저쪽에서 멋지게 가만히 서 있을게' 같은 느낌이었어.

본헤드 ┃ 나랑 리암은 자주 노엘 집에 가서 어쿠스틱기타를 치곤 했죠. 리암이 마이크도 없이 그냥 소파에 앉아서 노래하고 있으면 우리는 노엘 곡의 코드를 계속 연주했거든요. 가끔은 그러면 정말 좋았어요. 그러다 노엘이 합주실에 자기가 쓰고 온 곡을 들고 오면 그 곡이 생생하게 살아나는 것 같았어요. 드럼도 있지, 베이스도 들어가지, 앰프도 켰지, 딜레이 건 리암 목소리가 믹서를 통해서 나오니까 노엘도 듣고 깜짝 놀랐을걸요. 밴드가 합주할 때 곡이 살아나는 걸 보면, 처음 작곡할 때 머릿속에서만 듣던 소리가 현실이 되는 기분이거든요.

노엘 ┃ 〈Live Forever〉는 내가 처음으로 제대로 잘 만든 곡이야. 다 완성하고서 좋다고 생각한 첫 곡이기도 하고. 오아시스는 그 곡이 나오기 전에 한 6개월에서 1년 정도 활동하고 있었는데, 그때까지는 뭐, 그냥 적당히 괜찮은 밴드 중 하나였지. 다들 연주는 좀 할 줄 안다 수준이었고. 그저 맨체스터 출신의 허접한 인디밴드였던 우리였는데, 어느 날 ⟨Live Forever⟩를 들고 간 순간부터 모든 게 달라졌어. 난 음악 전반에 대해서도, 그 곡에 대해서도 충분히 알고 있었으니 그 곡이 좋은 곡이란 사실을 알고 있었거든. 그러다 다음 곡이 나오고, 또 다음 곡이 나오고, 또 나오는데 그제야 뭔가가 진짜로 시작됐다는 느낌이 왔어. 아무도 우릴 안 알아준대도 '이거야말로 진짜다' 싶었던 거지. 본헤드가 "이거 네가 직접 쓴 거 아니지? 이게 네 곡일 리가 없어"라고 말한 게 기억나네. 요새도 가끔 어떤 곡은 내가 썼을 리가 없다고 농담하던데?

The first real song that I completed that was good was 'Live Forever'.

⟨Live Forever⟩는 내가 처음으로 제대로 잘 만든 곡이야.

본헤드 | 믿을 수가 있냐고요. 그런 곡은 라디오로나 듣는 거지, 내 옆에 앉은 놈이 썼다고 하면 믿을 수가 있겠냐고요. 어이가 없죠. 그런데 갑자기 노엘이 와서 "내가 쓴 곡 들어봐" 하더니 ⟨Live Forever⟩를 연주하더라고요. 듣자마자 "뭔 개소리야? 이걸 네가 썼다고? 말이 되냐?" 했죠. 그랬더니 노엘은 "왜 말이 안 돼?" 라던데요? "지랄 마, 이게 어떻게 네 곡이냐?" 참 나, 진짜 대단한 곡이었거든요. "이걸 네가 썼을 리가 없어." "아니, 맞다니까. 내가 썼다고." "아, 절대 아냐, 진짜 아냐." 우린 아직도 인정하지 않고 있어요. 사실 노엘은 아무것도 작곡 안 했어요. 자기가 썼다는 건 대충 둘러댄 말이고, 다른 사람이 쓴 건데 본인이 쓴 척하는 거예요.

리암 | 솔직히 ⟨Live Forever⟩를 처음 들었던 순간을 뚜렷하게 기억하는 건 아냐. 뭐, 좋은 곡인 건 확실하지. 근데 그때 나온 곡들은 전부 다 좋았어. 그러니까 이건 "유레카!" 같은 순간이 아니라 그냥 계속, '와, 우리 지금 개좋은 곡들이 쌓이고 있는데? 이게 근본이지'에 더 가까운 느낌이었어. 밴드로서 자기만의 사운드를 찾아내는 일이 가장 어려운데, 그때 우린 드디어 그걸 찾았던 거지. 처음에 우리는 그냥 스톤 로지스 짝퉁, 잘 봐줘야 하위호환 수준이었거든. 너무 형편없었으니까.

노엘 | 나는 곡을 쓸 때 '쓰지 않으면서 쓴다'라고 해야 하나. 기타로 코드 세 개를 계속 퉁기는 식이야. 아마 ⟨Live Forever⟩ 도입부 코드만 몇 주 동안 계속 쳤을걸. 그러다 멜로디가 떠오르고 가사는 맨 나중에 붙이는 식이지. 그러니까 처음엔 코드만 치면서 '나에게 뭔가 말하고 있구나' 싶어도 정확히 뭔지는 감이 안 와. 그러다가 멜로디가 나오고, 그다음에 나머지 파트랑 멜로디를 짜. 머리에 떠오르는 대로

흥얼거리다 보면 가사 속 단어들이 딱 맞아떨어지기 시작하더라고. 첫 줄은 바로 나오고, 그다음 몇 줄도 나와. 그러다가 어느 순간 머릿속에 번쩍 떠오르는 단어들을 막 적어. 그러고 나서 빈 부분을 채워 넣는 거야. 난 처음부터 계속 이런 방식으로 곡을 썼어. 나한테 중요한 건 언제나 멜로디랑 음악이거든. 솔직히 말하면, 가사는 그다지 신경 안 써.

본헤드 | 매일 밤 노엘이 새 곡을 들고 오더라고요. 그냥 "있어봐, 이거 한 곡만 들려줄게" 하고 연주하면, 듣는 모두가 완전 감동받고 넋이 나갔죠. 그렇게 노엘이 계속 곡을 뽑아냈어요. 아이디어가 하나 생각났다는 게 아니라 매번 "이게 이번에 쓴 곡이야" 하면서 완성된 곡을 가져왔다니까요. 어느 날은 합주할 때 내가 리프를 하나 치고 있었는데, 노엘이 "야, 이거 죽여준다? 뭐야? 〈Taxman〉 같은데?" 하더라고요. 그러더니 그다음 날 와서 갑자기 "이거 들어봐" 하는 거예요. 그때 들려준 곡이 〈Up in the Sky〉예요. 완벽하게 완성된 상태로. "이게 뭔 노래야?" 했더니 이렇게 대답하던데요. "어제 합주 끝나고, 침대 위에서 썼어."

리암 | 그 곡들은 진짜 힘이 됐어. 분명히 현실도피 같은 느낌도 있긴 했지만, 동시에 되게 리얼했지. 그 곡들을 부르면 그게 막 도달할 수 없는 꿈같은 얘기가 아니라 진짜 인생 얘기로 느껴지더라니까. 〈Rock 'n' Roll Star〉? 그건 그냥 나 자체였어. 공연 한 번 안 해봤을 때부터 이미 됐다, 이거다 싶었거든.

노엘 | 나는 신나는 음악이 좋아. 아마 80년대에 애시드하우스 음악을 많이 들어서 그런 것 같아. 기분을 끌어올리는 음악이잖아. 난 하시엔다에서 애시드하우스가 처음 나올 때부터 거기 다녔거든. 아직도 그 음악은 나한테 엄청 중요해. 가사는 거의 안 적는 편이야. 글로 적으면 그게 고정돼 버려서 바꾸질 못하거든. 그냥 자연스럽게 떠오르게 둬. 정말 좋은 가사라면 머릿속에 남게 되어 있어. 굳이 적어두지 않아도. 다만 리암한테 가사 넘겨줘야 할 땐 적어줬지. 그럴 땐 나도 막 '이 노래가 대체 무슨 말이지?' 하면서, 리암은 의미를 모르면 혼란스러워하니까 대충 의미를 지어내기도 했어.

리암 | 근데 그 곡들은 걔만의 것도 아니고, 내 것도 아니고, 그냥 우리 곡 같았어. 그래서 되게 자연스러웠지. 걔가 부르는 가사들도 낯설지 않고 '그래, 참 공감되네' 하는 느낌이었어. 코일리 방에 녹음 장비가 몇 개 있었거든. 우리는 거기 자주 갔어. 아래층에선 다들 마리화나를 피우면서 피라미드니 외계인이니 하는 헛소리들

이나 하고 있고. 우리 둘은 위층에 올라가서 곡 몇 개 녹음했지. 〈Married With Children〉이나 〈D'Yer Wanna Be a Spaceman〉 같은 곡들. 그러고 다시 내려가서 또 대마 피우고, 집에 걸어가고. 진짜 순수한 시절이었어. 잘되길 잔뜩 기대하면서도 뭐가 어떻게 될지는 모르는 그런 시절이었지. 그래, 좋은 시절이었어.

It felt like the songs weren't his and they weren't mine, they were ours.

그 곡은 걔만의 것도 아니고, 내 것도 아니고 그냥 우리 곡 같았어.

노엘 | 맞아, 우린 다 코일리네 집에서 어울렸어. 걔 방에 4트랙 녹음기가 있었거든. 거기서 필 스미스도 처음 만났고.

필 | 우린 늦게까지 깨어 있었는데, 코일리는 진짜 밤을 잘 새우는 애였어요. 오죽하면 우리가 어둠의 왕자라고 불렀다니까요. 가끔 자려는데 위층에서 시끄러운 음악이 들려오면 "야, 또 걔네 밴드야? 시끄러워 죽겠네" 했는데, 한번은 올라가서 "그거 누구 노래야?" 물으니까 걔가 "노엘 노래야" 이러는 거예요. 그래서 "오, 꽤 괜찮네?" 했죠. 며칠 후에는 또 다른 곡이 들리길래 "그것도 노엘이란 애 곡이야?" 했더니 그새 또 하나 새로 썼다더라고요. 그때 '와, 얘네는 뭔가 다른 애들이다' 하고 느꼈죠.

리암 | 걔가 자기 노래들 연주하는 거 들으면 "이걸 진짜 우리 형이 썼다고?" 싶었어. 혼자서 저런 멜로디, 가사, 기타 연주까지 다 만든다는 게…… '와, 형, 개쩐다. 진짜 대단하다.' 이런 생각밖에 안 들었지. ◻

초기 데모

리암 | 우리 데모곡은 정말 진지하고 강렬했지. 그렇다고 절대 절박하진 않았어. 우린 언젠가 잘될 거란 걸 그냥 알고 있었기에 누구한테 아부하거나 매달린 적도 없어. 여기저기 돌아다니면서 "제발 계약해 주세요" "우리 노래 좀 들어주세요" 하면서 빌빌대지는 않았다고.

노엘 | 그 유명한 오리지널 데모 테이프, 앨런 맥기한테 줬던 그 테이프는 리얼 피플The Real People의 연습실에서 녹음했어. 그때 난 인스파이럴 카페츠랑 투어 중이었고 리얼 피플은 서포트 밴드였지. 80년대 끝자락에 활동하던 밴드인데, 난 걔네 진짜 좋아했고 지금도 좋아해. 전형적인 리버풀 애들이고, 걔들도 형제였어. 토니 그리피스랑 크리스 그리피스. 완전 또라이들이었지. 밤새 웃긴 헛소리 떠들어대고, 근데 또 쿨하고. 나랑 리암은 걔네를 정말 좋아했어. 투어 끝나고 리얼 피플이 맨체스터에 왔을 때 보드워크에서 공연했는데, 우리 거기에서 합주했잖아. 다 같이 가서 봤지. 그다음엔 전부 우리 집, 인디아 하우스에 있었던 아파트로 와서 기타 치고 술 마시고 대마 피우는데, 리버풀에 있는 걔네 연습실에 8트랙 녹음기가 있다는 거야. 그래서 우리 다 같이 거기 가서 녹음했지. 그게 바로 앞에 유니언잭이 박혀 있는, 지금은 전설이 된 데모 테이프야.

리암 | 솔직히 거기서 뭐 했는지는 기억 잘 안 나. LSD도 있었고, 대마도 있었고, 왔다 갔다 정신없었지. 그래도 좋았어. 걔네는 진짜 실력자들이었거든. 우리보다도 훨씬 실력 좋고, 연주도 잘하고 곡도 잘 썼어.

노엘 | 그때 진짜 좋은 시간을 보냈어. LSD 하면서 밤새 음악 얘기하던 행복한 시절이었지. 매번 리버풀 가서 〈Rock 'n' Roll Star〉, 〈Columbia〉, 〈Bring It On Down〉 같은 곡들을 녹음했고. 열두 곡 정도 했나? 걔네랑도 꽤 친해졌어. 난 그때가 진짜 좋았어. 그 연습실도 좋았고 같이 지내는 것도 좋았고. 걔네는 단순히 음악이라면 뭐든 좋아하는 게 아니라 우리가 하던 음악을 진심으로 좋아해 줬거든. 우리가 〈Columbia〉를 연주하고 있었는데, 토니였나, 크리스였나가 그랬어. "이거 진짜 죽인다. 가사 한번 붙여봐." 지금까지도 누가 어떤 파트를 썼는지 의견이 분분해. 거의 내가 다 썼고, 리암이 한두 줄 정도 썼을 거야. 근데 그날은 다들 약에 취해 있었어서……

리암 | 그날 아주 날밤을 새웠지. 뭐가 어떻게 된 상황이었는지는 말 못 하겠는데, 제법 정신 나간 날이었어. 다들 연주하고 있었고. 그러고 아침에 보니까 내 손가락에 물집이 생겼더라? 이건 또 뭔가 싶잖아? 알고 보니 밤새 드럼을 쳤더라고? 정신

이 나갔는지 뭔지. 아무튼 그래서 사실 노래하거나 녹음하거나 가사를 쓴 기억은 별로 없어. 근데 누가 썼을지 감은 오지.

노엘 | 데모 테이프를 열 개 떠서 친구들한테 다 나눠 주고 음반사에 뿌리진 않았어. 딱 한 군데, 팩토리 레코즈에 가서 A&R 담당이던 필 색스를 만나러 갔지. 그냥 데모 테이프가 나왔으니 들려주러 간 거야. 뭐, 거기 실렸던 곡들은 나중에 그렇게 유명해지지도 않았어.

본헤드 | 나랑 노엘, 리암, 이렇게 셋이서 그 테이프를 들고 위층으로 올라가서 필한테 들려줬거든요. 나한테도 당연히 그 테이프 복사본이 있고 집에서 틀어봤을 땐 진짜 괜찮다고 생각했단 말이죠. 근데 그 사람은 무슨 트레블은 잔뜩 올리고 베이스는 다 깎아놓고는 볼륨도 제대로 안 키우고 대충 흘려듣는 거예요. 우린 서로 쳐다보면서 '야, 저 인간 베이스 다 줄여놨어. 소리 좀 키우고 제대로 들으라고 해!' 하듯 눈빛을 주고받았죠. 나오면서 딱 생각했어요. 저거 쥐뿔도 모르는 놈이구나. 전혀 관심 없어 보였죠. 진짜 천만다행이었어요. 그런 놈한테 안 걸린 게요.

노엘 | 그 사람이 토니 윌슨한테 들려주겠다고 두고 보자더니 그 이후로 아무 소식도 없었어. 그럴 만도 했긴 해.

리암 | 아마 그 사람이 이해를 못 한 거겠지. 그건 괜찮아. 나도 이해 못 하는 음악 많아. 걔는 그냥 제대로 느끼지 못한 거고 우리가 그때 그 레이블이랑 인연이 없던 거겠지. 그 뒤론 맥기가 우리를 알아봤고, 이해했고, 그다음은 뭐, 역사에 기록된 대로야. 걔가 못 알아봤다고 해서 난 별로 개의치 않았어. 웃긴 건 걔가 돌아서면서 "야, 너네는 내 취향에는 너무 맨체스터스럽다" 이랬거든? 아, 그럼 우리가 맨체스터 출신인데 그게 뭐가 이상하겠냐고. 별 정신 나간 새끼를 다 보겠어. 웨이크필드 출신처럼 들리겠냐, 그럼?

노엘 | 난 항상 뭔가 제대로 터진다면 기회가 우리한테 찾아와야지, 우리가 직접 찾아다닐 일은 없다고 생각했어.

본헤드 | 사람들이 계속 뭐 하나, 왜 시간을 낭비하냐면서 꼬치꼬치 캐묻더라고요. 왜겠어요? 음, 나는 굳이 대답할 필요조차 못 느꼈던 것 같아요. 축구선수 조지 베스트한테 '왜 맨날 축구하나?' 하고 물어보는 거랑 똑같잖아요. 우린 그냥 그런 생

각이었거든요. 내가 바로 조지 베스트다, 보여주고 만다, 뭐 그랬죠. 사실 우리는 알고 있었어요.

노엘 ㅣ 맨체스터에서 인 더 시티라는 페스티벌에 참여했는데, 신인 밴드들이 서는 날이었어. 레이블들이 다 오는 자리였지. 두 번이나 무대에 섰는데, 씨발, 아무것도 없었어. 술 한 잔, 말 한마디조차. 심지어 구리다는 평가조차 안 해주는 거야. 철저하게 무시당한 거지. 그때 이미 첫 세 장의 앨범에 들어갈 곡들을 다 써놨거든. 코드에 멜로디까지 다 있고 적절한 가사만 기다리고 있었는데. 나한텐 그거면 이미 완성된 거나 다름없어. 왜냐면 솔직히 난 그냥 취했을 때 가사를 만들어서 프리스타일로 불렀으니까. 《Morning Glory》에 들어간 노래들 대부분은 《Definitely Maybe》를 녹음할 때 내 머릿속에 있었지. 〈All Around the World〉가 세 번째 앨범 마지막 곡이 될 거란 것도 계약서도 안 썼을 시점에 이미 알고 있었어. 리암은 항상 "뭔 세 번째 앨범이야, 매니저도 없는데" 하면서 웃었다? 근데 난 그게 진짜 현실이 될 거라고 믿었어. 대체 그런 믿음이 어디서 왔는지는 모르지만.

리암 ㅣ 나는 최고의 싱어도 아니었고, 노엘도 기타로 최고는 아니었고, 본헤드도 최고의 기타리스트는 아니었지. 근데 우리에겐 '정신'이 있었어. 그 시기 음악 신에는 그게 너무 부족했거든. 솔직히 말하자면 뭔가 올 거란 느낌이 있었단 말이야. 어떤 사람들은 잘난 척한다고 생각하겠지만 어쨌든 그런 느낌이 있었어, 진짜로. 뭔가를 간절히 원하면 그건 결국 이루어지게 되잖아. 그때 난 진심으로 원했고, 그 이유도 순수했어. 그냥 난 그 일이 존나 필요했어. 큰 거 하나는 무조건 터졌어야만 해. 만약 아무 일도 없었다고 생각하면 온 세상이 깜깜하게 느껴졌을 정도야. 그 정도로 간절했어. ◻

킹 터츠

노엘 ｜ 세상은 우리한테 전혀 관심이 없었고 세상 누구도 우리 얘기를 단 한 줄도 써주지 않았어. 그러다 앨런 맥기를 만났는데, 이 사람이 프라이멀 스크림Primal Scream, 지저스 앤드 메리 체인Jesus and Mary Chain, 틴에이지 팬클럽Teenage Fanclub 다 발굴한 사람이잖아. 근데 그런 사람이 와서 "너희 진짜 멋지다. 진짜로. 죽여주는데?" 하면서 계약을 제안하는 거야. '고마워요. 저도 그렇게 생각하던 참이랍니다' 그런 기분이었지. 우리는 시스터 러버스Sister Lovers라는 걸 밴드랑 합주실을 같이 쓰고 있었는데, 굳이 검색 안 해도 돼. 걔들 못 떴으니까. 앨범이나 냈나 몰라. 근데 그 밴드 멤버였던 데비 터너가 알고 보니 앨런 맥기의 전 여친이었어. 우리가 이제 뭐 할 거냐고 물어보니까 자기들은 글래스고에 가서 공연할 거래. 뭐, 공연장 이름이 킹 터츠 와와 헛? 거 이름도 참 희한하지.

데비 터너 ｜ 아마 내가 좀 뻐겼던 것 같아요. "노엘, 우리 글래스고 간다?" 하면서 자랑했죠. 그 당시엔 맨체스터 밖에서 공연하는 게 거의 글래스톤베리에 나가는 수준이었거든요.

노엘 ｜ 걔가 "너희도 같이 가서 공연하지 그래?"라고 해서, 우리는 "와, 씨발, 바로 글래스고 출동이다!" 이랬었어.

리암 ｜ "어떻게 너희는 공연이 잡히고 우리는 없냐?" 했더니, 데비가 "아는 밴드가 있어서 그래. 너희도 그냥 껴서 해봐!" 하더라고. 우린 속으로 '가자마자 쫓겨나겠지'라고 생각했고.

코일리 | 노엘이 이번엔 제대로 가자는 거예요. 차 몰고 가지 말고, 운전사랑 밴도 빌리자면서.

노엘 | 그래서 우리끼리 25파운드씩 돈을 모아서 투어용 밴을 하나 빌렸어. 거기서 자고, 공연하고, 금요일 밤에 돌아오는 계획으로. 밴도 금색이고 정말 멋졌지.

리암 | 날씨도 좋았고, 대마도 피우고, 술도 마시고, 그냥 다 기가 막혔어. 그런 날이 있잖아. '오늘 날 한번 제대로 잡았다' 싶은 날. 사실 약발이었을 수도 있어.

노엘 | 근데 또 우리가 너무 일찍 도착한 거야. 공연장에 먼저 들어가서 말했지. "저희는 맨체스터에서 온 오아시스예요. 오늘 공연하러 왔어요." 그랬더니 그 사람이 그러는 거야.

리암 | "너희가 누군데? 라인업에도 없는데?"

노엘 | "아, 아뇨, 우린 데비랑 같이 왔어요"라고 했는데, 그 사람이…….

리암 | "이 듣도 보도 못한 새끼들이? 썩 꺼져! 라인업에 없다니까!"

노엘 | 알고 보니까 데비랑 시스터 러버스는 맥기가 계약했거나 계약하려던 밴드 18 휠러18 Wheeler의 서포트 밴드였던 거야. 그러니까 그 공연이 걔네 공연도 아니었던 거지. 대체 걔네가 왜 우리 보고 오라고 했는지……. 글쎄, 난들 알겠냐고. 우리가 공연장 박살 냈다 어쨌다 하는 소문이 있는데, 완전 개소리야. 글래스고에서 한 번이라도 나이트클럽 가본 사람들은 알지. 거기서 설치다간 말 그대로 골로 가.

There is this story that we threatened to smash the gaff up and all that, that's bollocks.

우리가 공연장 박살 냈다 어쨌다 하는 소문이 있는데, 완전 개소리야.

리암 | 진짜로 거기서 설치면 사람을 한 뭉치로 돌돌 말아서 구석에 던져버릴걸? 소문 같은 일은 진짜 없었어.

노엘 | 우린 그 사람한테 말했지, "저…… 저희 맨체스터에서 여기까지 왔는데요. 여기 있는 애들 다 친구들이거든요. 저희 사고 안 칠게요." 그러고

PHOTO
The
y life
an all
again
sis

Glasgow
Manchester

Glasgow
Manchester

GLASGOW !!!
MANCHESTER
GREAT
BRITAIN

있는데 데비랑 18 휠러 멤버들이 도착했어. 그래서 그 사람이 "괜찮으면 너희 먼저 무대 올라가라" 한 거야. 아마 오후 시간대였던 것 같아.

데비 터너 l 우리는 "오아시스가 못 올라가면 우리도 공연 안 하겠다"라고 했어요. 어차피 우리 세트리스트도 짧았거든요. 곡도 다섯 개밖에 없었고요. 그래서 결국 그렇게 오아시스도 공연하게 된 거죠.

노엘 l 결국 네 곡을 하게 됐지. 우린 항상 비틀스의 〈I Am the Walrus〉를 연주하면서 마무리했는데, 엔딩을 제대로 연습한 적이 없었어. 그래서 리암은 '쿠쿠 카츄' 부분이 끝나면 무대에서 그냥 걸어 나갔어. 그러면 나랑 남은 밴드는 세 번, 네 번쯤 그 파트를 돌려. 그러다가 '에라이, 몰라, 이거 어떻게 끝내냐' 하면서 그냥 기타 피드백 소리 물려놓은 채로 무대에서 내려가는 식이었지. 그다음엔 무대 앞에 가서 다른 밴드 보면서 놀려댔어. 가끔 백스테이지에서 과자 봉지나 오렌지, 사과 같은 걸 던지기도 했고. 그 노래는 진짜 끝을 모르고 계속 가기도 했어. 애들이 엔딩을 어떻게 해야 할지 감을 전혀 못 잡아서 그래. 사람들은 그걸 의도한 줄 알았겠지만, 대부분은 그냥 거지같이 흐지부지 끝낸 거야. 킹 터츠에서도 피드백을 막 울

려놨더니 박수도 조금 쳐주긴 하더라고.

코일리 l 세트리스트는 진짜 짧았어요. 겨우 끼워 넣어준 셈이었죠. 그래도 너무 고맙잖아요. 그때 우리가 바란 거라곤 킹 터츠에서 한 번이라도 공연해 보는 거였으니까. 우리한테는 존나 큰 무대였거든요. 규모는 작지만 유명한 공연장이기도 했고요. 공연 끝나고 바에 가서 술 한 잔 시키는데, 고개를 돌렸더니 오른쪽에 앨런 맥기가 딱 있더라고요. 그래서 위층으로 올라가서 애들한테 소개했어요.

본헤드 l 앨런 맥기가 누군지는 잘 알고 있었죠. 메리 체인, 프라이멀 스크림 다 좋아했으니까. 진짜 팬이었거든요. 그런데 그 맥기가 관객석에 있었는지는 전혀 몰랐어요.

앨런 맥기 l 데비는 내가 그날 공연에 올 거라는 걸 모르고 있었어요. 내가 좀 삐딱한 구석이 있어서, 괜히 긴장 좀 태워볼까 싶어서 몰래 갔거든요. 근데 참, 살다 보면 정말 운명 같은 일이 생기더군요. 그날 여동생 수전이랑 같이 있었는데 수전이 첫 곡 듣고 바로 이 밴드랑 계약하라고 하는 거예요. 그래서 한 곡 더 들어보자고

했죠. 그러고는 '와, 계약해야겠다.' 세 번째 곡 듣고는, '이건 *무조건이다.*' 게임 끝이었어요.

노엘 | 난 그때 믹싱 데스크 근처에 코일리랑 같이 있었어. 그때 앨런 맥기가 다가와서 "너희 밴드 이름이 뭐냐?" 하길래, "오아시스요" 했지. 그랬더니 맥기가 정확히 이렇게 말했어. "음반 계약할래?" "어디랑요?" "크리에이션 레코즈."

그날 밤 돌아오는 길에는 다들 신나서 하이파이브 하는 분위기는 아니었던 것 같아. 그렇다고 무덤덤했던 것도 아니고. 맨체스터로 돌아오니까 새벽 6시야. 집에 들어가니까 그때 사귀던 여자 친구 루이스가 출근 준비를 하고 있더라고. "크리에이션이 우리한테 계약하자는데." 그랬더니 울더라. 이런, 좀 다른 반응을 기대했는데……. 근데 걔는 그 순간 알아챘던 것 같아. 이제 우리는 끝이구나.

코일리 | 제 생각엔 그게 딱 앨런 맥기였어요. 듣는 순간 직감하고, 시간 끌지 않고, 계산도 안 하고 그냥 와서 "계약합시다" 그렇게만 말했고, 그게 다였어요.

노엘 | 가끔 생각해. 만약 그날 밤 앨런이 그 공연장에 없었으면 어땠을까? 내 안의 자만심 넘치는 나는 그래도 우린 언젠가 어디와든 계약을 땄을 거고, 세상을 뒤집어 놓았을 거고, 어쩌고저쩌고……. 왜냐면 노래가 너무 좋았으니까. 근데 정말로, 그 자리에 맥기 말고 다른 사람이 있었다면? 모를 일이지. ◻

I often think what would have happened if he'd have not been there that night.

가끔 생각해. 만약 그날 밤 앨런이 그 공연장에 없었으면 어땠을까?

크리에이션

노엘 ㅣ 앨런 맥기가 누군지 알던 맨체스터 애들한테 전화를 좀 돌렸지. "그 인간 조금이라도 믿을 만한 사람이긴 해?" 하니까 다들 "다시 말해봐, 그 사람이 뭐랬다고?" 하는 거야. 그래서 "우리 공연에 왔는데 계약을 하자는데"라고 했더니 다들 "야, 씨발, 맥기가 그러자 했으면 진짜 하는 거지!" 그러는 거야. 아니, 사실이라고 덜컥 믿기에는 일이 너무 잘 풀리는 거 아닌가? 영국에서 제일 잘나가는 레이블 사장이 와서 "계약합시다"라고 하다니. "데모나 좀 보내봐, 우리 사장한테 들려나 줘볼게" 하면 몰라. "좋아, 계약합시다" 하면 오, 씨발, 뭐라고요? 이럴 수가 있나? 싶잖아. 나 참, 그때 그렇게까지 취해 보이지도 않았는데. 아, 그러고 보니 하얀 청바지를 입고 있긴 했어. 하얀 청바지라니, 무슨 약이든 하기는 했단 얘기지.

아마 그때 크리에이션에 전화했던 것 같아. 와서 회사 사람들이랑 만나보라길래 대체 거기까진 어떻게 가면 되냐고 했더니, 피카딜리역 5번 창구에서 표를 받을 수 있다더라고? 뭔 씨발, 당최 믿을 수가 있어야지. 그래서 갔어. "어, 저, 표…… 받으러 왔는데요……" 그러니까 이름을 묻대. "갤러거요." "여기 있습니다." 와, 미친, 기차표라니! 진짜 주잖아!

나랑 본헤드랑 리암까지 셋이서 기차를 타고 해크니에 있던 사무실에 찾아갔는데 참 기대에 못 미치게 사무실 자체는 썩었더라고. 사실 뭘 기대했는지도 모르겠지만 아무튼 뭔 똥통을 기대하진 않았을 거 아냐. 난 인스파이럴 카페츠가 계약했던 뮤트 레코즈에도 가봤는데, 웨스트 런던에 있었던 그 사무실은 그래도 어느 정도는 음반사 사무실 꼴을 갖추고 있었다고. 주차장도 있고 로비도 있고. 근데 뭔 여기는 도로 옆에 바로 문만 덜렁 있어. 겉만 보고 무슨 폐가인 줄 알았잖아. 옆에서 본헤드가 "야, 이게 진짜 맞는 거냐?" 했었어.

　　그러고는 리암이랑 본헤드가 나한테 "일 돌아가는 건 네가 다 아니까 얘기는 네가 알아서 해"라고 하더라고. 물론 업계 용어 같은 건 다 알고 있긴 했지. 매니저랑 얘기하더라도 영 어색하진 않았을 테니까. 아마 밴드의 나머지 애들은 그런 일은 다 나한테 맡겼던 것 같아.

본헤드 | 마음이 힘들었어요. 끔찍했죠. 기분이 안 좋더라고요. 제 머릿속에는요, 음반사라는 건 자고로 커다란 건물에, 엄청 큰 유리문이 달려서 리셉션에는 야자수도 있고, 바닥은 반짝거리고, 온갖 일 잘하는 사람들이 음반사 직원답게 뛰어다니는 와중에 여성 안내원이 "안녕하세요, 크리에이션 레코즈입니다. 어떻게 오셨어요?" 하고 묻는 광경을 상상했거든요. 그게 음반사 아니냐고요. 뭐, 퍽이나 그랬답니다. 문을 열고 들어갔더니 웬 작업장 같은 데서 여자들이 바느질인가 뜨개질인가를 하고 있잖아요? 이게 무슨 음반사야? 사실요, 그때 표를 받아서 거기까지 가긴 했는데, 120파운드 정도는 기차표에 태울 수 있는 양반 하나가 지붕 위에 앉아서는 망원경으로 우릴 쳐다보면서 비웃는 줄 알았어요. "멍청한 새끼들" 이러면서요. 근데 주위를 보니 계단이 하나 있고 그 위에 아주 작게 '크리에이션'이라고 쓰인 간판 같은 게 있는 거예요. 그래서 아, 저긴가 보다 했죠.

노엘 | 크리에이션 사무실 정문에 들어가자마자 아주 커다랗게, 벽에 매직으로 쓴 글씨가 있었어. '무식한 북부 놈들.' 보자마자 좀 쩔어준다고 생각했어. 그걸 보는 순간 생각했지. 아, 난 여기가 좋다. 이미 내 집 같다.

리암 | 사람이 많았어. 다들 음반사 직원 같이 생겼는데 요새 놈들처럼 재수 없는 사람들은 아니고 그냥 쿨해 보이는 사람들이었어. 이름은 하나도 생각 안 나지만 아무튼 멋있었지. 비즈니스에 전념한 사람들.

노엘 | 처음 마주친 사람은 팀 애벗이었는데 멀릿 헤어●를 하고 뭔 희한한 옷을 입고 있었어. 그 사람의 형제 되는 크리스는 같은 회사에서 댄스 뮤직 쪽을 맡았었고. 팀은 사무실에 자기 공간도 작게나마 갖고 있던 사람이었는데, 알고 보니 그 '무식한 북부 놈들'이라는 글씨를 팀이 썼대. 맥기는 아래층에 사무실이 있었는데 거길 벙커라고 불렀지. 맥기 책상에는 '팝 대통령'이라는 명패가 있었어. 내 기억에 다들 느긋한 분위기였어. 그때 누가 펍에 가서 술을 좀 사 왔고 우린 사무실에 앉아서 얼마간 음악 얘기나 좀 떠들었지.

● 옆머리는 짧고 뒷머리가 긴 장발의 헤어스타일.

리암 | 크리에이션에 윌리 웡카처럼 생긴 어떤 인간이 있었는데? 그 배우 있잖아, 진 와일더. 웃긴 머리통에, 적갈색 곱슬머리까지…… 닮았었는데. 그리고 팀은 데이비드 에식스David Essex 닮았었거든. 그러니까 뭔 윌리 웡카랑 데이비드 에식스가 내 앞에 앉아 있었던 거야. 와중에 난 대마에 쩔어서 '그래, 이놈들이랑 계약하자' 하고 생각하는 중이었어.

노엘 | 맥기는 뭘 좀 아는 사람이었어. 자기 회사랑 계약하자고 제안한 음반사 사장이랑 친구가 되어서 약도 같이 하게 되다니? 바로 그거야. 인생에 그보다 더 바랄 게 있었겠어? 음반사한테 바랄 수 있는 최상이었다고. 그때는 몰랐지만 맥기는 음악 비즈니스 세상에 마지막으로 남은 자존심이었다고 해야 하나. 음반을 내기 위해 할 수 있는 건 다 하지만, 그 외에는 전혀 관심 없는 그런 인간. 맥기가 우리한테 와서는 "야, 죽여준다" 이러고 갔었지. 앨런 맥기는 대단했어. 내 인생에서 가장 중요한 사람이고 그 사람 덕에 모든 게 완전히 바뀐 거야. 크리에이션 멤버가 됐던 건, 내가 맨체스터 출신 오아시스 멤버가 됐던 것만큼 중요한 일이었던 것 같아. 요즘 메이저 음반사들은 뭘 파는 데만 관심 있고 예술 자체는 신경을 안 쓰거든. 차트 순위나 유튜브 조회수만 신경 쓰지.

리암 | 난 감명받았었어. 다른 레이블이 어떤지는 잘 모르긴 몰라도 맥기는 최고였고, 음악에 아주 열정적이었고, 우리한테도 미쳐 있었고. 그냥 풍기는 바이브가 끝내줬어. 뭔지 알겠지?

본헤드 | 어쩌면 그때 우리가 큰 유리 건물에 야자수도 있고 안내원도 있고 엘리베이터 맨도 있는 건물 사무실에서 커다란 가죽 의자에 앉은 사람을 마주쳤다면 '잠깐, 우리가 진짜 이걸 하는 게 맞나?' 하고 생각했을 것 같아요. '지랄 마, 난 음악 비즈니스니 음반사니 다 싫고, 사무실 어쩌고저쩌고도 싫어.' 근데 그때 사무실을 나오면서 생각했죠. '와, 정말 마음에 드네. 다들 쿨하잖아?' 진짜로요. 그때 들었던 감정이 생생하네요. '대체 음반 계약이란 게 뭐지? 음반 계약이란 걸 정말 하고 싶나? 당연히, 무조건 하고 싶지. 저 틈에 낀다는 게 뭘까? 앞으로 무슨 일이 있을까? 전혀 모르지. 해봤어야 알지.' 도무지 하나도 몰랐지만 그냥 그거 하나였어요. 끝내주는 일이 찾아왔구나.

노엘 | 그게 전부였어. 그렇게 바로. 춤추고 뭐 하고 할 것도 없이. 크리에이션과는 아무 이유 없이 계약했을 것 같아. 그저 하겠다고 하고 끝이었거든. 음반을 계약하

JESUS AND MARY CHAIN
PRIMAL SCREAM
THE BOO RADLEYS
TEENAGE FAN CLUB
RIDE
MY BLOODY VALENTINE
ALAN McGEE
MD, CREATION RECORDS
Nº 061859
THE UNITED STATES
OF AMERICA
NONIMMIGRANT VISA
ISSUED AT
LONDON
H-1
CLASSIFICAT
-3 APR 1985
DATE ISSUED
NYC
04036

겠다고 여기저기 찾아다니지도 않았고, 오아시스 밴드 멤버가 되겠다고 나선 적도 없었던 것치고 내 인생은 참 잘 풀린 셈이지. 왜냐면 그들이 나한테 먼저 물어봤잖아. 크리에이션하고 삐걱댈 때마다 난 그랬었어. "아니, 당신들이 먼저 여기 오라면서. 내가 언제 끼워달라 사정했어요?"

페기 ㅣ 리암이 집에 와서 앨런 맥기랑 음반 계약을 했다고 말한 날이 기억나네요. 애들이 와서 "엄마, 우리 음반 계약했어!" 이러는 거예요. 당연히 전 정말 잘됐다 싶었어요. 그러면 돈이 좀 들어와서 집도 살 수 있을 거니까요. 근데 앞일이 그렇게 될 거라곤 생각 못 했죠. 리암은 새 옷이나 사면 그만이었을 텐데. 그러다 모든 게 미쳐 돌아간 거예요. 걔들이 그렇게 될 거라곤, 정말 눈곱만큼도 몰랐어요. 사실 처음엔 받아들이기 힘들었어요.

I would have signed to Creation for nothing you know, I gave them my word and that was it.

크리에이션과는 아무 이유 없이 계약했을 것 같아. 그저 하겠다고 하고 끝이었거든.

폴 ㅣ 리암이 신이 나서는 이제 일을 안 해도 된다는 거예요. 리암답게 살려면 돈이 필요하긴 해요. 노래 좀 부르고, 대마초 잔뜩 피우고, 친구들이랑 놀러 다니고, 술도 마셔야 했으니까…….

리암 ㅣ 계약을 따내는 게 제일 중요했고 제일 좋았던 일이지. 넵워스 공연보다 사실 그게 더 좋았다고……. 사람들이 묻거든. "오아시스로 살면서 뭐가 제일 좋았어요?" 다른 건 없어. 믿어주는 사람을 만나서 우리가 뭘 할 수 있는지 보여주고, 우리 곡으로 앨범을 낼 기회를 받은 거야. 우린 망칠 일 없다고 확신했으니까. ◻

페기

노엘 | 우리 엄마는 진짜 겁이란 게 없었어.

리암 | 엄마는 천사였고, 지금도 천사야. 내 눈에 우리 엄마는 쿨하고, 이 지구상의 어떤 여자보다 멋진 사람이야. 완전 다이아몬드 같은 사람이라고. 살다 보면 개차반 같은 엄마들도 많더만. 근데 우리 엄마는 끝내주는 사람이지. 그야말로 최고의 엄마라니까. 내가 가진 것 중에 좋은 건 다 엄마가 물려준 거야.

페기 | 우리 집은 남매가 열한 명이었어요. 여자가 일곱에 남자가 넷. 찢어지게 가난한 집이었지만 가진 게 없어도 행복했지요. 학교까지 2킬로미터가 좀 못 되는 거리를 들판을 가로질러 가야 했는데, 여름에는 신발도 없이 맨발로 다녔

Everything that is good about me is definitely from her.

내가 가진 것 중에 좋은 건 다 엄마가 물려준 거야.

답니다. 장화라도 한 켤레 생기면 다들 나눠 신었지요. 각자 한 켤레씩 가질 수는 없었으니까요. 다들 장화를 좋아했거든요. 우리 남매들은 서로가 서로를 키운 거나 다름없어요. 허구한 날 싸워가면서. 난 열세 살에 학교를 떠나서 일을 시작했는데, 아유, 평생을 일만 하면서 살았어요. 우리 아버지는요, 좋은 사람이 아니라서 집에 붙어 있는 꼴을 본 적이 없어요. 휙 떠났다가 돌아오면 엄마는 또 임신하고, 그러니 나는 아버지를 잘 몰라요. 그러다 어느 날은 떠나더니 돌아오질 않더라고요. 그때 가 내가 열여덟인가 그랬을 거예요. 참 다들 순진했었지요. 앞으로 무슨 일이 펼쳐 질지 알 턱이 없었어요. 다 같이 남들 따라서 맨체스터까지 왔는데 초반엔 어찌나

싫던지. 처음 반년은 울기만 했답니다. 다시 기차 타고 집으로 가고 싶었어요. 너무 힘들어서. 작은 마을에 살다가 큰 도시로 오니까 어찌나 충격이 컸게요. 암만 봐도 모든 게 다 너무 크잖아요. 건물도 어쩜 그렇게 다 크고……. 길가에 캐러셀이라는 아일랜드 클럽이 있었거든요? 맨날 사람들이 바글바글한 곳이라 가끔 가긴 했는데 난 원래 밖에 나돌아다니는 사람이 아니라 일주일에 하루 가면 많이 가는 거였어요. 언니 동생들은 금요일이나 주말이면 출석 도장을 그렇게 찍었지만요. 난 그때 나가 놀기가 싫어서 하루 가면 좋았지요, 뭐. 주로 토요일 밤에 교회 갔다가 캐러셀에 갔어요. 가면 춤도 추고 자이브 댄스며 옛날 스타일 왈츠며 추는 거예요. 대단할 게 있나. 그러다 아마 1963년이었나, 새해 되고 나서였나, 거기서 그 남자를 만났답니다. 토미 갤러거를. 처음 만났을 땐 정말 좋았는데 그날부터 뺀질거리더라고요. 자기 하고 싶은 대로만 했어요. 항상 잠적하기도 하고. 어쨌거나 만나고 아홉 달, 열 달쯤 돼서 결혼했고 그렇게 됐네요. 사람들은 그 사람을 좋게 평가했어요. "자기 남편 호인이잖아, 누구에게나 잘해주는 좋은 친구일걸." 하지만 난 이렇게 대꾸했지요. "집에서 어떤지 모르면서." 남들한텐 호인, 집에선 광인이라고 항상 얘기했어요.

리암 l 엄마는 이 모든 로큰롤 비즈니스엔 감흥이 없어. 당연히 자랑스럽긴 하겠지만, 속으로는 얼굴을 찌푸리면서 '이 미친놈의 자식들'이라고 생각하는 구석이 있는 것 같아. 그럴 만도 하지. 우리가 평소 하는 말을 들으면 세상천지에 그런 희한한 말도 없거든.

페기 | 애들이 와서 처음 그 말을 했던 날이 기억나네요. 집에 들어오더니 "엄마, 나 이제 큰 호텔에 익숙해졌어"라고 하더군요. 그러거나 말거나. "익숙해졌든 말든 차 마시고 싶으면 주전자 꺼내서 직접 타 먹어라"라고만 했어요.

노엘 | 지금 돌이켜 보니 우리가 행복하게 지내고 엄마를 성가시게만 하지 않으면, 엄마는 다른 건 신경도 안 썼던 것 같네.

리암 | 난 엄마가 우리를 자랑스럽게 여겼으면 했어. 엄마가 이제 일 좀 그만하면 좋잖아. 편히 쉬면서, 좋은 것들도 갖게 해주고 싶었고.

페기 | 하루에 다섯 집 청소를 했어요. 온종일 걸어다니면서 한 집 끝나면 그다음 집으로 가고. 그러다 어떤 어르신 집에서 2년을 일하고요. 몸이 부서져라 일하는 거예요. 아침에 일어나서 청소하고, 그 집 살림을 다 하고 나서는 또 두 집 정도 낮에 갔다가, 나와서 저녁 내내 또 일하고.

리암 | 그때까지만 해도 우리는 돈을 한 푼도 벌지 못했어. 그래서 엄마가 그랬었지. "이것들이 아직도 엄마 등골을 빼먹는구나. 쓸모없는 것들! 밴드 나부랭이 하든지 말든지. 대체 방세는 언제 낼 거냐?"

페기 | 그러니까, 난 걔들이 성공할 거라고 생각해 본 적이 없답니다. 언젠가 자기 앞가림하면서 먹고살 만큼 벌고, 지금보다 조금만 더 잘 살기만 하면 좋겠다 싶었죠. 둘이 같이 밴드를 한다니까 좋잖아요. 노엘 없이 리암만 하거나, 리암 없이 노엘만 밴드를 한다면 싫었을 거예요. 처음 시작했을 때부터 두 녀석이 같이 있기만 하면 별로 걱정할 것 없겠다, 노엘이 리암을 돌봐줄 테니 괜찮을 것 같다 했는데……. 실제로 서로 돌봐줬겠지만 시간이 지나면서 각자 머리가 커진 거겠지요.

리암 | 그러다 엄마한테 이튼에 있는 집을 하나 사줬어. 예쁜 집이었고 그때 12만 파운드면 엄청 큰돈이었거든. 그래서 내가 "엄마, 열쇠 여기 있어. 나 간다" 했더니 엄마가 "이딴 거 필요 없다" 하는 거야. "아, 이미 샀잖아. 그냥 가져" 해도 고집이……. "아니, 싫대도" 하잖아. 엄마는 삶이 바뀌는 게 싫었나 봐. "대체 이런 고상한 집에서 나더러 뭘 하며 살라는 거냐? 내 친구들은 다 저 아래 사는데. 너희 인생 폈으니 잘됐구나. 하지만 엄마는 이전처럼 살란다." 그러면서 여유 있으면 정원에 문이나 하나 달아달래. 아무튼 그렇게 됐지. 정원 문 달아드리고, 노엘이 울타리를

해줬나 그럴걸. 그 뒤로 엄마가 뭘 요구한 적은 한 번도 없어.

페기 | 걱정이야 되잖아요? 난 애들 걱정만 했답니다. 멀리 나가면 걱정하고……
평생 애들 걱정만 하고…… 그렇게 살다 가는 거지요.

She could hear in my voice that I wasn't turning into a fucking idiot.

*내 목소리를 들으면 엄마도 내가 완전히 멍청한 놈이
아니란 건 잘 알 거야.*

리암 | 아마 엄마는 우리 중 하나는 죽고 하나는 마약 중독자가 되겠다 싶었나 봐. 도중에 좀 삐걱거리긴 했어도 우리 아직 살아 있잖아. 난 아직 완벽하게 제정신이고. 어떤 사건이든 희생자로 기록될 생각도 전혀 없고. 보면 이상한 것들이 "난 첫해에 망가지겠다!"느니 선언을 해대는데 어디 한번 잘해보라고 해. 난 음표 하나 들어본 적 없는 열다섯 살 때부터 이미 망가져 있었다고. 어디 가서 죽으려고 밴드에 들어간 건 아니거든. 엄마랑 하루에 서너 번씩 얘기를 해. 그러니까 항상 엄마를 안심시킨다는 말이야. 내 목소리를 들으면 엄마도 내가 완전히 멍청한 놈이 아니란 건 잘 알 거야. 엄마 생각엔 '저놈들이 차라리 밴드를 안 했으면 좋았을걸' 이러는 것 같지만, 사실은 엄마도 즐기고 있다고. 정말 좋아한다니까.

페기 | 평생 단 한 번도, 걔들이 지금처럼 대단해질 거라고 생각해 본 적 없어요. ◻

마커스 등장

노엘 | 앨런이 매니저 리스트를 건네주더니 그중 최고는 마커스 러셀이라고 했어.
웃기게도 난 그때 이미 조니 마랑 친구가 된 참이었는데 마커스가 조니 마 매니저
였거든. 난 뭐가 뭔지도 몰랐었는데 조니 마가 그러더라. "제대로 된 사람이고 완전
죽여줘." 그렇게 결정됐지.

리암 | 처음 마커스를 만났을 때 꽤 인상 깊었지. 그때까지 만난 사람들은 좀 없어
보이고 어설펐다고나 할까? 근데 이 인간은 BMW를 끌고 온 거야. 차를 보자마자
와, 인상에 남잖아. 저런 차를 모는 사람이 조니 마 매니저이기도 해? 뭘 좀 아는 놈
이겠다 싶었어.

I never really got involved with what we were signed for and whatever. You don't think like that, do you?

*난 계약 과정이나 그런 거에는 전혀 관여 안 했어.
그런 생각을 할 수나 있나?*

노엘 | 맨체스터에 돌아갔을 때 마커스랑 대화할 기회가 있어서 그때 이미 음반 계약을 했다고 말했지. 처음에 마커스가 "잠깐만, 처음으로 제안받은 데랑 바로 계약하면 안 되지"라고 하는 거야. 근데 난 이미 맥기한테 하겠다고 말했고 크리에이션에 들어가고 싶었거든. 레이블이 좋아서가 아니라 앨런이 마음에 들어서. 크리에이션은 우리를 좋아하고, 우리 음악을 좋아하고, 그 모든 걸 제대로 알아봐 줬으니까. 그때 나한테는 사업하는 인간 같은 면모가 전혀 없었어. 마약 천국에 존나 비싼 샴페인 즐기는 삶은 나중에나 펼쳐진 거야. 참 고맙게도.

리암 | 난 계약 과정이나 그런 거에는 전혀 관여 안 했어. 그런 생각을 할 수나 있나? 더 큰 그림을 그리고 있었단 말이야. 계약서가 어쨌든 하나도 신경 안 썼어. 사실 벌써 그런 것부터 생각하면 안 되잖아? 열아홉의 나이에 계약서를 따져대는 사람은 어딘가 크게 잘못된 거지. 아니, 생각해 보니 살면서 뭔 계약서를 쓴 적이 있었던가? 아, 이런 건 있었겠다. "나 엿 먹이면 너희 집에 불 지를 줄 알아." 그 계약은 여전히 지키고 있지.

본헤드 | 마커스는 계약서도 없고, 변호사도 없고, 아무것도 없었어요. 그게 마커스 스타일이었고 '올드 스쿨'이라고 할지. 지금 생각하면 좀 멍청한 것 같긴 한데, 그냥 "야, 그래. 내가 너희 매니저 해줄게" 하고 손에 침 뱉고 악수한 걸로 퉁친 거죠. 쿨하잖아요.

노엘 | 사람들이 오해하는 게 있는데, 나를 막 클립보드 들고 다니는 놈으로 생각하더라고. 그래프, 파이 차트, 엑셀 시트 같은 거 챙기는 사람? 반면 리암은 '우리에 갇힌 표범' 같은 이미지지더만. 〈보 셀렉타 쇼〉에서 완전 그렇게 묘사했었잖아. 리암은 침 질질 흘리면서 이상한 소리나 내고 있고, 나는 "안녕하쇼, 굿즈 수익은 얼마나 되는지?" 하는 재수 없는 놈으로 말야. 솔직히 난 아무것도 몰라, 진짜로. 지난 20년간 오만 곳에서 나를 등쳐 먹었어도 아는 게 없어. 현금인출기에서 돈만 뽑히면 그걸로 상관 없어. 이해가 돼? ◻

안녕하세요, 그레이트 브리튼

본헤드 | 계약하고 얼마 안 돼서 처음으로 〈히트 더 노스〉라는 라디오 방송 프로그램에 나가게 됐어요. 꽤 엄청난 일이었지만 다들 그렇게 들뜨진 않았고 오히려 침착했어요. 피터 훅Peter Hook이 진행자였는데 리암이 피터가 입은 가죽 바지에 한두 마디 얹었던 기억이 나네요. "대체 그런 가죽 바지는 뭐 하러 입고 다녀요?" 뭐 그런 비슷한 말이었을걸요?

노엘 | 사실 그 방송 진행자는 마크 래드클리프Mark Radcliffe였는데, 그 양반은 우리를 죽어라 싫어했거든. 맨체스터 사람들이 대부분 그랬듯이. 그 사람이 한 주 빠질 일이 있었는데 그 자리를 피터 훅이 마크 라일리Mark Riley랑 같이 채웠어. 그 둘은 우리를 좋아해서 래드클리프가 빠진 사이에 우릴 불러준 거야. 그때 인터뷰했던 소리가 좀 이상하게 들리는 건 거기 스튜디오에 마이크가 리암이 썼던 보컬 마이크밖에 없어서 그래. 사람들이 와서 "노래 한두 곡 하다가 대화를 나눕시다" 하는데, 리암 녀석은 "나 말 한마디도 안 할 건데?" 이러는 거야. 걔는 인터뷰 같은 건 딱 질색했거든. 그래서 나더러 "노래 부르고 끝나면 형이 나와서 얘기해" 하더라고. 그래서 자리를 얼른 바꿔야 했어. 피터 훅이 한마디 하더라고. 자기는 가죽 바지 입었으면서. 나 참, 90년대에는 그랬다니까.

> *It was a big deal but I don't think we got mad excited; I think we were pretty calm about it actually.*
>
> *꽤 엄청난 일이었지만 다들 그렇게 들뜨진 않았고 오히려 침착했어요.*

리암 | 라디오 방송 나가는 거? 존나 좋지. "우리 라디오 나간다! 듣고 싶은 사람 있냐!" 하고 다녔지. 그때 생각 나네. 진행하던 사람이 "너는 내 클럽에 출입 금지다" 했는데 내가 거기다 대고 "아, 어차피 안 가거든요" 했어. 무슨 맨체스터 인간이라면 죄다 자기 클럽 가는 줄 아나 봐? 어, 사실 많이들 가긴 했는데 난 안 갔어.

본헤드 | 그때 세트리스트 없이 했어요. 〈Bring It On Down〉을 했었죠. 다른 곡은 했었는가 기억이 안 나네요. 아무튼 사운드는 좋았어요.

노엘 | 끝나고 나서 나랑 코일리랑 필이랑 다 같이 밴을 타고 들판에 나갔어. 그때 핼리혜성이 지나간다고 했었거든. 다들 밴 뒤에 올라타서 대마초 피우면서 그랬던 기억이 나네. "야, 저게 우주 어쩌고저쩌고란다." ◻

입장료 50파운드

본헤드 l 무대에 올라갈 때면 그냥 가진 걸 다 쏟아부었어요. 합주할 때도 마찬가지로. 뭐 하나 대충 하는 법이 없었어요. 누가 있든, 몇 명이 있든 상관없이요. 리즈에서는 고작 두 명 앞에서 공연한 적도 있었다니까요.

노엘 l 인 더 시티 페스티벌에 공연이 하나 잡혀 있었는데, 그 이틀 전쯤에 리즈에 있는 더치스 오브 요크라는 클럽에서 워밍업 공연을 했어. 오후에 사운드 체크하고 있는데 거기 직원이 오더니 "오늘 공연 입장료 얼마로 할래?" 하고 묻더라고.

리암 l 그게 뭔 소리냐고 하니까 그 직원이 "밖에 티켓 가격 얼마로 공지할 거냐고?" 하고 또 물어봐. 우린 장난삼아서 "그럼 우리 보려면 50파운드 내라고 해!" 이랬지.

노엘 l 그래서 결국 그날 공연 관객은 유리잔 닦던 바텐더 한 명밖에 없었어. 공연 막바지쯤엔 남자애 하나랑 여자애 하나가 들어왔는데, 걔네는 벤치에 앉아서 키스하느라 바쁘더라고. 우린 그 와중에도 꿋꿋하게 〈Live Forever〉를 연주하고 있었지만.

본헤드 l 그때 우리한테 박수 쳐주던 사람들은 바에 앉아서 손톱이나 뜯던 바텐더

들뿐이었어요.

리암 | 곡 끝나면 바텐더가 뽀득뽀득 잔 닦는 소리까지 들렸다니까. 진짜야. 근데 우린 그때 완전 미쳤었어. 어떤 공연이든 간에 항상 불타올랐는데, 몇 달 지나니까 정말로 공연이 매진되기 시작하더라고.

본헤드 | 그때 〈Rock 'n' Roll Star〉를 연주하다가 기타 줄 끊어졌던 것도 기억나 네요. 관객이 없었는데도 줄을 번개같이 갈았죠. 만원 관중 앞에서 하는 것처럼 진 심을 담아서 연주했어요. 사람은 없었어도 공연 수준은 최고였어요. 지금 돌이켜 봐도 그때가 진짜, 최고.

노엘 | 그리고 6개월 뒤에 그 바에 다시 갔는데 그땐 거리에 발 디딜 틈이 없더라 니까. 난리도 그런 난리가 아니었다고.

본헤드 | 솔직히 "아, 또 거기 간다고? 그 더치스 오브 요크에? 또?" 했거든요. 사 운드 체크를 하고 대기실 가서 앉아 있는데, 창밖을 내다보고 "와, 미쳤네?" 했었어 요. 출입구 앞부터 줄이 쭉 이어져서 모퉁이까지 돌았더라고요. ▢

슈퍼소닉의 탄생

노엘 ㅣ 크리에이션에서는 우리가 한 여섯 곡 정도 갖고 있는 줄 알았을 거야. 사실 서른여섯 곡쯤 된다는 건 나 혼자서만 알고 있었어. 그전에 〈Slide Away〉나 〈Married with Children〉, 〈Shakermaker〉 같은 곡은 아무한테도 들려준 적이 없었거든. 대기실 같은 데서 노래를 잔뜩 들려주거나 하는 건 딱 질색이었어. 그딴 건 지루하기만 하잖아? 난 녹음할 때 들려주겠다는 주의였어. 그래서 사람들은 《Definitely Maybe》가 어떻게 구성될지 전혀 몰랐지. 오로지 나만 알고.

리암 ㅣ 걔는 항상 뭔가 더 준비하고 있더라고. 늘 새로운 곡들을. 난 그게 비행기처럼 느껴지더라. 오는 걸 알긴 아는데 착륙할 때까지 기다려야 되는 거 있잖아. 내 느낌에는 비행기가 하늘에 떠서 히스로 공항 근처에서 빙빙 도는데, 하나가 먼저 내려오기 전까진 나머지는 다 기다려야 하는 거야. 안 그러면 상황이 꼬여버려. 모든 비행기가 한 번에 착륙할 순 없듯이.

노엘 ㅣ 크리에이션 쪽에서 〈Columbia〉를 원 사이드 12인치, 화이트 라벨*로 내자고 할 때까지는 다 좋았지. 근데 라디오1에서 그걸 자기들 플레이리스트에 넣어버린 거야. 그때 약간 식겁했던 기억이 나. '아, 안 돼! 지금 저걸로 우리가 소개된다고?' 사운드도 얇고, 베이스도 없고, 딱 봐도 8트랙짜리 멀티트랙 녹음기 가져다가 뚝딱 만들어낸 퀄리티였단 말이야. 그러면서도 한편으로는 '와, 우리 이제 라디오에 나온다. 맨체스터 출신 오아시스라고 이름도 불러주네!' 하는 생각도 했었어.

어쨌든 음반 계약을 하고 나서 〈Columbia〉가 라디오 방송도 탔으니 이제는 싱글을 녹음할 차례가 됐지. 크리에이션이 좋았던 점은, 그냥 돈만 던져줬다는 거야. 프로듀서 같은 것도 없이 스튜디오만 하나 덜렁 잡아줬다니까. 맨체스터에서 녹음했다간 스튜디오가 난장판이 될 게 불 보듯 뻔했으니 우린 리버풀에 있는 핑크 뮤지엄이라는 스튜디오에서 녹음하기로 했어. 그때 맥기가 〈Bring It On Down〉을 첫 번째 싱글로 하자길래 난 '잘됐다, 그 노래 완전 좋지. 섹스 피스톨스 같기도 하고, 스투지스The Stooges 느낌도 나니까 저거면 되겠네' 싶었어.

● 정식 발매 전 프로모션이나 음질 테스트용으로 소량 제작되어 흰색 라벨을 붙인 레코드판.

맥기 ㅣ 〈Bring It On Down〉은 나한테는 그냥 펑크 음악으로 들렸어요. 가사 봐요. 'You're the outcast, you're the under-class, but you don't care, because you're living fast.' 그냥 다 좋았어요.

리암 ㅣ 그거 진짜 멋있는 곡이야. 그 곡이야말로 오아시스의 본모습에 가깝지. 다들 비틀스랑 엮어대기 전에 우리는 그런 느낌이었어. 파워풀하고 열기를 내뿜는, 멜로딕한 섹스 피스톨스.

코일리 ㅣ 우린 다 너무 경험이 없었어요. 아마 스튜디오를 이틀 정도 빌렸던 것 같네요. 첫날부터 끔찍했는데 시간이 지날수록 점점 엉망이 됐고 세션도 다 어긋나기 시작했어요.

노엘 ㅣ 합주할 때나 무대에서 공연할 때 나오던 에너지가 스튜디오에선 전혀 안 나오더라니까.

리암 ㅣ 그랬나? 난 딱히 불만스러웠던 기억은 없는데…… 적어도 내 보컬만큼은 아주 죽여줬거든.

노엘 ㅣ 세션에 뭔가 문제가 있는 건 분명했어. 왠지 알아? 우리 드러머가 어떻게 된 게 한 마디마다 박자를 제대로 못 맞추니까 그랬지. 한 곡 안에서도 박자가 계속 불안정했다니까.

토니 ㅣ 〈Bring It On Down〉 연주가 제대로 되질 않더라고요. 박자도 스피드도 다 안 맞으니까 대체 난 뭐가 문젠가 싶었죠. 왜 하필 이 곡을 골랐는지 솔직히 이해도 안 됐고요. 근데 뭐, 나한테 결정권이 없었으니까요.

노엘 | 그때 생각했어. '스튜디오에 사흘을 처박혀 있다가 빈손으로 나갈 수는 없는데. 그러면 우리더러 썩 꺼지라고 할 수도 있잖아.' 그러고 있는데 스튜디오에 같이 있던 토니였나 크리스였나, 아무튼 두 그리피스 중 한 명이 이렇게 말하더라고. "안 풀리면 다른 곡 해봐."

코일리 | 그때 노엘한테는 기타 리프 하나밖에 없었어요. 그러니 그때는 그냥 그거 하나로 슬쩍 맞춰보는 수준이었죠. 밴드들이 다 그래요. 리프 하나로 시작하죠.

노엘 | 왜 《Definitely Maybe》에 이미 있던 곡 중에 아무거나 녹음하지 않고 새 곡을 썼을까? 아직도 잘 모르겠어. 하여간 마친 짓이었지. 누가 중국 음식이었나 피시 앤드 칩스였나, 아니면 중국식 피시 앤드 칩스였나 뭐 먹을 거 사러 나간 사이에 나는 뒷방에 들어가서 〈Supersonic〉을 썼어. 말도 안 되는 소리 같겠지만, 나머지 여섯 명이 중국 음식 먹는 동안 그걸 뚝딱 썼다니까. 정말 특별한 순간이었어. 다시는 찾아오지 않을 순간이야.

본헤드 | 노엘은 저기 기타 하나 들고 앉더니 멜로디를 떡하니 쓰고, 가사는 아무 단어나 막 집어넣더니 다시 우리 방으로 와서는 노래를 하나 더 썼다는 거예요. 바로 연주하기 시작해서 그날 밤에 녹음하고 믹싱까지 해버렸죠. 순식간에. 그게 우리가 내내 보드워크에서 매일 하던 방식이었거든요. 결과물은 엄청났어요. 말 그대로 어마어마했죠.

> **I remember thinking, we can't be in a studio for three days and go back with nothing.**
>
> 그때 생각했어. '스튜디오에 사흘을 처박혀 있다가 빈손으로 나갈 수는 없는데.'

노엘 | 우린 다 같이 방 하나에 모여서 "이걸로 가자" 하고 결정했어. 박자가 되게 느렸는데, 그건 우리가 함께 방에 모여서 박자가 바뀔 때마다 끄덕거리면서 맞춰서 그래. 라이브로 연주할 땐 절대 그렇게 천천히 못 했어. 그날 바로 녹음하고 믹싱까지 마치고, 집에 가면서 마크 코일 차에 달린 카세트 덱으로 들어봤는데 진짜 미쳤다 싶었어. 〈Bring It On Down〉이나 〈Columbia〉만큼 좋더라고. 존나, 존나 좋았어.

토니 | 그 곡은 순식간에, 아마 몇 분 만에 완성됐어요. 역사상 손꼽히게 좋은 곡이

이렇게 갑자기 팍 터져나오다니. 얼마나 끝내줬게요?

노엘 | 〈Supersonic〉이 특별한 부분은 토니 그리피스가 만들어낸 코러스, 브리지 파트에서 등장하는 '아' 하는 소리 덕분이었어. 엄청난 순간이었지. 우리 밴드 멤버들 실력이 전부 드러난 곡이야. 리암 보컬도 죽여줬고, 드럼도 훌륭했고, 본헤드가 친 기타도 좋았고, 귁시도 멋졌고, 기타 솔로도 끝내줬지. 비록 사람들이 어디서 베꼈다고 생각하긴 하지만 상관없어. 가사는 정신머리 없어도…….

리암 | 그때 프로듀서가 커다란 로트와일러 개를 키웠는데 이름이 엘사였어. 그 개가 스튜디오를 어슬렁거리면서 냄새를 맡으며 돌아다니곤 했지. 노엘이 아마 그 엘사를 보고 가사를 쓴 거 아닐까 싶은데.

노엘 | 내가 가사 쓰는 방식이 딱 그래. 처음 몇 줄에서 스토리를 만들다가 중간쯤 가면 얘기가 슬슬 꼬이고 헷갈리기 시작해. 어쩌다 진짜 일어난 일 같은 게 한 줄 튀어나오는데, 그 라인을 곡 전체에 끼워 맞추려면…… 좀 뜬금없는 가사가 나오긴 해야 하거든. 중요한 건 전체적인 분위기가 어떻냐에 달려 있지. 그래서 사람들이 나한테 어떻게 작곡하냐고 물을 때마다 좀 곤란한 거야. 내가 쓴 가사의 90퍼센트에는 뭔가 의미가 있지만 사이사이에는 애매모호한 문장이 들어가 있으니까. 난 노래를 만드는 사람이지 소설가도 아니고, 보도자료를 쓰는 사람도 아니야. 나는 대중가요를 작곡하고 대개 그런 가사는 대부분 존나 헛소리거든. 결국 중요한 건 멜로디야. 가끔은 살면서 겪은 경험을 제대로 압축해서 담아낸 히트곡이 나오기도 하지만.

리암 | 가사가 뭔 뜻이든 난 하나도 상관 안 했어. 예나 지금이나. 어차피 듣는 사람마다 다 다르게 받아들이지 않겠어?

노엘 | 어느 날은 어떤 여자애 하나가 와서 나한테 〈Supersonic〉이 매춘에 관한 곡이냐는 거야……. 살면서 말문이 막혔던 적이 별로 없었는데, 그땐 참 할 말이 없더라. "혹시 엘사가 헬리콥터에서 의사랑 그걸 하는 내용인가요?" 엘사는 빌어먹을 로트와일러라고! 뚱뚱하고 냄새나는 개! 그런데 걔는 그 곡이 매춘 얘기라고 굳게 믿던데? 그래서 네 말도 옳다고 했어. 난 누구한테도 걔 생각이 틀렸다고 하기 싫어. 보통 작사가들은 뭔 가사가 전부라고 하던데, 아니야. 가사는 사실 별 의미 없어. 사람들 뇌리에 남는 건 가사가 아니라 멜로디야. 우리가 흥얼거리는 것도 핵심

NG: If we're gonna get rid of Phil Collins
and Sting... junk-food music, McDonald's
music... We've got to get in the charts and stamp
them out.

I want the severed head of Phil Collins
in my fridge by the end of this decade.
And if I haven't...I'll be a failure.

은 언제나 멜로디라니까. 그리고 그 멜로디를 쓰는 게 내 일이고. 예를 들면 로저 워터스Roger Waters는 자기 노래를 한 줄 한 줄 다 설명하려고 하잖아. 나도 처음으로 《The Wall》 앨범 들었을 때는 완전히 몰입했었어……. 근데 글쎄 나중에 알고 보니 그게 다 자기 아빠 얘기라잖아. 아, 씨발, 제발 얘기해 주지 말라고, 관심 없다고. 난 그 노래가 나에 대한 노래이기도 하다고 굳게 믿던 참이었단 말야. 좋아하는 노래란 어떤 식으로든 그걸 듣는 나 자신에 관한 얘기처럼 느껴져야 해. 사람들은 그런 식으로 노래를 사랑하게 되는 법이거든. 그래서 난 항상 사람들이 내 노래를 자유롭게 해석할 수 있게 둬. 그래서 기자들이 와서 이 노래 의미는 뭐냐고 물을 때마다 항상 의미 없다고 팅긴 거야. 내가 쓴 가사 중엔 내 삶이나 경험에 정말로 관련된 구절도 있고 문장도 있어. 근데 그 내용을 구구절절 다 풀어내면 그 곡의 마법이 다 풀려버리게 돼. 그래서 절대 얘기 안 하지. 오아시스가 그렇게 대단할 수 있었던 것도 그 때문이고. 이 노래는 무대 위에 있는 사람들만의 얘기가 아니라 관객들 자신의 이야기이기도 했으니까. 계층과 세대를 아울러 열광할 수 있었던 거지. 중산층이든, 워킹 클래스든, 귀족이든, 나이가 많든, 60년대생이든 상관없이. 심지어는 요새 태어난 어린애들도. 우리 음악에는 뭔가 마법 같은 게 있었고, 사실 지금도 있지……. 그게 뭔지는 나도 모르겠지만.

리암 | 난 우리 애랑 곡 의미가 뭔지 얘기해 본 적이 없어. 그 노래들은 나한테 세상 전부나 마찬가지지만, 그런데도 그 곡들이 뭘 의미하는지는 잘 몰라. 아무 말이나 떠들어댈 수도 있겠지만, 그렇게 대충 말해버리면 곡에 대한 모욕이 될 것 같아서 그럴 순 없지. "이 노래는 사실 이런 뜻이랍니다" 하고 절대 말 못 해. 그 모호함이 바로 우리 곡들의 아름다움이거든.

코일리 | 난 사실 가사에는 별 관심 없는 편이에요. 중요한 건 그 노래를 듣고 느껴지는 내 기분이죠. 노래가 주는 느낌만 전해지면 가수가 뭔 가사를 부르든 신경이 안 쓰여요. 느낌만 통하면. "그래, 노엘, 나도 같이 갈게. 대체 '기분이 슈퍼소닉하다'는 게 뭔지 몰라도 아무래도 좋아. 뭐가 됐든 나도, 씨발, 무조건 거기 같이 있을 거야. 나 지금 당장 너희를 위해 죽을 수도 있다." 오아시스 노래를 들을 때마다 그렇게 생각했어요.

There was something magical going on, and still is, in those tunes...

우리 음악에는 뭔가 마법 같은 게 있었고,
사실 지금도 있지…….

oasis

...RECORDING PROHIBITED. MADE IN ENGLAND
CRESCD 176
a creation records product
℗ & © 1994 Creation Records Ltd
1. Supersonic
2. Take Me Away (Live)
3. I Will Believe
4. Columbia (White Label Demo)
(Noel Gallagher)
Copyright Control
oasis

노엘 | 〈Supersonic〉은 리믹스조차 안 했어. 《Definitely Maybe》 앨범에 들어간 버전이 딱 그날 밤에 녹음한 날것 그대로야. 기적 같은 시간이었지. 솔직히 말하면, 아마 내 인생을 통틀어서 가장 좋아하는 곡일 거야. 영감이 번뜩이는 순간, 뭔가 대단한 게 벌어진 밤에 뚝 하고 떨어진 것 같은 곡이야.

본헤드 | 그다음에 메이다 베일 스튜디오에 가서 BBC 세션을 했던 게 기억나네요. 그러다 맥기가 나타났죠.

맥기 | 노엘이 와서 참 노엘답게도 말하더군요. "녹음 세션은 쓰레기였어요. 잘되질 않던데요. 근데 끝내주는 히트곡 하나 썼어요."

본헤드 | 노엘이 카세트를 꺼냈을 때 아마 맥기는 〈Bring It On Down〉을 들을 줄 알았겠죠. 근데 그거 대신 미친 〈Supersonic〉이 스피커에서 흘러나오잖아요. 듣자마자 맥기가 뒤로 넘어가고, 나도 따라 넘어갔죠.

노엘 | 노래 틀자마자 맥기가 완전 미쳐버렸다니까. 진짜 좋아하더라고.

맥기 | 그때 정신이 나가 있었다니까요, 완전히! 대부분의 사람들은 잠깐 있어봐, 했겠지만 저는 아주 저만의 세계에 빠져 있었다고요. 그러더니 누군가 코카인 한 줄을 건네주더군요. 빨고 나서 몇 초쯤 뒤에는 아주 모든 게 세상 좋아 보이기 마련이랍니다. 그래서 다음 날 일어나서 '무슨 일이 일어난 거지? 쟤들이 뭘 어떻게 한 거야?' 싶었어요.

코일리 | 당시에 부글부글 끓고 있던 잠재력이 드러난 곡이었어요. 틀림없이 폭발할 게 자명했죠. 뭐라도 빵 터질 게 분명한 상황에, 그 곡은 맛보기 같은 거였어요. ◻

모노 밸리

리암 | 아름다운 곳이었지. 모노 밸리 스튜디오는.

필 | 첫 앨범을 녹음하는 사람들은 거기에 갔었죠. 원래는 오래된 농가에 딸린 헛간을 개조해서 스튜디오로 만든 곳이에요. 시골 한복판에 박혀서 바람 불고 비 오는 가운데 커다란 벽난로 쬐면서 지낼 수 있는 곳이죠.

노엘 | 사실 모노 밸리가 몬머스에서 제일 좋은 스튜디오는 아니야. 걸어서 4분 거리에 록필드 스튜디오가 있거든. 그때 거기서 스톤 로지스가 《Second Coming》 앨범을 녹음하고 있었어.

리암 | 그때 시내에서 스톤 로지스를 마주쳤거든? 보자마자 완전 넋이 나갔었지. 수염 기른 이언 브라운이라니, 예수님 같고 존나 멋있더라고.

토니 | 와, 어마어마한 모험을 떠난 것 같았어요. 한 번도 가본 적 없는 휴가 같은 느낌? 뭘 기대를 해야 할지조차도 몰랐고요. 장소는 환상적이었는데, 솔직히 겁도 나고 긴장됐죠. 데모 테이프 정도가 아니라 진짜로 앨범을 녹음하러 간 거니까요. 비용도 수천 파운드나 들이면서요.

노엘 | 뭐, 엄청 화려한 곳은 아니었지만 괜찮았어. 난 이미 인스파이럴 카페츠랑 일하면서 장비 나르고, 녹음 세션도 드나들면서 몇 년 굴렀던 참이라 스튜디오 같은 곳이 세상 막 신기하거나 그러진 않았어. '우와! 우리가 스튜디오에 오다니! 세

상에, 티백도 있네! 과자도 있어!' 같은 느낌은 전혀 아니었단 얘기야. 빨리 녹음이나 시작하고 싶더라고.

리암 I 구라야, 난 인정 못 해. 노엘은 그냥 앰프 하나 설치한 게 다였는데?

본헤드 I 그때 레코딩 스튜디오라는 곳에 처음 가봤어요. 사람들이 우리한테 믿음이며 자금이며 잔뜩 쏟아부었다 보니 우린 뭐라도 아는 듯이 쳐들어갔는데, 사실 뭐가 뭔지 알았겠나요? 한 톨도 몰랐죠. 다들 경험이 없었지만 결과적으로는 잘됐어요, 뭐. 편견이랄 것도 없고 누구 하나 뻐기는 사람도 없었거든요. '난 예전에 이런 거 해봐서 잘 알아' 하질 않았어요. 다들 슬슬 눈치로 때우고 있었을걸요.

노엘 I 조니 마가 기타를 몇 대 보내줬어. 그때 나나 본헤드나 기타가 한 대씩밖에 없었거든.

본헤드 I 우리는 장비라고 할 만한 게 거의 없었어요. 마커스가 조니 마 매니저도 겸했는데 조니가 우리한테 되게 잘해줬단 말이죠. 어느 날에는 체셔에 있는 조니 집에 노엘이랑 갔었는데 계단을 내려가니까 지하에 작업실이 있었어요. 기타가 몇 대 쫙 있는데, 조니가 "아무거나 골라봐" 하더라고요.

노엘 ㅣ 조니가 레스 폴 기타 한 대를 보내줘서 그걸 케이스에서 꺼내자마자 난 〈Slide Away〉를 곧바로 썼어.

리암 ㅣ 당연히 내가 좋은 방을 썼지. 근데 다들 나를 놀리는 거야. "이거 봐라, 귀신 나오는 방이다!" 이러면서.

본헤드 ㅣ 어느 날 직원 하나가 누가 3번 방을 쓰냐는 거예요. 리암이 "전데요?" 하니까 "오, 귀신 나오는 방을 쓰는군요" 하는 거죠. 우리가 다 같이 "이야, 진짜요? 귀신이요?" 하니까 직원이 진짜로 귀신이 나온다고, 까만 그림자 같은 게 보인다는 거예요. 당연히 리암은 그거 듣고 생난리를 쳤고요.

리암 ㅣ 하루는 밤에 자고 일어났더니 방 안 가구가 죄다 움직여 있는 거야. 그래서 바로 아래층 내려가서 "야, 여기 진짜 귀신 나오나 봐. 방 바꿔야 돼" 이랬었어.

본헤드 ㅣ 그다음 날 귀신 얘기가 생각나서 장난칠 준비를 했죠. 거기 정문 앞에 낚 싯대가 많이 있었는데, 낚싯바늘이랑 낚싯줄도 있어서 그런 취미가 있으면 쉬는 시 간에 근처 강에 가서 낚시를 즐길 수도 있었거든요. 난 그 낚싯대에 줄을 잔뜩 달아 서 〈데일리 미러〉 신문지 오른쪽 위 구석에 구멍을 뚫어서 매달았어요. 누구 운동 화 끈에도 낚싯줄을 달아놨고요.

필 ㅣ 그 낚싯줄을 벽 선반을 따라서 의자 뒤로 넘겼는데, 엄청 커다란 거실을 한 바 퀴 돌고도 남길래 텔레비전 뒤쪽까지 이어놨죠.

본헤드 ㅣ 다른 애들은 다 알았고 리암만 몰랐어요. 우리는 텔레비전으로 축구 같은 걸 보면서 몰래 낚싯줄을 당기기 시작했어요.

리암 ㅣ 그날 밤에 다들 벽난로 앞에 모여 있었는데, 그때도 슬슬 장난질을 하려는 분위기더라고. 그러다 갑자기 샹들리에가 삐끗하더니 신문지가 휙 넘어가는 거야.

본헤드 ㅣ 낚싯줄을 슬쩍슬쩍 당기니까 신문지가 천천히 말리면서 세워지고, 줄을 놓으니까 통 떨어지는 거예요. 그걸 보고 리암이 "씨발, 봤어? 저 빌어먹을 신문이 혼자 움직였잖아!" 하고 소리를 지르더라고요. 리암이 신문지를 계속 노려보고 있길래 다시 낚싯줄을 더 잡아당겼죠. 신문이 테이블 위로 휙 날아갈 만큼요. 나머지도 같이 소리 지르면서 놀라고 펄쩍 뛰는 척했어요. 리암은 완전 겁 먹어서 벌떡 일어났고, 그 틈에 운동화에 걸어놓은 낚싯줄까지 당겼더니 아디다스 운동화 한 짝이 리암을 쫓아가면서 바닥에 슉 미끄러지고요. 그걸 보자마자 리암은 그냥 게임 끝이었어요. 바로 들판으로 뛰쳐나가 줄행랑을 치더라니까요. 잘 가라, 리암.

노엘 | 하여간 리암은 뭐든 잘 믿어. 영적인 것들 따위에 추호도 관심 없는 남자치곤 귀신 같은 걸 너무 잘 믿어서 탈이야. 난 그런 것에 관심이 많지만.

리암 | 난 녹음했던 건 별로 기억도 안 나. 그냥 귀신 나온다길래 오줌 지릴 뻔한 것만 생각난다니까.

노엘 | 처음엔 앨범 프로듀서를 데이브 배철러라는 사람한테 맡겼어. 완전 잘못 골랐었지. 그 사람은 스키즈The Skids라는 밴드의 사운드 엔지니어였고, 한 4~5년 전에 인스파이럴 카페츠랑 같이 페스티벌 투어를 돈 적이 있었어. 나도 그때 같이 유럽 투어에 따라다니면서 음악이나 펑크 록 얘기를 나누다가 친해진 거지. 당시에는 "얘 존나 멋있다" 하고 생각했어. 스키즈를 좋아했으니 그 사람까지 좋게 봤던 것 같아. 그래서 첫 앨범 프로듀싱을 누구한테 맡길까 했을 때 그 사람이 했으면 좋겠다고 했지. 사람들이 다 "뭐라고? 그 사람은 씨발 아무것도 한 게 없는데 무슨 소릴 하는 거야?" 하며 말렸는데, 내가 고집을 부렸었어.

I don't remember doing much recording, just shitting me pants because it was haunted.

난 녹음했던 건 별로 기억도 안 나. 그냥 귀신 나온다길래 오줌 지릴 뻔한 것만 생각난다니까.

맥기 | 노엘은 정말 스트리트 스타일이라 투어 도는 걸 좋아했어요. 그러다 그 사람이랑 친해져서 앨범 프로듀싱까지 맡겼겠죠. 서로 약속을 했다고 하니 데이브한테 기회를 줬는데 결국 끝이 안 좋게 됐어요.

노엘 | 가면 갈수록 답답해지긴 했어도 초반엔 뭐, 초조하거나 그런 건 없었어. 느

굿한 분위기였고 할 일이라곤 연주밖에 없었으니까. 그것보다 쉬운 게 어딨어. 곡은 이미 다 써놨고 파트도 다 나눠놨는데 더 할 게 있냐고? 뭐 차라도 끓여 대령해야 해? 스튜디오에 프로듀서가 있는데, 사운드를 개선하는 건 걔 몫이잖아. 난 내 몫을 잘 해냈고, 다른 애들도 잘하면 대체 잘못될 게 뭐가 있냐고?

본헤드 | 난 그냥 일단 스튜디오에 들어가면 "야, 녹음한다! 하나, 둘, 셋, 넷, 가자!" 이렇게 될 줄 알았죠. 근데 전혀 아니었어요. 테이크, 또 테이크, 또 테이크…… 끝이 안 나더라고요.

노엘 | 우린 따로 부스에 갇혀서 연주를 했어. 그러니까 전혀 합주하던 그 느낌이 안 사는 거야.

리암 | 난 그 방식이 너무 싫었어. 벌받는 기분이었어. 우리는 그 전까지 공연도 많이 하고 팀워크도 엄청 끈끈했는데, 따로따로 녹음하니까 에너지가 다 죽어버렸다고. 다 같이 동시에 녹음했어야 해. 그래야 진짜 바이브가 산단 말이야. 그게 우리를 붙이는 접착제 같은 거야. 따로 하니까 붙여놓은 접착제를 다 뜯어버리는 꼴이었다고…….

노엘 | 바로 그때부터 토니 문제가 시작됐었지. 걔는 라이브는 잘하곤 했는데 망할 놈의 앨범 녹음만 하려고 하면 박자가 오락가락해서 사람을 미치고 팔짝 뛰게 하더라니까.

The idea of the song diminishes a little bit in the studio because you can never recreate what is in your head.

노래를 만들 때 생긴 아이디어가 스튜디오에서 점점 희미해지는 느낌이지. 머릿속에 있는 걸 절대 다시 만들어낼 수 없으니까.

토니 | 그 녹음 세션은 진짜 편하지 않았어요. 얼마 안 가서 다들 알아챘죠. "이 사람, 우리랑 안 맞는다."

본헤드 | 컨트롤룸에 가서 녹음된 걸 들어보면, 데이브가 전혀 감을 못 잡고 있다는 게 확 느껴졌어요. 가끔은 분위기 꽤 살벌했었죠.

노엘 | 앨범 버전 하나를 녹음하는데 믹싱만 천 번도 넘게 갈아엎은 기분이었어. 아티스트라면 누구나 겪는 싸움이긴 해. 내 머릿속에

있는 그 소리를 스튜디오에서 완벽히 재현하는 건 불가능하거든. 항상 그래. 노래를 만들 때 생긴 아이디어가 스튜디오에서 점점 희미해지는 느낌이지. 머릿속에 있는 걸 절대 다시 만들어낼 수 없으니까. 내 머릿속은 엄청나게 거대한데 스피커는 작잖아. 그래서 스튜디오만 가면 계속 뭔가를 더 끄집어내려고 애쓰는데, 그게 가끔 개가 자기 꼬리 물려고 빙빙 도는 거 같은 기분이야.

코일리 ┃ 다들 이건 좀 아니라는 생각을 하고 있었어요.

노엘 ┃ 우린 투어를 떠났고, 그동안 테이프를 다른 데로 보내서 누군가 믹싱을 했어. 그때 사우샘프턴 어디 허름한 펍에서 공연 준비를 하고 있는데 매니저가 새로 믹싱한 카세트를 들고 와서 틀어줬거든? 듣자마자 와, 너무 구리잖아. 다른 애들 피드백도 똑같았고. 별론데, 따로 이유는 없고 그냥 별로래. 제일 빡치는 상황이지. 왜 별로냐고 해도 그냥 별로래. 그딴 말이 도움이 되겠냐고. 뭐가 문제인지 말해주면 고칠 수라도 있지. 만약 누가 '이것 때문에 구리고, 이렇게 하면 나아진다'라고만 해줬어도 '오케이, 그럼 그렇게 다시 가자' 하고 바로 다시 가면 그만인데.

리암 ┃ 뭐, 아무래도 완벽하진 않았겠지. 근데 그런 걸 하나하나 쪼기 시작하면, 사람 머리 돌아버려. 나는 뭐…… 노엘이 밴드의 짐은 다 짊어지고 있었으니까. 나는 스트레스 같은 거 안 받았어. 그저 존나 행복하게 인생 최고의 시간을 보내는 중이었을 뿐이야. ❑

데피니틀리 메이비
– 플랜 B

노엘 | 이때부터 드디어 사운드에 대한 얘기가 나오기 시작했어. 사람들이 그러더라고. "이거, 너네 하던 라이브랑 달라." 나는 속으로 "씨발, 뭔 소리야, 앰프 옆에서 들으면 똑같은데" 싶었거든. 트랙 하나 끝내면 음, 나쁘지 않네, 싶잖아? 그러면 맥기랑 마커스랑 코일리 같은 애들이 와서 "야, 이거 너희 라이브 같지가 않다?" 하는 거야. 그럼 나도 "아니, 뭔, 씨발, 그러면 대체 우리가 라이브로 무슨 소리를 낸다는 건데? 난 무대 위에 있으니까 모르겠다고!" 하면서 반박했어. "아, 아무튼 아니야. 라이브할 때랑 달라." "아니, 그럼 *뭐 같다*는 건데? 스팬도 발레Spandau Ballet가 하는 뉴웨이브 음악 느낌이라도 나냐?"

맥기 | 나는 오아시스가 어떻게 들려야 하는지 정확히 알았어요. 라이브 공연을 직접 봤으니까요. 근데 녹음본은 느낌이 전혀 달랐죠. 솔직히 그때는 데모 테이프나 내자 싶더라니까요. 데모가 훨씬 좋았거든요. 지금처럼 대박은 못 쳤겠지만, 인디 신에서는 반응이 크게 왔을 거예요.

노엘 | 우리가 마크 코일리가 라이브처럼 녹음하면 된다는 결론을 낸 건, 사실 술 먹다가 나온 아이디어야. "라이브 사운드가 필요하다며? 그럼 라이브 사운드 담당하는 사람이 누구야? 마크잖아." "야, 미친. 이거 천재 아이디어다!" 그때 나는 속으로 생각했지. 일이 이렇게 간단하게 풀린다고? "야, 너 천재다." "알아, 고맙다." 어휴, 만약 마크가 사운드를 제대로 잡아낼 줄 몰랐으면, 우린 진짜 끝장났을걸.

코일리 | 그렇게 《Definitely Maybe》 앨범의 플랜 B가 시작됐어요. 솔직히 지금

*I've written
all the songs,
I've come up with
all the parts for
everybody.
What else do you
want me to do,
make the tea?*

곡은 이미 다 써놨고 파트도 다 나눠놨는데, 더 할 게 있냐고?
뭐 차라도 끓여 대령해야 해?

생각해도 신기한 일이죠. 녹음 경력 하나 없는 나한테 그걸 맡기다니, 거대한 도박이나 다름없었으니까요. 밴드는 그냥 자기들이 편하다고 느낀 사람한테 그 큰일을 맡긴 거예요.

본헤드 | "좋아, 다시 녹음하자. 콘월에 있는 소밀스 스튜디오로 내려가자. 그리고 이번엔 코일리를 데리고 가자." 이렇게 된 거예요. 진짜 다행이었죠. 코일리는 우리가 어떤지 제대로 이해했거든요. 우리가 뭘 원하는지 아는 녀석이었어요.

노엘 | 그때도 또 맥기 덕분이지. 가타부타 말도 없이 "그래, 돈 더 줄게. 다시 해. 제대로 해봐" 했으니까.

리암 | 사람들이 자꾸 뭐 하나가 아쉽다는 거야. 근데 나는 솔직히 말해서, 존나 좋았으니까 한 번 더 했다고 생각해.

노엘 | 거기까지 가는 데 무슨 평생이 걸린 느낌이었어. 차 타고 내려갔는데 한 90시간은 걸린 것 같았다고……. 그리고 아무도 우리한테 그 소밀스 스튜디오가 카누 아니면 기찻길 통해서만 오갈 수 있다는 얘기를 안 해줬잖아. 물때를 놓치면 갈 수가 없대. 콘월 어딘가 도착했더니 "장비는 저 배에 실어서 실어 나르고, 스튜디오까지는 다른 배 타고 가세요" 하잖아. 씨발! 얼어죽는 줄 알았어. 뭔 놈의 스튜디오가 그 따위야?

It was really enjoyable as I remember. Liam was on top form, everybody was good.

새삼 진짜 재밌었던 기억이야.
리암 컨디션도 좋았고, 다들 좋았지.

본헤드 | 완전 미친 상황이었죠. 앰프랑 드럼, 기타 이런 거 배에 던져넣고 보내고…… 그다음엔 우리를 태우러 다시 왔어요. 물이 빠지면 진짜 스튜디오에 갇히는 거였어요.

코일리 | 정말 목가적이고 아름다웠어요. 우린 일주일 동안 감자튀김에 계란만 먹으면서 지냈죠.

본헤드 | 코일리는 작은 DAT* 플레이어랑 마이크 하나 들고선 크리켓하는 소리

며 벌들이 윙윙거리는 소리, 귀뚜라미 소리, 심지어 강물 흐르는 소리도 녹음하더라고요. 그러다 하루는 코일리를 놀래켜 주려고 몰래 나무 뒤에 숨어 있었어요. 그러니까 걔가 진지하게 "오, 방금 건 정말 희귀한 새소리다. 댄스 음반에 들어가면 훌륭하겠는걸" 이러는 거예요. 거기다 내가 이상한 소리를 막 내니까 갑자기 "누가 방금 욕한 거 같은데?" 하는 표정으로 고개를 들더라고요. 지금이다 싶어서 나무 뒤에서 "놀랐냐, 코일리?" 하고 튀어나갔더니 진짜 엄청 열받아 하면서 날 미친 듯이 쫓아왔어요. 얼굴이 보라색으로 질려가지고. 정말 죽이기라도 할 기세였어요. 하여간 히피들이란…….

리암 | 배를 타고 나가거나 숲을 지나 철길을 따라가야만 갈 수 있는 펍이 하나 있었는데, 그 펍에서 돌아오는 길이 꽤 웃겼어. 밤마다 장난치고, 웃고……. 존나 좋았지. 캠핑하는 것만 같았어.

코일리 | 《Definitely Maybe》를 다시 녹음하기 시작했을 때, 바로 결과가 나오더라고요. 그게 우리가 했던 일 중에 가장 쉬웠던 작업이었어요.

노엘 ┃ 우린 그때 나름대로 루틴을 만들었어. 아침에 다 같이 밥 먹고 담배 한 대 태우고, 각자 준비 마친 다음에 녹음을 시작했지. 헤드폰도 없이 그냥 연습하듯이 같은 방에서 다 함께 연주하면서. 곡당 세 번씩만 녹음하고, 그냥 다음 곡으로 넘어갔어. 컨트롤룸 가서 들어보고 그런 거 전혀 없이 말이야. 〈Rock 'n' Roll Star〉 세 번, 튜닝하고, 〈Live Forever〉 세 번, 튜닝하고…… 그게 원래 우리가 합주하던 방식이었거든. 그래서 분위기도 딱 보드워크에서 합주하던 그 느낌이었어. 밤에는 그날 녹음한 거 듣고 "이 버전 좋다" 하면 거기에 오버 더빙만 좀 얹고 끝. 새삼 진짜 재밌었던 기억이야. 리암 컨디션도 좋았고, 다들 좋았지.

코일리 ┃ 레코딩에 대해 떠드는 헛소리들이 많죠. 기술적인 지식, 노하우, 그런 거 전부 자기 엉덩이에나 처박으라고 하고 싶군요. 왜냐면 바로 내가 《Definitely Maybe》를 만들었잖아요. 어쩌면 기술에 빠삭한 놈들은 오히려 못했을지도 몰라요. 결국엔 뮤지션이 편안하고, 자신감 있고, 느낌이 좋아야 결과물도 제대로 나오는 법이거든요. 분위기가 너무 편안했어요. 애초부터 그런 식으로 했어야 했던 거죠. 내 생각엔, 그 앨범은 진짜 사흘이면 다 끝났을 거예요.

노엘 ┃ 그다음에 마크랑 안잘리 더트랑 같이 올림픽 스튜디오에서 믹싱할 때는 좀 고생했어. 왜 그런지는 모르겠지만. 그래도 그 일 덕분에 하나 배운 게 있다면, 나는 절대 스튜디오 엔지니어는 못 된다는 거야. 사실 그런 건 내가 알아야 할 필요도 존나 없다고 봐. 믹싱 데스크 본 적 있어? 빌어먹을 노브가 천 개는 돼. 근데 각각 다 역할이 있대. 장난쳐? 난 곡 쓰고, 기타 치고, 백업 보컬도 하지만 믹싱은 진짜 관심 없어.

코일리 ┃ 안잘리랑 같이 한 2주쯤 작업을 했는데, 결과물이 그리 좋진 않았어요. 내가 믹싱은 처음이라 좀 버거웠죠. 내가 이전에 경험이 더 있었다면 그 앨범을 진짜 내 것으로 만들 수 있었을 텐데…… 결론적으로 말하자면, 그냥 내가 뭘 하고 있는지 잘 몰랐던 것 같아요.

본헤드 ┃ 근데 중요한 건, 연주 자체는 전부 다 제대로 됐다는 거였어요. 의심의 여지 없이요. 소리도 나쁘진 않았는데, 미쳤다, 싶을 만큼은 아니었어요.

노엘 ┃ 결국엔 또 망했더라고. 대체 뭐가 어떻게 된 건지 모르는 상황이었지. ❑

오언 등장

노엘 | 음반 업계 사람들이랑 대화해 봤더니 그 사람들도 뭔가 부족하다면서도 뭐가 부족한지 설명은 못 하더라고. 나더러 뭘 어쩌라는 건지. 한번은 믹싱한 테이프를 맥기네 집에 들고 갔는데, 표정에서 딱 보이더라. '완전 별로인데?' 하고. 나도 그때 진짜 때려치우려고 했지. '젠장, 모르겠다. 나 진짜 접는다.' 〈Supersonic〉은 그렇게 끝내줬는데, 왜 나머지 곡들은 밋밋하다고 하는지 이해가 안 됐어. 〈Supersonic〉은 바로 그날 쓴 곡이고, 나머지 곡들은 거의 3년 된 곡들이라서 그랬나?

맥기 | 한창 속이 터지는데 노엘이 저한테 그러더군요. "이건 그냥 이대로 내고, 두 번째 앨범 할 때 제대로 할게요." 그래서 제가 그랬죠. "아니야, 그럼 두 번째 앨범을 못 내. 처음부터 제대로 해야 돼."

코일리 | 그 앨범은 어떻게든 만들어지긴 했을 거예요. 비용이 얼마가 들든, 세 번을 다시 했든, 무조건요. 앨런 맥기는 그 안에 진짜 좋은 뭔가가 있다는 걸 알고 있었어요.

노엘 | 크리에이션이 우리 보고 어떻게 하라고 압박한 적 한 번도 없어. 앨런은 진짜 멋진 사람이었어. 그 레이블 자체가 상업적으로 운영되는 곳이라기보다 음악을 사랑해서 만든 회사니까. 그때 우리가 받은 돈은 다 써버린 상태였어. 앨런이 소니에 가서 돈을 더 받아왔던 기억이 나네. 그때 내가 막 퍼블리싱 계약도 하고 있었거든. 계약금 중 일부를 가져다가 제작비를 좀 메꾸기도 했어.

We were never put under pressure by Creation, ever.

크리에이션이 우리 보고 어떻게 하라고 압박한 적 한 번도 없어. 한 번도.

본헤드 ‖ 앨런 맥기라는 사람은…… 믿어야 할 때 확실히 믿어주는 사람이라고 할 수 있죠. 자기가 믿는 건 어떻게든 해내는 스타일이라 끝까지 가요. 중간에 망하든 말든. 그래도 여전히 믿음과 사랑을 잃지 않죠.

맥기 ‖ 그때 마커스가 오언 모리스를 불러서 시험 삼아 믹싱을 해보겠다고 하더군요. 굳이 왜 그러나 싶었어요. 근데 오언이 〈Rock 'n' Roll Star〉 믹싱을 끝내자마자 "그래, 이 사람이네. 앨범 이 사람한테 맡기자" 싶더라고요. 그렇게 딱 그림이 맞춰졌습니다. 모든 건 마커스가 오언을 알고 있던 덕분이었어요.

오언 모리스 ‖ 그때 전 음악 업계에 환멸도 좀 있고, 화도 나 있었거든요. 그래서 오아시스를 완전히 제 스타일대로 할 수 있다니 해방감을 느꼈어요. 이게 내 기회구나. 얘네는 이제 계약도 했고, NME에서도 주목받고, 라디오에서도 틀어주고……. 이걸로 내 일거리가 더 생길지도 모르겠다는 생각도 들었죠. 그리고 밴드가 저한테 완전히 자유를 줬어요. 덕분에 하고 싶은 대로 다 할 수 있었어요.

리암 | 오언은 완전 미친 웨일스 아저씨였어. 웃음소리도 세상에서 제일 크고. 난 오언을 진짜 좋아했거든. 정신머리가 완전히 나가 있는 사람이었으니까. 근데 좋았어. 뭔 일이 일어나도 '야, 이거 내가 한 짓 아니다. 오언이 그랬어' 이러면 되잖아. 오언은 오자마자 전부 다 뒤집어 놨어. 괜히 멋 부리지도 않고, 그냥 딱 "볼륨 올려, 그것만 하면 돼" 하더라고? 실제로 진짜 볼륨만 존나 올리기도 했고. 볼륨이 너무 커서 자꾸 뭔가 타고 터지고 그랬는데, 그게 또 끝내줬지. 그때 오언이랑 작업한 게 우리 공연이랑 제일 비슷했던 사운드였어.

노엘 | 오언은 기분 좋으면 사람들한테 맥주를 뿌리고 난리였어. 정말, 정말 잘 흥분하는 스타일이었지.

팀 애벗 | 오언의 강점은 기타 사운드를 빽빽하게 벽처럼 쌓으면서도 리드보컬을 따로 또렷하게 살릴 수 있다는 거예요. 그게 그 사람만의 방법이죠. 마크 코일리도 라이브 데스크에선 그걸 할 수 있었겠지만, 레코딩 데스크에선 못 했어요.

노엘 | 나랑 리암은 항상 믹싱 때문에 싸웠어. 진짜 항상. 계속 그랬어. 보컬 소리를 더 키워야 된대. 근데 내 생각엔 보컬만 다른 파트보다 소리가 커야 할 이유는 없다? 하나로 섞인 수프처럼 들리는 게 맞지. 위대한 곡은 보컬이 튀지 않아. 걘 계속 보컬 좀 올리자는데, 뭐, 가사를 자기가 썼으면 뭘 이해라도 해. 근데 자기는 가사를 단 한 줄도 안 썼으면서? 한 줄이 뭐냐? 한 글자도. 노래 중간에 쉬는 구간조차도 내가 썼다니까. 그런 애가 왜 보컬 소리를 키우자고 했던 건지 난 아직도 이해가 안 돼.

오언 | 마커스가 저한테 지금까지 믹싱한 음원이 담긴 카세트를 보내더니 말하더군요. "이거 어떻게 해야 할까?" 당시 오아시스는 투어 중이었고, 마커스는 말 그대로 어떻게든 뭐라도 해달라는 식이었죠. 들어봤더니 그냥 모든 보컬을 새로 녹음하는 게 낫겠다는 결론이 났어요. 그래서 내가 할 만한 일인지 보고, 믹싱도 두어 곡 할 겸해서 주말에 웨일스에 있는 로코 스튜디오로 내려가게 됐어요. 그때가 리암을 처음 만났을 때예요. 그 친구가 존 레논 팬이라는 얘기를 이미 들어서 "야, 너 존 레논이랑 목소리 좀 비슷하다" 하니까 바로 넘어오더라고요. 〈Rock 'n' Roll Star〉

Owen come along and just turned everything fucking up.

오언은 오자마자 전부 다 뒤집어 놨어.

에는 보컬이 없길래 그 곡부터 작업했어요. 노엘은 리암이랑 저만 남기고 나가고. 처음부터 리암의 리드보컬이 곡을 그냥 바로 뚫고 나가던데요. 뭐, 식은 죽 먹기였어요.

리암 | 오언이랑 작업하는 건 딱 내 스타일이었어. 간단했지. 그렇게 해야 한다고 생각하기도 했고. 뮤지션이라는 놈들이 처앉아서 어쩌고저쩌고하면서 떠드는 거, 기타 메고 와서 어깨춤을 추든 다른 악기를 껴안고 있든 그런 거 하나도 안 궁금해. 막상 그런 놈들이 녹음한 거 들어보면 재미없어. 가이드북 꺼내서 62페이지 펴놓고 작업하니까 그런 거지. 야, 우리 노래 들어봐. 백날 책 읽어봐라, 우리 노래 같은 게 어디 있는지. 그래서 좋았던 거야. 심플했거든. 기본에 충실한 로큰롤에, 멜로디도 좋은 곡이지. 3분짜리 기타 솔로도 없고, 드럼 필인도 없고. 그냥 난 항상 120%로 불렀을 뿐이야. 한 번도 더 파워 있게 부를 수 있겠냐는 얘기는 들어본 적도 없지. 오히려 "야, 너무 세게 부르지 마. 여기 공연장 아냐" 이런 말만 들었다니까. 한번은 어떤 프로듀서가 나한테 "역할에 몰입할 수 있겠어?"라고 묻더라. 그래서 대꾸했지. "꺼져, 이 새끼야. 내가 여기 연기하러 왔냐? 난 노래 부르러 왔어." 그냥 때려 넣는 거야. 난 큰 소리로 질러댈 테니, 음량은 지들이 줄여야지.

오언 | 믹싱 좋았어요. 진짜 괜찮았어요. 노엘이 와서 듣더니, "와, 좋다. 이걸로 가요" 그러더군요.

If you've not got it in the third take you've not got it. That's still one of my golden rules to this day.

세 번 녹음해서 안 나오면, 그냥 안 되는 거야.
이건 지금도 내 철칙이야.

노엘 | 난 스튜디오에서 질질 끄는 거 별로야. 빨리 끝내고 차 한잔 끓여 마시고 딴 일 하러 가는 게 낫지. 세 번 녹음해서 안 나오면, 그냥 안 되는 거야. 이건 지금도 내 철칙이야. 하다 하다 세 번째 테이크까지 안 나오면 다음으로 넘어가. 마이크 2mm 옮기고 앉아서 몇 시간씩 하는 거, 난 못 해.

리암 | 우린 테이크 두 번 하고, "자, 이제 술 마시러 가자" 이랬어. 백 번째 테이크? 완전 쓰레기지. 다섯 번째? 그딴 거 들을 시간 없어. 세 번 안에 안 끝나면, 밴드 접고 정신 차려야지.

오언 | 멤버들은 투어하러 갔고, 다들 만족해했어요. 믹싱한 카세트는 노엘에게 갔을 거예요. 아마 투어버스에서 들었겠죠? 그때 이제 걔들이 나머지도 저한테 다 맡기기로 했어요. 최종 마스터링은 조니 마의 스튜디오에서 했어요. 노엘이 같이 와 있었고 전 그냥 작업만 쭉 했었죠. 그때 새로 나온 기계가 하나 있었는데, 왜곡 없이 소리를 두 배로 키울 수 있었어요. 그래서 그냥 볼륨을 두 배로 키워버렸어요. 내 믹싱이 기술적으로 완벽하지 않더라도 음량으로 밀어붙인다는 마인드로요. 그때 내 전략은 질보다는 양이었는데, 결과적으로는 대박이었죠. 온 나라 주크박스에 오아시스 노래가 나오기만 하면 볼륨이 두 배로 커졌죠. 진짜 웃겼어요.

노엘 | 믹싱을 진짜 여러 번 했는데 오언이 작업을 맡자마자 우리 다 "와, 씨발, 드디어 나왔다" 했어. 오언이 뭘 한 건지 지금도 모르겠는데, 어쨌든 그게 우리가 아는 바로 그 사운드가 됐지. ◻

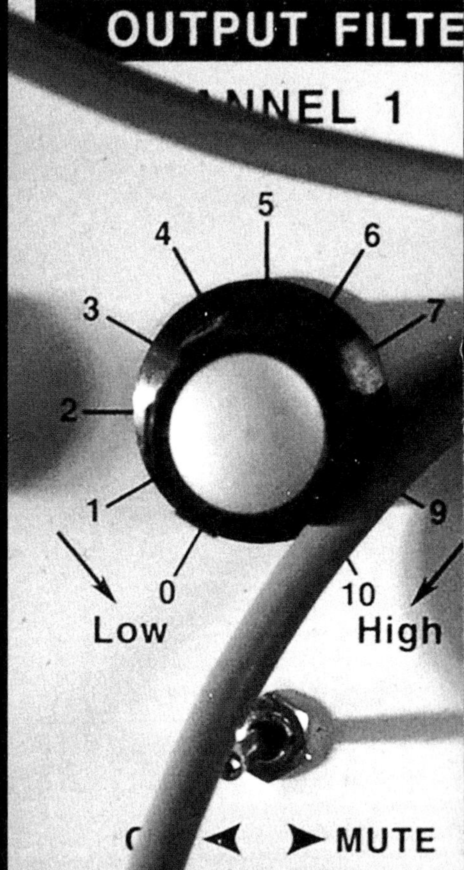

4
5
6
7
8
9
0
14
10
5
4
6
2
1
0
11
10
8
9
3
4
1
0
CHANNEL 2
5
6
9
0
10
Low
High
-5 -4 -3 -2 -1 0 +1 +2 +3 +4 +5
1 2 3 4 5 6 7 8 9 10
JAPAN
NV ◄ MUTE ► CH2

암스테르담

노엘 ┃ 그때 우린 암스테르담에서 더 버브The Verve랑 같이 공연을 하기로 했는데, 아니, 대체 왜 하기로 했는지 나도 몰라? 투어도 아니고 한 번 하는 공연이었거든. 우리에게는 첫 해외 공연이었어. 말하면서도 어이가 없네. 당연하게도 얼마 안 가서 난리가 났지. 그때는 로드매니저도 없었으니까 맨체스터에서 밴에 실려서 갔어. 제이슨 로즈라는 애가 픽업을 왔는데 걔가 매니저 역할을 해주기로 했었어. 뉴 오더New Order랑 같이 일할 때 마커스랑 알던 사이라고 하더라고. 버나드 섬너Bernard Sumner 기타도 만졌다고 했어.

제이슨 로즈 ┃ 마커스가 연락해서, 자기가 맡은 밴드가 셋 있대요. 오아시스랑 푸시Push, 또 무슨 그룹이 있다고……. 저야 노엘이 누군지는 알았어요. 예전에 로드매니저로 인스파이럴 카페츠랑 일할 때 봤었으니까, 나는 오아시스랑 하겠다고 한 거죠. 그랬더니 암스테르담에 같이 가겠냐고 물어서 그러겠다고 했어요.

리암 ┃ 제이슨 로즈를 처음 만난 날, 엄마 집 앞으로 밴을 끌고 왔었는데 미친놈인 줄 알았어. 뭔 사이코패스 살인마처럼 생겼더라니까.

노엘 ┃ 밴에 타서 제이슨한테 인사하고 현금 좀 받았냐고 물어본 다음 다 달라고 했어. 그랬더니 주유비라더라고? 그래서 기름은 됐다고 하고 현금 다 뺏어서 한 시간 동안 맨체스터 다 돌면서 약을 샀지.

본헤드 ┃ 맨체스터에서 벗어나자마자 잠깐 멈춰서 맥주, 보드카 같은 술을 이것저것 사서 출발했어요.

리암 ｜ 스파였나 세븐일레븐이었나, 가게에 들러서 술을 잔뜩 샀어. 페리를 타긴 탔는데 어떻게 탔는지 기억이 없어. 그때 이미 다들 취해 있었거든. 아무튼 페리에 타자마자 술판이 시작된 거지.

제이슨 ｜ 하리치쯤 갔을 즈음에 술을 다 마셔서 하나도 안 남았더라고요. 스피릿만 다섯 병을 비웠으니, 제대로 미친 거죠.

본헤드 ｜ 거기서부터 나락이 시작됐어요.

필 ｜ 목요일 밤 암스테르담행 페리는 말 그대로 사고뭉치 천국이에요. 주말에 암스테르담에 페리 타고 가는 애들이야 뻔하죠. 뭘 하겠어요?

노엘 ｜ 우연찮게도 그때 웨스트햄이 네덜란드로 프리시즌 투어를 와 있었는데, 하필 이 심야 페리 안에는 웨스트햄 팬들이 잔뜩 타고 있었어. 배 안에 카지노가 있지를 않나, 게다가 뭔 나이트클럽도 있고.

본헤드 ｜ 이상하게도 배 안에 디스코가 있는데 사람들이 거기서 춤을 추더라니까요. 그걸 보고 '저게 대체 뭐냐?' 싶었죠. 배에서 누가 춤을 춰요? 바에 앉아 있거나 그냥 자야죠. 그때 우린 돈도 한 푼 없었는데 어디서 자꾸 샴페인 병이 나오는 거예요. '어디서 난 거지?' 하는데 한 병, 또 한 병 계속 나오잖아요. 그래서 다들 점점 더 취하기만 했어요. 리암도 신났고, 신기하게도 그땐 귁시도 신나 했어요.

All I remember was it was a bit Benny Hill, the police chasing us around the fucking ferry.

〈베니 힐 쇼〉처럼 경찰이 우리를 잡으려고 뛰어다녔던 기억이 나.

코일리 ｜ 내 기억에 그날 초반에는 샴페인이랑 잭다니엘 슬래머를 마셨어요. 다들 기분 좋게 마시고 있었는데 갑자기 여기저기서 싸움이 붙은 거예요. 리암은 이런 난리통이 났다 하면 진심으로 흥분해서 싸움판에 그냥 몸을 맡겨버렸죠.

리암 ｜ 귁시가 어떤 애한테 붙들려 온 거야. 우리가 50파운드짜리 위조지폐를 쓴

대. 그래서 내가 "야, 그거 진짜 돈이거든, 멍청한 새끼야" 이랬지. 그러다가 싸움이 났어. 〈베니 힐 쇼〉처럼 경찰이 우리를 잡으려고 뛰어다녔던 기억이 나.

코일리 | 창문 밖으로 리암이 갑판을 따라서 뛰어다니는 모습이 보이더라고요. 보기 좋던데요? 학교 운동장에서 나뭇잎 쫓아다니는 애들 같기도 했고요.

필 | 리암이 카지노에서 테이블 옆을 달려가면서 룰렛 판을 전부 엎어버렸다는 말을 들었어요.

코일리 | 그다음 순간에도 리암을 보니까 계속 뛰어다니고 있는데, 이번에는 뒤꽁무니에 경찰을 달고 뛰어다니더라고요.

본헤드 | 궉시가 다른 갑판 계단 아래로 막 던져지고 있을 때는 이게 다 대체 무슨 상황인가 싶었어요.

코일리 | 계단 밑에 가보니 리암은 바닥에 쓰러져 있고 경찰 서너 명이 걔를 묶고 있었어요. 옆 바닥에는 궉시도 누워 있었고요. 리암이 주먹을 휘둘렀는데 허공에 헛스윙을 한 거예요. 엄청난 스윙이긴 했는데 아무도 못 맞히고 그냥 빙글, 돌아서 바닥에 처박힌 거죠. 그러자마자 경찰한테 바로 제압당했어요.

리암 | 때리고 발로 차고, 잡혀가고…… 아무튼 나랑 궉시는 수갑까지 찼어.

본헤드 | 대체 노엘은 어디 갔었을까요? 걘 아마 얍삽하게 굴었겠죠. 그냥 잤거나 조용히 빠졌을 거예요.

노엘 | 다들 잡혀갔는데 나만 안 잡혔어. 왜 그랬는지 나도 몰라. 어찌저찌 빠져나왔겠지, 뭐.

리암 | 우리 애는 뭐, 또 셰익스피어 책이나 읽고 있었겠지. 덕분에 혼자만 빠져나갔어. 우리는 암스테르담에 도착하자마자 곧바로 체포당했어. 배 아래층에 있는 작은 감방에 들어가서 거기서 하룻밤을 자야 했지. 작은 매트리스를 하나씩 던져줬는데, 온종일 퍼마셨더니 오줌 싸라고 준 양동이가 막 넘쳤어. 다시 생각해도 존나 역겹네.

Welcome to
AMSTERDAM

Manchester High Street
FOR IMPROPER USE OF LIFE JAC
DEPORTED

본헤드 l 방에 돌아왔는데 여권도 없고, 신발도 없고 다 사라진 거예요. 그래서 보안관한테 가서 신고했는데 하는 말이 우리 여권 다 압수했대요. 왜냐고 했더니 "너희 암스테르담 못 가니까 배에서 내려서 당장 집으로 돌아가라" 이러는 거예요. 그래서 내가 뭘 했다고 그러냐고 따져 물었는데 "아래층 두 놈들이랑 같이 있었잖아"라는 대답을 들었죠.

제이슨 l 세관 쪽에 가서 말했어요. "저기요, 사람 넷을 잃어버렸는데 걔들 혹시 어딨는지 아세요?" 그랬더니 그 사람들이 "네, 다 추방될 예정입니다. 다음 배로 돌려보낼 거예요" 이랬어요. '미쳐, 네덜란드 땅 밟기도 전에 다섯 놈 중에 넷이 사라졌네' 싶잖아요. 그래서 말했어요. "아무튼 애들한테 기찻삯이라도 좀 줘야 해서요……." 그러니까 보안관이 문 앞으로 애들을 데려왔고 제가 20파운드를 줬어요. 보안관이 친구들한테 인사하라더니 커다란 셔터가 위에서 내려왔죠. 다들 몸을 숙여 셔터 틈으로 마지막까지 쳐다보더라고요. 결국엔 발만 보이다가 닫혀버렸고요.

노엘 l 걔들이 갇혀 있는 감방 같은 데를 가서 보니까 그 상황 자체가 너무 웃긴 거야. 난 걱정하지 말라고 암스테르담 가서 마커스한테 전화하겠다고 했어. 그러고는 받은 돈 중에 남은 거 있냐고 물어보고. 누가 100파운드를 갖고 있다길래 달라고 했지. "왜, 어디 가려고?" 하고 물어보길래 난 "암스테르담 가야지, 너희는 알아서 하든가 말든가"라고 대답했어. 그렇게 암스테르담에서 더 버브 공연에 갔고 떡이 되게 취했지.

제이슨 l 호텔에 도착해서 마커스랑 앨런한테 전화했더니 그 사람들이 "뭐가 어째? 뭘 어쨌다고? 지금 장난해?" 했던 게 기억나네요. 내 잘못도 아닌데 내가 뭘 어쩔 수 있었겠어요? 손목 잡아채서 때리고, 밤 10시 됐으니까 가서 자라고 해요? 그날이 첫날이었는데, 끝내주죠? 출근 첫날이 그 모양이라니? 너무 좋은 거죠.

본헤드 l 우린 그냥 쥐 죽은 듯이 조용했어요. 대체 이게 뭔 상황이냐, 이제 어쩌지 싶었던 거예요. 패닉이었어요. 영국으로 다시 가는데 돈도 뭣도 아무것도 없고 휴대폰도 없었어요. 그때 토니한테 5파운드가 있어서 가는 내내 감자칩만 주워 먹었어요. 아무도 웃지도 않고, 너무 끔찍했어요.

리암 l 결국 킹스크로스에서 마커스랑 만났어. 미국인들이 잔뜩 와서 우리를 보러 왔었대. 마커스가 "이 새끼들아, 조졌다. 아주 조졌어. 대체 왜 그딴 짓거리들을 한 거냐?" 하더라. 아니, 씨발, 지가 아빠야 뭐야? 이미 일어난 일인데 어쩌라고? 그리고 우린 잘못한 것도 없어. 걔들이 우리 뒤통수를 쳤다니까. 같이 있지도 않았으면서 뭔데 우리한테 이래라저래라 해? 우리 잘못한 거 없어, 그냥 우리답게 행동한 거야. 우리 할 일만 하려고 했다고.

본헤드 | 우리 꼬락서니를 봤어야 해요. 말로 형용할 수 없을 정도로 엉망이었죠. 아마 마커스는 일본 음반사랑 미국 음반사 때문에 더 패닉이었을 거예요. 그 사람들은 이런 상황을 웃기게 받아들일 만한 유머 감각이 없거든요. 이런 상황을 재밌게만 받아들일 리가 없었으니 마커스가 화가 났었겠죠. 근데 다들 제 옆구리를 찌르면서 "본헤드, 밥 좀 사다 먹게 네가 가서 20파운드만 달라고 해" 이러는 거예요. 그래서 저는 "꺼져, 너나 가서 물어봐" 했어요. 결국 리암이 가서 "밥 먹게 20파운드만 빌려주실 수 있나요?"라고 물어봤죠.

리암 | 그게 바로 인생이야. 원래 다 그런 법이지. 가끔 사고도 치고 그러는 거 아냐? 일부러 그런 것도 아니고. 당연히 우리도 그냥 얌전히 배 타서 술이나 한잔하고, 50파운드 위조지폐 어쩌고 하는 이상한 헛소리 안 듣고 공연이나 했으면 좋았겠지. 그럼 가서 다 찢어놨을 텐데, 그렇게 안 풀렸지. 일이 그렇게 된 걸 뭐 어쩌겠어. 근데 그놈들은 와서 괜찮냐는 말 한마디도 없이 그저 "너희가 다 망쳐놨다" 이러잖아. 아, 씨발, 멍청한 새끼들은 좀 꺼져. 너희는 BMW 타고 편히 왔겠지만 나는 배 밑바닥에서 수갑 차고 오줌 줄줄 넘치는 데 앉아서 왔단 말이다. 그것도 암스테르담에서 여기까지 오는 내내.

That's how I'd want my rock-and-roll stars to act. Stick up for themselves, get in a bit of shenanigans and that's it.

그게 바로 내가 원하는 록 스타의 모습 그 자체야.
할 말은 하고, 싸움도 좀 하고.

본헤드 | 마커스는 화가 났지만 맥기는 참 그 양반답게 그냥 다 좋다고 난리였어요. 이런 게 완전 홍보가 된다면서 이 사건이야말로 로큰롤이라고 신이 났었죠.

노엘 | 내가 맥기를 좋아하는 이유 중 하나가 이거야. 그날 맥기한테 전화했더니 바로 사무실에서 받더라고. "노엘, 좀 어때?" "지금 시간 돼요? 할 말 있어요." "뭔

데?” “어젯밤에 배에서 다들 체포됐어요.” 그걸 듣고도 맥기는 딱 한마디 했어. “끝내주네.” 그다음에 열두 시간 뒤엔가 《NME》 사진 기자를 불러다가 그 사건을 대서특필하더라고. 그날 밤 진짜 웃겼지.

리암 | 노엘은 짜증났겠지. 공연하고 싶었을 테니까. 근데 내 입장에서는 아무 문제 없었어. 일단 우리가 잘못한 게 없었고, 두 번째로는 걔들이 먼저 시비를 처걸었고, 세 번째로는 우리가 그냥 당하고만 있지는 않았으니까. 그게 바로 내가 원하는 록 스타의 모습 그 자체야. 할 말은 하고, 싸움도 좀 하고.

코일리 | 내 생각에 노엘은 화가 나면서도 신났던 것 같아요. 아니면 무슨 감정을 느껴야 하는 건지 몰랐거나요. 돌이켜 보면 그때 일은 그냥, 있는 그대로 받아들이면 됐을 일이에요. 죽여주는 한밤의 로큰롤 소동이었던 거죠. ◻

다시 집으로

노엘 | 《Supersonic》이 나오기 전까지만 해도 공연을 하면 사람들은 우리 이름을 언론에서 몇 번 본 게 전부였고 노래는 아무도 몰랐어. 우리는 항상 다른 밴드 오프닝으로만 섰고, 사람들은 다들 바에만 서 있고 무대 앞은 텅 비어 있었지. 근데 《Supersonic》이 나온 날에 빵 터져서, 관객들이 다들 무대 바로 앞에 서서 새벽 3시에 로트와일러 보고 쓴 가사를 따라 부르더라니까. 우리는 합주실에 박혀서 미친 듯이 달렸어. 일주일에 다섯 번씩 합주하고, 별 진전도 없었지만 다들 믿음이 있었지. 그래서 대중 앞에 서게 됐을 때 누가 뭐래도 스스로 알고 있었어. 우리는 이미 잘한다는 걸. 다들 우리보고 대단하댔는데 당연하지. 2년 전부터 대단했거든.

리암 | 난 방송 같은 거 싫어해. 다 가식이잖아. 한 번 보면 딱 알지, 난 완전 시니컬한 놈이라서. "리허설 한 번 더 갈게요. 카메라 이쪽 보시고, 다시 하실까요? 잠깐 멈추시고, 다시 갈게요. 관객 보이게 저쪽으로, 아, 이쪽, 다시 이쪽으로 오실게요." 난 그런 건 안 보고 싶었는데 말이지. 다 겉멋만 들어가지고. "분장하실까요?"

노엘 | 우린 분장실 같은 덴 몇 년간 가지도 않았어. 분장이라니? 어림도 없지.

리암 | 볼 땐 멋있어 보이는지 몰라도 실제로 하는 사람은 현타 와. 겉만 번지르르한 바보 같은 방송에 나가느니 공연 백 번 하는 게 훨씬 낫지. 제발 그냥 다시 공연장으로 보내달라고 하고 싶었어. 우린 무대에서는 가식 떠는 법이 없어서 그게 너무 좋아. 뭔가 꾸며내야 하는 순간이 난 너무 힘들더라.

I didn't like TV... all the fakeness. I see through all the bullshit. I'm a right cynical bastard.

난 방송 같은 거 싫어해. 다 가식이잖아.
한 번 보면 딱 알지. 난 완전 시니컬한 놈이라서.

노엘 l 〈더 워드〉라는 방송은 꽤 큰 건이었어. 예뻐 보이는 중고 슈퍼 8 카메라를 사다가 리암한테 주면서 곡 중간에 관객들 찍는 척을 하라고 했어. 그 방송 보면 리암이 노래 부르면서 뭘 찍는 척하는데 보면 존나 웃겨.

리암 l 기억 안 나는데. 그냥 보기에 멋있으니까 했었나 보네. 그때는 탬버린이 없었을 때라 그거라도 들었나⋯⋯.

본헤드 l 마커스가 이랬어요. "다들 이제 실업수당은 끊어야 해. 귁시, 너도 일 그만둬." 그때 우리가 돈을 벌던 때는 아니지만 어쨌든 계좌에 100파운드씩 꽂히긴 했거든요. 근데 나는 내 이름으로 재판이 걸려 있어서 계좌를 만들 수가 없었어요. 그래서 끊으면 안 된댔더니 "본헤드, 너 이제 밴드 멤버잖아. 계약도 했으면서!" 이랬죠.

노엘 l 그 길로 사무소에 갔는데 기가 막히게도 우연찮은 순간이 있었어. 실업수당 지급 중지 신청하고 있는데 필 색스가 수당을 받으러 온 거야. 왜 그, 팩토리 레코즈의 A&R 담당자였던 사람. 예전에 우리한테 "너희 노래는 너무 늘어져" 이랬던 그 사람이잖아. 그 사이에 팩토리 레코즈가 망해서 수당을 받으러 온 거지. 참 아이러니하더라고.

리암 l 사무소 직원이 그랬었거든. "일자리 좀 알아봤어요?" "하고 싶은 일이 없던데요." "나라고 이 일이 좋아서 하겠어요?" "그건 당신 사정이고요. 싫으면 그만두든가요. 난 밴드 하는 데 잘되고 있어요."

아무튼, 그다음에 수당 끊으러 가서 말했지. "이제 일자리 구해서 수당 끊으러 왔습니다." "무슨 일인데요?" "밴드요, 로큰롤 밴드." 그랬더니 처웃더라? 그래서 내가 이랬지. "목요일에 텔레비전이나 틀어보시든가. 오아시스. 차트 31위라고."

노엘 l 투어 매니저를 만나기로 했는데 뉴욕 퀸스에서 온 스무 살짜리 여자애라는 거야. 우린 속으로 그 여자 금방 털리겠다 했었지. 근데 천재적인 포인트가 뭐냐면, 우리가 유일하게 건들지 않는 존재가 여자라는 점이었어. 우린 모두 엄마 손에 자랐으니까. 그리고 매기는 멋진 사람이었어.

매기 무자키티스 I 어느 날 마커스한테 갑자기 전화가 왔어요. "맨체스터 출신의 신생 밴드가 하나 있는데, 좀 도와줄 수 있어? 나 혼자 하다가 사고 치는 중이라서." 당시엔 본헤드가 사실상 매니저였어요. 운전도 다 했고요. 투어 초반 몇 달간은 밴드 멤버를 본헤드가 다 태우고 다녔어요. 그때는 운전기사 쓸 돈도 없었고, 멤버 중에 본헤드만 면허가 있었거든요.

제이슨 I 윈저에 있는 올드 트라우트에서 공연을 했는데 그때 매기가 따라왔어요. 그게 매기의 첫 공연이었을 거예요.

매기 I 90년대에 투어 매니저로 공연에 따라간 거잖아요. 그땐 여자가 음악 업계에 끼기가 힘들었어요. 여자 매니저 자체가 별로 없었죠. 남자들이 주도하던 업계기도 했고요. 운 좋게도 오아시스 다섯 명은 저한테 꽤 잘해 줬어요.

노엘 I 매기를 처음 만나고 5분쯤 됐을 때 대기실에서 큰 싸움이 나서 의자를 던지고 난리가 났어. 그 소식이 길가에서 기다리던 팬들한테까지 들어갈 지경이었지. 나랑 리암이 제대로 싸움이 붙었는데 뭐 때문에 싸웠더라? 몰라, 무슨 감자칩이 제일 맛있는지였나? 퀘이버스냐, 스퀘어스냐였던가? 당연히 스퀘어스가 더 맛있는데 리암이 자꾸 아니래. 그때 마커스한테 매기가 그만둘 것 같다고 말했던 게 기억

나는군. 매기는 그 전에 비슷한 일을 해본 적도 없는데 대체 어떻게 15년이나 버텼는지. 대단한 사람이라니까.

매기 | 걔들은 그냥 놀고 있던 거죠. 어린 남자애들이 친한 친구들이랑 투어버스 타고 다니는데 관리해 줄 사람 한 명 없는 상황이잖아요. "우와, 얘들아! 공연비 800파운드 벌었다! 술집 가서 다 쓰자!" 이렇게 되는 거죠.

Give me gin and tonic, get my head down about half ten? Fuck off mate.

"진토닉이나 줘, 10시 반에 뻗어야지." 지랄 말라고 해, 나 참.

노엘 | 우린 돈만 벌었다 하면 다 코카인이나 마약, 술 사는 데 다 썼어. 팬들 집에 가거나, 호텔 방에 돌아가거나 뭘 때려 부수거나 했었지. 일주일에 하루 정도 그러는 게 아니라 밤이면 밤마다. 항상 재밌긴 했지만 슬슬 질려가던 참이었어.

리암 | 그게 바로 즐기는 인생이지. 미래 걱정 같은 건 별로 안 하고 그저 순간을 즐기는 거야. 그게 바로 로큰롤 아니겠어? 브리지 여덟 마디 끝장나게 쓰는 게 전부겠냐고. "기분이 슈퍼소닉이니까, 9시 반이면 자야지. 진토닉이나 줘, 10시 반에 뻗어야지." 지랄 말라고 해, 나 참.

노엘 ㅣ 리암이랑 나는 아일랜드 핏줄이거든. 우리는 영국인 핏줄이 아니야. 사실 술이라면 아일랜드가 끝판왕이야. 아일랜드 사람들이 술 마시면 끝까지 간다고.

본헤드 ㅣ 우린 파티하고 늦게 자고 술 마시고, 하여간 그런 걸로 유명했지만 무대에 오를 때 취해 있진 않았죠. 그게 철칙인 것처럼요.

리암 ㅣ 우리가 아무리 멀쩡하게 정신 차리고 공연장에 나타나도 다들 우리가 마약 처하고 온 줄 아는 거야. 죄송한데, 나 어제 여덟 시간 쿨쿨 처자고 왔거든요? 관객들은 "야, 개새끼야!" 이러면서 관심 끌려고 하고, 누구는 나더러 한 줄 빨 건지 물어보고. "나 지금 노래 부르잖아, 이 미친놈들아!" 우리는 공연하는데 저기서는 마약하고, 서로 밀고 비틀거리고……무슨 난리도 이런 난리가 없어. 관객

There is no English blood in us, and anybody who knows that will know there is drinking and then there is Irish drinking.

우리는 영국인 핏줄이 아니야. 사실 술이라면 아일랜드가 끝판왕이야. 아일랜드 사람들이 술 마시면 끝까지 간다고.

들이 우리보다 한술 더 떴다니까. 우리는 코카인에 막 쩔어 살지도 않았고, 머틀리 크루Mötley Crüe처럼 골 때리는 스타일도 아니었어. 누가 와서 "안녕, 한 줄 빨래?" 해도 "응 아니, 우리 아침밥 먹는다" 이랬다고. 이건 확실히 말해둬야겠다. 우린 일할 땐 제대로 일만 했어. 진짜 빡세게 일하고 나서 나중에 놀았고, 정신 나간 채로 무대에 오른 적은 거의 없어. 물론 밤이 되면 마약이 등장해서 난리가 나긴 했지만, 취한 채로 오르는 무대는 지옥이야. 4시간 동안 공연하면서 목소리가 못 버티면 '앞으로 다시는 이렇게 안 한다' 싶지. 공연하다 보면 그런 건 금방 배우게 돼.

노엘 ㅣ 마약이라곤 다 해봤어도 무대에 올라가서 내가 쓴 곡을 사람들한테 들려줄 때 느껴지는, 그 팍 터지는 느낌을 이길 약은 없더라고.

리암 ㅣ 정신을 똑바로 차리고 공연하는 게 훨씬 좋아. 딱 순수하게 내려꽂히는 느낌이거든. 그러다가 공연 끝나고 내려오면 그때부터 미쳐서 노는 거지.

노엘 ㅣ 그때 우리는 진짜로 미친 듯이 술 마시고 약도 많이 했어. 지금 기준으로 보면 진짜 제정신이 아니고, 당시 기준으로 봐도 꽤 하드한 수준이었지. 그래도 다들

제 역할은 잘했어. 누가 헤로인 빨고 지각한 적도 없어. 일은 잘 돌아갔거든. 나도 그렇고 리암도 그렇고, 주변인들, 맥기도 마찬가지로 다 술에 쩔어 살긴 했어도 일은 어떻게든 해냈지. 비극적인 사건도 전혀 없었고.

녹음할 때도 약 많이 했지. 근데 난 원래 낮에는 약 안 했거든. 약 빨고 녹음하면 결국 다음 날 다시 해야 돼. 다시 보면 다 구렸으니까. 얘들아, 팁 하나 줄게. 해 떨어지고 나서 놀아라. 그런 건 어두울 때 하는 게 정상이란다. 난 그것만큼은 꼭 지켰어. 어두컴컴해지고 가로등 켜질 때까지 기다렸거든.

리암 | 우리도 처음엔 무대에서 한 대씩 피우기도 했는데, 나중에 아레나급 공연으로 가니까 좀 생각이 바뀌었지. '사람들이 이거 보려고 비싼 돈 내고 왔는데, 좀 똑바로 해야겠다' 그런 생각. 물론 가끔 무너질 때도 있고 사고도 터지긴 했는데, 그 정도야 예상 가능한 범주잖아. 근데 전반적으로는 잘 버텼다고 생각해.

제이슨 | 노엘은 조용히 홀짝홀짝 마시는 타입이었어요. 반면에 리암이나 나나 본헤드는 그냥 막 샷 때리고 맥주 들이붓고 그랬죠.

리암 | 노엘은 뭐, 자러 들어가서 모리시 책이나 읽고 싶어 했겠지. 나는 바에 가고 싶었고. 그냥 나는 자러 가는 것보다 술 마시는 게 더 말이 된다고 생각한 거야. 언론에 나고 싶어서 그런 것도 아니고, 그냥 난 그게 재밌었어.

노엘 | 나는 원래 그 뭐냐, '파티질' 같은 건 딱 쉬는 시간에만 하는 거라고 생각해. 진짜 쉬는 날, 휴일에. 투어 시작하고 다시 일해야 할 땐 '자, 이제 다시 가봐야지' 하고 모드를 바꾸는 거야. 일할 땐 일을 해야지.

리암 | 쟤도 우리랑 똑같이 놀았어, 진짜로. 예전에 찍힌 영상 보면 본헤드, 귁시, 토니는 아직 무대에서 연주하고 있는데 나랑 노엘은 백스테이지에서 샌드위치랑 피자랑 과일 같은 거 던지면서 난리 쳤다니까? 진지하게 연주하던 애들은 본헤드, 귁시, 토니고. 우리 애도 같이 저 지랄했으면서 지금 와선 다 잊은 척하네.

제이슨 | 다른 밴드들보다 훨씬 빠르게 혼돈에 빠졌다고 할 수 있죠. ◻

리버사이드에서 얻어터진 날

노엘 | 투어 중에 종종, 아니 사실은 투어 내내 매일같이 사고가 터지던 때가 있었어. 그때부터는 우리도 보디가드를 붙이기 시작했지. 솔직히 말하면 공연장에 일부러 트러블을 일으키러 오는 녀석들이 늘고 있다는 느낌이 들어서 좀 우울해지더라. 리암은 그게 재밌다면서 오히려 좋아했지만 나는 속으로 '아니 잠깐만, 내가 알기로 로큰롤을 한다는 건 말이지, 여자들이랑 엮이고 뭐 그런 거 아냐? 왜 매번 공연 보러 오는 놈들이 죄다 프레드페리 처입은 뚱뚱한 남자새끼들인데? 금발에 가슴 큰 여자들은 다 어디 갔냐고?' 하는 생각이 들더라. 리암은 "개쩌네. 이거야말로 혼돈 그 자체야" 이러고나 있었지만 나는 "혼돈은 개나 주라고 해. 우리한텐 필요한 건 섹스야. 여자 몰라? 뚱뚱한 사내놈들 말고" 이랬지.

I felt that people were turning up to cause trouble and it was getting me down, if I'm being honest.

리암 | 우리한텐 항상 좀 시끌시끌한 분위기가 따라왔었어. 근데 난 별로 신경 안 쓰이던데? 보안 요원들도 있고, 우리가 뭐 약한 애들도 아니니까 걍 내버려뒀어.

본헤드 | 누구든 그렇게 말하죠. 유명세에는 따라붙는 것들이 있다고요. 우리가 대놓고 미친놈들이었던 것도 아니었어요. 근데도 어떤 사람들은 공연장에 일부러 도발하러 오는 것 같았어요. 어떤 공연은 진짜 분위기가 팽팽했었어요.

매기 | 그때 어떤 공연은 진짜 정신없었어요. 무대에 설치한 스피커를 필 스미스랑 둘이서 직접 붙잡고 있어야 했던 적도 있었다니까요. 관객들이 너무 뛰어대니까 바닥이 쿵쿵대서 스피커가 넘어질 뻔했거든요.

리암 | 사람들이 물건을 집어던지잖아. "씨발 새끼들아, 우리 갈란다. 저기 헤이스팅스에서 왔다는 더모트라는 새끼가 우리 음악 마음에 안 든다고 돌 던지는데, 우리 두 눈 멀쩡히 달려서 무대 올라왔는데 돌 처맞고 애꾸 될 생각 없거든? 방금 그 돌 내 눈에서 진짜 요만큼 빗나갔다. 엿이나 처먹어." 아무래도 로큰롤 때문에 눈멀기는 싫잖아. 멍청한 놈들이야 그래도 무대에 계속 서겠지만, 뭔 장난치는 것도 아니고, 그딴 건 못 맞춰주지.

코일리 | 근데 솔직히 한 번 싸움난 얘기가 기사에 나면 꼭 다른 녀석이 또 한 번 해보겠다면서 나서게 돼요. 예전부터 신문에 리암이 싸운 얘기 같은 게 나오지 않았다면 그런 식으로 도발할 사람도 없었을걸요?

제이슨 | 그때는 하루라도 조용히 지나간 날이 없었어요. 좋든 나쁘든 다들 조금씩 무뎌져 갔죠. "신경 쓰지 마. 다들 손가락은 멀쩡하지? 좋아, 그럼 됐어. 일단 가자. 밴에 타, 얼른. 가자!"

리암 | 그 시절은 진짜 무슨 수당이라도 받았어야 해. 정말 정신적으로 힘들었어. 욕먹는 것도 일이야.

노엘 | 더 버브랑 미국 밴드 하나, 이름도 기억 잘 안 나는데 에이스톤Acetone이었나? 아무튼 걔네랑 투어를 돌았어. 우리가 오프닝 밴드였고, 뉴캐슬 리버사이드 공연이었지.

제이슨 | 잠깐 밴을 밖에 주차하고 다행히 장비는 다 내렸는데, 다시 가보니까 밴을 도둑맞은 거예요. 차 안에 내 새 신발이랑 옷 가방도 있었는데 완전 열받았죠.

매기 | 그날은 처음부터 재수 없는 공연이었어요.

본헤드 | 뉴캐슬에서 하는 공연은 원래 어딘가 좀 난폭하긴 해요. 관중이 다 미쳐 있어요. 사이코 같거든요. 근데 또 공연 퀄리티 자체는 좋아요. 그날 공연은 라디오1에

*Of course
there is a fight,
loads of people
jump in, and
I hit somebody
on the head with
my guitar.*

그러더니 여러 명이 올라와서
싸움판이 벌어졌고
나도 기타로 누굴 후려쳤지.

서 생중계도 했을걸요?

노엘 | 〈Bring It On Down〉 부를 때 누가 무대에 올라와서 내 눈을 정확히 가격했어. 그때 조명도 별로 없고 사이키 조명만 켜져 있었거든. 조명이 빠르게 깜빡거릴 땐 뭔 일이 일어나도 모르는 법이야. 그러더니 여러 명이 올라와서 싸움판이 벌어졌고 나도 기타로 누굴 후려쳤지.

제이슨 | 노엘이 진짜 그 사람한테 제대로 한 방 먹였었죠. 퍽 소리가 났다니까요.

본헤드 | 리암은 마이크 스탠드 갖다가 치려고 하고, 노엘은 기타 휘두르고. 말 그대로 '씨발, 우리 무대에서 꺼져!' 하는 상황이었어요.

노엘 | 우린 그때 도망치기는커녕 그냥 아주 불을 질렀어. 상황을 악화시킨 거지.

본헤드 | 스탭들은 앰프 지키고, 사람들은 맥주병 던지고, 점점 통제가 안 되더라고요. 발 구르는 소리, 손뼉 치는 소리, 웅성거리는 소리가 점점 커지면서 분위기가 험악해지니까 결국 "플러그 뽑고 공연 끝내! 슬슬 무섭다. 병 날아온다! 밴 타고 호텔로 튀어!" 이렇게 된 거예요.

코일리 | 공연장 밖으로 나와서 밴에 타려는 순간, 여기저기서 웬 애들이 몰려오더니 "씨발, 쟤네야! 저 새끼들이야!" 이러는 겁니다. 밴 앞뒤로 차가 있어서 꼼짝도 못 한 채로 갇힌 상태였죠.

리암 | 분위기 존나 싸했어. 밴을 막 흔들고, 개박살 내려고 했다니까.

토니 | 운전기사가 겨우 빠져나온 방법은 그냥 후진 밟아서 차를 밀어내 버리는 거였어요. 에라 모르겠다, 하면서 냅다 밀어버린 거죠. 빈틈이 생기자마자 유턴해서 호텔로 바로 튀었어요.

노엘 | 공연장을 나가려면 좁은 골목을 지나서 정문 앞을 지나가야 했거든. 애들이 벽돌이랑 별의별 걸 다 던졌어. 짜릿하더만.

코일리 | 대체 왜 그런 짓을 하는 건지, 왜 그 남자가 무대에 올라가서 노엘을 때렸

는지도 모르겠어요. 어쨌든 오아시스는 '맨체스터 임대주택가 출신 양아치 밴드'라고들 알려져 있었으니 저것들이랑 한판 떠보자 하는 심리였을지도 모르겠네요.

노엘 | 그 일로 눈에 멍이 시퍼렇게 들어서 한 6주 동안은 선글라스 끼고 무대에 올랐어. 근데 또 웃긴 게 그때 기타가 부서졌거든. 그러자 조니 마가 자기 기타를 한 대 더 보내줬어. 스미스가 《The Queen is Dead》 때 썼던 검정색 레스 폴이었지. 근데 내가 그걸 아직도 안 돌려줬네. 조니는 빌려준 거라고 하는데 난 아직도 그냥 준 거라고 우기고 있어. 조니, 이제 늦었어요. 못 돌려줘요.

조니 마 | 1986년 초에 존 엔트위슬John Entwistle한테서 그 기타를 샀어요. 원래는 피트 톤젠드Pete Townshend가 썼던 1960년산 레스 폴이었는데 그거 사고 좀 신났었죠. 스미스 곡에 꽤 많이 썼어요. 노엘한테 뭔가 바통을 넘긴다거나 그런 대화는 전혀 없었어요. 대신 내가 얘기를 하나 만들었는데요. "망월이 뜨자 노엘과 조니가 푸른 언덕에서 선글라스를 쓰고 모이더라. 조니가 가로되 번리지의 노엘이여, 이는 더 후와 스미스의 정신이 담긴 레스 폴 기타니 이를 받으라. 가서 멋진 리프를 만들라 하고 이에 두 사람은 그루피의 피를 쏟아 나눠 마시니라." 이게 내가 만든

얘기예요. 하지만 진짜로, 로큰롤 세계에는 자기가 리스펙하는 누군가에게 기타를 넘겨주는 전통이 있어요. 나도 그냥 노엘이 마음에 들었고, 정말 잘될 것 같아서 준 거예요.

노엘 | 그 기타는 진짜 끝내줘. 역사가 담긴 기타고. 그게 조니를 딱 보여주는 것 같아. 존나 멋진 형이거든. 로큰롤계의 라이트세이버 같은 걸 넘겨주는 사람이라니까. 와, 내가 방금 그런 말을 했다니.

제이슨 | 조니가 노엘한테 쪽지를 써서 보냈었죠. "이번 기타는 좀 더 무거우니까 더 잘 후려칠 수 있을 거다."

리암 | 솔직히 난 그날 밤에 재밌었어. 어떤 녀석이 무대로 뛰어오더니 우리 애한 테 한 대 갈겼다가 결국 처맞은 거잖아. 뭐, 좀 아팠겠지. 그래도 어쨌든 더 많이 얻 어터진 놈은 그 새끼였어. 지금 돌이켜 보면 무섭긴 했어. 근데 난 그런 거 좋아해. 공연 끝나고 "몹시 훌륭한 공연이었군요. 열한 곡 모두 최고예요. 음반이랑 똑같군 요." 같이 하나 마나한 소리 들을 바에 차라리 정신없는 게 더 좋아. 그게 진짜잖아. 생각하면 웃기긴 해. 당시엔 진짜 쫄았거든. 오지게 쥐어터지겠다 싶었으니까. 그 래도 맞서 싸워야지. 왜, 좋잖아. 크게 다친 사람도 없고. 우리 애는 더한 짓도 당했 었는걸. 사양 말고 개판 한바탕 잡숴봐. 항상 좋고 완벽하기만 하면 지루하다고.

노엘 | 당시에 우린 로큰롤 악동이라는 명성을 얻던 중이었어. 뭐 나쁘진 않은데 음악 얘기부터 하면 안 될까 싶었지. 결국 시간이 지나서 남는 건 음악이니까. 곡이 없으면 아무것도 없는 거야. 그런데 늘 우리 노래보다 다른 것들부터 화제가 되더 라고.

리암 | 글쎄, 음악이 전부는 아니잖아? 우리가 단순히 음악만 하는 밴드는 아니었어. 진짜 훌 륭한 밴드라면 음악뿐만 아니라 뭔가 다른 한 끗이 있어야 한다고 생각해. 물론 그런 태도를 인정받으려면 곡도 좋아야겠지. 근데 곡만 좋 고 아무런 끼가 없으면 내 기준에선 지루하기 짝이 없거든. 결국 둘 다 가져야지. ◻

I think any band worth their salt is not just about the music.

진짜 훌륭한 밴드라면 음악뿐만 아니라 원가 다른 한 끗이 있어야 한다고 생각해.

좀도둑 록 스타

노엘 ㅣ 스웨덴에 어떤 페스티벌이 있었는데, 모터헤드Motörhead, 프라이멀 스크림, 더 버브, 그리고 우리 오아시스가 전부 같은 호텔에 묵게 됐거든. 말도 안 되는 일이었지. 더 말이 안 되는 건, 바텐더가 밤 12시에 바를 닫아버렸다는 거야. 그러니 그날 완전히 폭주했지.

매기 ㅣ 시작부터 난리였죠. 그때 우리만의 버스가 처음 생겼거든요. 2층 버스 위에 해치가 있는데 리암이 자꾸 그걸 열고 머리를 빼꼼 내미는 거예요. 그래서 운전사가 짜증 많이 냈어요. "저, 저, 쟤 좀 말려봐요. 저러면 위험한데!" 거기 대고 내가 그랬죠. "그러지 말고 직접 말씀하시든가."

Yeah they were good days. You're young; you've got no fear, have you?

다 좋았던 날들이었지. 젊잖아, 겁대가리 없고.

리암 ㅣ 맞아, 몇 번이나 버스 위에 올라갔었어. 솔직히 그렇게 위험하다고는 생각 안 했는데. 버스에서 뛰어내리다가 발목이 부러졌던 기억도 나네. 근데 그냥 절뚝거리면서 공연은 또 했어. 그게 2층 버스였는데 난 1층 버스인 줄 알고 뛰어내렸던 거야. 바닥에 닿을 때까지 한 30분은 걸렸던 기분이었다니까. 다 좋았던 날들이었지. 젊잖아, 겁대가리 없고.

제이슨 ㅣ 또 개판이었죠 뭐. 항상 그랬어요. 개판, 개판, 또 개판.

리암 | 호텔이 완전 시골 엽서에 나올 법한 마을 한가운데 있었어. 도대체 그딴 데에 우리를 왜 데려다 놨냐고. 차라리 도시로 데려갔어야지, 거긴 그래도 뭐라도 열려 있잖아. 근데 바텐더가 "이제 술 없어" 하는 거야. "씨발, 저기 바 뒤에 술 잔뜩 있잖아. 내놔." 근데 걔들이 내주질 않더라고.

노엘 | 결국엔 그냥 호텔 바 털었지. 매니저한테는 그냥 꺼지라고 하고 술 다 들고 나왔어. 그 술도 다 떨어지니까 아침 5시나 6시쯤 됐을까? 호텔 건너편에 교회가 있었거든. 누가 그랬더라? "야, 교회엔 와인 있잖아" 하는 얘기가 나왔어.

본헤드 | 그래서 스웨덴 시골 한복판 교회에 프라이멀 스크림이랑 같이 쳐들어간 거예요. 진짜 골 때리는 상황이죠. 도덕적으로 이게 맞나? 우리가 지금 이 짓거리를 해도 돼? 근데 이미 맥주도 좀 마시기도 했으니까요. "씨발, 이거 로큰롤 그 자체네. 근데…… 야, 이건 좀 아니지 않나? 나 그냥 다시 가서 기도하고 올래. 신이시여, 용서해 주세요. 그러지 말아야 했는데."

리암 | 난 아직도 바에서 싸우고 있었어. 근데 애들이 어디서 와인을 구해서 돌아왔는데 다들 러시아 모자 같은 걸 쓰고 있더라. 진짜 웃겼다니까. 우리가 그날 아주 거기를 다 박살을 내놨지. 좋았어. 어떤 놈이 소리 질렀던 거 같아. "존 보넘John Bonham 죽은 거 아니었어?" 텔레비전은 창문 밖으로 날아가고, 근데 뭐 어때. 돈도 벌겠다 벌금 내고 끝이었어. 그냥 그런 거지.

노엘 | 그다음에 우리가 또 스웨덴에 갔을 때는 리암이 가게에서 좀도둑질을 하다가 잡혔어.

리암 | 내가 미쳤어. 리처드 매들리가 갑자기 샴페인을 훔쳤던 것처럼 뜬금없이 그랬다니까. 대체 뭔 생각이었을까? 운동화 하나 사고 나오는 길에 문득 이 면도날도 가져가야겠다는 생각이 들어서 그냥 주머니에 넣었다가 바로 걸렸어. 도무지 왜 그랬는지 모르겠네. 차라리 위스키 병이나 40파운드씩 주고 산 운동화 들고 튀는 게 낫지. 걔넨 벌금만 때리더라. 난 맨날 벌금만 냈어. 여기저기서 이 벌금, 저 벌금 내다가 돈 다 날린 거야. 나한테 그러던데? "백만장자 주제에 왜 면도날을 훔쳐 가?" 그래서 나도 그냥 "아, 몰라요. 진짜 죄송해요" 하고 벌금 내고 다시 버스에 탔어. 몇 사람한테 잔소리 좀 듣고 다시 출발했지.

노엘 | 그게 뭔 헛짓거리야? 록 스타가 도둑질하다가 걸리다니.

제이슨 | 하고많은 물건 중에 하필 면도날이라뇨. 수염도 제대로 안 나는 놈이 면도날은 왜 훔쳤을까요? 어휴, 등신.

노엘 | 리암은 잡혀가고 호텔은 초토화됐지. 난 그 자리에 없었지만. 나야 뭐, 스웨덴 여자들이랑 외교관계를 공고히 하느라 바빴거든. 사실 그게 맞잖아? 호텔 로비에서 캠코더 던지고 있을 일이야? 난 정말 이해가 안 되더라. 도대체 호텔 방을 왜 부숴? 그 지랄도 일이다. 땀까지 나는 일이라고. 뭔 말인지 알겠지? 그때 호텔 지배인이 내 방으로 들어와서 "나가세요, 퇴실입니다" 이러는 거야. 그 사람이 창가에서 존나 고함을 질러대는데 그때 위층에서 전화기랑 협탁이 날아오잖아. 아, 좆됐다 싶었지. 리암 방 앞을 지나가다가 문이 열려 있어서 봤는데 그렇게 박살이 난 방은 처음 봤어. 진짜 죄다 때려 부숴놨더라고. 스웨덴 언론이 우리더러 짐승이라 그랬어.

제이슨 | 기사 헤드라인이 아마 '호텔 방의 죽음' 이런 거였을걸요. 그냥 방이 초토화된 사진이 잔뜩 기사로 났었죠.

매기 | 완전히 박살 난 객실 사진이었어요. 근데 그거 보면서 우린 다 같이 "저거 우리 방 아닌데?" 그랬죠. 진짜 우리 방 아니었어요. 다른 호텔 사진이었다고요!

Before you know it you are out on your fucking arse on the street. Lovely.

정신 차려보니 길거리로 내쫓겨 있기도 했고. 훌륭하지.

리암 | 그땐 그냥 '엿이나 까 잡수셔' 마인드였지. 술 좀 들어간 채로 방 안을 둘러보면 '존나 지루하네' 싶은 거야. 그러다가 정신 차려보니 길거리로 내쫓겨 있기도 했고. 훌륭하지. 근데 뭐, 다 젊고 멍청하고 천하무적이라고 착각할 때 하는 짓거리들 아니겠어?

매기 | 그 일 이후로는 다른 호텔 잡는 데 진짜 애먹었어요.

리암 | 워낙 후진 호텔에서도 쫓겨났다 보니까 '여기서 쫓겨나면 좀 나은 데로 보내주겠지' 하는 마음도 있었어. 제발 한 번쯤은 좋은 데서 좀 자보자 싶어서.

I could never understand hotel rooms being smashed up. That's like hard work. You get a sweat on, do you know what I mean?

도대체 호텔 방을 왜 부숴?
지랄도 일이다. 땀까지 나는 일이라고. 뭔 말인지 알겠지?

제이슨 ㅣ 본헤드는 정말 미니멀리스트였어요. 방에서 가구를 조금씩 빼내서 공간 확보하는 걸 좋아했거든요. 뉴포트에서였나, 어느 날 호텔 방 문을 열고 들어가 보니 안에 아무것도 없는 거예요. 진짜로 가구가 하나도 없고, 본헤드랑 토니는 바닥에 앉아 있더라고요. 처음엔 뭐가 이상한지도 모르다가 커튼이 흔들리는 게 눈에 들어오잖아요. "얘들아, 뭐 해? 오늘 재밌었지?" 그러면서 창밖을 내다봤는데 버스가 도로에 널려 있는 가구 잔해를 피해서 지나가는 거죠. 그래서 내가 말했어요. "응, 신이 아주 많이 났나 보구나. 근데 여기서 빨리 튀는 게 좋겠어."

노엘 ㅣ 진짜 한때는 전국의 모든 호텔 체인에서 출입 금지였어. 런던 컬럼비아 호텔에서도 쫓겨났는데 그렇다고 다른 호텔에 묵을 돈은 또 없었고.

매기 ㅣ 제 생각엔 그거 일부러 그랬던 거 같아요. 모두가 컬럼비아 호텔에서 묵기 싫어서 약간씩 작정하고 사고를 친 거죠. 사실 그때 내쫓아 줘서 고마운 상황이긴 했어요.

노엘 ㅣ 난 당시에 런던에 살던 때라 거기 없었는데, 나머지 애들은 호텔 신세를 지고 있었어. 〈Whatever〉 녹음은 풀럼이었나 첼시에 있는 메종 루주에서 했었고. 애들이 다 가방 싸서 왔더라고. 그때 컬럼비아에서 영구 출입 금지를 먹었거든. 경찰도 출동하고 아주 난리였대. 누가 호텔 매니저 차도 때려부쉈다더라.

리암 ㅣ 나 지금도 컬럼비아 출입 금지야. 완전 좋은 호텔이었는데. 방에 가면 침대가 무슨 900개쯤 있는 것 같았어. 침대가 하나만 있는 법은 절대 없었지. 나한테 찾아오는 손님이 이렇게 많았나 싶었다니까. 거의 감방 수준이었어. 뭔 일이 있었는지는 기억이 안 나는데, 뭐 유리잔 날아다니고 창문 밖으로 던져대고, 늘 있는 일이었어.

제이슨 ㅣ 아마 본헤드가 또 인테리어를 했나 보네요. 그 친구에게는 그런 재주가 있었답니다.

리암 ㅣ 근데 우리가 싸가지 없게 굴진 않았어. '술이나 썩 대령해라!' 이러진 않았거든. 그냥 신나서 웃고 떠들고 논 것뿐이야. 복도 지나서 볼일 보러 가는 길에 괜찮은 꽃병 하나 보이면, 사실 컬럼비아에 있는 건 다 거지 같긴 했지만, '이거 본헤드 머리에 얹으면 잘 어울리겠는데?' 싶었던 거지.

*I remember
Guigs trying to
tip a vending
machine into
the swimming
pool. Why?
I don't know.*

*퀵시가 자판기를 수영장에 빠뜨리려고 하더라고.
왜 그랬을까? 난들 알겠냐고.*

노엘 | 우린 어느 순간 완전 좆 됐었어. 어떤 호텔도 우리를 안 받아주니까. 꼭 어디서든 일이 터졌거든. 언론에서 그걸 더 부풀리기도 했고. 기자들이야 뭐라도 건지자 싶었겠지. 어느 날은 포츠머스에서 공연 끝내고 수영장이 바 안에 있는지, 바가 수영장 안에 있는지 헷갈리는 그런 호텔로 갔었거든. 그때 그 호텔에 이스트17 East17 도 묵고 있었어. 당시로 치면 원 디렉션 One Direction 같은 애들이었어서 여자애들이 비명 지르고 난리를 쳤지. 그러다 퀵시가 자판기를 수영장에 빠뜨리려고 하더라고. 왜 그랬을까? 난들 알겠냐고.

우리야 뭐, 호텔 바를 털어대는 건 평소에 하던 짓이지만 자판기를 수영장에 빠뜨리는 건 지금 생각해 보면 존나 머리가 돌지 않고서야 하지 않는 일이지. 이스트17 애들은 충격 먹고 바로 체크아웃했을걸? 개판 5분 전이었어. 물건은 부서지고, 도둑질도 좀 하고, 약도 많이 하고. 리암이야 여자애들이랑 놀고 그랬지.

본헤드 | 혼돈 그 자체. 어딜 가든 혼돈이 우릴 쫓아다녔어요. 멈출 수가 없었죠. 어떤 날은 조용히 몰래 나가야 했어요. "노엘한테는 말하지 마" 이러고 나가서 좀 놀면 또 뭔 놈의 사고가 터지고, 파파라치한테 걸리고. 그러면 다음 날 합주 때 난리가 나는 거예요. 노엘한테 쥐 잡듯 잡혔죠.

노엘 | 그때는 공연마다 사고가 터지고, 여기저기 출입 금지당하고, 경찰 출동하고, 공연 취소 되고…… 솔직히 이쯤 되니 더 골치 아프더라고.

리암 | 그런데도 사람들은 계속 우리 음반을 샀잖아. 싸움 구경하려고 앨범을 사겠어? 우리가 싱글을 내면 애들은 여전히 그걸 듣고 흥분했다고. 음악이 묻히진 않은 거지.

노엘 | 언론에서 호들갑이었지. 그래봤자 기자들도 나보다 몇 살 더 먹은 애들이었는데, 많아야 열 살 정도? 그런 걸 보는 건 지들 눈으로는 처음이었을 거야. 도시 전설처럼 듣기만 했던 일들이 실제로 벌어지고 있었으니까.

리암 | 내 본업은 노래 부르고 존나 멋지게 보이는 일이었어. 난 내 위치를 아주 정

확히 알고 있었다고. 내 일은 노래 부르는 거였고 나도 그게 진짜 좋았어. 노래 부르는 일 다음으로 중요한 건 록 스타가 되는 일이었지. 다른 애들이 기타 소리를 어떻게 하네 마네 뻘짓할 때 나는 펍에 가서 술 마시고 냅다 사고 친 거지. 아니면 술 마시러 다니다 보면 사고가 자연스레 따라왔거나. 애들은 지미 헨드릭스에 빙의해서 기타 연습할 때 난 '너희는 그거나 해라. 난 멋있게 차려 입고 얼굴로 로큰롤 말아 줄게. 이 나라 최고의 록 스타가 될게' 했던 거라고. 그리고 진짜로 그랬어. 아무것도 안 하고, 있는 그대로 멋지게 있으면 그만이었지. 언젠가 이런 게 다 끝나버린다고 해도, 최소한 나만큼은 처음부터 앞뒤가 같았단 얘기야. 요즘 밴드하는 애들은 좀 불쌍해. 이런 삶을 못 살아봤잖아. 뭐, 대단하고 멋있는 건 아니지만 사실 이렇게 살면 기분은 존나 좋은 법이거든. ◻

데피니틀리 메이비

노엘 | 첫 앨범은 오아시스가 어떤 밴드였는지를 가장 순수한 형태로 보여줬던 앨범이야. 합주하면서 직접 만든 곡을 스튜디오에서 직접 연주해서 녹음했으니까. 녹음하기 전까지 2년 동안은 계속 연주해 온 곡들이거든. 정말 완벽해. 10점 만점에 10점인 개쩌는 앨범이야. 지금 생각해 봐도 한 음도, 가사 하나도 바꾸고 싶은 게 없을 정도로.

커버는 그냥 당일에 대충 막 찍었어. 브라이언 캐넌이 찍는 커버는 다 그런 식이야. 그러다 몇 주 뒤에 와서 갑자기 이건 이런 의미라면서 콘셉트를 지어낸다니까. 근데 브라이언이랑 협업할 수 있어서 좋았어. 걘 우리랑 또래고 옷도 똑같이 입고 다니고, 축구도 좋아하거든. 브라이언은 피터 새빌● 스타일의 미학을 따르던 사람이야. "음반은 그저 내 커버 아트 안에 들어가는 내용물일 뿐이다." 한동안은 꽤 흥미로운 의견이라고 생각했었지.

● 음악과 패션 산업 전반에 영향을 미친 영국의 그래픽 디자이너. 조이 디비전 및 뉴 오더의 앨범을 디자인한 경력으로 특히 유명하다.

리암 | 브라이언 캐넌은 더 버브 커버를 작업하던 사람인데 처음 만났을 때부터 좀 엉뚱하고 튀는 스타일이었어. 걔가 "야, 이렇게 해보면 안 돼?" 하면 우리는 딴지 걸 것도 없이 "씨발, 당연히 할 수 있지" 하고 시키는 대로 했어.

노엘 | 그날 촬영 진짜 오래 했어. "여기 누워봐, 아니 저기 앉아봐." "난 이거 할게, 너는 저거 해라." 대체 왜 굳이 누구 집 거실에서 찍자고 했는지도 모르겠어. 왜 하필 본헤드네 거실이었을까? '본헤드네 집 거실에서 여유 부리는 밴드' 같은 콘셉트였나 본데, 뭔 생각이었는지 지금도 잘 몰라. 소품은 필 스미스네 집에서 가져왔지.

It is perfect that album.
It is fucking ten out of ten,
perfect.

정말 완벽해. 10점 만점에 10점인 개쩌는 앨범이야.

본헤드네 집은 거미 말고는 딱히 볼 게 없었거든. 조지 베스트랑 로드니 마시 사진은 각각 맨시티랑 맨유 상징이고, 《석양의 무법자》에서 뽑은 스틸컷은 진짜 최악이었어. 클린트 이스트우드가 나오는 장면도 아니어서 그게 뭔 장면인지 알려면 그 영화를 백만 번은 봐야 알아차릴 수 있으니까. 그리고 지구본이랑 버트 배커랙Burt Bacharach 사진도 있었지. 내가 버트 배커랙 사진은 꼭 넣으라고 했어. 그때부터 그 사람한테 받은 영향이 내 곡에 슬슬 드러나기 시작했거든. 난 원래 그 사람 노래를 되게 좋아했다? 특히 〈This Guy's in Love with You〉를 좋아했었지. 근데 내가 맨체스터의 휘스워스 스트리트에 있는 아파트에서 약에 취한 채로 들었을 때는 그 곡 제목이 '디스 가이스'가 아니라 '더 스카이스'라고 들렸다니까. The Sky's in Love with You. 와, 하늘이 널 사랑한다고? 완전 우주적이고 멋있잖아. 근데 알고 봤더니 그냥 남자 한 놈이 사랑 고백 하는 노래더라고. 뭐, 여전히 좋긴 한데……. 사랑 노래잖아. 그런 건 사이키델릭하지 못해.

oasis
MEGASTORES

리암 l 확실히 대단한 사람이긴 한데, 애들이 갑자기 그 사람 음악을 듣기 시작했을 땐 '뭐야, 이거' 싶었어. 근데 점점 귀에 익으니까 '이 곡도 이 사람이 썼다고? 와 씨, 멋있다, 존나 매끈하네' 이렇게 됐던 거지.

노엘 l 그 커버가 아이코닉한 이유는 앨범 자체가 아이코닉해서야. 앨범이 똥 같은 퀄리티였으면 커버도 아무 의미 없었겠지. 그 앨범에 실린 음악 덕분에 커버까지 의미가 부여된 거라고.

리암 l 우린 그냥 슥 보고 "이거면 됐어, 이제 펍에나 가자" 이랬어. 희한하긴 했는데 좋은 희한함으로 느껴지더라고. 우린 항상 커버 아트를 좋아했었어.

노엘 l 개인적인 생각이지만 난 그 앨범이 차트 1위를 찍을 걸 예상했었어. 일낼 걸 알고 있었달까. 말 그대로 운명적이었던 거지. 막 감격스럽지도 않았고 그냥 '그래, 이제 시작이네' 싶었지.

코일리 l 주변 사람들 반응은 오히려 되게 담담했어요. '와!' 하는 사람도 없고 당연히 1위 해야 한다는 분위기였죠.

리암 l 게임 끝, 우리가 해낸 거야. 사람들이 우리를 좋아하고, 앨범도 잘 나왔고, 전쟁에서 승리했다고. 호텔 방을 때려 부쉈든 말았든 우린 그냥 우리였고, 그게 결국 사람들이 원하는 거였다는 거지.

매기 l 그 곡들은, 특히 노엘에게는 정말 오래 품고 있던 곡들이었죠. 드디어 앨범에 담고 나니 사람들이 사랑에 빠진 거고요. 맨체스터 출신 청년 다섯 명이 거의 실패하기 직전까지 몰렸던 걸 생각하면 1994년의 그 시기가 성공의 길을 열어준 셈이죠.

노엘 l 참 웃기게도 사람들은 유명세나 돈을 좀 쪽팔려 하더라고. 나는 언제나 정정당당하게 얻어낸 거라면 뭐가 문제냐는 식이었어. 우린 아무것도 공짜로 얻은 게 없거든. 복권에 당첨된 것도 아니고, 물려받은 신탁 기금이 있었던 것도 아니고 그냥 우리가 번 거였어. 그러니 마음껏 써대고 또 벌자는 마인드였지.

리암 l 당연하지. 부끄러울 게 없을 뿐만 아니라 오히려 환영이었지. 다른 밴드들은 지들이 그런 걸 원한 적 없다고들 하는데 솔직히 말하면 걔들은 그냥 쫄았던 거야. 우린 밀어붙였지. 완전 즐겼다니까. 모든 걸 즐기면서도 진실함을 잃지 않으면 된 거였어.

Without a doubt, nothing to be ashamed about, we wanted it.

당연하지. 부끄러울 게 없을 뿐만 아니라 오히려 환영이었지.

조니 마 ㅣ 《Definitely Maybe》는 원래부터 존재했던 것처럼 들렸어요. 음악이든 영화든 처음부터 너무나 당연하게 느껴질 때가 있는데, 그 앨범이 딱 그랬어요. 익숙하면서도 이 시대에 꼭 필요하다는 느낌. 당시에 활동하던 다른 밴드들과 딱히 연관성이 있지도 않았는데, 그 시대의 분위기엔 딱 맞았거든요. 노엘의 가사에는 뭔가 낙관적인 면이 분명히 있었어요. 앞으로 나아가려는 감정이. 표현 방식이 어떻게 됐든 확실히 뭔가를 갈망하고 있었죠. 꼭 경제적인 거나 사회적인 얘기가 아니더라도요. 지극히 개인적인 얘기일 수도 있고요. 지금 이 기분에서 좀 벗어나고 싶다든가. 좀 있으면 기분이 좋아질 것 같다든가. 물론 지금도 나쁘진 않지만. 이런 느낌이었어요.

노엘 ㅣ 《Definitely Maybe》가 나오고는 한 2년간 앨런 맥기를 통 못 봤어.

리암 ㅣ 방금까지 있었는데 돌아보니 없어졌어. 마약 때문에 그랬겠지? 그러게, 항상 꼴을 못 봤었어. "대체 맥기는 어딜 간 거야? 파티하니까 빨리 오라고 해. 어디서 뭘 하는 거야?" 사람 일이란 게 그렇지. 불장난을 계속하다 보면 그렇게 된다니까. 몸이나 마음이 아프면 치료를 받아야 해. 쇼는 계속돼야 하니까.

노엘 ㅣ 난 꽤 충격받았어. '진짜? 아니, 그렇게 심했다고?' 싶었지. 우리도 다들 절어 살았으니 그런 것도 못 알아차린 거야. 뭔 일이 벌어지고 있었는지 전혀 몰랐어. '아 뭐, 또 한 줄 빨았나 보네' 이런 반응이나 했거든. 난 한 번도 신경쇠약에 걸려본 적도 없고, 정신과에 간 적도 없으니 이해를 못 했었어.

리암 ㅣ 병문안은 안 갔지. 병원에 누워 있는 사람한테 내가 문 열고 들이닥치는 거? 누군들 그 꼴 보고 싶은 사람 있겠냐고. ◻

건체스터

노엘 | 90년대 초반에 접어드니 '매드체스터'가 '건체스터'로 바뀌었어.[●] 누가 돈 좀 벌었다 싶으면 꼭 어디서 샷건 든 놈이 들이닥쳐서 그 돈을 뺏어가려고 했었지. 다행히 우린 그런 위험한 일엔 안 엮였어. 그래도 맨체스터에서 공연할 땐 항상 긴장했었어.

리암 | 하시엔다에서 했던 공연이 기억나. 좋았지. 담배 한 대 피우고 맥주 한잔하고 다시 들어가려는데 경비가 갑자기 뭐 하는 거냐고 묻는 거야. 그래서 "사운드 체크 하러 가는데?" 했는데도 개같은 태도로 시비를 거는 거야. 못 들어간대. 그래서 "아니, 씨발, 내가 밴드 멤버라니까?" 했었어. 그땐 다 그런 식이었어. 그래도 결국 들어가서 공연은 했지, 뭐.

노엘 | 하시엔다에서 공연할 때, 우리 친구 놈 하나가 거기서 머천다이즈를 팔았거든. 그때까진 뭐든 소규모로 굴러갔는데 공연 끝나고 돈을 들고 오더라고. 근데 그게 전부 50파운드짜리 지폐인 거야. 아니나 다를까 다 가짜 돈이었지. "그게 다 위조지폐일 줄 몰랐지" 이러는데, 대체 뭔 꽃밭에 사는 거야? 세상 천지에 어떤 놈이 공연 보러 오면서 50파운드짜리 지폐로 계산을 해? 한두 장이면 몰라, 열한 장을 내밀면 눈치를 채야 할 거 아냐.

매기 | 고향에서 하는 공연은 어떤 밴드든 힘든 법이죠. 눈에 안 띄던 미친놈들이 다 나타나니까요. "나 기억하지? 우리 동창이잖아." 이런 애들요.

노엘 | 무대 올라가서 고향 사람들 앞에서 연주하는 건 좋긴 한데, 스트레스는 많이 받아. 누구를 초대하고 말고 뭐 이런 것 때문에. 가족, 친척, 친척들 친구, 다 오겠다고 난리니까. 공연 일주일 전부터 계속 연락 오고, 끝나고 나서는 못 온 사람들한테 연락 오고. 진짜 귀찮아. 가끔은 거기서 하는 공연이 존나 거슬릴 때도 있었어.

A fucking pain in the arse playing up there sometimes.

가끔은 거기서 하는 공연이 존나 거슬릴 때도 있었어.

리암 | 맨체스터에서 공연하는 게 나한텐 좀 힘들었어. 오히려 다른 도시가 더 편하더라고. 고향에선 좀 불편하더라. 관객석엔 아는 얼굴 투성이지. 학교 친구들이 앞에서 막 손 흔들고 뛰어다니다니 이상하잖아. 너무 낯설었어.

페기 | 나는 요즘 애들이 정말 미쳐버렸구나 싶었어요. 그냥 계속 뛰는 거예요. 도대체 왜 저리 팔짝팔짝 뛰어댈까 싶어서 처음 봤을 땐 하나도 이해가 안 됐죠.

리암 | 난 엄마가 공연에 오는 게 진짜 싫었어. 너무 신경이 쓰여서 대규모 공연을 할 때도 오지 말라고 했어. 현장 분위기도 이미 복잡한데 엄마까지 신경 쓰려면 너무 피곤하니까. 사람들 다 미쳐 날뛰어 대는데 엄마 혼자 괜찮은지 마음 졸이면 그게 무슨 록 스타겠어? 엄마가 와 있으면 신경이 곤두서잖아…… 그리고 솔직히 나도 한두 줄 빨고 좀 놀고 싶기도 했고.

페기 | 무대 위에 있는 리암을 보면 넋을 놓고 보게 됐어요. 뉘 집 아들인지 참 잘생겼네, 관객을 빤히 쳐다만 보는구나, 싶었죠. ◻

시끌벅적 일본 투어

본헤드 ┃ 그러다 갑자기 일본에 가게 된 거예요. 뭘 기대했겠어요? 난 일본 한 번도 안 가봤었거든요. 노엘이랑 코일리는 가본 적 있어서 베테랑 행세를 하면서 "일본은 진짜 정신없고, 뭐든 빠르고, 불빛 번쩍거리고 그런다니까?" 이랬었죠. 그래서 '저것들 얘기 들었으니 됐겠지' 생각했는데, 아니었어요. 세상 그 어떤 것도 거기서 우리가 겪은 걸 예고해 주진 못했을 거예요. 지구 반대편이잖아요. 마치 화성에 가서 공연하는 기분이었죠.

노엘 ┃ 진짜 미친 투어였어. 존나 대단했지. 슈퍼스타가 된 것 같았다니까. 어디 편히 나가지도 못했거든.

제이슨 ┃ 그때 딱 멤버들이 정말 자기들이 얼마나 유명해졌는지 처음 실감한 것 같더라고요. 비틀스 팬들 같았거든요.

노엘 ┃ 일본에 도착했는데, 귁시는 거기 가는 비행기에서 여자를 만나서 결국 결혼까지 했어. 지금까지 잘 살고 있고. 하여간 별 희한한 놈이야. 우린 영국에서는 이미 잘나가고 있었지. 근데 도쿄에 도착해 보니 공항에 수천 명의 팬들이 미친 듯이 소리를 지르면서 우리를 맞아주는 거야. 끝내준다 싶었지. 호텔 밖부터 로비, 심지어 방 안까지 쫓아오더라고. 완전 미쳐 돌아간 거지.

You felt like a superstar. You couldn't go anywhere.

슈퍼스타가 된 것 같았다니까. 어디 편히 나가지도 못했거든.

리암 | 일본 간 거 너무 좋았어. 진짜 최고였지. 사람들이 선물 주고, 길에서도 막 따라다니고. 말도 못 알아듣는 언어 쓰니까 더 좋았지. 딱히 말 안 섞어도 되니까.

본헤드 | "본헤드! 와, 본헤드! 리암! 노엘! 귁시! 토니!" 다들 막 외치는데, 와 씨, 여기는 일본인데 내 이름을 어떻게 알지? 당연히 알겠지만 그래도 너무 신기했죠. 어쩌다 그렇게 됐냐고요? 나도 몰라요! 좀 알려줘 봐요.

리암 | 일본 사람들이 "본헤드!"라고 소리 지르잖아. 미쳤어, 진짜. 본헤드! 너무 좋더라.

본헤드 | 호텔에 도착해서 위층에 갔는데, 우리 방이 있는 층의 복도 문들이 갑자기 일제히 열리더니 사람들이 튀어나와서 "오아시스!"라고 소리치는 거예요. 미리 호텔 예약까지 다 해놨더라니까요. 진짜로 감동이었어요. 너무 좋았죠. 밖에서 가게 구경이라도 좀 하려고 하면 바로 팬들이 따라붙는데 한두 명이 아니었어요. 내가 멈추면 걔네도 멈추고, 내가 두 걸음 가면 걔들도 두 걸음 따라오고, 내가 뛰면 뛰어왔다니까요. 코미디 영화 장면 같았어요. 근데 다 긍정적인 의미로 미친 느낌이었어요. 위협적인 것도 없었고 난 좋기만 했죠. 아무도 달려와서 덮치거나 하지도 않았고요. 선물을 들고 따라오는 거죠. 날 닮은 인형을 만들어왔다니까요.

노엘 | 호텔 밖을 나갈 수가 있어야지. 어디를 가든 다들 떼로 몰려들잖아. 꼬맹이 여자애들이 조그만 선물 같은 거 들고 와서는, '이거 안 받아 가면 용서 못 해' 하는 표정으로 쳐다보고 있단 말이지. 그럼 또 그런 걸 잔뜩 받을 수밖에 없어. 한가득 들고 호텔 가서 하나씩 까보면 구구절절 진심을 담아 쓴 편지가 있질 않나, 그 옆에 불법일 수준으로 겹겹이 포장해 놓은 상자 뜯으면 그 상자 안에 또 상자 있고 또 있고 또 있고 또 있고…… 다 까면 비스킷 하나 달랑 있어.

I loved the chaos, loved the mania. I loved it, man.

말 그대로 개판이었지만 그게 너무 좋더라고. 그 난리통, 광기…….

리암 | 난 일본 진짜 사랑해. 귁시는 그냥 시큰둥했지만. "별것도 아닌 걸로 너무 호들갑인데?" 이러더라. 그래서 난 "나 때문에 그러는 거잖아. 이 미친놈아!"라고 했지. 이게 우리가 꿈꾸던 거였고 겪어보니 진짜 멋졌어. 정말 꿈 같은 일이 이뤄진 거였지. 말 그대로 개판이었지만 그게 너무 좋더라고. 그 난리통, 광기, 그 모든 게 내가 밴드에 들어

간 이유였으니까.

노엘 | 도쿄에서 내 얼굴이 떡하니 박힌 대형 광고판을 봤는데, 정말 믿어지지가 않더라. 아마 내 인생을 통틀어서 '정말 대박이네'라고 느낀 유일한 순간일지도 몰라. 대체 어쩌다 일이 이렇게까지 된 거지? 아직 공연도 안 했는데 영어도 못하는 사람들이 벌써 광분하고 있다니 싶지.

필 | 밴드로서 일본에서의 첫 투어란 원래 다 미치는 게 정상이죠. 거울 나라에 간 것 같더라니까요. 영국에선 500명 앞에서 공연해도 샌드위치에 감자칩 한 접시나 얻어먹으면 다행인데 일본에서는 클럽 공연만 해도 비틀스처럼 대접해 주거든요. 밥도 사 주고, 클럽에 데려가는데 그 모든 게 공짜죠.

매기 | 우리는 일본 음식이 익숙하지 않아서 계속 맥도날드에만 갔어요.

노엘 | 애비 로드라는 클럽이 있는데 거기서 패럿츠The Parrots라는 비틀스 트리뷰트 밴드가 공연을 해. 존나 멋진 밴드야. 어느 날은 우리가 거기에 공연을 보러 갔는데 갑자기 나더러 무대에 올라가래. 다들 엄청 놀라더라고. 나도 올라가서 노래한 곡 불렀는데, 일본 사람들이 와서 지금 무슨 일이 일어난 건지 아냐는 거야. 그래서 "어, 방금 비틀스 노래 거지 같이 불렀어." 그랬더니 "아뇨, 그 사람들 아무나무대에 안 올려요. 지금까지 올라간 사람은 존 본 조비Jon Bon Jovi랑 브루스 스프링스틴Bruce Springsteen밖에 없었어요." 이러는 거야. "와, 미친. 나 벌써 그 급까지 올라간 거야? 고마워" 했지, 뭐.

코일리 | 진짜 미친 경험이었어요. 도쿄에 간다는 건 우주에 가는 느낌이었죠. 밴드한테 그 정도로 열광하는 사람들은 처음 봤어요.

조니 홉킨스◆ | 저한텐 그때가 정말 최고의 순간이었어요. 마법 같고, 현실감이 없었거든요. 걔들이 무슨 교황이 탈 만한 차를 타고 거리를 지나가고 있었는데, 안에서 서 있을 수 있는 차였다니까요. 대체 어쩌다 그랬는
진 몰라도 진짜 있었던 일이랍니다.

◆ 크리에이션 레코즈의 홍보 담당자.

제이슨 | 밴드가 탄 밴 뒤를 쫓아오고, 지름길로 앞질러 가려고 스쿠터 타고서 따라붙고, 도로에 뛰어들어서 일부러 차 속도를 줄이고 그랬어요. 난리도 아니었죠.

노엘 | 미국이랑은 정반대야. 일본에서는 확실히 사고가 많고 좀 빡셀 때가 있긴 한데 같이 일하는 사람들이 진짜 좋거든. 미국에선 일만 많이 하고 사람들이 별로야. 존나 진지하기만 하고 틀에 박혀 있어. 일본인들은 훨씬 유연하지.

매기 | 공연도 정말 좋았어요. 관객이 영국보다 훨씬 차분하긴 해도 음악에는 심취해 있었죠.

본헤드 | 가장 좋았던 공연이 뭐냐고 물으면 아마 그 일본 투어였을 거예요. 우린 원래 앙코르 곡 같은 거 안 하는데 그땐 앙코르까지 했으니까요. 항상 "공연 너무 좋았어, 앙코르 부탁해!" 하면 "꺼져, 우린 오아시스다. 앙코르 같은 건 안 한다" 했었는데 일본에서는 '앙코르 해야 하나? 그래, 해야지. 몇 곡 할까?' 싶어서 막 계속 했죠. 우리가 좋아서 한 거예요. 팬들도 좋아해 주더라고요.

노엘 | 우리가 앙코르를 하기 시작한 이유는 일본에선 계약을 공연 시간으로 해놔서 그래. 마커스가 한 시간을 계약해 놨더라고. 근데 우린 한 시간을 다 채울 만큼 곡이 없어서 공연을 질질 끌었어야 했지. 9시 10분에 올라가서 곡 사이사이에 시간 끌다가 어쿠스틱 곡도 좀 하면서 또 끌어도 20분이 남았거든. 그래서 다시 나와서 〈I Am the Walrus〉 같은 거 불렀지.

리암 | 난 그 어쿠스틱 파트는 굳이 필요 없었다고 생각해. 곡 몇 개 정도는 좋을 수도 있지. 근데 투어 중에 공연하는데 '기타 꺼내서 갈기자!' 이 마인드여야 할 거 아냐. 눈앞에 관객들 서 있으면 그건 거의 전쟁이거든. 그냥 머리통을 날려버릴 만큼 해야지. 어쿠스틱기타로는 아무 머리통도 못 날리잖아.

노엘 | 일본에서는 세트리스트에 어쿠스틱 곡들을 넣게 됐는데, 리암 목 좀 쉬게 하려고 그런 거였어. 근데 걘 정작 무대 옆에서 담배 피우고 술 마시고 고래고래 소리 지르고 있더라고. 싱어한테는 정말 좋은 치료제잖아? 악쓰기.

리암 | 두 가지 이유가 있었어. 하나는 뭐, 내 목 좀 아끼라는 거. 두 번째 이유는 지가 노래 좀 하고 싶었겠지. 난 두 번째 이유가 더 크다고 봐. 자기도 마이크 잡고 한 곡 뽑고 싶었던 거야. 솔로 커리어 20년 전부터 맛보기로 해본 거 아니겠어? 난 목 상태가 실제로 좀 지쳐 있긴 했어. 일본에서는 노래하는 게 유독 더 힘들더라고. 더 버거운 느낌이었지.

조니 홉킨스 I 그 투어 중에는 아무도 약을 안 했어요. 모든 멤버가 클린했죠. 그래서 더 특별한 느낌이 있었어요. 순진한 건 아니고, 순수하다고 해야 할까요? 걔들이 순진했겠어요? 완전 미쳐 돌아가는데도 이상하게 되게 평온했었어요.

노엘 I 뭐 늘 그런 법이지. 롯폰기 프린스 호텔에서도 쫓겨났거든. 아직도 평생 출입 금지야. 난 그날 위층에서 사람들이랑 어울렸어. 사회생활 하는 중이었지. 근데 사실 그날 밤에 〈The Masterplan〉의 가사를 썼어. 롯폰기 프린스 호텔 이름 박힌 메모지에다가. 다들 술 마시고 떠들 때 난 그나마 밴드 살림을 돌보고 있었던 거지. 말하고 보니 범생이 같긴 하네.

나는 밴드 하는 거 좋아해. 서로 같은 편이라는 느낌이 들잖아. 멤버들이랑 같이 다니는 것도 좋고.

리암 I 나는 밴드 하는 거 좋아해. 서로 같은 편이라는 느낌이 들잖아. 멤버들이랑 같이 다니는 것도 좋고. 난 공연 끝나고 방에 들어가는 타입은 아니거든. 무조건 바에 가서 같이 수다 떨고 웃고 떠들고, 늦게까지 남아 있는 편이지. 당연하잖아? 로큰롤은 원래 룰을 어기는 거라고 생각해. 근데 언젠가부터 누가 규칙을 들고 나타나서 읽기 시작하면 난 그냥 그거에 반항하는 거야. 어쩔 수 없이.

다니엘라 소아베 I 나는 걔들 눈엔 그냥 '여자애들이나 보는 잡지' 기자였을 거예요. 나이도 열 살은 많은 여자인 데다가 애도 있고, 걔들은 다 남자애들이었잖아요. 그래서 속으로 다짐했죠. '좋아, 내가 너희보다 더 늦게 자고 술도 더 많이 마시고, 더 막 나갈 거야.' 안 그러면 기사를 못 따낼 것 같았거든요. 일본 도착 첫날 밤이었어요. 다 같이 나갔다가 아마 새벽 3시쯤 됐을 거예요. 베개에 겨우 머리 대자마자 전화가 울리더라고요. 대체 누가 이 시간에 전화를 하나 하며 받았더니 리암이었어요. "당장 내려와!" 그래서 복도를 걸어가서 걔 방에 갔는데, 리암한테서 약간 빛이 나는 것 같았죠.

리암이 저한테 "신을 믿어? 신이 있다고 생각해?" 이러는 거예요. 그래서 갑자기 왜 그런 걸 묻냐고 물었더니, 신이 있는데 그런 일이 있었을 리 없다는 거예요. 대체 무슨 일이냐고 물었지만 전 그때 걔가 무슨 말을 하는지도 몰랐어요. 리암한테는 어딘가 억눌린 분노 같은 게 있는 것 같았죠.

리암 | 그 시절에 난 좀 진지해지고, 내면이 깊어졌었던 것 같아. 밴드에 변화가 생기고, 유명세를 얻고……. 이런저런 일들이 겹치고 있었거든. 특히 우리 엄마가 매주 성당에 나갔는데 아빠랑 이혼했다고 성체도 못 받게 하는 거야. 그게 무슨 개 같은 일이야? 엄마더러 뒷자리에나 앉아 있으라고 하잖아. 난 그게 진짜 좆같다고 생각했어. 뭐 그런 얘기 하면서 흥분하고 그랬던 것 같아. 그때는 그냥…… 세상에 좀 화가 나 있었나 봐. 아빠랑 있었던 일도 그렇고, 삶이 엿같더라고. 그래서 나는 화가 많은 애였어. 그 화를 노래 부르면서 좀 풀었던 것 같아. 남한테 퍼붓지 않고 긍정적인 방식으로 푼 거지. 그날 났던 짜증, 지난주에 겪은 일, 한 달 전에 일어난 일 같은 게 무대에서 다 빠져나간 거야. 혼란스러웠던 사건이나 분노 같은 게 전부 믹서로 들어갔다가 더 괜찮은 에너지로 탈바꿈해서 나왔던 거겠지. 사람들이 노래를 듣고 좋아해 주고, 다 같이 뛰는 모습을 보면 너무 좋았어. 무대 끝나고 나면 한동안 완전 바닥에 뻗어 있었어. 엑소시즘인가 뭔가 아무튼 그런 걸 당한 기분이었다니까. 거대하고, 강력한, 최고로 좋은 느낌이었지. ◻

우울한 북부답게

노엘 | 우리 아버지는 나랑 우리 엄마한테 폭력적이었어. 사실이야. 근데 굳이 한 마디로 요약하자면 그냥 쓰레기 같은 애비였지. 그게 전부야. 거지 같은 애비.

페기 | 난 항상 그 인간이 애들이 크는 걸 보면서 질투심을 느꼈다고 생각했어요. 밤 8시 되면 재깍재깍 자라고, 나가서 일하고 돈 벌어올 만큼 큰 애들인데도 가서 자라고 윽박지르지를 않나. 폴한테 끔찍하게 굴었어요. 노엘보다도 폴이 아빠랑 같이 일한 시간이 더 길었거든요. 노엘은 그 꼴 못 보겠다고 더 이상 상종도 안 했고요. 폴은 아침 7시에 나가서 건설 현장에서 일하다 밤 11시가 다 되어서야 들어왔어요. 그런데 금요일에 수금하러 가면 아직 돈 없다면서 안 주고, 일부러 애를 애걸복걸하게 만든 거예요. 노엘은 그딴 거에 신경 안 썼어요. "어차피 엄마한테 받을 거야" 하는 식이었죠. 난 차라리 내가 돈을 주는 게 그 인간이 애들을 구걸하게 만드는 것보단 훨씬 낫다고 생각했어요. 그런 짓은 노엘이 제일 많이 당했죠. 항상 노엘이 뭔가 나쁜 짓을 하고 다닌다고 생각하더라니까요? 그래서 내가 "노엘은 그냥 또래 친구들이랑 같이 동네에서 놀아"라고 하면, 톰은 "경찰한테 쫓긴다던데?"라고 했죠. 내가 그만 좀 하라고, 노엘한테 방금 버니지 레인에 있었냐고 물으면 노엘은 그냥 누구 집에서 놀다가 아무 짓도 안 했다고 그랬어요. 난 그 인간한테 뭔가 문제가 있었다고 생각해요. 혼자 뭐 때문인지 죄책감을 느꼈나 본데 그걸 애들한테 풀었죠.

리암 | 아빠가 엄마를 때렸지. 나한테는 손 안 댔어. 노엘이랑 폴한테도 그랬는데 난 직접 맞은 적은 없었어. 그런데 사람들은 "넌 직접 맞지도 않았다며?"라고 말하

던데, 그런 일은 지켜보는 것도 힘들어. 가끔은 차라리 내가 맞는 게 낫겠다 싶었지. 방 한가운데서 사람이 걷어차이는 모습을 보는 게 마음에 영향을 안 주겠어? 직접 맞든 안 맞든, 내 눈앞에서 그런 걸 본다는 일 자체가 힘들었다고. 아침에 싸우는 소리 들으면서 학교 가면 '씨발, 오늘 하루도 개같겠다' 이런 생각 들고, 학교 끝나서 집에 올 때도 '제발 그 새끼 나갔으면' 하고 빌면서 오는데, 골목 돌자마자 그 새끼 차가 보이면 또 시작이겠구나 싶다고. 집에 들어가면 또 싸우고 있고, 난 그래서 '제발 그냥 다른 여자 만나서 나갔으면 좋겠다' 하고 속으로 바랐어. 그 인간만 없으면 집이 조용했거든. 며칠 있다가 또 들어오면 다 같이 난리통인 거야. 그렇게 좆같을 수가. 엄마한테도 우리한테도 다 거지 같았어. 근데 우리 집만 그런 건 아니었어. 두 집 건너 가족도 비슷했을걸?

페기 | 예전에 노엘이 "엄마가 안 나가면 내가 저 인간 죽일 거야"라고 말한 적이 있었어요. '세상에, 쟤가 저런 놈 때문에 감옥 가면 안 되는데.'

리암 | 엄마가 짐 싸는 걸 봤던 기억이 나. 아빠는 일하다 허리를 다쳤는지 거실에 매트리스 깔고 누워 있었는데 엄마는 딱 그 매트리스만 남겨두고 나왔지. 외삼촌들이 와서 이삿짐 싣고, 우리 다 같이 새집으로 옮겼어. 뭐, 돈은 없었지만 적어도 엄마가 더 이상 안 맞아도 되니까 좋았어.

페기 | 그때 리암이 열한 살, 열두 살쯤 됐었을 걸요. 이제 진짜 끝이다, 도저히 더는 못 해먹겠다 싶었죠.

폴 | 우리 그냥 길 하나 건너, 몇 킬로미터 떨어지지 않은 데로 이사 갔는데 그 인간은 한 번도 찾아오지 않았어요. 감히 못 왔겠죠.

노엘 | 80년대에 이미 살고 있는 임대주택을 놔두고 새집을 받는다는 건 거의 불가능했어. 엄마랑 시청에 몇 번을 같이 갔는지 몰라. 결국 엄마가 하나 받아내서 거기로 이사 간 거야.

페기 | 나는 그 인간한테 나이프랑 포크랑 숟가락 하나씩만 남겨두고 나왔어요. 그것도 너무 많이 남겨놓은 거 아닌가 몰라. 당연히 애들한테 영향이 없진 않았겠죠. 분명히 있었을 거예요. 그 탓에 애들 성격이 굉장히 냉소적으로 변했어요. 아빠 이야기는 거의 안 하죠.

리암 ㅣ 엄마가 괜찮았으면 좋겠다고 생각했어. 다른 건 다 상관없었어. 그냥 그 새끼가 또 지랄하면 진짜 가만 안 둘 거다, 그 생각만 했고. 계속 지랄하면 우리가 더 크고 힘이 세지는 순간 결국 그 새끼는 우리한테 처맞게 돼 있었으니까. 우리야 어차피 견디면 되니까 별 상관없었고, 엄마만 행복하면 그만이었지. 엄마가 안전하고 행복한 게 제일 중요했어. 엄마도 우리를 그런 구린 상황에서 벗어나게 해주는 게 낫다고 생각했을 거야.

노엘 ㅣ 그렇다고 내 삶이 그렇게 크게 달라지진 않았어. 그래도 그 등신 같은 애비 새끼가 더는 매일같이 시비 걸지 않는다는 거, 그거 하나만으로도 충분히 좋았지. 내가 새집에 가서 제일 좋았던 건 누가 소리를 지르거나 문 꽝 닫는 소리를 안 들어도 되는 거였어. 솔직히 말하면 그 시절엔 내 친구들 아버지 중에 그 인간보다 나은 사람도 거의 없었어. 애비들이란 다 그런 줄 알았지. 그땐 애비들이 다 개같았으니까. 실업자도 많았고. 70년대 남자들이란 다 그랬거든. 엄마들은 집에서 살림만 하고, 애들은 애들이고, 개는 걷어차이고. 아버지가 엄마 때리고, 엄마가 형 때리고, 형이 동생 때리고, 결국 개는 불알을 걷어차이고. 우리는 개도 없었으니까 금붕어 아가미나 톡 건드렸지, 뭐. 사실 우리 금붕어도 아니었어. 옆집 금붕어였는데, 주황색 물고기가

I wanted to be rich. I was driven because I was working class and poor.

난 그냥 부자가 되고 싶었어. 워킹 클래스라는 계급과 가난이 내 원동력이었어.

한 마리 있었지. 그런데도 난 노래에 그런 내용을 하나도 안 썼어. 단 한 번도. 나는 그 당시 쓴 곡들에 내 어린 시절의 트라우마가 묻어난다고 생각 안 해. 뭐 하러 그딴 걸 곡으로 쓰겠어? 내가 넵워스에서 가정 폭력 얘기 하는 노래 부르고 싶은 줄 알아? 웃기지 말라 그래. 나는 내 유년 시절을 곱씹고 살지 않아. 말마따나 개같은 성장기였지, 근데 내 또래 애들한테는 그게 그냥 평범한 거였어. 우리가 무슨 하루에 열세 시간씩 장롱에 갇혀 살았던 것도 아니고. 그때는 그냥 워킹 클래스로 산다는 거 자체가 힘들었던 것뿐이고, 다행히 우리가 재능을 타고나서 그 덕에 빠져나온 거겠지. 내가 가정불화 때문에 달려왔냐고? 아니, 난 그냥 부자가 되고 싶었어. 워킹 클래스라는 계급과 가난이 내 원동력이었어. 유명세를 위한 유명세가 아니라 단지 사는 내내 찢어지게 가난하게 살고 싶지 않았던 거야. 리암이 하던 밴드에 들어간 게 딱 전환점이었지. '이거다' 싶더라고. 누구나 자기 과거에 얽매이면 그 무게를 평생 짊어지고 살아야 하거든. 난 그런 짐은 아주, 아주 오래전에 내려놨어. 물론 사람들은 각자 다르게 받아들일 거고……. 내 와이프는 우리 아버지가 나를 패면서 재능을 두들겨 넣었다고 생각하는데. 하여튼 거참 대단한 양반이야. 내가 아버지한테 복수하고 싶었으면 그냥 야구 방망이로 머리통을 쳤겠지. 난 내면을 예술로 승화하는 시인 타입은 아니니까. ◻

점잖은 싱어가 되는 법

리암 ┃ 노엘은 항상 싱어가 되고 싶었을 거야. 당연히.

노엘 ┃ 난 항상 싱어 노릇이 힘들다 생각했는데 내가 그걸 해보면서 느꼈던 건, 영 무대에 오를 기분이 안 나면 뭘 해야 하는지 알아? 그냥 기분을 끌어올리면 된다는 거야. 9시 10분 전까지도 텐션이 안 올라 있으면 어떻게든 정각까진 끌어올리란 얘기야. 돈 주고 우릴 보러 오는 사람들이 있으니까. 뭐 대단하게 잘하란 것도 아니고, 무대에 올라가서 뭐라도 보여주라는 거지.

리암 ┃ 난 한 번도 공연 빼거나 무대에 안 올라간 적 없었어. 솔직히 말하면 공연 안 하고 쉬었어야 할 때도 무대에 올라갔다고. 그러다 보니 목이 맛이 간 거겠지. 술 마시고, 담배 피우고, 밤새우고 그런 건 내 탓이라 쳐. 근데 좀 쉬어가야 했을 때도 계속 공연을 했단 말이야.

If anything I done gigs when I shouldn't have done gigs.

솔직히 말하면 공연 안 하고 쉬었어야 할 때도 무대에 올라갔다고.

노엘 ┃ 크리에이션 레이블이랑, 몇몇 사람들이랑 합심해서 〈MTV 언플러그드〉에 맞서서 크리에이션 언드러그드라는 공연을 추진 중이었어. 어쿠스틱 곡을 몇 곡 공연하기로 한 거지. 근데 갑자기 리암이 어쿠스틱기타 공포증에 걸린 거야.

리암 ┃ 나는 어쿠스틱 곡 따위 싫어. 다 꺼지라고 해. 그때 딱 뭔 어쿠스틱 얘기가 등장하더니 분위기가 이상해졌어. 난 그냥, 아니 우린 섹스 피스톨스 같은 애들인데 왜 발 두니칸Val Doonican●에 빙의하려고 하나 싶었지. 난 딱 거절했어.

노엘 ┃ 리암은 그냥 리암답게 행동했지. 뭐 어떤 오퍼가 들어와서 하겠냐고 물으면 다 좋대. 존나 좋대는 거야. 그러다 사운드 체크를 하고, 다 잘 돌아가고 있는데 무대 올라가기 5분 전에 갑자기 말해. "목이 칼칼해. 못 하겠어." 리암 식으로 말하자면 '쫄려서 못 하겠다'라는 얘기일 거야.

리암 ┃ 걔가 그딴 어쿠스틱 곡을 해야 했던 상황은 그럴 때뿐이었어. 내 목이 맛탱이가 갔을 때마다 걔가 마이크를 잡았지. 난 정말 그 새끼가 내 술잔에 희한한 약이라도 탔나 했다니까. 모래 알갱이 같은 걸 탄 게 틀림없어.

노엘 ┃ 노래 부르는 일은 정신적으로 힘들어. 특히 아침 7시가 되도록 술 마시고 담배 피운 다음에 하려면 더 힘들어. 그게 전부야. 내 말이 진리라고.

리암 ┃ 겨우 스무 살짜리한테 프로답게 굴라니, 그게 뭔 헛소리야? 난 그 단어가 뭔 뜻인지도 몰랐는데. 도대체 무슨 말을 하는 거야. 본연의 모습을 다 억누르란 얘기잖아.

노엘 ┃ 둘 다 얻을 순 없어. 공연하고 싶으면 해야지. 근데 그러려면 뭔가는 희생해야 돼. 투어 돌면서 신나게 놀기까지 할 순 없어. 자기 시간 써서 티켓 사려고 줄까지 서서 돈을 낸 애들이 있는 한, 무조건 나가서 공연은 해야 할 거 아냐. 목이 아프든, 고양이가 아프든, 무릎이 깨졌든 상관없어. 못 하겠으면 가서 병원 진단서라도 떼 오든지.

리암 ┃ 걔는 그냥 지가 더 노래를 많이 부르고 싶었던 거야. 이유야 어찌 됐든 결국 상황이 어떻게 됐겠어? 한 곡 부르고, 한 곡 더 부르다가 결국엔 내 자리를 욕심낸 거지. 자기가 작곡가니까 자격은 있다지만 그럴 거면 밴드에서 나가. 씨발, 내가 싱어인데. 노래 부르려고 있는 사람은 난데. 노래 부르고 싶으면 나가서 솔로를 해.

노엘 ┃ 당연히 나도 노래 부를 생각 없었어. 근데 그 새끼가 공연 중간에 나가버리잖아? 그럼 '아이 씨, 아직 40분이나 남았는데 뭐라도 해야지' 이렇게 되잖아?

I never, ever,
arsed getting

could not be

단언컨대 무대에 올라가기 싫었던 적은 단 한 번도 없어.

on that stage.

리암 | 걘 작곡은 진짜 잘해. 그건 무조건 인정하지. 근데 노래까지 다 부르면 나는 뭘 하냐고. 지가 곡도 다 쓰고 노래도 다 부르면 난 뭐야. 티타임에 차나 나르라고? 차라리 나한테 다 부르라고 하든가. 공연 중간중간 걔가 나왔다 들어갔다 하니까 나도 그냥 요요처럼 왔다갔다 한 거야. 한 곡 부르고 들어가고, 또 한 곡 부르고 들어가고. 야, 그만 좀 해. 장난치는 것도 아니고. 아이고, 오셨어요, 가시네요, 또 오셨어요…….

노엘 | 걔는 리허설도 안 해. 그래서 무대에 올라가기 전까지 사운드가 어떻게 될지 아무도 몰라. 조그만 공연장이면 또 모를까, 7만 명 앞에서 하는 스타디움 공연이라면 좀 쫄리지. '저거 가사는 다 외웠을까?' 이런 생각이 드는 거야.

리암 | 한번은 우리가 좀 싸웠고, 앰프 소리는 터져 나가니 귀는 존나 아팠고, 세트리스트는 잘못 나갔고, 어떤 놈은 좀 과하게 취했고. 근데 사람들은 "쟤 또 취해서 왔대" "쟤 또 공연 놓쳤대" 이러는 거 들으면 다들 꺼지라고 하고 싶어. 우리 로큰롤 밴드잖아. 세상이 그딴 걸로 호들갑 떨기 시작하면 로큰롤은 끝난 거지 뭐.

노엘 | 걔는 항상 모니터링 소리 가지고 불평불만이었어. 무대 위에서 소리가 엉망이라고 징징대더라? 그래서 내가 그럼 왜 다른 사람들처럼 사운드 체크를 안 처하냐고 그랬어.

리암 | 내가 사운드 체크를 안 한 이유는, 그때 노래를 불러버리면 공연 전에 목이 나가니까 그랬어. 그냥 공연 전까지는 조용히 있는 게 나아. 너희는 기타만 치면 되니까 상관없겠지만, 난 몇 곡만 해도 목이 바로 나간다고. 그래서 9시까지 기다린 거야. 난 꿀로 가글하고 그런 거 안 했어. 내가 노래하는 방식은 사실 복싱 경기 뛰는 거랑 비슷해. 몸에 무리가 간다고. 아, 징징거리는 건 아니고, 그때는 그랬다고.

노엘 | 배로랜드 공연이 기억나네. 걔 그날 목 안 아팠어. 또 전날 밤새도록 술 퍼마시고, 사운드 체크도 안 하더니만 공연장 와서 15분 만에 퍼진 거야. 한 곡 부르다 말고 노래 멈추고. 갑자기 무대에서 사라지더라니까? 거기 글래스고잖아. 관객들이 미쳐 날뛰고

Singing them songs the way I sing them is like being in a boxing match.

내가 노래하는 방식은 사실 복싱 경기 뛰는 거랑 비슷해.

있는데 갑자기 노래가 끊기니 다들 의아해하는 분위기지. 백스테이지에 가봤더니 이 새끼가 그냥 공연장 자체에서 사라진 거야. 완전 증발했다니까? 공연 시작한 지 고작 15분 됐는데 내가 뭘 할 수 있었겠어? 어떻게든 공연 살려야지. 안 그러면 난리 날 거였다고. 공교롭게도 그날은 둘 다 겪었지.

매기 ┃ 글래스고 배로랜드 공연은 그냥 나가버리면 절대 안 돼요. 건강이든 안전이든 보안이든 다 문제가 생기거든요. 그 무대에 올라갔으면 무조건 끝까지 해야 해요. 거긴 관중이 꽤 거칠거든요.

리암 ┃ 목이 나간다는 건, 세상이 와르르 무너지는 것 같은 느낌을 줘. 노래부르는 사람한테는 최악이야. 기타리스트가 손 잘리는 거랑 똑같아.

노엘 ┃ 경호원이 와서 그러더라고. "리암이 안 온답니다. 지금 차 시동 걸어놨으니까 난리 나기 전에 빨리 빠져 나가야 됩니다." 근데 그걸 마이크에 너무 가까이 대고 말하는 바람에 그 소리가 공연장 전체에 들려버린 거지. 그래서 진짜로 존나 난리가 난 거야. 물건들 날아다니고, 결국 우린 정말 도망치듯이 빠져나왔어. 그때 호텔에 돌아가도 리암은 미안한 기색도 없던데? "꺼져" 이러고나 말지.

리암 ┃ 내가 무대에서 내려간 게 공연하기 싫어서라고? 아니, 씨발, 장난하냐? 무슨 헛소리를 하는 거야. 팬들이 앞에서 미쳐 날뛰고 있는 마당에 내가 제일 가기 싫은 데가 백스테이지인데? 관심 없어서 내려갔다느니, 귀찮아서 제꼈다느니, 그럴 거면 그냥 말을 하지 마라. 머리 아프거나 발톱이 부러졌다고 무대 내려간 적은 진짜 진심으로 한 번도 없어. 장난하는 것도 아니고. 무대에서 내려간 건 목이 진짜로 말을 안 들어서였어. 목 안 좋은 상태로 무리해서 공연한 적이 얼마나 많은데. 그러다가 결국 목이 다 망가졌지. 누가 와서 지랄할까 봐 끝까지 버틴 적도 많고…….

매기 ┃ 법적으로 따져보면 공연비를 한 푼도 못 받을 판이어서, 어떻게든 공연을 마쳐야 했죠. 돈을 받아야만 하니 올라가서 해냈어야 했어요. 공연을 다 못 끝내는 건 웃어넘길 수 있는 일이 절대 아니었죠.

노엘 ┃ 공연 시작 전에 취소하는 거야, 싱어가 목이 안 좋다거나 하면 이해해. 근데 공연 시작하고 두세 곡 부르다가 무대에서 내려가? 1만 5000명, 2만 5000명 앞에서? 그딴 건 용서 못 하지. 그 상황에서 뭘 어떻게 하겠어? 열 번 중 아홉 번은 결

국 내가 대신 나가서 공연을 마무리했어. 그리
고 그걸 자꾸 내가 하니까 점점 그래도 괜찮은
일이 되어버린 거지. 내가 그렇게 하면서 걔
한테 그런 행동을 계속 허용해 준 셈이야. 내
가 〈Live Forever〉나 〈Supersonic〉을 덜
떨어진 버전으로 부르는 걸 듣고 싶은 사람
이 있었겠어? 리암한테 맞춰진 노래잖아. 그
런데 그런 일이 점점 당연하게 여겨졌어. 리암
이 무대 중간에 나가버리고, 안 나타나고, 나
타났다가 그냥 나가고, 아예 객석에 앉아 있
고……. 한마디로 약한 놈이 돼버린 거지. 촬
영장에 안 오고, 한다고 한 거 안 하고, 계속. 나 열받게 하려는 목적이었으면 완전
딱이었어. 〈줄스 홀랜드〉도 안 나오고, 〈MTV 언플러그드〉도 안 오고, 수없이 많은

Nobody wanted to fucking hear me sing lesser versions of 'Live Forever' or 'Supersonic'.

내가 〈Live Forever〉나 〈Supersonic〉을
덜떨어진 버전으로 부르는 걸 듣고 싶은 사람이
있었겠어?

공연 중간에 사라지고. 그래, 술 먹고 그런 거 다 좋아. 좋다고 치자고. 나도 그런 거 좋아해. 근데 다음 날 스케줄이 있으면 결정을 해야지. 나는 차라리 우리 밴드랑 같이 텔레비전에 나가서 멋진 무대 보여주는 게 좋아. 호텔 방에 앉아서 새벽 3시에 〈Strawberry Fields〉 들으면서 울적해하는 것보다. 새벽 4시에 〈The Continuing Story of Bungalow Bill〉 듣고 있다고 해서, 씨발, 그게 록 스타는 아니라고. 그냥 술 마시다 뻗은 인간일 뿐이지. 리암이랑 말다툼하다 보면 우리가 왜 밴드를 시작했는지 자꾸 곱씹게 되더라고. 우리 다 1991년에 텔레비전에 나가고 싶어서 밴드 시작했잖아. 〈MTV 언플러그드〉 보면서 "우리도 저거 존나 잘할 수 있는데" 했잖아? 근데 4년 동안 무슨 일이 있었길래 이제 와서 왜 갑자기 그딴 데는 나가기 싫다 그러냐고? 〈줄스 홀랜드〉도 싫다, 뮤비도 찍기 싫다……. 우리 처음에 그 춥고 습한 보드워크에서 썩고 있으면서 커트 코베인 같은 애들 비웃었거든. 세계에서 제일 잘나가는 밴드 멤버인 주제에 맨날 징징대기만 한다고. 우리 맨날 "저 새끼 자리 내가 당장이라도 바꿔줄 수 있는데" 그랬었지. 내가 항상 하는 말이 있어. "우리는 누군가의 꿈을 대신 살고 있다." 지금도 밤에 펍에서 공연하는 밴드들이 우리처럼 MTV 나가는 걸 꿈꾸고 있을걸. 걔들 입장에서는 우리가 얼마나 행운아로 보이겠어. 도대체 일주일에 다섯 번씩 합주는 왜 한 건데? 보러 오는 사람들이라봐야 열한 명, 그중 아홉은 자기 친구라서 온 거고, 두 명은 그냥 알지도 못하면서 지나가다 들른 사람들이었잖아. 뭐 하러 그런 고생을 하냐고? 결국 다 무대에서 공연하려고 했던 거 아니냐?

리암 | 난 목에 문제가 있었어. 아마 너무 혹사해서 그랬을 거야. 존나 질러대고 소리 지르다 보니 그랬겠지. 오아시스 음악은 엄청 시끄럽고 거칠었으니 그 사운드에 맞춰서 노래하는 건 정말 힘들었어. 목 망가지는 건 결국 시간문제였던 거야. 단언컨대 무대에 올라가기 싫었던 적은 단 한 번도 없어. 그런 말 들으면 존나 존나 열받아. 귀찮아서 안 나왔다고 지껄이는 사람들, 완전 개소리야. 진짜 그딴 말은 못 참겠어.

노엘 | 넵워스 공연 시점에 리암은 18개월 전의 그 프론트맨이 아니었어. 돈도 많이 벌었고, 유명해졌고, 여자, 술, 마약에……. 전 세계가 자기만 쳐다보는 것 같았겠지. 어떤 기분인지 알겠어. 걔는 기타 뒤에 숨지도 못하고 무대 위에서 가진 건 덜렁 두 쪽인데 노래까지 불러야 됐다고. 그것도 지가 쓴 곡도 아니니 존나 힘들긴 했을 거야. 나라도 못했을 거 같긴 해. ◻

똥통 *USA*

***I'm a fucking
rock star.
I'm here to steal
your soul.***

나는 개쩌는 록 스타다. 너희 영혼을 훔치러 왔다.

노엘 | 처음 딱 뉴욕에 도착했을 때 얘긴데, 지금 생각해 보면 나머지 애들은 진짜 짜증 나긴 했을 거야. 난 그냥 "타임스퀘어 봤으니까 됐어. 난 이제 방에 처박혀서 사이키델릭 마약이나 한 봉지 다 빨 거니까 사운드 체크 때 보자" 이랬거든. 난 이미 인스파이럴 카페츠랑 다녀서 무대 감각이 좀 있었지. 물론 그땐 다른 사람들한테 기타를 넘겨주기만 하는 역할이긴 했어도 많은 사람 앞에 서는 게 뭔지는 좀 알고 있었으니까. 난 투어도 돌아봤고, 투어버스에도 타봤고, 세관 통과하는 법도 잘 알았으니 아무튼 그런 거에 익숙했거든. 미국 세관 때문에 리암은 완전 정신이 나갔었어. "방문 목적이 어떻게 되세요?" "뭐라고?" "방문 목적이요." "뭔 방문, 내가 방문이나 하는 걸로 보여? 난 개쩌는 록 스타다. 너희 영혼을 훔치러 왔다." "네, 따라오세요. 이쪽입니다."

리암 | 난 미국엔 안 가봤었거든. 한 번도. 사실 어디도 못 가봤지. 그래서 존나 좋았어. 어마어마했다고. 비행기에서 담배 피워도 되고, 도로도 완전 넓고, 음식도 양이 많더라고. 난 항상 "치즈랑 햄 주세요" 했었는데 그럼 샌드위치가 무슨 스무 겹쯤 되게 나와. 그러다 보니 샌드위치를 절반쯤 버리고 나서야 "이래야 샌드위치지" 이렇게 되더라.

노엘 | 뮤직비디오 감독을 만났는데 그 사람은 딱 감독다운 헛소리를 늘어놓더라

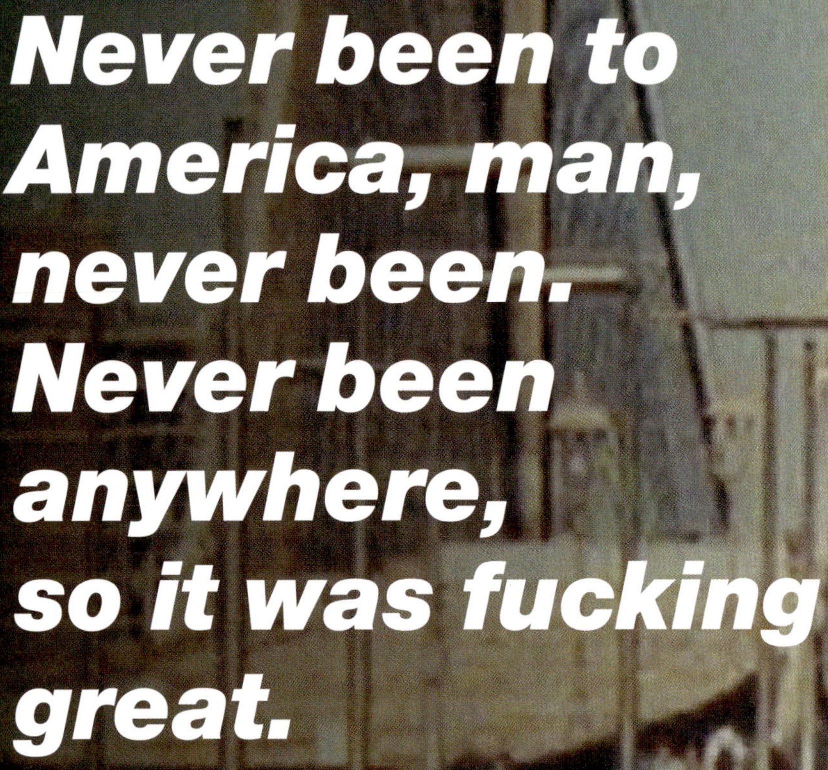
Never been to
America, man,
never been.
Never been
anywhere,
so it was fucking
great.
난 미국엔 안 가봤었거든. 한 번도.
사실 어디도 못 가봤지. 그래서 존나 좋았어.

고. "영상 끝에 드럼키트를 땅바닥에 묻어버리는 거 어때요?" 그래서 내가 술에 취한 상태로 장난스럽게 "그럴 거면 아예 드러머를 묻지 그래요?" 했더니 그 자식이 "와, 좋아요. 정말 멋진 아이디어인데요!" 하더라니까. 그때 딱 생각했지. 이 바닥이 이 모양 이 꼴이구나. 그냥 막 던지면 되네. 그럼 리암도 브루클린브리지에서 던져버릴까? 하여간 정말 미친 뮤직비디오였어. 근데 딱 하나 괜찮다 싶었던 건, 리암이 벽 중간쯤에 달린 의자에 묶여 있는 장면이었지. 지금 같았으면 절대 안 할걸?

리암 l 그때 밤새워서 놀고 아침에 항구 같은 곳으로 내려갔는데, 웬 의자가 하나 놓여 있더라고. 그래서 '이 새끼들, 나 저기다 묶을 거지?' 싶어서 잠도 못 자고 서 있었어. 의자가 막 삐걱거리는데 거기 묶인 채로 나더러 립싱크를 하래. 그 순간부터였나 봐. 뮤직비디오란 것에 정이 확 떨어졌어. 아니, 벽에 의자 박아놓는 게 멋있어? 누가 벽에 매달려 있고 싶겠어? 난 그냥 소파나 침대에 있고 싶었다고.

제이슨 l 우리는 웨트랜드에서 공연을 했어요. 뉴욕 다운타운에 있는 진짜 클래식한 클럽이죠. 공연 끝나고 나서야 본격적으로 뉴욕 나들이를 했죠. 뉴욕은 항상 특별한 에너지가 넘쳐요. 그날 밤에 우리가 처음으로 '록 시크'● 무리를 만난 것 같네요.

● 록 음악을 좋아하고 즐기는 쿨한 스타일의 여성.

노엘 l "록 시크 봤어?" "누군데, 밴드야?" 그 사람들은 애프터 파티로 유명한 사람들이거든. 세상에 존재하는 밴드라면 누구나 걔네 집에서 파티 한 번쯤 했을 거야. 록 시크 중 하나였던 크리스틴은 나중에 우리랑 일도 같이 했고, 지금까지도 친하게 지내거든. 사람은 많았는데 파티 자체는 그렇게 거칠거나 하진 않았어. 미국 애들이야 "와, 미친 파티다. 맥주 열두 캔에 대마초도 반 개 있어!" 이러대. 난 속으로 "장난치나? 수요일 오후에 열리는 파티도 이것보단 낫겠다" 했었고.

리암 l 그 맥주 진짜 맛없었어. 아일랜드식 펍을 찾으니까 그나마 좀 낫던데? 대체 그딴 싱거운 맥주를 가져다가 어떻게 취하라는 건지, 원. 뉴욕 어떤 골목에 아이리시 펍이라는 간판의 가게가 있었는데, 거기가 진짜 대박이었지. 플레이리스트도 개쩔어서 우린 새벽 5시까지 거기 박혀 있었어. 바 사장이 나와서 문 닫는다고 청소해야 한다고, 이제 8시에 다시 연다고 그러면 그제야 나왔어. 그럼 우리는 호텔로 가서 미니 바에 있는 걸로 두세 시간 뻐기다가 다시 그 펍으로 가서 또 죽치고 있었지. 꽤 재밌었어.

노엘 | 오아시스가 미국 투어를 돌 때쯤에 난 완전 밴드 일에 집중하고 있었고, 내가 주도권을 잡기로 마음을 먹었었어.

리암 | 미국에 갈 땐 약간 꼬인 마음이 있었지. 물론 좋은 쪽으로. '두고 봐. 우리가 너희를 죄다 홀릴 테니까. 그것도 철저히 우리 방식으로 영국에서 했던 거랑 똑같이 할 거야. 너희 방식에 우리 끼워맞추지 마'. 사실 난 미국에서 성공하든 말든 별로 신경 안 썼어. 물론 열심히 해보긴 했지만 전제는 항상 '우리 방식대로'였지. 앨범 몇 장 더 팔자고 스타일을 바꾸긴 죽어도 싫었거든. 포도를 다이아몬드로 바꾸는 짓? 그딴 짓을 어떻게 해? 그랬다면 곧바로 접었겠지. 우리를 좋아할 테면 좋아하고, 말 거면 말라는 식이었어. 난 그냥 앨범 하나 제대로 내고, 내가 사는 데서 제일 멋진 밴드가 되면 그만이었지. 미국이야 뭐, 될 대로 되라였어. 난 우리가 세계 최고의 밴드란 걸 알고 있었거든. 걔들이 알아주든 말든.

노엘 | 영국에선 막 열풍이 시작되던 참이었고, 일본에 날아가 보니 거기선 아예 난리가 나 있는 수준이었어. 근데 다시 비행기 타고 미국에 가니까 아무도 우리를 모르는 거야. 그 간극이 정말 컸지. 근데 난 그렇다고 마음이 무너지거나 하진 않았어. 만반의 준비가 돼 있었거든. 다른 멤버들은 작은 클럽에서 공연하는 걸 좀 우습게 여겼는지는 몰라도 난 괜찮았어. 할 만한 수준이었지.

제이슨 | 미국 첫 투어 때 공연장은 진짜 작았어요. 장비를 무대 위에 다 못 올릴 정도로. 뭐, 그냥 주어진 대로 했어요. 새로운 도전이었고, 이제 막 미국에 온 참이고, 공연도 돌고 있고, 반응도 나쁘지 않고, 관객도 점점 많아지고 있었죠. 소문이 점점 퍼졌고 공연 회차를 늘려갈수록 입소문이 번져서 점점 관객이 많아졌거든요. 결국 우리 목적은 달성한 셈이었죠. 어디서든 처음에는 작게 시작해서 차차 키워가는 거니까요. 펍에서 토요일 낮 공연이나 하던 밴드가 다음 날 바로 웸블리에 설 수는 없는 법이잖아요.

In America it was, if it happens it happens. I knew we were the best band in the world, regardless whether they did or not.

난 그냥 앨범 하나 제대로 내고, 내가 사는 데서 제일 멋진 밴드가 되면 그만이었지. 미국이야 뭐, 될 대로 되라였어. 난 우리가 세계 최고의 밴드란 걸 알고 있었거든. 걔들이 알아주든 말든.

매기 ㅣ 꽤 소규모 공연이었어요. 진짜 무대 중간에 막 기둥이 있고 그런 코딱지만 한 똥통 공연장이었다 보니 리암을 사이드에 세우고 그랬어요. 지구의 변소 같은 곳이었달까요?

노엘 ㅣ 공연 자체는 좋았다고 생각해. 위스키 어 고고에서 했던 공연 하나만 빼고. 그건 존나 개끔찍했었으니까. 아무튼 관객 반응은 좀 복합적이었어. 앞에 몇 명 서 있긴 했는데, 영국인이라기보단 그냥 영국 음악 좋아하는 애들이었거든. 근데 솔직히 좀 과몰입을 했더라고. 뭔지 알지? 그리고 중간쯤에는 '얘넨 도대체 뭐야?' 하고 멍한 표정으로 쳐다보는 사람들이 있고, 맨 뒤엔 그냥 관심 없는 애들. 밤마다 천 명 정도 앞에서 공연하긴 했는데, 그중 750명은 우리를 알고 왔고 나머지는 '뭔 일인가' 싶어서 따라온 거지. 근데 나갈 땐 천 명 모두 우리한테 푹 빠지던데. 그게 중요한 거잖아. 난 즐거웠어. 근데 막내는 그때 갑자기 좋은 투어버스에서 다시 구린 밴 타고 다니게 되어서 당황했다더라. 뭐, 그럴 수도 있지.

리암 ㅣ 우린 영국에서 하던 대로 미국 가서도 똑같이 한 건데 거기 애들은 '이게 뭔 개짓거리들이야' 하고 반응하더라고? 우리 무대 매너가 딱히 다듬어지진 않았긴 했지만. 걔넨 좀 더 매끄럽고 화려한 걸 좋아하잖아. 막 '즐기고 계신가요? 박수 한

© Jill Furmanovsky

번 주세요!' 이런 바보같은 짓을 바라는 거지. 난 그런 거 안 해. 무슨 춤 같은 걸 추거나 군무를 맞춰야 할 것처럼 굴고, 관객한테 존나 얘기하고, "이 곡으로 말할 것 같으면" 이딴 말 하면서 분위기 띄우고. 그런 거 시작하면 끝이 없어. 다들 멘트를 기대하게 된다니까? 우린 여기 코미디 쇼가 아니라 노래 부르러 온 거라고. 난 씨발, 한마디도 안 해. 노래 사이에 농담 따먹기 안 하면 분위기 싸해지더라. 갑자기 조용해지잖아. 그런 침묵이 어색한 사람들도 있겠지만 난 오히려 그런 게 좋았거든. 별 재미도 없는 걸로 시간 보내지 말고 그냥 할 일만 하자는 거였지. 애초에 나야 노래로 혼을 쏙 빼놓으러 간 거잖아? 수다는 다 끝나고 바에서나 떨자고.

노래 사이에 농담 따먹기 안 하면 분위기 싸해지더라.

노엘 | 난 솔직히 관객 반응은 별로 신경 안 써. 걔들이야 그저 와 있기만 하면 되는 거지. 그 이상 바라는 건 없어. 특히 미국에서 사람들이 멍하니 쳐다볼 때면 '얘네 이거 알아듣는 건가?' 싶긴 한데, 뭐 어때.

리암 | 내가 너희한테 와달라고 빌빌 기기라도 했어? 우리는 우리가 하고 싶은 대로 보여줄 거고, 싫으면 안 오면 그만이야. 내가 걔들을 위해서 공연한 게 아니고 우리 스스로를 위해서 한 거라고. 걔들이 우리를 못 받아들이면 뭐 어쩌라고? 그럴 수도 있지. 걔들도 우리도 각자 고집이 있었고, 그래도 뭐 존중은 해. 최소한 우린 자존심은 지킨 거지.

노엘 | 그때 시큰둥하던 사람들도 우리 편으로 많이 만들었어. 워싱턴이었나 뉴욕이었나, 〈Cigarettes & Alcohol〉 사운드 체크할 때 진짜 죽여줬거든. 거기에는 그 전형적인 블랙 사바스Black Sabbath 티에 반바지 입고, 바지에 열쇠고리 주렁주렁 달고 다니는 크루들이 있었는데, 한참 PA 만지다가 우리가 연주 끝내니까 박수를 막…….

그리고 미국에선 꼭 해야 하는 이상한 게 많아. 그때 나랑 리암이 스튜디오에 불려갔는데 종이에 라디오 멘트 스크립트가 잔뜩 적혀 있는 거야. 처음 해보는 거라 어리둥절했지. "이거 읽으라고요?" "예, 이름 넣어서 읽으시면 됩니다." 그래서 둘이 마이크 앞에서 떠들었어. "안녕! 우리는 오아시스의 노엘과 리암이에요. 지금 듣고 계신 건 WX9, 어쩌고저쩌고, 모던 록 세계 최고의 방송, 은 무슨 아주 지랄을 해요." 한 세 문장 정도 읽다가 바로 "이딴 건 못 해먹겠다" 하고 때려치웠지. 그게 미국의 에픽 레코즈랑 사이가 살짝 꼬이기 시작한 계기였어.

리암 l 소니 뮤직 본사였나? 거기 가서 인터뷰하는데, 미식축구 공을 위로 던지고 받고 하던 남자가 그러는 거야. "너희 오아시스 맞지? 나는 뭐시기 누구누구고…… 너희가 얼마나 운이 좋은 줄 아니?" "우리가? 왜?" "소니 뮤직이랑 계약했잖아." "운 좋은 건 너희겠지, 우리가 너희 회사랑 계약해 줬잖아."

어떤 덩치만 큰 머저리 같은 놈이 우리가 누군지도 잘 모르고 관심도 없는 주제에 우리더러 자기네 레이블에 들어온 게 얼마나 행운인지 알아야 된대. 꺼져라, 머저리 같은 새끼야. 너희가 운 좋은 거지. 우리 같은 밴드가 있다는 게 지들한테 운 좋은 거라고. 우리 같은 애들이 아직도 음악에 정말 진심이라는 거 자체가 행운 아냐? 그러니까 그 시가 내려놓고 내 맥주 놔두고 방에서 꺼지라고, 돼지 새끼야!

노엘 l 거기 도착해서야 알게 되더라니까. 얼마나 쓸데없는 개소리를 많이 해야 했는지, 참. 그 주에서 제일 큰 레코드 가게 주인을 만나야 해. 주인 양반뿐 아니라 그 부인에 애들까지 만나야 된다고. 그 딴 건 다 요식 행위 같은 거잖아. 그런 일을 미국에선 몇 년씩 반복했어. 우리가 뭐 미국에서 쿨해 보이려고 튀는 행동을 하는 것도 아니고, 난 그런 미팅 자리에 앉아 있기 싫었을 뿐이야. 라디오 방송국 놈들이랑 밥 먹으면서 대화 나누기도 싫어. 너무 불편하잖아. 걔들은 말할 때 꼭 다른 사람들 얘기를 해. 한번은 저녁 식사 자리에 가서 내가 그랬어. "좋아, 가긴 할 건데 아무도 나한테 말 걸지 말라 그래. 나 할 말 없어." 그랬더니 미친 주최자 새끼가 일어나더니 "여기 이분이 오셨긴 했지만 말은 걸지 말랍니다!" 이러는 거야. 사람들이 박수를 치더라. 아주 너무 쿨해서 얼겠더라니까. 얼마나 당황스러운지. 식은땀 흘리면서 제발 여기서 빼내달라고 속으로 빌었지. LA 공연 전에 또 한번은 어떤 머저리 같은 놈이 우리를 어디 방으로 데리고 가서 세일즈 담당자들을 만나게 했는데, 그 사람이 우리 보고 "얘는 레일랜드, 얘는 노튼이에요" 이러는 거야. 리암은 듣자마자 "뭐? 자동차 이름 아냐? 아니면 오토바이 이름?" 그랬어.

They just didn't get it, and so be it. Fair play to them.

걔들이 우리를 못 받아들이면 뭐 어쩌라고? 그럴 수도 있지.

리암 l '그래, 우리를 몰라주겠다 이거지? 그럼 영영 안 온다!' 이런 건 아니었어. 우린 미국에 계속 다시 갔고 뜨려고 노력도 했어. 다만 영혼까지 팔지 않았을 뿐이야. '공연 한 번 하고 반응 안 오면 바로 발 뺀다' 이런 건 아니었고, 물론 바로 반응이 왔다면 좋았겠지. 우린 존나 멋지니까. 근데 그렇지 못했어도 우리는 미국에서도 열심히 했어. 영국에서만큼 진심이었어. 그냥 사람들이 기대한 만큼 대박이 나

oasis
LOCAL CREW
World Tour '95

BELKIN PRODUCTIONS
PRESENT AT
THE ODEON
SATURDAY
EIGHT PM
MARCH
FIFTEENTH
oasis
SMOKES
WITH
VELVET CRUSH

oasis
Usa Tour Part 1
1995

oasis
US TOUR
DECEMBER 1995

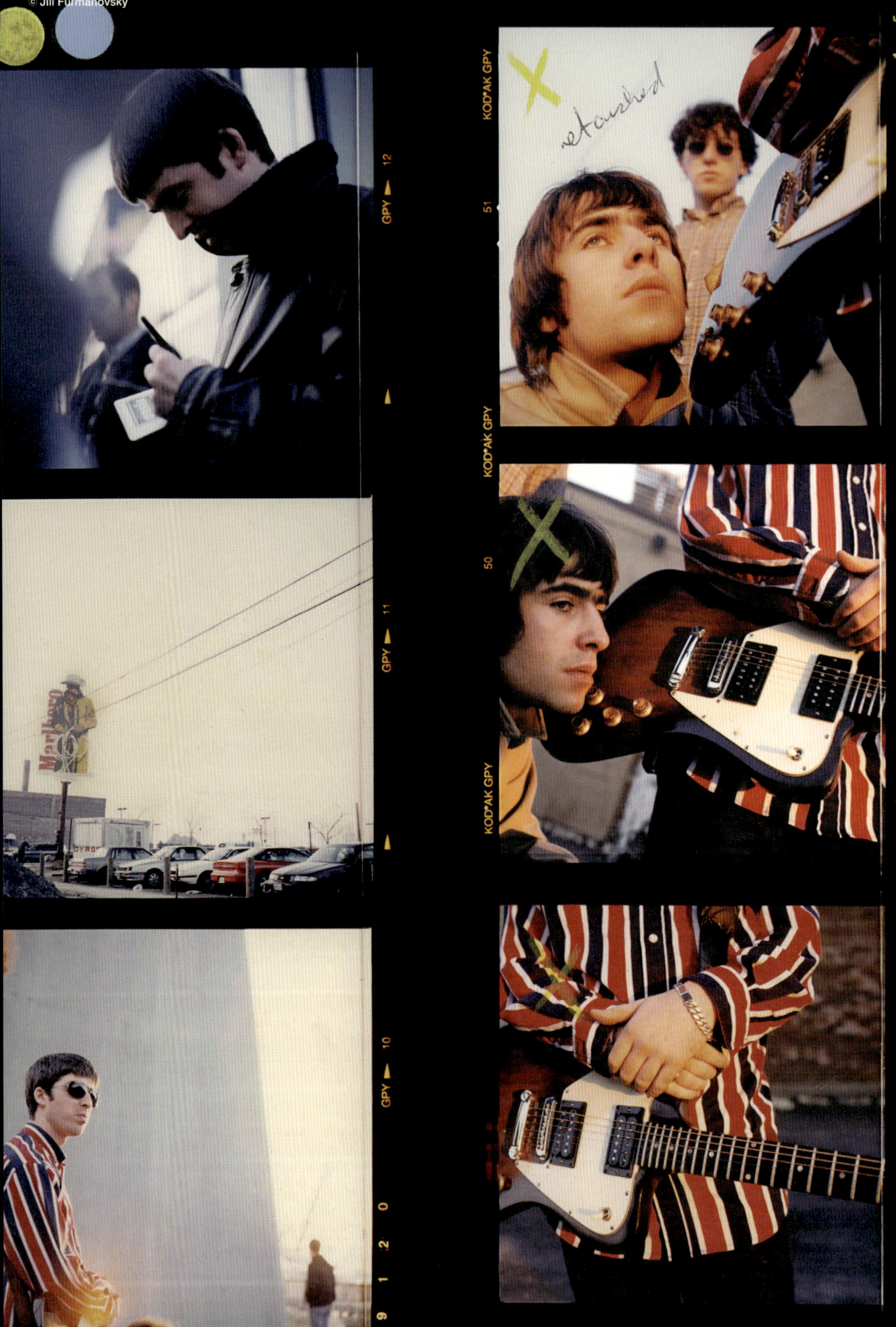
© Jill Furmanovsky

081876

STOP

진 않았을 뿐이야.

코일리 | 모든 밴드가 미국 시장을 뚫어야 한다는 압박 같은 게 있잖아요. 다들 그
걸 정말 중요하게 생각하죠. 근데 그러다가 밴드 자체가 망해버리는 경우도 많아
요. 너무 신경을 쓰다가 그렇게 되는 거죠. 거기는 뭐, 나라가 미친 듯이 존나 넓으
니까 투어를 끝도 없이 다닐 수 있거든요. 다 좋은데 집에 돌아왔을 때 집 카펫이
낯설게 느껴지기 시작하면 집을 너무 오래 떠나 있었다는 증거죠. 다시 현실로 돌
아와야 한다는 신호기도 했어요.

리암 | 코일리는 리버풀 출신이잖아. 걔네 집 카펫은 원래 이상했을 거야. 누가 집
에 쳐들어와서 러그 들고 튀었을 수도 있어.

노엘 | MTV에서 우리 멘트에 자막을 달아서 나가더라고. 난 그게 존나 웃기다고
생각했지. 기분 나쁘지 않냐는 질문도 받았지만, 그냥 예, 존나 멋지네요, 하고 대
답했어. 인생엔 원래 자막이 필요한 법이잖아?

리암 | 난 애시당초 미국인들이 우릴 그닥 안 좋아할 거란 느낌이 있었어. 솔직히
그냥 집에나 가고 싶더라. 우릴 엄청난 존재로 여겨주는 영국으로 가고 싶었지. 우
리를 받아들여 주고, 자막도 안 달아도 되고, 나를 레이튼이니 뭐니 부르지 않고 리
암이라고 제대로 불러주는 곳이니까. 난 솔직히 말해 전 세계적으로 히트 친 밴드
중에 진짜 쥐도 새도 모르게 엉덩이에 희한한 짓거리 당한 애들 많은 거 다 알아.
근데 난 여태 괜찮았어. 엉덩이도 멀쩡하고, 소파에 앉아도 편안하니까 그걸로도
만족해.

노엘 | 미국에서 일하는 건 진짜 존나 지치더라. 뭐, 그냥 앉아서 담배 피우면서 창
밖 구경할 2분조차 없어. "얼른 마티 만나러 가야 해. 마티가 근처에 있대. 너 진짜
마티 좋아할 거야!" 아니, 씨발, 마티가 도대체 누군데? 투어가 다 끝났을 때는 마
음이 놓일 지경이었어. 그 시점에 난 스스로 한계를 느끼던 참이었는데 그게 마음
에 들진 않더라고.

리암 | 영국에서는 사람들이 우리가 누군지 좀 감을 잡았다고나 할까? 근데 해외
로 나가면 다들 '얘들은 뭐 하는 새끼들이냐?' 하는 느낌이었어. 무대에 가만히 서
서 사람들 노려보기나 하고, 말도 한마디 안 하니까 싸우자는 건가 싶었을지도 모

르지. 근데 그런 거 아니고 그냥 할 말이 없었을 뿐이야. 노래 부르러 간 거지 얘기하러 간 건 아니잖아. 그냥 막무가내로 까고 싶은 애들도 많았고, 무대에 올랐을 때 오늘 좀 빡세겠다 싶은 날도 있었지.

노엘 ㅣ 웃기게도 우리가 미국에서 먹힌 이유는 우리가 순수하게 영국 애들이 아니었기 때문이거든? 우리 밴드 안에 영국인 피가 흐르는 애는 아무도 없었어. 블러Blur는 노래 자체가 영국스럽고 귀엽고 그랬잖아. 영국인이 영국인답다고 해서 놀라울 일은 아니지. 또 펄프Pulp는 북부 특유의 위트 넘치는 스타일을 보여줬고, 역시 놀라울 것도 없지. 근데 내 가사는 그렇지 않았고 제법 보편적이었어. 약에 찌들어서 팔에 주사 자국 내는 그런 이야기도 아니고, 다 같이 잘 지내자는 얘기였지. 《이것이 스파이널 탭이다》● 같긴 했어도 말이야. 워커스 감자칩이나 에클스 케이크 먹는 얘기 가지고 매디슨 스퀘어 가든을 매진시킬 순 없는 법이야. 빔토 음료수 맛이 어떻다는 가사나 써대서 할리우드 볼에서 공연할 수 있겠어? 그냥 하는 말이 아냐. 〈Cigarettes & Alcohol〉 같은 곡은 그걸 쓴 버니지 꼬맹이한테든, 그 곡을 10년 후에 듣는 브루클린 사는 어린애한테든 똑같은 의미를 지닐 수 있어. 그래서 난 우리가 미국에서 고전할 거라고 생각 못 했어. 우리가 거기서 고전을 면치 못했던 건 우리 성격 때문이었어. 우리는 거대한 레이블 기업에 속해 있었지만 그런 류의 체질은 아니었거든. '프로페셔널' 같은 단어에는 감흥이 없었고, 오히려 그런 걸 하찮게 봤지. 뭐 인터뷰 자리에 나가긴 했지만 《롤링 스톤》 잡지 화보 촬영에 여덟 시간쯤 붙잡혀 있을 생각은 없었고. 뭔 지랄이야 그게. 결국 미국에서도 우린 존나 잘되긴 했어. 짧은 기간에 미국에서 영국에서보다 앨범을 더 많이 팔았으니까. 겨우 6개월 활동하고 세계에서 제일 잘나가는 밴드가 된 거지. 전 세계에서 제일 잘나가는 밴드에 속하는 기분…… 잘 알지. 뭐, 그때 유투가 담배 피우느라 좀 쉬던 때였을지도 모르지만 어쨌든 우린 해냈으니까. 그게 얼마나 힘든 일인지 나는 진짜 잘 알아. 당시에 우린 그 모든 것에 콧방귀나 뀌어댔다고 해도, 사실 그럴 만했잖아. ◻

In the end we fucking smashed the arse out of it in America.

결국 미국에서도 우린 존나 잘되긴 했어.

● 가상의 헤비메탈 밴드 스파이널 탭이 미국 투어 다큐멘터리를 촬영한다는 내용을 다룬 코미디 영화.

노엘, 탈주하다

리암 | LA는 내 스타일은 아니고 나한테는 좀 이상했어. 한쪽은 완전 미쳐 있고 어두운 헤로인 천국인데 다른 쪽은 호밀빵에 탄산수나 마시는 동네였지. 중간이 없다고 생각했어. 거기서는 뭐지거나 아니면 구석에서 스쿼트니 요가니 그런 거 하는 애들만 사는 것 같더라. 사실 우린 미국에선 어디 나가서 놀고 그런 게 없었어. 아마 호텔이랑 공연장만 갔을걸. 클럽에도 안 갔고, 핫한 곳에 가서 노는 법도 없었지. 지루하게 들리겠지만 사실이야. 크루 직원들은 갔었어. 맨날 어디 뭐 나이트클럽에 간다면서 돌아다니던데 우리는 "됐다 그래라, 근처에 아일랜드 바 있대?" 이랬었거든.

마이클 스펜서 존스◆ **|** 비행기에서 내린 지 얼마 되지도 않아서 호텔에 체크인하고 리암 방으로 가봤더니 테이블에 코카인인가 뭔가 아무튼 한 봉지가 있었어요. 살면서 그렇게 큰 봉지는 처음 봤죠. 무슨 밀가루가 한 포대 있는 것 같았다니까요. 믿을 수가 없었죠. 속으로 '와, 여기 온 지 고작 20분인데' 싶었죠. 더 놀라운 건 그렇게 많은 양이 다음 72시간 안에 다 없어졌다는 거예요. 정말 놀라웠어요. 그 정도 양이면 볼리비아 군대 전체가 열두 달은 버틸 양이었으니까요.

◆ 오아시스의 초기 앨범과 싱글 커버를 촬영한 사진가.

노엘 | 선셋 대로에 있는 위스키 어 고고…… LA에서 제일 유명한 클럽이지. 도어스The Doors가 아마 거기서 계약을 따내기도 했고, 뭐 그런 비슷한 다른 일도 많았을 거야. 어휴, 세상에……

코일리 | 위스키 어 고고는 뭔가…… 여기서 한 방 크게 터뜨리기만 하면 이번 투어 다 뜬다, 같은 분위기였던 것 같아요. 그 며칠 전엔 보텀 오브 더 힐이란 데서 공연했는데, 거긴 진짜 별로였죠. 클럽도 아니고 바였거든요. 그날 너무 시끄럽기도 했고요. 그래서 노엘한테 "야, 네 소리가 너무 커서 못 따라가겠어"라고 했더니 저더러 꺼지라고 했었죠. 그날은 그냥 술이나 진탕 퍼마셨던 것 같아요. 아예 못 하겠다 싶어서요. 기타 소리밖에 안 들리고, 보컬은 하나도 안 들렸고요. 노엘은 소리를 줄이려고도 안 하던데요? "꺼지라고 했지! 볼륨 줄이지 말라니까?" 이런 말만 하고요. 그게 위스키에서 공연하기 직전 분위기였어요.

매기 | 위스키 어 고고 공연은 원래 음악계 관계자들이 보러 오는 쇼케이스 성격의 공연이었어요. 레이블 입장에선 전략을 짰던 거죠. LA 들어가기 전에 시애틀, 포틀랜드, 샌프란시스코, 새크라멘토 같은 데서 먼저 공연 좀 하면서 몸을 풀게 하는 의도였어요.

리암 | 사람들이 또 그러는 거야. "오, 쟤네 이번에 드디어 LA에서 처음으로 공연한대! 무조건 대박 나겠지! 여기까지 왔으니까 이번 공연은 어떨까?" 글쎄, 어림도 없지. 뭔 말인지 알지? 닥치고 그냥 우리 공연이나 하게 해주라고. 기대가 크면 잘될 일도 망한다니까? 그러니까 뭘 따로 하지 말고 그냥 우리 원래 하던 대로 가자고.

노엘 | 누가 크리스털 메스 맛을 좀 본 거 같더라고. 그거, 약효가 존나 빠르게 오르는 약이거든. 개같은 것. 별로 기분 좋은 약도 아냐.

코일리 | 다들 한 번씩은 메스 맛을 봤죠. 문제는 그걸 하면 밤에 잠을 못 자요. 저야 뭐든 한 번씩은 해보는 편이긴 한데, 밤 10시 반쯤 되면 차나 한잔 마시고 잘 수는 있어야 하거든요?

매기 | 노엘만 약을 과하게 하진 않았어요.

노엘 | 왜 그랬는진 모르겠는데, 난 크리스털 메스는 손도 안 댔어. 나도 이유는 모르지만.

리암 | 크리스털 뭐시기였나…… 이름도 몰라. 아무튼 존나 끔찍했어. 다들 코카인

인 줄 알고 개같이 들이마셨다가 그거 때문에 며칠씩 잠을 못 잤었어.

매기 | 그때 레이블에서 파티를 열어줬는데, 좀 걱정스럽긴 했죠.

노엘 | 하얏트 호텔 옥상에서 했던 파티…… 그 영화 《이것이 스파이널 탭이다》에도 하얏트 옥상에서 하는 파티가 나오잖아. 그래서 난 '와 씨, 미쳤다. 바로 이거지. 씨발, 나한테도 이런 일이 생기다니' 싶었다니까. 근데 뭐, 대단한 일이긴 해도 그렇게까지 대단히 감탄하진 않았지. "와! 정말 멋지세요!" 하는 말을 들어도, "어, 나도 알아" 이러고 말았거든. 나한테 중요한 건 객석 조명이 꺼지고 무대에 올라가는 순간이야. 그 외에 들려오는 헛소리들이야 뭐, 좋긴 한데 공연이 개판이 나면 아무 의미 없지.

To me it's when the lights go down and you go on stage, that's when it matters.

*나한테 중요한 건 객석 조명이 꺼지고
무대에 올라가는 순간이거든.*

마이클 스펜서 존스 | 그날은 정말 속물스럽고 허세 가득한, 딱 쇼 비즈니스 스타일 팬미팅 같은 거였어요. 오아시스는 그런 행사에는 별 관심이 없었죠. 그때 거기서 노엘이 사진 찍고 사인해 주고 있었는데, 영혼이 빠져나가기라도 했는지. 자리에 앉아는 있는데 정신은 딴 데 팔린 것처럼 보였어요. 스트레스 왕창 받고, 세상 짐을 자기 혼자 다 진 사람 같더라고요.

본헤드 | 온갖 사람들이 다 와 있었죠. 호텔 옥상에서 열린 파티로 기억해요. 맥주도 공짜고 이것저것 다 있었지만 사실 뭐, 그렇게 신나지는 않았어요. 옥상이라 뷰는 좋았죠. 선셋 대로가 보였으니까요.

노엘 | 사운드 체크하러 모였는데, 다들 밤새우고 와서 꼴들이 말이 아니었어.

필 | 사운드 체크는 그럭저럭 넘겼는데, 공연은 그러지 못했죠. 음반사 사람들도 와 있었고, 돈을 그 사람들이 댄 거라서 LA에선 중요한 공연이었어요. 그러니 그게 망하면 큰 사고가 될 상황이었어요.

본헤드 | 처음엔 괜찮았어요. 공연도 좋았고요. 근데 점점 망해가더라고요. 계속.

노엘 I 필 스미스가 세트리스트를 인쇄해서 돌리는 역할을 맡았는데, 투어 시작할 때 종이를 엄청 많이 뽑아놨었어. 왜냐면 매일 세트리스트가 같았거든. 근데 이상하게도 내 종이만 예전 영국 투어 버전이었던 거야. 그래서 내가 어떤 곡을 시작하면 애들이 희한하다는 듯 멀뚱멀뚱 쳐다보고, 아니면 애들이 시작하는데 나는 "그 곡 아니잖아?" 이러고…… 서로 어긋났던 거지.

제이슨 I 다들 각자 다른 곡을 연주하는 것 같았죠. "어, 잠깐, 잠깐. 지금 이게 뭔 상황이야?" 싶었다니까요.

본헤드 I 공연 중에 리암이 계속 앰프 뒤로 가더라고요. 알고 보니 무대 중에 크리스털 메스를 막 들이마시고 있는 거예요. 그러니 당연히 말아먹겠죠. 결국 개판이 났고요.

리암 I 내 기억으론 괜찮았어……. 공연 중간쯤 한 줄 했던 것 같기도 하고. 그러다 조금 미쳐 날뛴 것 같기도 하고…….

코일리 I 그 공연은 완전히 무너졌어요. 진짜 천장이라도 무너진 것처럼 밴드가 멈추고 바로 다시 시작도 못 했죠. 앰프가 나간 건가 싶다가도 뭐가 어떻게 된 건지 모르겠더라고요. 오아시스가 그러는 건 처음 봤었어요. 이렇게까지 맥을 못 춘 적은 처음이었죠. 재정비하고 다시 시작하기까지 한참 걸렸어요. 난 노엘 쪽에 있어서 걔 표정이 보였는데 정말 열받아 있더라고요. 그걸 보면서 생각했어요. '돌겠네, 노엘 오늘 밤에 한바탕하겠다.'

본헤드 I 리암은 제대로 노래를 부르기는커녕 아무 말이나 내뱉었어요.

노엘 I 〈Live Forever〉 부를 때 막 희한하게 개사해서 부르고 그랬다니까. 대참사가 따로 없었어. 머리 끝까지 열이 뻗치는데, '이게 씨발 도대체 뭔 짓거리냐?' 싶었다고.

리암 I 원래도 가끔 그냥 재미로 가사 바꿔 부르고 그랬는데. 노엘도 똑같이 그랬고. 아, 지 기분에 맞는 날만 할 수 있는 건가? 하여간 노엘은 지 마음에 안 드는 날에는 분위기 잡치는 데 도가 튼 애거든.

FADE AWAY
DIGSYS DINNER
SHAKER MAKER
LIVE FOREVER
RING IT ON DOW(N)
UP IN THE SKY
SLIDE AWAY
(DRU)GS & ALCOHO(L)
(MA)RRIED WITH CHI(LDREN)

+ SAD SONG
+ SPACEMAN

SUPERSONIC
(I) AM THE WAL(RUS)

제이슨 l 무대 위에 긴장감이 감돌았죠. 이런저런 제스처도 많았고요. 대부분 노엘보단 리암이 그랬었죠. 그러다가 탬버린이 날아왔고요.

리암 l 하도 뭐라 해대길래 그냥 탬버린 던졌어. 솔직히 모니터나 드러머를 집어던지지 않은 것에 감사해야지, 걔는.

노엘 l 탬버린? 아, 그건 브루스 리가 던진 표창도 아니고 라이트세이버도 아니고 탬버린이잖아. 그냥 어깨에 맞고 끝이었어. '챙' 소리나 났던가.

리암 l 우린 그냥 다 같이 지친 거였어. 아니면 촛불에 손을 너무 가까이 대고 있었든지. 아니면 노엘이 또 거들먹거리면서 자기 뜻대로 모두를 통제하려고 했었거나.

He was lucky I didn't launch a fucking monitor at him or something. Or a fucking drummer.

솔직히 모니터나 드러머를
집어던지지 않은 것에 감사해야지, 걔는.

“그만 좀 놀아라.” 그러면 나는 “꺼져, 씨발. 아직 멀었어” 그랬어. 재밌게 즐겨야지. 재미, 그게 전부야.

노엘 | 그날은 전설의 링고 스타가 왔었는데 다시 나가버렸어. 난 화가 머리끝까지 났고.

리암 | 그렇게까지 나쁘진 않았어. 안 그랬으면 내가 링고를 들어다가 걔한테 던졌을 거야. 머저리 새끼야, 링고나 먹고 꺼져라.

필 | 그날은 약을 좀 잘못 먹은 것 같아요. 개인적으로도 좋았다고 할 순 없었죠. 나머지는 묵비권을 행사하겠습니다.

리암 | 엄청나게 잘한 공연은 아니었지. 내가 노래를 잘 못했거나 뻥 돌아 있거나 했겠지, 뭐. 공연하다 보면 못할 때도 있는 법 아니었어? 딱 한 번 망쳤다고 다 무너

*It was a
tambourine that
hit me on the
shoulder.
Went 'tsh'. out of
time I might add.*

탬버린이잖아. 그냥 어깨에 맞고 끝이었어.
'챙' 소리나 났던가.

져 버렸다니까. 세트리스트도 잘못되어 있었다고. 그날은 날이 아니었을 수 있는데 그다음 날은 안 그랬을 거야.

본헤드 | 그날 공연은 별로 기억하고 싶지 않아요. 그냥 땅으로 푹 꺼지고 싶었던 날이죠.

노엘 | 난 우리가 미국에서 정말 잘될 수도 있었다고 생각했어. 우리보다 먼저 미국에 간 어떤 밴드보다도 잘될 수 있었을지도 몰라. 타이밍도 완벽했고. 근데 동시에 깨달았지. 미국에서는 연주 실력이 뒷받침돼야 하더라고. 태도만 가지고는 성공할 수가 없었어.

리암 | 우리가 일부러 장난만 치고 그런 건 아니었어. 그냥 뭐가 잘못된 날이었던 거지. 맨날 잘할 순 없는 거잖아. 물론 노엘 눈에는 항상 잘해야 했겠지만. 우리가 투어를 얼마나 오래 다녔는지 알아? 진짜 많이 했을걸? 다들 좀 진정해야 할 타이밍이었던 거고, 그게 다야. 세트리스트 하나 잘못 나가고 기타리스트한테 탬버린 하나 날아간 것보다 심한 일도 있었을 텐데. 뭔 말들이 그렇게 많은 거야? 건즈 앤 로지스Guns N' Roses도 있었고, 별의별 희한한 놈들도 있었을 거 아냐. 짐 모리슨도 거기서 공연했다던데?

코일리 | 그날에는 몰랐지만, 이후로 밴드에 뭔가 변화가 있었던 것 같아요. 그전처럼은 돌아가질 못하더라고요. 종말의 시작 같은 거였죠. 그날을 기점으로요.

노엘 | 대기실에서 엄청난 싸움이 벌어졌지. 물건들 막 날아다니고, 거기 있는 놈들 중 반절은 크리스털 메스 때문에 상태도 개판이었고.

본헤드 | 완전히 난리가 났죠. 서로 소리 지르고, 얘가 이랬네, 쟤가 저랬네 하고요. 노엘은 "야, 이 새끼야, 아주 약에 절었잖아!" 이러고, 난 "아, 아니거든? 아니, 야, 진짜 아니라고. 아니야" 이러고요. 숙취가 아주 미쳤긴 했는데 난 진짜…….

In some respects, that was the night it finished. That was it.

종말의 시작 같은 거였죠. 그날을 기점으로요.

노엘 | 내가 좀 과민 반응했을지도 모르지. 어차피 고작 공연 하나였는데, 크게 보

면 별거 아닌 일이었어.

리암 | 뭐 좀 드라마틱하게 번지긴 했지만, 난 신경 안 써. 우리는 로큰롤 밴드잖아. 무슨 보이존Boyzone 같은 아이돌도 아니고. 그럴 수도 있지.

노엘 | 좀 이상한 밤이긴 했어. 근데 결국 90년대의 분위기 나머지를 결정해 버린 셈이기도 했고. '정말 이 새끼들은 앞뒤 없이 신경 안 쓰는구나' 하고 생각했어.

리암 | 우린 진짜 24시간 내내 날것 그대로였어. 그러니 1년 내내 다 잘 돌아가게 유지하는 일은 불가능했지. 그럴 수가 있었겠냐고. 걔가 있던 밴드가 어떤 밴드인 지는 몰라도, 우리 같은 날것의 인간들 틈바구니에 있으니까 충격받았겠지. 다들 진지하게 생각하지 않는 사람들이었으니까. 힘들었을 거야. 근데 뭐 여기저기서 공연 좀 망친 거? 난 별로 신경도 안 썼어. 어차피 그다음에 죄다 만회했거든.

노엘 | 도대체 왜 다 걸고 굳이 제발로 나락으로 걸어들어 가냔 말이야. 3년 전만 해도, 우린 모두 맨체스터 그 좁고 더러운 합주실에서 밤마다 연습만 했잖아. 아무 데도 못 가고 연습만. 뭐 하러 합주를 했겠어? 바로 그런 순간을 위해서였다고. LA에까지 와서, 심지어 돈까지 받으면서 드디어 꿈을 이루는 건데 그걸 다 말아먹어? 진심으로 뭐 하는 새끼들인가 싶었다고.

리암 | 난 그냥 그 순간엔 아무렇지도 않았어, 그게 뭐 별거라고 그래? 내일은 또 다른 도시 일정이 있고 다른 공연을 하는 거지. 푹 자고, 고개 한 번 끄덕이고, 다시 시작하면 되잖아.

노엘 | 그때 내가 뭐, '다 끝났어, 밴드 때려치우고 난 이제 솔로 해서 클리프 리처 드보다 성공한다' 이런 작정을 한 건 아니었어. 그냥 누군가에게 따끔하게 교훈 좀 주려는 심산이었을지도? 비참하게도 실패해 버렸지.

리암 | 오아시스 주변에는 항상 미친 일들이 많았어. 우리는 맨날 불장난하듯이 살 았고, 그런 걸 원하기도 했지. 그러니까 일이 좀 꼬인다 해도 그냥 그러려니 하고 넘기는 거야. 어차피 좋은 일들이 다 만회해 주니까. 뭐가 문제였는진 몰라도 개인 의 문제는 아니었어. 그게 바로 오아시스 정신이라고 할 수 있지. 정말로 난 그렇게 믿거든. 나랑 노엘, 밴드 멤버들보다 더 거대한 무언가가 있었다고 진심으로 생각

해. 히피 같고 오글거리는 말로 들리겠지만, 뭔가를 진짜로 토로하고 싶을 땐 그렇게 빗대어 말하곤 했었지.

노엘 | 호텔로 돌아가서 매기를 만났던 기억이 나. 그때 매기한테 현금 좀 달라고 해서 샌프란시스코에 갔지.

매기 | 노엘은 꽤 화가 났었죠. 제 호텔 방에 와서 "나 떠날 거야. 돈 좀 줘" 하더라고요. "얼마나 필요한데?" "집으로 돌아갈 만큼?" 사실 더 있긴 했는데 700달러밖에 없다고 했어요. 그 돈이면 미국 여기저기 돌아다닐 정도는 되겠지만, 그보다 더는 못 갈 테니까요. 그랬더니 "여권도 줘"라고 하길래 줬죠. 그 시점에 난 심상치 않다고 생각했어요. 노엘이 방에서 나가고, 마커스한테 전화해서 노엘이 떠난댔다고 얘기한 기억이 나네요. 그랬더니 마커스는 "아냐, 아냐, 괜찮아. 자고 일어나면 괜찮겠지. 괜찮아, 괜찮아" 했어요. 전 아니다 싶었고요.

본헤드 | 노엘은 그냥 가버렸어요. 근데 원망은 못 했죠. 그저, '그래, 갔구나. 나중에 다시 오겠지. 예전에도 그랬잖아' 하는 상황이었어요. 하지만 안 왔어요. 노엘이 떠났다. 끝.

노엘 | LA에서 샌프란시스코로 갔었어. 사실 지금 와서 생각해 보면 미친 짓이었긴 해. 공항 가는 택시에는 커다란 코카인 봉지를 놓고 내렸어. 이거 하지 말아야겠다, 생각하고 뒷좌석에 던져놓고 내렸지.

매기 | 아침에 일어났는데 호텔 방 문 밑에 쪽지가 있는 거예요. 열어보니까 '나 간다'라고 써 있었죠. 젠장, 이럴 줄 알았다 싶었어요. 그래서 마커스한테 전화해서 얘기했더니 마커스가 바로 왔어요.

리암 | 맞다, 뭔 허접한 쪽지 같은 게 문 밑에 있었어. '이런 일이 있는데 앞으로 어떻게 형제처럼 지내?' 이딴 헛소리였지. 난 그거 보자마자 눈이 돌았어. 그래서 그 종이를 가져다가 크리스털 메스나 한 줄 말아서 또 빨아버렸지, 뭐.

노엘 | 쪽지를 남겼다니. 전혀 기억에 없는데. 그럴 리가. 너무 오글거려서 내가 할 만한 짓이 아닌데?

본헤드 | 그래서 우린 다들 이제 어쩌지 싶었죠. 아무도 걔가 어딜 갔는지 몰랐어요. 사실 호텔 두 층 아래에 있었을 수도 있는 일이잖아요. 근데 밴드라는 건, 치고받고 싸우다가 뭔 일이 나서 공연 좀 망하고, 멤버 하나가 뛰쳐나갔다가 다시 돌아오면 다 없던 일이 되는 법이잖아요. 그래서 우린 그냥 잠자코 있기로 했어요. 노엘이 비행기를 타고 떠날 거라고 상상도 못 했죠.

매기 | 내가 아이디어를 하나 냈어요. 그땐 우리 다 휴대폰이 없었으니 호텔 프런트로 내려가서 "갤러거 씨 방 좀 체크아웃해 주세요" 했더니 직원이 알겠다고 했죠. 그래서 노엘 방 계산서랑 마지막에 통화한 곳 번호를 다 추적했어요. 몇 개는 영국 번호니까 아마 엄마나 영국 친구들이었겠죠. 근데 보다 보니 415로 시작하는 번호가 하나 있었어요. 샌프란시스코 번호라고? 우린 직전에 샌프란시스코에 있다 왔는데, 난 그때 노엘이 어떤 여자랑 거기서 썸 비스무리한 걸 타고 있었단 걸 알고 있었거든요. 그래서 난 걔가 거기 가 있겠다 싶었어요. 마커스랑 둘이서 "샌프란시스코 갔나 보다" 했죠. 마커스가 그때 "내가 전화해 볼게. 그냥 그 여자한테 가볍게 좀 물어보지 뭐. 거기 안 갔을 수도 있잖아" 하더니 전화를 걸더군요. 그래서 그 여자랑 통화하면서 이렇게 말했어요. "저희가 뭔 짓을 하려는 건 아니고요, 그냥 법적으로 열두 시간 안에 안 나타나면 실종신고를 해야 해서요. 경찰한테 연락해야 할 수도 있어요. 찾긴 찾아야 해서요." 그러고 끊자마자 마커스가 말했죠. "노엘 거기 있어. 말하는 거 들어보니 딱 느껴졌어. 확실해."

I just needed a bit of time out, I guess, and a bit of perspective.

그냥 잠시 모든 것에서 벗어나고 싶었고, 다른 관점이 필요했어.

노엘 | 어떤 여자를 만났는데, 어디서 만났는지도 모르겠네. 아마 인스파이럴 카페츠 공연 아니면 오아시스 공연이었겠지, 뭐. 그 여자한테 전화해서 "여기 아주 미쳐 돌아가. 너랑 같이 며칠 있을래" 했던 거 같아. 대체 뭔 생각으로 그랬을까? 잠수 타서 혼자 행방불명이라도 되고 싶었나? 트라우마에 시달렸던 거겠지. 이미 그 시점에 우린 영국에서 제일 잘나가는 밴드였고. 휴대폰이나 컴퓨터가 없었어서 고마울 정도야. 뭐가 어떻게 망해가는지 전혀 알 수가 없었으니까. 거기 가서 한 이틀 정도 있었는데, 약을 미친 것처럼 많이 하고 밥도 안 먹으면서 맛이 가 있었거든. 그 여자가 나한테 그러더라고. "진짜로 이렇게 그만둘 거야? 앞으로는 어쩌게?" 근데 그 말이 꽤 뼈를 때린 느낌이었어. '난 정말 뭘 하려는 거지?' 노래도 못하고, 프론트맨도 아니고. 그 여자한테 구원받았다거나 그런 건 아

Mill Valley
Oakland
51
San Francisco
415
Daly City
Hyatt
INVOICE
0181 453 987
VOID
510 684 39
016 835 679
0181 939 945
0181 453 987
415 859 450
510 684 397
016 835 679
510 684 397
016 835 679
Payee: Mr Noel Gallagher
Membership:
Bonus Code:
Confirmation No: 1233 - 9876
Booking Ref: DM 29 - 08
M TELE
DATE
ITEM
Mini bar Beer

냐. 그냥 잠시 모든 것에서 벗어나고 싶었고, 다른 관점이 필요했어. 내 주장을 관철하겠다고 집 전체를 불태울 생각은 아니었어. 공연 몇 개가 날아갔다는데 뭐 어쩌겠어. 난 재밌었어.

코일리 | 어떤 미국인들은 만나보면 세계의 어떤 사람들과도 다른 느낌이에요. 나도 몇 명 만나봤죠. 그 사람들은 자기 날개 밑에 날 품어주고, 평범한 사람에게는 끌리지도 않고, 뭔가 영적인 구석이 있으면서 딱히 로큰롤 팬도 아니에요. 그 여자도 그런 부류였어요. 노엘은 우리 대신 그 여자한테 갔고, 돌아올 무렵엔 뭔가 다른 사람이 돼 있었죠. 그 여자가 실제로 존재하긴 하냐고요? 모르죠. 연기처럼 휘리릭 사라졌을지도.

매기 | 마커스의 계획은 팀 애벗이랑 노엘이 친하니까, 팀을 샌프란시스코로 보내서 노엘을 찾아낸 다음 직접 설득해서 데려오는 거였어요.

팀 | 노엘한테 전화가 온 거예요. 새벽 4시쯤에. 전화를 받아서 "어, 그래, 노엘. 왜? 좀 괜찮아?" 했죠. "어, 나 괜찮아. 이번 주말에 뭐 해?" "알아서 뭐 하게? 아직 별 계획 없는데?" "나 돌아갈지도 몰라." "돌아온다니 뭔 소리야?" 노엘이 그러더군요. "마커스한테 내 기타 좀 보내달라고 해." "잠깐만, 다시 전화할게." 그 전화를 끊자마자 마커스한테 전화가 왔어요. 마커스가 그랬죠. "야, 들었냐? 노엘이 밴드를 떠났대. 탈영했다니까? 어딨는지도 몰라."

난 말했죠. "그래? 웃기네. 걔가 방금 전화했는데." "정말?" 그래서 내가 "일단 끊어봐, 나한테 다시 전화해 주기로 했어" 하니까 노엘이 바로 전화를 걸더라고요. "하, 그 씨발 새끼들 정말 넌덜머리가 나. 별일이 다 있었어. 아무튼 다음 주에 보자. 마커스더러 기타 보내달라고 해. 내가 다 미안하다고 전해주고. 미안하긴 한데 뭐 어쩌겠냐. 다음 주에 봐. 놀러나 가자."

그러고 나서 마커스가 다시 전화해서는, "소식 들었어? 들었냐고. 다들 메스 처먹고 뺑 돌아가지고, 줄을 아주 빙빙 서 있는데 투어 자금 들고 처날랐다니까." 아, 정확히 이렇게 말하지는 않고 이런 식으로 뭐 비슷하게 말했어요. 그래서 내가 "그래서 나더러 오라고?" 했죠.

나도 날다시피 시차에 시달리면서 다음 날 바로 LA에 도착했거든요. 마커스가 날 앉혀놓고 본헤드가 와서는 자기들이 다 말아먹었대요. 리암은 그냥 평소에 사무실에서 일하는 것 같은 태도로, 걘 왜 그러냐며 금방 올 거라고 했고요.

본헤드 | 알고 보니 노엘이 샌프란시스코에 갔다더라고요. 그러곤 다음 행선지가 집이라니…… 심각한 상황이었죠. 마커스 방에서 나와서 다 같이 서로 쳐다보면서, 망했다, 작곡가가 떠났다, 그 사람이 우리 대장인데, 우리는 이제 끝났다고 생각했어요. 우린 절대 끝내기 싫었죠. 끝내고 싶었겠냐고요.

필 | 언제든 노엘이 돌아올 수 있으니 계속 LA에 있었죠. 아마 LA에 있으면서 투어 멤버하곤 연락을 안 하고 있겠다고 생각했어요. 밴드 멤버든, 크루든, 마커스든요. 게다가 마커스한테까지 연락을 안 한다면 그건 심각한 거였어요. 얘기조차 하기 싫어한단 거니까요. 그러다 우린 그냥 버스를 불러서 미국을 돌아다니기 시작했죠. 미리 잡아놓은 호텔 때문에 투어 루트를 돈 거예요. 뭐 어디 다른 데 갈 곳이나 있었겠어요?

매기 | 우리가 텍사스에 갈 때쯤에는 팀이 마법을 부려놓으면 좋겠다 생각했죠.

노엘 | 생각해 보면 말도 안 되는 일이지. 밴드 투어 자금을 통째로 털고 약 챙겨서 잠수 탄 거니까. 하여튼 희한한 짓거리긴 했어. 그렇다고 '이제 다 끝장이다'라거나 자살하고 싶다는 생각은 전혀 안 했어. 난 그런 타입은 아니거든. 난 그 여자 집에서 술 마시고, 대마초 말아 피우고, 미식축구 같은 거나 틀어놓고 앉아 있었어. 뭘 하고 있었는지 기억도 잘 안 나네. 근데 갑자기 초인종이 울리는 거야. 그 여자가 "누가 너 보러 왔는데?" 이러더라고. 그래서 '오, 씨발, 뭐지' 하고 있는데 팀 애벗이 들어오는 거지. 그래서 내가 "팀, 여긴 무슨 일로?" 했더니 "너 찾으러 왔다" 하대. "대체 날 어떻게 찾은 건데?" 그렇게 나랑 팀이랑 라스베이거스에 갔어. 작별 인사나 고마웠다거나, 그런 말은 안 한 거 같아. 그 여자도 직업이 있었고, 우리가 다시 뭉친 걸 기뻐했을 거야.

팀 | 솔직히 노엘이 무사해서 꽤 기뻤어요. 난 밴드의 계획이나 음반사 같은 건 별로 신경 안 썼어요. 걔만 멀쩡하면 되는 거였는데, 노엘은 괜찮아 보였거든요. 사실 《도망자》 영화 주인공이라도 된 것 같았죠. 널 잡으려고 1만 2000킬로미터를 떠돌아서 겨우 잡았다, 새끼야.

노엘 | 아직 취소되지 않은 공연 중에 텍사스 공연이 있었는데 그전까지 며칠 여유가 있었지. 대체 왜 라스베이거스에 간지는 모르겠지만 미친 짓이었어. 대체 내가 뭔 생각이었을까……. 코카인에 잔뜩 절어서 해롱거리는 인간이 가기엔 좀 이상한

곳이잖아. 지나고 보니 그냥 웃긴 에피소드가 됐더라고. 룩소 호텔 5만 8000층에 있는 방에서 며칠 묵었지. 그 시꺼먼 피라미드 모양 호텔에서 파라오 복장을 한 남자애가 갖다주는 클럽샌드위치나 먹으면서 며칠 느긋하게 지냈어. 흠, 이건 꽤 즐겁다 싶었다고. 욕실 수도꼭지를 틀면 물이 샤워기처럼 쏟아져 나왔는데 거기서 팀이랑 존나 진지한 대화도 했어. "야, 이거 죽여주지 않냐? 맨체스터에는 수로 바닥에서 고작 두 층 떠 있는 아파트에나 사는데. 거긴 샤워기 물도 아주 쫄쫄 나온다?" 그렇게 수압에 대해서 몇 시간을 대화를 나누다가 문득 생각했던 거야. "있잖아, 나 이제 돌아갈 때가 된 것 같다."

리암 | 난 노엘 정신 상태는 별로 걱정 안 했어. 걔는 크리스털 메스도 안 했으니까. 뭐 정신 상태가 안 좋았으면 투어 매니저한테 돈을 받아다가 라스베이거스에나 갔겠냐고. 비행기 타고 좋은 데나 돌아다녔잖아. 뭐 걱정할 게 있었겠어? 난 걔가 가져간 돈 때문에 더 걱정이었어. 라스베이거스. 난 가보지도 못했는데. 얼른 돌아오라니까. 와서 우리도 같이 가자고. 이 빌어먹을 밴드는 괜찮을 거야.

팀 | 난 노엘이 화가 났다고 생각했어요. 걔는 확실히 좀 상태가 이상했고, 우리는 그냥 이틀 동안 미친 듯이 약을 했죠. 아마 메스칼린까지 샀을걸요? 내 기억이 맞다면요.

I think I probably felt after that night, it was more me and them as opposed to us.

그날 밤 이후로는 '우리'보다는 '나랑 걔들'이란 마음을 먹게 됐던 것 같네.

노엘 | 화났었지. 우린 그보다 낫다고 생각했으니까. 일본 갔을 즈음에는 우린 엄청 훌륭했단 말이야. 몇 년간 합주했던 게 빛이 났다고 생각했고, 서로 잘 알았고, 노래도 완벽하게 숙지했고, 무대도 끝내주게 잘했어. 그런데 미국에 가자마자 모든 게 박살이 났는지, 다들 무대 하는 법을 잊어버린 건지. 그것도 약 때문에! 인생에 기회는 단 한 번일 수도 있어. 다들 나만큼 진지하지 못하다고 느꼈던 거야. 아마 걔들은 이제 다 됐다고 생각했나 봐. 난 아직 할 게 남았다고 생각했고. 내 생각에 그날 무대에서 난 나 자신을 조금 잃은 것 같아. 그 뒤로는 나머지 멤버와도 절대 예전처럼 지내지 못했어. 그날 밤 이후로는 '우리'보다는 '나랑 걔들'이란 마음을 먹게 됐던 것 같네.

팀 | 저녁 6시나 7시쯤 됐을까요? 해도 지고 날씨도 좀 쌀쌀해졌을 무렵이었죠. 마커스한테 전화해서 "밴드 애들 뭐 해?" 하고 물어봤어요. 그랬더니 "우리 지금 오스틴 가는 중이야, B사이드 작업하려고. 혹시 해피엔드로 끝났어?" 하는 거예요. 난 말했죠. "글쎄, 이제 물어보려고." 그러면서 내심 '제발 그만둔다고 하지 마……' 하는 생각뿐이긴 했어요. 그래서 "야, B사이드 만들면 어때? 존 레논도 B사이드는 만들었을걸" 이랬어요. 그러니까 노엘이 "좋아, 근데 걔들이랑 말도 안 섞을 거야. 가서 딱 B사이드만 할래"라고 했었죠.

오언 | 난 뭔 일이 있었는지도 몰랐어요. 마커스가 아무 말도 안 했거든요. 난 그냥 B사이드 녹음하러 미국에 가기로 돼 있었어요. 밴드가 갈라졌다는 사실을 쉬쉬한 거예요. 그래서 난 오스틴 공항에 도착했고, 기분도 좋았어요. '오아시스랑 작업하니까 비즈니스 클래스도 타고, 기분 째지는데!' 했는데 공항에 팀 애벗이랑 노엘 갤러거가 날 마중 나온 거예요. '아니, 노엘이 마중을 나온다고? 좀…… 과하지 않나?' 팀이 "마중 나온 게 아니라 우린 라스베이거스에서 막 오는 길이야. 난리 난 거 몰랐어?" 하더라고요. 노엘은 "그 썩을 것들" 이러고 있었고요.

필 | 고작 며칠 남기고 노엘이 돌아온다는 소식을 들었죠. 그 말인즉슨 밴드가 해체되지 않고 유지된다는 뜻이잖아요. 해체됐다간 우린 다시 영국에 가서 실업수당 받는 신세가 될 판이었어요. 그러니 다들 노엘이 돌아온다고 하니까 속으로 조마조마하고 있었어요. 노엘은 표정만 굳혀도 주변 분위기가 살얼음판이 되게 할 수 있었거든요.

팀 | 노엘이랑 나는 바로 호텔로 갔고, 노엘은 멤버들 본척만척하고 그냥 쓱 지나쳐 가버렸어요. 그런데도 멤버들 얼굴은 너무 안도한 표정이었어요. 거기서부턴 걔들이 알아서 풀 문제였죠. 난 할 만큼 했잖아요. 노엘을 다시 데려왔으니 이제 걔네 몫이었죠.

노엘 | 그 사건 이후 밴드 애들이랑 다시 만났을 때 회의하면서 내가 한마디 했어. "궁금한 게 있는데, 너희는 대체 뭘 원하는 거냐? 그냥 길바닥에서 뒹굴기나 하고 싶으면 지금 딱 말해. 나는 나가서 다른 일 알아볼 테니까. 그게 아니면, 할 거면 제대로 해야 하는 거 아냐? 여기 다 같이 모여서 농담 따먹기나 하고 총각 파티 하듯이 굴 생각이면 난 관심 없다. 난 위대해지고 싶다고." 이 시점에 이미 내가 쓰는 곡들은 최고였고 난 그 곡들을 어디 갖다 처박을 생각이 없었어. 1년 반쯤 후에 실업

수당 받아먹는 삶으로 돌아가고 싶지도 않았고, 2년 뒤에 다시 맨체스터 보드워크에서나 공연하는 신세가 되기도 싫었지. 우린 잘해낼 수가 있었어. 진짜 제대로 터트릴 잠재력이 있었다고. 우러러보던 영웅들보다 더 크게 될 수 있었어. 스톤 로지스가 꿈도 못 꿀 정도로. 스미스든 뉴 오더든 다 씹어 먹을 수 있었지. 더 잼이든 누구든 간에 뛰어넘을 수 있었어.

코일리 | 그땐 그냥, 딱 진짜 한계점에 다다른 거였어요. 어떤 시기의 종지부였죠. 노엘이 호텔에 빡빡이로 돌아온 그 순간부터 새로운 시대가 시작됐어요. 난 항상 생각했죠. '저놈 진짜 바뀌었네.' 난 사실 외계인이나 평행우주 같은 거 다 믿거든요. 그때 노엘을 누가 데려갔다 돌려보내 준 게 분명해요. 그 정도로 변화가 컸다니까요. 노엘이 새사람으로 돌아온 뒤로는 모든 게 예전과는 달랐어요. 나머지 멤버도 다 달라졌어야 했죠. 안 그러면 집으로 가는 수밖에 없었거든요. 밴드로서는 청춘이 끝난 것과 다름이 없었어요.

리암 | "이제 이건 비즈니스가 될 거야. 그리고 대장은 나고." 꺼지라고 해. 그게 뭔 짓거리야? 나도 뭐, 규칙을 적당히 따르는 건 괜찮아. 이제 이건 비즈니스고 대장은 나다? 나한테 그딴 헛소리 지껄이면 난 쌩까고 술이나 더 시켰지.

노엘 | 인스파이럴 카페츠랑 일하면서 배운 게 하나 있는데, 내가 밴드를 하게 되면 거기서 민주주의는 없어야 한다는 거였어. 뭐 하나 결정하는 데 한 세월이 걸리기 마련이라서. 그런 짓거리들 때문에 나는 고작 로드매니저였던 시절에도 돌아버릴 뻔했다고. 인스파이럴 카페츠는 사무실에 차를 둘 건지 커피를 둘 건지를 가지고도 회의를 열었단 말이야. 난 결정 내리는 데 재능이 있어. 걔들이 맞든 틀리든 난 그걸 즉석에서 결정할 수 있었어. 내가 내린 결정 중에는 훌륭한 것들도 있고, 별로인 것들도 있었지만 어쨌든 뭔 결정이든 내긴 했으니 된 거지. 사실 그래서 우리가 남들보다 두 배는 더 빨리 성공했을지도 몰라. 민주주의는 지루해. 민주주의 같은 건 범생이 샌님들 전용이라고.

제이슨 | 예전엔 정말 좋았어요. 노엘이 진 한 병을 해치우고, 시계 벗어서 앰프 위에 올려놓고 공연했던 시절이었거든요. 그때 참 멋있었죠. 근데 밴드가 점점 커지다 보니 다들 조금씩은 달라지더라고요.

매기 | 아마 노엘은, 이제는 다들 규칙을 만들고 지켜야 한다고 생각했던 것 같아요. 언제까지나 맨체스터에서 온 어린애들인 상태로 혼돈 속에서 지낼 순 없다고요. 그렇다고 아예 재미를 포기하란 것도 아니었어요. 그럴 때가 있고 그러면 안 될 때가 있었던 거죠. 크리스털 메스를 할 시간이 있고 공연을 해야 하는 시간이 있었던 거예요. 이젠 뭔 짓을 하든지 공연 직전에는 하면 안 됐고요.

노엘 | 내 철학은 첫날부터 바뀐 게 없었어. 밴드를 결성했으니, 나머지 것들도 모두 밴드에 맞춰야 하는 거였지. 그라운드룰 같은 거창한 건 기억 안 나. 사실 내가 또 그런 것에 어울리진 않기도 하니까. 아무튼 내가 정한 규칙이랄 건 딱 하나였어. 일주일에 5일은 합주에 참여할 것, 못 하면 나가라. 딱 그거 하나였다니까. 다른 애들은 달리 말할 수도 있는데, 내가 기억력이 그다지 좋진 않거든.

리암 | 아마도 우린 이제 약이랑 술은 좀 줄이고 다 같이 정신을 차리기로 했던 것 같아.

노엘 | 난 그냥 애들이 뭔 정신으로 사는지 궁금했어. 걔들 붙잡고 최후통첩 같은 걸 날리려던 건 아니었지. 난 최후통첩 따위 안 날리거든. 할 테면 하고, 말 테면 말라는 거야. 다들 말할 땐 잘 알아들은 것 같더니만 그게 얼마나 갔게? 꼴랑 3주 정도? ◻

노엘, 돌아오다

필 ┃ 참 오아시스답게도 걔들은 다시 뭉치자마자 바로 스튜디오에 들어가서 녹음을 시작했어요.

노엘 ┃ 오아시스한테 만병통치약이 있다면, 스튜디오 가자는 말 한마디였지.

오언 ┃ 그때 녹음은 웬 오두막 같은 데서 이틀 동안 하기로 돼 있었는데, 가봤더니 비가 쏟아지는 와중에 저주 인형 같은 게 널려 있고…… 하여간 분위기 하나는 기가 막힌 데였죠. 노엘은 기타 소리를 째지게 틀어놓고 〈(It's Good)To Be Free〉를 녹음하면서 "원테이크에 끝내자, 이 새끼들아" 하는데 그거 듣고 다들 쫄았을 거예요.

본헤드 ┃ 녹음실 안에서 아귀가 딱딱 맞는 느낌이었죠. 적어도 난 정말 열심히 하려고 했어요. "예, 알겠습니다! 시정하겠습니다! 이 곡 말씀이신가요? 넵! 알겠습니다! 바로 하겠습니다!" 그러다 원테이크로 쓱 연주하면 끝이었어요. 다시 삐긋하기 싫다는 마음이었죠. 이제 절대로 망치기 싫다고 생각했어요.

노엘 ┃ 딱 그 곡 하나만으로도 모든 게 가치 있었던 느낌이야. 〈(It's Good)To Be Free〉랑 〈Talk Tonight〉 했고. 〈Half the World Away〉도 그때 녹음했을걸?

리암 ┃ 좋았지. 곡들이 좀 어두운 구석이 있는데, 그게 좋더라고. 당시에 겪었던 일이 고스란히 노래에 스며든 거 같아. 그러면 뭐, 할 일 다 한 셈이지. 그 짧은 세션에서 좋은 곡 두 개나 뽑았으니까 난 만족스러웠어.

오언 ㅣ 〈Talk Tonight〉은 내가 노엘 갤러거랑 같이 했던 작업 중에 최고였어요. 진짜 대박이었죠.

노엘 ㅣ 그 곡은 언제 어떻게 썼는지 기억이 잘 안 나. 'Sitting on my own, chewing on a bone'이라는 가사는 비행기 안에서 떠올랐던 것 같네. 근데 작곡 과정 자체는 진짜 기억 안 나. 그냥 술술 나왔나 봐. 웃긴 건, 리암이 그 곡 질색했 어. 지금도 싫어할걸.

리암 ㅣ 〈Talk Tonight〉은 명곡이지.

노엘 ㅣ 〈Talk Tonight〉은 샌프란시스코에서 지낸 며칠 동안에 나온 곡이야. 사실 트라우마 같은 며 칠이었다고 해도, 그런 위대한 곡이 나오다니 운 명이나 다름없던 거야.

그 곡은 그때 만난 여자 얘기가 아니라, 정확히 말하자면 그 여자랑 보냈던 날들에 대한 얘기야. 노래에 '어릴 때 놀던 곳으로 날 데려가 줘' 같은 내 용의 가사가 있는데, 그때 그 여자가 자기가 어릴 때 놀았던 놀이터에 날 데려갔거든. 내가 약을 존 나 많이 해서 뭘 잘 안 먹었는데, 계속 먹을 걸 챙겨 주고 그랬어. 그래서 가사에 그 며칠 간의 기억을

Whatever happened was brought out in them tunes so far as I'm concerned, job done.

당시에 겪었던 일이 고스란히 노래에 스며든 거 같아. 그러면 뭐, 할 일 다 한 셈이지.

쓴 거지. 지금은 그 여자 이름도 기억 안 나. 눈을 감아도 얼굴이 떠오르지도 않고.

우리 와이프는 내가 그냥 집 안에서 돌아다니면서 담배 피우고 축구 얘기나 떠 드는 뭔 빌어먹을 나무 덩어리라고 생각하거든. 난 절대 아니라고 반박하지. 이런 것까지 다 곡으로 쓰는데 당연히 와이프가 만날 모든 남자 중에 제일 낭만적인 남 자일 테니까. 작곡가라면 당연하게도 무언가에 낭만을 쏟아낼 수밖에 없어. 비록 그렇게 만든 노래가 섹스 피스톨스의 〈Anarchy in the U.K〉일지라도.

코일리 ㅣ 그런 노래를 들으면 노엘의 숨겨진 면모를 엿볼 수 있어요. 평소에는 그 런 감정을 절대 겉으로 안 드러내거든요. 내가 노엘을 알게 된 이후로 그런 감정을 본 건 스튜디오 안에서 마이크 앞에 앉혀놨을 때밖에 없어요. 그때만큼은 걔 안에

있는 감정이 확 터져 나오죠. 문이 열리면 우리가 평소에 접하는 노엘 말고 다른 노엘이 슬쩍 나오는 거예요. 텔레비전이나 신문 기사에 나오는 노엘이 아니라, 어딘가 다른 사람으로 변신하는 것 같아요. 어린애 같기도 하고. 순수하고 맑은 모습이 잠시 드러나는 거죠. 베일이 걷히고 이 사람이 누군지 더 잘 느끼게 되는 거예요. 어두운 방에서 문이 살짝 열리면 빛이 쏟아져 들어오는 것처럼요. 그런 순간이 종종 있었죠. 그러다가 그 잠깐 열렸던 문이 닫히고 나면 다시 "씨발 새끼"를 달고 사는 평소 노엘로 돌아오지만요.

I guess if Noel was in the bar with me drinking and up all night, the songs would not have got written.

노엘이 나랑 바에 앉아서 술 퍼마시고 밤새도록 깔깔거리기나 했으면 그런 곡은 못 나왔겠지.

노엘 | 난 더 잼이랑 스미스 싱글을 사 모으면서 생긴 집착이 있어. 바로 B사이드도 A사이드만큼 좋아야 한다는 거야. 스미스 앨범의 B사이드는 나한테 의미가 크고, 더 잼의 B사이드도 말도 안 되게 좋거든. 난 그래서 지금까지도 남는 쓰레기 곡을 B사이드에 싣는 짓은 안 해. 물론 진짜 싣을 곡이 없으면, 글쎄. 그땐 이미 녹음해 놓은 곡, 아직 안 한 곡, 미완성된 곡 등등이 있었고, 마무리만 하면 되는 상태였어. 난 초반에 처음 세 장 반 정도 앨범은 어떻게 내야 할지 머릿속에 계획이 다 있었거든. 다만 B사이드가 그렇게까지 잘 나올지는 몰랐어. 쓰다 보니 그렇게 된 거야. 결국 놓고 보면 계획이 좀 허술했다고 할 수 있겠지. 왜냐면 원래대로라면 《Be Here Now》 앨범은 그 B사이드에 들어간 명곡들로 꽉 채웠어야 했으니까. 옛날에는 싱글을 하나 내면 CD를 두 장 내야 했어. 그러면 B사이드가 네 개야. 이게 도대체 다 뭐냐고? 근데 사실 우리 밴드를 만든 건 그 B사이드 곡들이었어. 특히 영국에서는. 미국에서야 뭐, 다들 모르겠지만. 그 곡들 덕에 밴드가 몇 년이나 지속될 수 있었지. 〈Acquiesce〉, 〈Rocking Chair〉, 〈Talk Tonight〉, 〈Half the World Away〉…… 그 시절 곡들이 훌륭했지. 그때 난 매일 작곡을 했어. 완벽하게 몰입해 있었거든. 지금 생각해도 대단한 건, 그런 흐름을 스스로 잘 알았다는 거야. '지금 나 완전 물 올랐다'라는 감각이 있었거든. 공연 끝나면 호텔 바에 들렀다가, 기타 들고 방에 올라가서 곡을 썼어. 그때 리암은 날 수상쩍다고 생각했을 거야. "쟤 또 뭐 하는 거지?" 다른 애들은 뉴캐슬 출신 애들이랑 밤새 시비 붙어서 치고받고 싸우는데 나는 작곡만 했거든. 리암이 그랬었어. "너 또 뭐 했냐? 방에서 뭐 했냐고!"

리암 l 헛소리하네. 난 그 말 안 믿어. 만약 그 말이 사실이면 정말 대단한 인간이
시네. 기사 작위라도 수여해야겠는데? 찌질한 새끼를 좀 구원해 주려고 했는데, 그
난리통에서 노엘이 "너희는 맘대로 놀아라, 난 가서 일할란다" 이랬다니까. 아, 씨
발, 꺼지라고 해. 누구를 속여먹으려고. 뭐, 그 미친 파티 한복판에서 명곡을 썼다
고? 가능할 수는 있겠지. 근데 존나 이상하잖아. 다 즐겁게 놀고 있고, 막 1위하고,
다 잘되고 있는데 "얘들아, 너희 샴페인 따고 약 빨면서 잘 놀아, 형은 이만 가서 곡
작업 해야 한단다" 할 수 있겠어? 웃기고 있네. 누구한테 쇼하고 자빠졌냐? 걘 그
냥 작곡에 점점 몰입한 거였겠지. 앨범이 잘되면 부담감도 크기 마련이니까. 다음
앨범은 더 잘 만들고 싶었을 테니 이제 작곡 좀 해야겠다고 생각했을 거고. 난 그때
술이나 마시고 록 스타답게 노는 게 좋았었고. 방구석에 처박혀 지내는 건 내 스타
일이 아니란 말이야. 난 바에서 사람들이랑 어울리면서 내 예술을 가다듬고, 걔는
위층에서 기타 붙잡고 자기 예술을 갈고닦은 거고. 근데 뭐, 노엘이 나랑 바에 앉아
서 술 퍼마시고 밤새도록 깔깔거리기나 했으면 그런 곡은 못 나왔겠지. 그건 인정.
그래, 그게 걔가 짊어진 십자가니까. 그래서 걔는 맨날 그러잖아. "난 위에서 곡 쓰
느라 존나 고생했어." 야, 근데 나도 바에서 존나 고생했어. 또라이 같은 팬들한테

붙잡혀서 쉴 틈이 없었다니까? 네가 E 마이너 코드 하나로 씨름하는 동안 난 아래
층에서 술에 꼴아서 코에 약이나 쑤셔 넣고 있었다고. 세상살이 존나 힘들어. 사는
게 원래 그렇지.

노엘 | 지금 생각하면 가장 아쉬운 것 중 하나가, 그때 그 B사이드 곡을 쓸 때 아
무도 나한테 "야, 있어봐. 지금 〈The Masterplan〉을 B사이드로 낸다는 거야? 미
친 거 아냐?"라고 짚어주지 않았다는 거야. 왜 아무도 〈Acquiesce〉부터 다른 존
나 좋은 노래들을 듣고 나서 한마디도 안 한 거지? 집에서 〈The Masterplan〉을
카세트로 들려줬더니 다들 듣고 웃는 거야. "그걸 내겠다고? 말이 되냐?" 그러니까
난 화가 나서 '쓰라고 해서 썼더니 비웃고 자빠졌네. 씨발, 됐어, 끝이야' 하고 생각
했어. 그런 평가가 그렇게까지 빨리 사라질 줄 알았다면 그 곡들을 좀 더 가지고 있
었을 거야. 젊을 때 그런 큰 힘을 가지면 스스로 힘이 있는지도 모르다가 그걸 잃고
나서야 깨닫게 되더라고. 그러다 시간이 지나고 돌아보고서야 '오, 나 정말 미쳤었
구나' 하는 거지. ■

뮤직비디오 이야기

노엘 | 네 번째 싱글쯤 되니까 이제 뮤직비디오 찍는 건 지긋지긋하더라고. "그딴 걸 또 해야 돼? 거지 같은데." 누가 아이디어 낸 게 있는데, 보더라인이라는 공연장을 빌려서 팬들을 왕창 불러 모은 다음 ⟨Cigarettes & Alcohol⟩을 50번쯤 연주하자는 거였어. 뭔가 나올 때까지 찍는 거지.

리암 | 그거 괜찮았어. 호주 출신 감독이랑 찍었는데, 그 사람 와이프가 패션 잡지 쪽에서 일해서 모델들을 우르르 데려와서 우리 친구들인 척하고 찍었거든. 근데 영상을 딱 보면 우리 무리가 아니란 게 딱 티 나. 전부 좀 웃긴 애들이었어.

노엘 | 뮤비 설정이 우리가 화장실에서 이 여자애들이랑 엮이는 스토리였어. 솔직히 말해서, 그때 그 여자애 중에 한 75퍼센트 정도는 리암 외에 우리 중 그 누구한테도 눈길조차 안 줬을 거야. 전부 다 말이 안 되는 상황이었어. 그러고 나서 얼마 안 가 우린 뮤비 하나 찍는 데 수천 파운드를 태우게 됐지. 왜냐면 리암이 촬영장에 안 나타나니까……. 예를 들면 ⟨Some Might Say⟩ 뮤비 촬영 때…….

리암 | 그땐 내가 제대로 어깃장을 놨어. "이렇게 구린 아이디어도 다 해야 해? 이건 우리 밴드니까 결정도 우리가 한다" 마인드로. 핸들 잡은 건 우리니까, 우리가 하기 싫으면 안 하는 거지. 당연한 권리 아냐? 우리가 진짜 얼마나 또라이 같은 뮤비 많이 찍었는데, 지금 나온 것만으로도 감지덕지라고.

노엘 | 회의 도중에 누가 아이디어 하나 내면 다들 그냥 알겠다고, 하겠다고 그래.

근데 막상 촬영 당일에 다 고속도로 휴게소에 죽치고 앉아서 다 기다리는데 걔가 안 와. 난 정말 그런 건 못 참겠더라고. 나한텐 타격이 좀 컸지. 좀 웃기게 들릴 수 있겠지만, 그 순간이 나한테는 종말의 시작이었어. 물론 진짜 종말은 한참 뒤에나 찾아왔지만 그때 딱 이런 생각이 들더군. "이 새끼야, 네가 마음에 안 들면 말을 하라니까? 왜 나머지가 비 쫄딱 맞으면서 기다리고 있어야 돼?"

리암 | 솔직히 말하면 난 더 자주 그랬어야 한다고 봐. 그리고 노엘도 속으론 그랬을걸? 우리 뮤비 자기도 다 싫어하는 주제에 왜 당시엔 입도 뻥끗 안 했냐고.

노엘 | 그 새끼 변명이 더 웃겨. 대단한 곡이니까 대단한 뮤비가 필요하다는 거야. 그래서 내가 "야, 씨발, 너 가사 보기나 했어? 장난치는 것도 아니고. 싱크대에 물고기랑 더러운 그릇 얘기가 나오는데? 미친놈아." 그랬더니 대꾸를 무슨⋯⋯. "이런 대단한 곡엔 대단한 뮤비가 필요하다고." 야, 그래라. 그냥 숙취가 심하면 그냥 그렇다고 해. 결국 우린 미국에서 찍어 온 〈Supersonic〉 영상을 조금씩 짜깁기해다가 대충 뮤비 만들었어.

리암 | 미국에서 찍어온 장면? 그래, 완전 끝내줬지! 내가 등신 같은 뮤비 안 찍겠다고 버틴 덕에 결국 영상이 잘 나온 거 아냐. 제작비가 4만 파운드 들었든 말든 그딴 게 다 무슨 상관이겠어. 결국 그 곡이 우리 밴드의 첫 1위 곡이 될 텐데. 생각해 봐. 노래는 1위를 찍었는데 뮤비가 구리면 얼마나 찝찝하겠어? 결국 내가 잘한 거지. 노엘은 내가 제멋대로 군다고 했을 텐데, 오히려 난 내가 너무 모든 것에 신경을 많이 썼다고 생각해. 노엘이야 항상 "뮤비가 뭐가 그렇게 중요하냐, 그냥 감독한테 맡기면 그만이지" 이랬지만 난 그렇게 생각 안 했거든. 뮤비에 나올 거면 멋있게 나오고 싶다고! 그런데 노엘은 나보고 "네가 감독이라도 되냐?" 이러잖아.
　난 이렇게 말했어. "내가 감독은 아니지만 그렇다고 연기자도 아니잖아. 그러니까 당연히 뮤비 내용에 더 깊이 관여해야지. 형은 맨날 그냥 이상한 광대 같은 놈들한테 다 맡겨놓고 미친 영상이나 찍자고 동의해서는 우리더러 미친 상황을 견디라고 하잖아. 결과물도 이상하고. 그건 우리답지 못해. 그러니까 찍기 전에 뭘 찍을지는 미리 좀 읽어보고 알았다고 하자는 얘기야."

노엘 | 우리가 얼마나 이상한 뮤비 많이 찍었는지 봤어? 죄다 그렇게 이상할 수가 없다니까. ◻

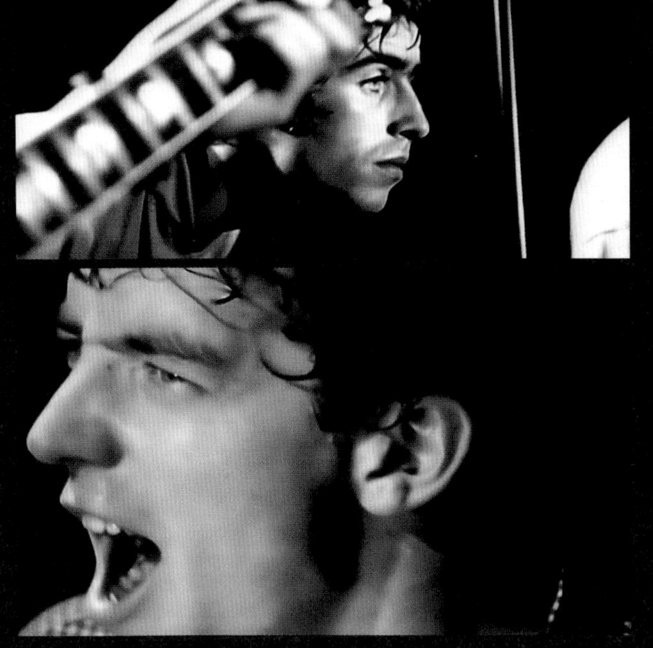

© JILL FURMAN
JFA ARCHIVE
8 FITZROY RO
LONDON NW

© Jill Furmanovsky

확신의 1위

노엘 | 로코 스튜디오에 갔을 때가 생각 나네. 그때 더 버브는 주말이라 쉬고 있었거든. 오언이 그때 걔네 《Northern Soul》 앨범 작업 중이었고.

오언 | 노엘이 갑자기 나타나서는 말하더군요. "신곡 하나 썼어. 서번 브리지 터널 밑에서 차가 퍼졌거든. 그 와중에 〈Acquiesce〉를 썼어."

노엘 | 〈Acquiesce〉…… 그 노래가 나랑 리암 얘기라는 사람들 보면 참 한심해. 아, 그래. 내가 그 노래 쓸 때 너희가 내 머릿속에 있었지, 참. 까먹었네. 너희 말이 다 맞고 내 말이 틀리니까 그 말이 맞겠네. 미안, 미안. 그 말이 맞아. 응, 사실 아니. 〈Cast No Shadow〉가 리처드 애슈크로프트 얘기가 아닌 거랑 마찬가지야. 리처드한테 헌정하긴 했지만 그거랑 그건 완전 별개잖아, 안 그래?

오언 | 그래서 어쨌든 녹음을 하기로 했죠. "얘들아, 워밍업하게 한 번 가자." 리암은 불러보더니 씨발, 하면서 후렴이 너무 높다는 거예요. 그래서 노엘이 "에이, 그럼 내가 부르지 뭐" 했고, 그렇게 끝. 완성. 〈Acquiesce〉가 반나절 만에요. 그러고서는 바로 〈Some Might Say〉로 들어갔어요. 미친놈들이.

노엘 | 〈Some Might Say〉는 오아시스 곡 가운데 내가 가장 좋아하는 노래 중 하나야. 데모 버전이 기억나네. 혼자 녹음했고 연주도 내가 다 했거든. 드럼까지도 내가 쳤어. 더 버브 멤버들이 주말이라 다 집에 간 동안 걔네 장비를 썼었지. 보컬이나 다른 것들이 훌륭하다거나 그렇진 않았지만 사운드 자체는 끝내줬었지.

오언 | 저랑 노엘은 그걸 밤새도록 들었었죠. 조금 빠르긴 했어요. 1년 전에 좀 느린 버전을 녹음해 둬서 더 그렇게 느껴졌을 거고. 근데 바로 다음 날 리암이 그걸 듣더니 "오, 죽여주잖아? 나 부를래" 하는 거예요. 한낮에 차 한잔 마시고는 리암이 다 찢어놓은 거예요. 그런데 젠장, 백킹 트랙을 잘못 썼어요. 너무 빨랐거든요. 그래서 녹음은 엉망진창이었긴 한데…… 아무튼 아름다운 곡이죠.

You are still the same person, it is just that your record is the most popular that week. It doesn't make you feel any different.

*난 여전히 똑같은 사람인데, 그냥 내 노래가 그 주에
제일 인기 있는 노래였을 뿐인 거라고.
그렇다고 내가 뭘 다르게 느낄 필요는 없는 거지.*

노엘 | 〈Some Might Say〉에는 미묘하게 울적한 느낌이 있는데, 난 그 곡을 쓸 때부터 이미 1위를 할 거란 걸 알았으니 더 희한하지. 뭔가 지나가는 것에 대한 노래이자, '언젠가는 밝은 날이 찾아올 것'이라는 민중 가요 같은 곡인데…… 씨발, 이게 다 뭐냐. 지금 돌이켜 보면 우리가 진짜 록 스타가 돼버리기 직전에 순수했던 그 시절의 끝을 본능적으로 감지한 곡인 것 같아. 근데 막상 그런 순간이 찾아와도 '어라, 이게 끝이라고? 왜 별 느낌 없지?' 이러고 말더라고. 어떤 기분을 느껴야 했는지조차 몰랐어. 금가루라도 뒤집어쓸 줄 알았던 건지…… 그냥 평소의 나랑 똑같던데. 아마 난 마음속으로 이 곡이 1위를 찍을 걸 알았기 때문에 그랬을지도 몰라. 딱히 축하하는 사람도 없었어. 다들 예상한대로라던데. 그때 찍은 영상을 보면, 나랑 마커스가 악수나 후딱 하고 끝이거든. 요새 보면 사람들이 1위를 한다는 것에 되게 신이 나는 모양이던데, 난 그때 '에라, 이 샌님들아. 별일도 아닌데 왜 저래?' 싶었다고. 난 그때 캠든에서 진짜 구린 셋방에 살았어. 현관문도 잘 안 잠기는 그런 집. 완전 끔찍했지. 그 집 주위를 둘러보면서 이렇게 생각했단 말이야. '아, 씨발 일단 이 동네 떠야겠다. 데이비드 보위가 이랬을 리가 없어. 마크 볼런Marc Bolan이나 슬레이드Slade, 더 잼도 이랬을 리는 없다고' 하는 생각을 했었거든. 그러다 갑자기 문득 깨달은 거야. 사실은 그 사람들도 이랬을 거라고. 난 여전히 똑같은 사람인데, 그냥 내 노래가 그 주에 제일 인기 있는 노래였을 뿐인 거라고. 그렇다고 내가 뭘 다르게 느낄 필요는 없는 거지. 뭐, 1위 찍자마자 깃털 목도리도 두르고 롤스로이스를 사서 지팡이 짚고 실크 모자까지 쓰고 등신마냥 뻐기고 싶은 유혹이 들기도 해. 뭔 말인지 알지?

본헤드 | 나랑 리암은 펍에 가서 축하했어요. 맥주도 몇 잔 마셨죠. 우리 딸이 3개월 정도 됐을 땐데, 우리가 식탁에 둘러앉아서 딸을 무릎에 앉히고 통통 튀기면서 놀아줬던 기억이 나요. 끝내줬죠. 말로 다 표현 못 해요. "진짜 우리가 1위라고? 미쳤다." 이런 느낌이에요.

노엘 | 크리에이션 레이블 역사상 처음으로 싱글 1위를 한 거였거든. 회사 사람들이 신나가지고. 신날 법도 하지. 그래서 파티도 열어줬는데 거기에 블러도 나타났어. 다들 서로 등 두드려주고 분위기 좋고 그랬는데, 누가 아래층에서 위층으로 올라와서 말하더라고. "블러가 아래층에 있어! 올라오고 싶대!" 우린 그냥 "그래? 맘대로 해" 그랬었어. 내가 직접 만나지는 못했는데 듣기로는 리암이 아래층에 가서 데이먼 면상에 대고 "1위다, 이 새끼야. 1위!"라고 했었대. 내가 이해한 바에 따르면 데이먼이 리암이 싸움을 걸었다고 받아들였던 모양이야.

리암 | 난 별로 기억 안 나. 걔들이 우리 술 마시러 온 건데, 우리 파티에 왔으면 내가 한마디쯤 할 수 있는 거 아냐? 다른 뜻이 있나. 악의는 없었고 그냥 장난이었어. 그거 듣고 걔네들 중 한 명이 받아치기라도 했으면 뭔 일이 났겠지만. 그냥 농담이었다니까. 웃자고 한 소리였다고, 웃어. ◻

리암 | 토니는 우리 무리 중 한 명이었고, 괜찮은 친구였지만 우리만큼 미쳐 있진 않았던 것 같아. 노엘이 토니랑 사이가 별로였다면 그건 걔네 둘 사이 일이지. 나랑 토니는 잘 맞았어. 뭐 절친까지는 아니었다고 해도 서로 앙숙이라거나 그렇진 않았어. 괜찮은 사람이고, 우리 드러머였고, 언제든 와서 드럼을 치고, 맥주 마시고, 맨유 얘기나 했었지. 우린 그러면 "안 들린다, 안 들려" 이러고 끝이었고.

United fan. They are always going to be the first to go.

맨유 팬들은 제일 먼저 쫓아내야 하는 법이지.

노엘 | 맨유 팬이라니. 맨유 팬들은 제일 먼저 쫓아내야 하는 법이지. 대체 본헤드는 그 몇 년을 어떻게 살아남은 걸까? 그놈이야말로 골수 맨유 팬인데 도통 이해가 안 가네. 우리 밴드는 맨시티 팬으로만 채워졌어야 했는데. 지금 돌이켜 보니 본헤드를 없애버릴 기회를 놓쳤네, 놓쳤어.

오언 | 내가 듣기로는 투어 중에 토니가 노엘을 꽤 열받게 했다더라고요.

코일리 | 미국 투어를 돌면서 토니랑 분위기가 진짜 험악해졌는데, 그 흐름을 막을 수가 없어서 되게 안타까운 상황이었어요. 말로 막 갈구는 식으로 티가 나기도 하고요. 물론 누가 보면 좀 심하다 싶었을 수도 있는데, 한편으로는 웃기기도 했어요. 다 같이 한몫했죠. 나도 솔직히 토니한테 존나 뭐라 했거든요. 근데 다 토니를 위해서, 밴드 전체를 위해서 그랬다고 생각해요. 그러니까, 나도 소리 많이 질렀어요.

애를 좀 각성시켜야겠다 싶어서.

본헤드 | 토니랑 난 초반에 방을 같이 썼어요. 예전에는 호텔에서 각방을 쓸 예산이 안 돼서 항상 같은 방에 묵었거든요. 일본, 미국, 유럽, 영국, 스칸디나비아 전부 같이 다녔죠. 그래서 내가 밴드 멤버 중에 토니를 가장 잘 알았던 것 같아요. 몇 번은 토니가 방에 돌아와서 완전 폭발하듯이 털어놓더라고요. "아, 씨발. 본헤드, 나 진짜 돌아버리겠다. 다들 나한테 뭐라고 하고, 이래라저래라하고……" 나도 중간에 껴서 참 난감했죠. 그래서 노엘이나 리암한테 가서 말했어요. "야, 애 좀 적당히 잡아라. 지금 투어 중인데 너무 몰아세우지 말고, 문제가 있으면 투어 끝나고 얘기하자고."

매기 | 멤버들은 서로 오래 알던 사이였잖아요. 그래서 약간, 남자애들끼리 장난처럼 깐족거리는 분위기였어요. 걔들끼리는 항상 그러는 거라서 난 그게 걔만 유독 괴롭히는 거라고는 생각하진 않았어요.

필 | 멤버들 사이를 돌이켜 보면, 항상 토니가 겉도는 것 같았어요. 난 사실 토니의 로디였으니 그런 장난에 끼지는 않았지만 그렇다고 중간에서 말리지도 않았어요.

토니 | 그런 폐쇄적인 환경 안에서는 인간관계가 어그러질 수밖에 없는 것 같아요. 서로 자꾸 쌓아두기만 하다가 나중에는 정말로 사적인 감정싸움으로 변했죠. 난 좀 내성적인 스타일이었어요. 남들은 그걸 약점으로 봤을지도 모르지만 그건 약점이 아니었어요. 난 리더가 되고 싶지도 않았고, 앞에 나서고 싶지도 않았거든요. 그저 뒤에 앉아서 드럼만 치고 싶었어요.

노엘 | 점점 토니가 겉돌기 시작했어. 떠돌이 개 무리에서 새끼 하나가 따돌림당하는 것 같은 느낌이었지. 갈수록 분위기가 그렇게 흘러가서, '쟤 이제 오래 못 버티겠다' 싶은 기류가 생겼지. 걔 성격 때문은 아니지. 난 사람 성격 같은 건 신경 안 쓰니까.

토니 | 노엘은 나랑 사적으로 어울리기 싫어했어요. 그건 확실히 알고 있었죠. 나름대로 노력이야 해봤는데도 불편했죠. 다른 멤버들이 그 분위기에 편승한 건지, 그냥 안전한 쪽 편을 들려고 한 건지…… 잘 모르겠네요.

오언 | 〈Some Might Say〉 녹음할 때 노엘이 그랬어요. "그 새끼랑 스튜디오 녹음하는 건 이번이 마지막이다, 씨발." 나도 토니한테 말했죠. "토니, 정신 좀 차려. 안 그러면 너 끝이야."

본헤드 | 〈Some Might Say〉 녹음하면서 토니랑 정말 많이 힘들었어요. 박자가 늦거나, 안 맞거나, 아무튼 뭐가 안 맞는 거예요. 드럼 문제로 말 많았어요.

코일리 | 그쯤 되면 이미 끝난 얘기였죠. 걔들은 그냥 가위 들고 싹둑 자를 타이밍만 보는 느낌이었어요.

노엘 | 난 이미 마음을 굳힌 상태였어. 왜냐면 〈Champagne Supernova〉, 〈Don't Look Back in Anger〉, 〈Wonderwall〉 같은 곡들이 곧 나올 예정이었거든. 걔는 절대 그 곡들 연주 못 했을 거고, 한다 해도 라이브로는 절대 못 했을 거야. 난 더 큰 그림을 그리고 있었다고. 마지막 시도로 토니한테 드럼 레슨을 받게 하긴 했어.

토니 | 그래, 그러면 애들 말을 들어보자, 싶어서 웨일스에 있는 드럼 선생님이랑 며칠 시간을 보냈어요. 근데 그 선생님이 첫날 한 시간 지나고 나한테 그러는 거예요. "너 여기 왜 왔어? 이건 원래 내일 밤에나 나갈 진도인데?" 난 지금도 자신 있게 말할 수 있어요. 2집도 충분히 해낼 수 있었고, 계속할 수 있었다고. 그러다 노엘이랑 말싸움이 붙었고 내가 "꺼져, 이 새끼야" 하고 말았죠. 사운드 체크 중이었던 노엘한테 할 말을 다 해버린 거예요. 지금 생각하면 그건 좀 후회되네요.

노엘 | 우리끼리 말싸움했을 수도 있어. 아마 그랬겠지. 각자 기억이 다 다른 법이니 리암이나 마커스도 다 제각각 기억하는 게 다르고, 그 중간 어딘가에 내 기억이 있는 거야. 누구나 자기가 믿고 싶은 진실이 있는 거겠지. 난 부정할 생각은 없어.

토니 | 그런 전화가 올 거라고는 정말 예상도 못 했어요. 다음 주부터 2집 곡 합주에 들어갈 예정이었거든요. 근데 마커스가 전화해서 그러더라고요. "지금 앉아 있어? 있잖아, 안 좋은 소식이 있어. 너, 밴드에서 나가래." 세상에. 충격이었죠. 완전 넋이 나갔어요.

리암 | 붙박이 멤버라는 건 없는 거야. 오아시스 멤버라는 게 무슨 하늘에서 내린

천부인권 같은 건 아니잖아. 바뀔 땐 바뀌는 거지. 곡은 노엘이 쓰니까 누가 노래를 할지, 저 빌어먹을 드럼을 칠지는 노엘 입김이 셀 수밖에 없어. 노엘이 "곡은 점점 더 좋아지는데, 걔는 그대로야. 이제 못 데려가겠어" 하더라고. 그러면 나도 뭐 어 쩌겠어? 우리 애냐, 토니냐? 하는 선택에 있어선, 나야 당연히 우리 애를 고를 수밖 에 없어. 정말 속상했지만, 어쩔 수 없는 일이었어.

노엘 | 토니랑은 더는 못 가겠다고 생각했지. 내가 〈Don't Look Back in An-ger〉의 드럼 필인을 어떻게 할지 보여줬을 때 걔 표정은 아직도 잊히지가 않아. 무 슨 점자책이라도 내밀고서 "읽어봐" 한 것처럼 멍한 표정을 짓더라니까. 그때 딱 확신했지. 아, 얘는 안 되겠구나. 나머지 밴드 멤버들이 실제 드러머보다 드럼을 잘 치는 상황이고, 우리가 세계에서 제일 잘나가는 밴드가 되기 직전이라면 누군가는 어쨌든 결정을 내려야 하는 법이잖아. 안 그래? 나는 곤란한 상황에 존나 끙끙 앓 기만 하는 놈은 아니거든. 뭐가 고장 났으면 고쳐야지. 토니 때문에 발목 잡히는 상 황이면 토니가 나가야 맞지. 나한텐 그런 일 따위는 별것도 아니었어. 드러머? 환 장하겠더라고. 정 안 되면 드럼머신이라도 갖다두어야겠지. 그렇다고 해도 노래는 여전히 훌륭했을 거고 오히려 박자는 딱 맞고 유지 비용은 훨씬 쌌을 거야. 우리 모 두 부족한 점이 있었어도 다들 더 잘하려고 피똥 싸면서 노력했어. 그렇다고 토니 가 너무 오만해서 남 말은 귓등으로도 안 듣는 타입이었다는 건 아니야. 그냥 재능 이 모자랐다고 생각해. 그뿐이야. 자기 재능의 천장에 부딪혀 버린 거였지. 난 걔가 그 천장을 뚫고 나아질 일이 없다는 사실을 작곡가로서 직감했어. 난 점점 나아지 겠지만 토니는 그렇지 못할 거란 걸 깨달았다고. 나도 세상에서 제일가는 기타리스 트는 아니었지만, 어쨌든 스스로 알았고 받아들였지. 리암도 최고가 아니라고 해도 스스로 잘 알고 있었고. 토니는 최고가 아닌데다가 자각조차 못 했었어.

본헤드 | 토니는 자기가 연주한 앨범에서 는 훌륭한 드러머였어요. 내 생각엔 토니가 《Definitely Maybe》 앨범에 참여하지 않 았다면 그 앨범 사운드가 달라졌을 거라고 생각해요. 기술적으로 최고는 아니었다 해 도, 그 앨범에서 토니 연주는 훌륭했어요. 다 른 누가 와도 그때 그 사운드는 낼 수 없었 을 거라고 생각해요.

Definitely Maybe wouldn't have sounded as good without him drumming on it.

《Definitely Maybe》 앨범은 토니 드럼 없이는 그렇게 좋은 사운드를 내지 못했겠지.

노엘 | 《Definitely Maybe》는 토니 드럼 없이는 그렇게 좋은 사운드를 내지 못했겠지. 토니도 그때 그 사운드의 일부였으니까. 당시에는 토니도 밴드에 딱 맞는 멤버였던 거야.

토니 | 본헤드가 2주쯤 뒤에 나 없을 때 전화를 했었어요. 뭔 얘기를 하려고 전화했던 걸까요? 근데 그 뒤로는 아무에게도 연락을 못 받았어요. 상처 많이 받았죠. 2년 정도 열 명, 열두 명쯤 되는 식구 같은 사람들 사이에 둘러싸여 살다가 한순간 아무도 없어진다는 건, 젠장. 사실 그 느낌은 아직도 극복 못 했어요. 믿거나 말거나 아직도 매일 그때 일을 생각한답니다. 여태 그 일을 내 속에 지니고 지내요. 뭔가 잃어버린 느낌이죠. 근데 어쩌겠어요, 받아들여야죠.

노엘 | 토니가 밴드에서 쫓겨나고 나니까 그 소식에 세상이 뒤집혀서 아주 천장을 뚫을 기세였어. 웬 변호사들이 토니한테 접근해서 뭘 속살거렸는지 갑자기 1억 파운드짜리 소송을 걸게 한 거야. 진짜 웃기지 않아? 오아시스를 나간 사람들, 아니면 잘린 사람들은 자기가 참여한 곡에 대해서는 지금도 저작권료를 계속 받고 있어. 아무도 걔들 저작권료 안 뺏어갔는데. 아무튼 결국 소송을 걸었고, 저작권료 손실이 어쩌고저쩌고하는 얘기가 오갔어. 근데 걔가 요구한 액수는 말도 안 되는 수준이었지. 얼마나 터무니없는지, 결국 법원 가기 직전에 55만 파운드에 합의했다니까.

리암 | 토니는 처음에 레코드 계약서에 서명할 때부터 혼란스러웠다느니 어쨌다느니 하던데, 우리 마커스랑은 처음부터 매니지먼트 계약 같은 거 안 했거든? 종이에 서명 한 번 안 했어. 그냥 펍에서 악수 한 번 하고 끝이었어. 근데 그런 일을 겪으니까 갑자기 다들 불안감이 생겨서 '이제는 계약서인가 뭔가를 써야겠다' 싶어졌어. 그 소송 이후로 네 달, 다섯 달 동안 변호사 사무실에 처박혀서 앉아 있었다니까. 졸려 죽는 줄 알았다고. 다들 영어로 말하는데도 하나도 이해가 안 갔어. "그 말인즉슨" "그리하여" 이딴 말만 하니까. 거기 앉아서 '어쩌다 일이 이렇게 됐지? 계약은 5년 전에 했는데 이게 다 뭔……' 하는 생각을 했어. 뭔 오래된 성 같은 사무실에서 나비넥타이를 맨 변호사들이랑 앉아 있었다고. 옛말 틀린 거 하나 없더라. 히트를 치면 소송이 따라온다는 말 있잖아. 그쯤 되면, 재밌자고 시작했던 밴드가 점점 재미없어지기 시작해. 원래는 그냥 커다란 텔레비전이나 장만하고, 예쁜 여자 만나고, 돈이나 벌려고 한 거였는데 어느 순간부터 가죽 서류 가방 메고 사인받을 좆같은 서류나 잔뜩 들고 나타나는 인간들 틈에 둘러싸이게 되는 거야. 아마

토니는 배신감을 느꼈겠지. 근데 원래 밴드란 게 사람이 들고 나는 일이 기본 아니겠어? 난 걔한테 악감정 없고, 걔도 자기 할 일 하면 되고, 우리는 우리 일 하면 끝일 일이었어. 그러라고 매니저가 필요한 거겠지. 사실 공연하거나 스튜디오에서 녹음할 때는 매니저 같은 거 없어도 돼. 우리가 알아서 하면 되니까. 근데 이런 소송 같은 상황에는 "자, 이제 너희 역할이다" 이렇게 되는 거야. 뭐, 소송하는 것도 토니 권리겠지. 우리도 걔가 무슨 말을 하고 싶은지 들어보고 그다음에 판단하면 되는 거였고. 솔직히 걔 집에 찾아가서 싸워야겠다거나 그런 생각은 전혀 안 했어. 토니 매캐럴은 내 삶의 일부였고, 우리는 멋진 순간도, 마법 같은 순간도 함께 보냈었어. 누구도 다시는 가질 수 없는 그런 순간을. 하지만…… 인생이 그런 법이더라. 때로는 일이 그렇게 될 수도 있네.

코일리 ㅣ 토니가 떠나고 밴드는 예전 같지 않아졌어요. 뭔가 하나 바뀌고 나면, 어떤 것들은 돌이킬 수 없이 사라지고 멤버의 관계도 영원히 바뀌어버리죠. ◻

모드족은 처음인걸

본헤드 | 토니가 나가고 "하, 젠장. 이제 드러머 구해야 하네" 하는 상황이 됐죠.

리암 | 토니가 최고의 드러머는 아니었지만서도 그렇다고 최악은 아니었거든. 다들 괜히 천재 음악가라도 된 것처럼 "야, 근데 쟤는 이런 것도 못하잖아" 했던 거야. 아니, 뭔 상관이야? 앉아서 드럼을 두들기기만 하면 되는 거지. 키스 문Keith Moon 같은 애를 데려올 것도 아니고. 드러머는 그냥 드러머잖아. 물론 잘 치는 애도 있고, 영 아닌 애도 있지만 말이지.

노엘 | 폴 웰러랑 같이 매너 스튜디오에 있었는데, 스티브 화이트Steve White랑 대화할 일이 있었거든. 걔가 자기 동생이 드럼을 잘 친대. 그래서 그 사람한테 전화해서 "캠던에 있는 카페에서 3시에 만나자. 《레이싱 포스트》 잡지 들고 흰 카네이션 꽂고 있을게. 잠깐 얘기하자" 이랬어. 웃기지? 요즘 세상 기준으론 진짜 이상한 방식인데, 그땐 뭐 휴대폰도 없고 인터넷도 없고 프로필 검색 같은 것도 못 했으니까 그렇게 구식으로 한 거지. 그러고 기다리는데 의문스러울 정도로 이상하게 생긴 놈들이 계속 지나가는 거야. 나이 먹은 모드족들이. 속으로 '아, 제발 쟤만 아니어라, 미친, 쟤는 절대 안 돼……' 하고 생각하고 있었지. 그때 앨런이 코너를 돌아서 다가오더니 "그래, 시발, 좋아" 하고 앉대. 그러고 드럼 얘기를 늘어놓는데 난 그냥 '네가 드럼을 어떻게 치든 존나 관심 없다, 네 파트 소화만 잘하면 그만이다' 생각이나 하고 있었지. 누구랑 같이 해봤는지 따윈 흥미도 없었고. 우리 일이 로켓 공학도 아닌데, 밴드가 뭔지는 잘 알 테고 난 드러머가 아닌데도 그 정도는 할 수 있을 정도였으니 별거 아니었지. 앨런이 나설 채비를 할 때 내가 말했어. "참, 수요일

에 〈톱 오브 더 팝스〉 일정 있다."

토니 | 나도 그 방송 봤어요. 마음이 참 힘들었죠. 전 세계 최고의 드러머가 아니란 이유로 잘렸는데, 우리 곡이 1위를 하고 있었으니까요. 앨범이 1위를 하고 있다니. '난 대체 집에서 뭐 하고 있지? 내가 뭘 잘못했을까?' 싶었어요. 정말 상처받았던 것 한 가지는 본헤드 자식마저 앨런 화이트 편을 들고 나머지 애들도 다 걔를 반겨 줬다는 거예요. 씨발, 참 빨리도 잊는구나 생각했어요. 타격 심하게 받았죠.

노엘 | 앨런이 합류했을 때 신선한 바람이 부는 것 같았어. 스튜디오에서 작업할 때 특히 좋았는데. 이게 무슨 말이냐면, 후렴 들어가기 전에 브리지 얘기를 하는데, 이 부분은 살짝 빼고, 여기는 좀 빠르게 가자는 얘기를 해도 눈동자가 웬 샌드위치 먹는 생각이나 하는 놈처럼 멍해지지 않는다는 게 훌륭 했지. 앨런은 정말 괜찮은 남자였고 코크니* 그 자체였 어. 사실 우리 밴드에 코크니가 들어왔다는 게 이상하긴 했지만. 걔는 훌륭했고, 대단한 드러머였어.

● 런던 동부 노동자 계층을 가리키 는 말로, 거친 억양 등 특유의 언어 관습으로 잘 알려져 있다.

리암 | 앨런은 끝내주는 놈이야. 너스레 잘 떠는 코크니 그 자체. 난 누가 어디 출 신이든 상관 안 해. 출신이 중요한 게 아 니라 지금 어떤지가 중요하니까. 그래서 난 하나도 희한하다고 생각 안 했고 앨 런은 그 순간에 우리에게 필요한 사람 그 자체였어. 도대체 어떻게 생겨먹은 놈 이냐고? 쿨하고 조그만 전형적인 모드족 같은 놈이었어. 앨런을 처음 봤을 때 난 딱 그렇게 생각했어. '드럼만 잘 치면 바 로 합격이다.'

It was weird having a cockney in the band and all that, but he was great, he was a brilliant drummer.

사실 우리 밴드에 코크니가 들어왔다는 게 이상하긴 했지만. 걔는 훌륭했고, 대단한 드러머였어.

본헤드 | "앨런 화이트 참 괜찮네." 이게 우리가 매일 하던 말이에요. 진짜 지겨울 정도로 그 말만 했다니까요. "참 괜찮은 놈일세." 정말 괜찮았거든요. 술 좋아하고, 드럼도 잘 쳤고요. 엄청난 드러머였어요. ◻

목요일 밤

노엘 | 우리 세대한테 〈톱 오브 더 팝스〉가 매우 매우 중요하다고 아무리 말해도 전혀 과장이 아니야. 70년대에는 정말 퇴폐적이었고, 80년대에는 글램 록 느낌이 났지. 우리가 〈Supersonic〉으로는 거기 못 나가서 완전 속상해했던 기억이 나네.

제이슨 | 〈톱 오브 더 팝스〉는 존재감이 컸죠. 워낙 어린 시절부터 봐왔고, 그 방송 덕에 음악을 처음 접했으니까요. 〈톱 오브 더 팝스〉 아니었으면 어딜 가서 그런 걸 봤겠어요? 거의 어린 시절의 일부나 다름없었어요.

노엘 | 난 〈톱 오브 더 팝스〉를 정말 좋아했었어. 거기선 립싱크를 하라고 강요해서, 온종일 취해 있어도 상관없었지. 근데 어느 순간 다들 거기 가서도 "우리 라이브로 할 건데요"라며 우기기 시작했어. 하여간 멍청한 놈들이지. 아직도 나는 누가 "라이브로 하시겠어요?" 하면 "어림도 없다, 이 자식아. 내 라이브 공연을 보고 싶으면 티켓값으로 50파운드씩 가져와" 라고 하거든.

매기 | 〈톱 오브 더 팝스〉 나가는 게 사실 아주 멋진 일은 아니에요. 그땐 꼭두새벽부터 우리를 불렀거든요. 아침 7시쯤 장비 다 올리고, 멤버들도 올라가야 했고요. 그러고는 온종일 리허설 차례가 돌아오길 기다려야 했죠. 리허설 한 번 하고 또 돌아가서 기다리고, 여덟 시간씩 앉아 있어야 해요. 솔직히 말해서 술 먹는 일 말고는 할 것도 별로 없었어요.

노엘 | 〈톱 오브 더 팝스〉 백스테이지에서 우린 엄청 재밌게 놀았어. 진짜 웃겼

They insisted that you mime, so you could just get pissed all day.

거기선 립싱크를 하라고 강요해서, 온종일 취해 있어도 상관없었지.

어. 한 번은 거기 있는데 지미 네일Jimmy Nail이 〈Crocodile Shoes〉로 차트에 올라 있었거든. 그날 날씨가 정말 더웠고 우리는 BBC 바 바깥에 앉아서 술 마시고 있었는데 지미 네일이 지나가더라고. 우리가 다 같이 그 노래를 부르면서 좀 놀렸지. 지미 네일이 돌아봤고, 리암이 일어섰는데. 아, 아직도 생생해. 그 사람이 갑자기 이러는 거야. "오우, 섰구나. 거 참 작고 단단하네." 대체 뭔 말인지는 나도 몰라. 아무튼 우린 결국 그날 내내 지미랑 술 마셨지. 멋진 사람이었어. 우리를 아주 때려눕힐 기세던데. 악어 신발을 신었건 안 신었건. 또, 존 본 조비가 솔로 활동 시작할 때였는데, 그 사람 대기실이 우리 대기실 맞은편이었는데 갑자기 우리 방에 노크를 하더라. 그러더니 우리한테 "《롤링 스톤》에서 너희 기사 썼어" 하면서 잡지를 건네주더라고. 우리에 대한 뭔 기사인지 뭔지가 실려 있었는데 갑자기 이러는 거야. "언제 미국 가면 너희 첫 평론 기사를 존 본 조비가 보여줬다고 말해둬." 그러고는 자기 방으로 돌아갔는데 리암이 말했지. "존 본 조비가 뭐 하는 놈이야?" ◻

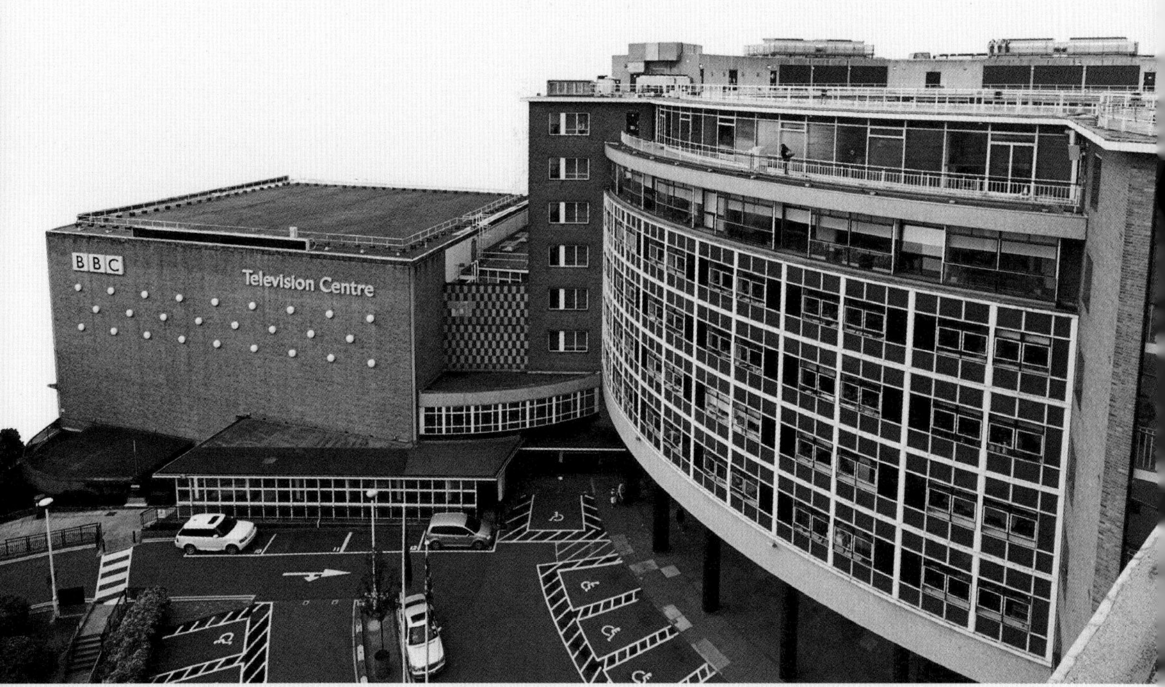

앨런의 두 번째 공연

노엘 I 앨런이 섰던 첫 정식 공연이 글래스톤베리 메인 스테이지였어. 지금 와서 생각하면 걔를 그렇게 무대에 바로 올린다는 게 진짜 미친 짓이지. 그전에 딱 한 번 배스 파빌리온에서 워밍업 삼아서 공연을 했는데, 그때도 존나 정신없었어. 우린 그때 이미 세상을 뒤집은 밴드였고, 토요일 밤 헤드라이너였거든. 그게 제일 큰 무대잖아. 근데 올라가서 공연이 완전 망해버린 거야. 시작을 신곡으로 해서 그래. 공연에서 절대 하면 안 되는 규칙 1번이 있다면 신곡으로 시작하지 말라는 거야. 대체 왜 그 곡으로 시작했을까? 심지어 가사도 없는 연주곡이었는데. 글래스톤베리 페스티벌에 오는 사람들은 사실 히트곡을 들으러 오는 거야. 그날 절절히 깨달은 게 있다면, 사람들은 신곡 따위 듣고 싶어 하지 않는단 사실이지. 페스티벌에서 최악의 멘트가 뭐게? "자, 이번엔 우리 신곡 들려줄게." 그럼 반응이 이렇게 나오더라고. "그래, 난 화장실 좀 갔다올게." 사람들은 한 번도 들어본 적 없는 노래를 듣고 싶어 하지 않아. 빨리 유명한 노래나 하라고 하지. 우리도 그날 그랬어야 했는데, 안 그랬어.

리암 I 그 공연 기억 안 나, 진짜로. 잘했는지 어쨌는지도 모르겠어. 그냥 한 거지. 글래스톤베리? 뭐 그렇게 대단할 것도 없던데? 아니, 그때 머리에 건선이 생겨서 계속 긁고 있었거든? 근데 공연 끝나고 백스테이지에 어떤 놈이 와서 "와 미친, 오아시스의 리암이잖아! 이것 좀 봐, 머리에 코카인 묻어 있어!" 이러는 거야. 무슨 나를 지기 스타더스트Ziggy Stardust라도 되는 것처럼 대하는데, 그거 코카인이 아니라 건선 각질이었어. 근데 걔가 그걸 막 긁어가서 자기 코에 들이마시고, 잇몸에 문지르고 난리를 치는 거야. 그래서 난 속으로 '와, 세상이 진짜 미쳐 돌아가는구나'

싶었지. 공연이고 뭐고, 그 새끼가 내 글래스톤베리의 유일한 기억이야.

노엘 ㅣ 내가 글래스톤베리에서 영원히 기억할 게 있다면, 로비 윌리엄스Robbie Williams였어. 기억나는 바로는, 걘 종일 돌아다니면서 로비 윌리엄스 놀이 하고 있었어. 처음엔 웃겼는데 여덟 시간쯤 지나니까 '지겨워 죽겠네' 싶었지. 그 시절엔 우린 아무나 무대 사이드에 서 있게 해줬거든. 리암이 무대에서 "올라와, 로비!"이랬는데 사실 그 말이 진짜로 올라오란 소리였겠어? 그냥 추임새 같은 거였겠지. 근데 돌아보니까 로비 윌리엄스가 뭔 글래스톤베리 무대 위에서 내 노래에 맞춰서 MC 해머MC Hammer처럼 춤을 추고 있잖아. '저게 뭔 꼴이냐, 정말 꼴도 보기 싫다.'

리암 ㅣ 로비 윌리엄스는 그때 노엘 여자친구였던 메그 매슈스네 무리가 데려온 거였어.

노엘 ㅣ 우리 친구 중 한 명이었던 리사 무어리시라는 애가 로비랑도 친구였는데 걔도 글래스톤베리에 왔었어. 그때 우리는 여자애들이랑 어울리고 다녔고, 그 여자애들은 다들 테이크 댓Take That 팬들이었지. 그때 여자들은 다들 무슨 법으로 정해진 것처럼 죄다 걔네 팬이었으니까. 리사가 로비랑 같이 왔는데, 리사도 우리랑 같이 놀던 친구니까 그 뒤로 1년 정도 로비가 전 세계 어딜 가나 다 따라다녔었어. 그러다 리암이랑 절친이 됐고.

리암 ㅣ 나랑은 전혀 상관없는 일이었어. 로비는 와서 맨날 광대 짓만 했어. 걔가 나한테 키스하는 사진들도 있는데, 그거 괜히 카메라 앞에 끼어든 거야. 무슨 나랑 절친이라도 된 척한 거지. 옆에서 난리 치는 애들한테 껴서 우리한테 치댄 거라고. 다 노엘 친구들 탓이야. 걔는 노엘 친구지, 내 친구 아니었어.

노엘 ㅣ 저게 미쳤나, 진심이야? 뭔, 씨발, 말이 되는 소리를 해라. 경악을 금치 못할 발언이네. 진심으로 걔들 두 명은 '덤 앤 더머'였어. '덤 앤 더머'보다 더 멍청한.

리암 ㅣ 백스테이지 영상 한번 봐봐. 난 걔네 무리랑 별로 안 친했다니까. 나는 걔들이랑 아무 사이도 아니었어. 우리 애가 웃으면서 "그래, 우리 로비, 로비 윌리엄스!" 이러고 있을걸? 그때 리암 갤러거는 어디 있었게? 어디 구석에서 역겨워하고 있었지. 어떤 놈 하나는 나한테 붙어서 머리카락 잡아당기고 내 뒷머리에 붙은 마약 가져다 팔아먹고 있었을 테고. ❏

rescan Oct 2016
Hi res scan MAY 05
KODAK 5063 TX
0A   1   1A   2   2A
KODAK 5063 TX   7
KODAK 5063 TX   8
KODAK 5063 TX   9
6A   8   8A   9
ON-SITE VEHICLE PASS
GLASTONBURY FESTIVAL
of Contemporary Performing Arts
23-24-25 June 1995
Personalised for
THIS IS NOT A VEHICLE PASS
P GU
GLASTONBURY
- FESTIVAL -
23-24-25 JUNE
1970-1995
25
T P GU
3018
000094
RED ROUTE
GLASTONBURY FESTIVAL
of Contemporary Performing Arts
26   27
24A   26   26A   27
KODAK 5063 TX
ODAK 5063 TX   31   32   KODAK 5063 TX   33

KODAK 5063 TX
4
KODAK 5063 TX
5
KODAK 5063 TX
3A
4
4A
5A
KODAK 5063 TX
10
KODAK 5063 TX
11
KODAK 5063 TX
12
9A
10
10A
11
11A
12
KODAK 5063 TX
28
KODAK 5063 TX
29
KODAK 5063 TX
30
27A
28
28A
29
29A
30
DAK 5063 TX
34
KODAK 5063 TX
35
KODAK 5063 TX
36

노엘 | 난 '이번엔 다른 방향으로 간다' 같은 건 안 해. 그렇게 뭔가 예술적 시도를 하려고 할 때마다 대차게 말아먹게 되더라고. 난 아티스트가 아니니까. 나는 그냥 곡 쓰는 사람이야. 녹음할 때마다 있는 것 중에 제일 나은 곡을 고르고, 논리적으로 결론을 내서 결과물을 낼 뿐이야. 그다음엔 발표해 버리고 다른 일 해야지. 난 예술적 관점의 결정이라든지 요즘 차트에 뭐가 유행이라든지, 그런 거랑은 거리를 두거든. 《Morning Glory》 앨범 레코딩을 하게 될 무렵에는 우리가 거대한 영국 투어를 막 마친 참이어서 아주 어깨가 하늘까지 솟아 있었어. 유럽 투어 중 어느 날 밤에 투어버스 안에서 어쿠스틱기타로 전곡을 다 연주했던 기억이 나. 이 얘기는 아마 밴드를 했던 사람이면 대부분 공감할 얘긴데, 언제든 낮에 호텔에 도착하면 아직 방 준비가 덜 되어서 버스에서 네 시간쯤 앉아 있다가 웬 비어 있는 회의실 같은 데 가서 탄산수 마시면서 기다려야 해. 본헤드가 "그럼 새로 쓴 거나 한번 들려줘 봐" 라고 했던 게 기억나. 그래서 들려줬더니 다들 침묵하다가 눈물을 흘리더라니까.

본헤드 | 그때 진짜 노엘이 버스에 앉아서 신곡을 들려줬는데, 우리 모두 "와…… 미쳤네. 한 번 더 들려줘" 이랬었죠. 그런 식으로 들었던 게 정말 대단했어요. 날것의 〈Champagne Supernova〉……. 엄청났죠. 심금을 울렸어요. 북받쳐 오르더라고요.

노엘 | 올려다보니까 본헤드가 코를 훌쩍이더라고. 그래서 '오, 씨발, 나쁘지 않나 보네. 꽤 괜찮은가 봐? 우리의 〈Stairway to Heaven〉이 될지도 모르겠는데?' 하

고 생각했지. 본헤드는 꽤 감상적인 친구긴 해. 아주 잘 울어. 리암도 감정이 풍부해서 항상 싸움으로 끝났지. 나랑 귁시는, 내 기억에는 항상 차분하고 뭔 일이 있어도 어깨나 으쓱이고 마는 타입이고. 드럼 친구는 이 모든 것에 혼란스러워하면서 뭐가 어떻게 돌아가는지도 모르는 애였고. 〈Champagne Supernova〉는 그간 기자들한테 너무나도 많은 질문을 받았던 곡이야. 천천히 복도를 지나가는데, 포탄보다는 빠르게 걷는 게 가능한 일인가요? 뭐, 약을 충분히 빨면 가능하긴 하겠지. '샴페인 슈퍼노바'가 무엇인가요? 그런 질문을 받으면, 그냥 관객들이나 쳐다보고 그게 무슨 뜻이든 뭔 상관이겠냐는 생각을 하게 돼. 그 곡에는 커다란 슬픔이 담겨 있어. 'Where were you while we were getting high' 같은 가사처럼. 물론 세상에서 가장 큰 즐거움을 불러오기도 했지. 난 그걸 마법 덕분이라고 생각해. 정말 마법 같은 일이었어. 나도 그 마법 재료가 뭔지 알려줄 수 있다면 좋겠다고 간절히 생각해. 근데 난 정말 전혀 모르겠어. 안다면 지금까지도 계속하고 있을걸.

오언 | 합주를 했죠. 앨런 화이트가 새로 합류하기도 했고, 노엘이 저더러 "네가 프로듀서니까 합주할 때 나타나서 편곡 잘됐는지 확인해 봐"라고 했었죠. 그래서 갔더니만 노엘이 "이 사랑스러운 자식, 착하기는. 앨런 어때? 괜찮은 것 같지?" 묻더라고요. 그래서 저도 "괜찮지, 뭐. 그럼 시작할까?" 하고는 앨범 전체를 합주했어요. 반나절 동안.

노엘 | 데모도 만들지 않고 녹음해서 끝낸 건 그게 처음이었어. 대체 내 작업이 어떻게 돼가는지도 몰랐다니까. 딱 한 가지 망설인 게 있다면, 곡을 쓰고 나서 우리 밴드가 이걸 제대로 소화할 실력이 될지, 그것만 걱정이었어.

오언 | 그때가 5월이었어요. 녹음하기엔 최적이죠. 해도 잘 들고요. 록필드 스튜디오는 고급스러운 스튜디오인데 전 세계에서 그만큼 장비가 갖춰진 곳도 없을 거예요. 여기 창립자는 킹즐리라는 농부인데, 음악을 좋아해서 자기 농장에 스튜디오

를 만들었대요. 퀸Queen이 그 〈Bohemian Rhapsody〉를 자기 농장에서 녹음했다고. 숙소도 존나 끝내주고, 음식도 맛있고, 일하기 좋은 곳이에요. 시내에서도 꽤 떨어져 있어서 말썽 부릴 일도 없고요. 레코딩 스튜디오로는 제격이죠.

코일리 | 노엘이랑 오언이 녹음 세션 대장이었어요. 나는 그때 앨범 멤버가 아니라서 같이 안 갔고 대신 다른 밴드랑 작업하러 갔어요. 그냥 그렇게 지들끼리 사라졌어요. 회의요? 당연히 안 했죠. 뭐 하러 하겠어요? 결정은 이미 났는데. 노엘은 다 계획이 있었을 테고, 밴드를 위해 제일 좋은 결정을 내렸을 거예요. 감정에 휘둘릴 여유 따위 없이. 전 완전히 상처받았어요. 완전히요.

노엘 | 우린 《Definitely Maybe》랑 모든 걸 똑같이 하려는 계획이었어. 바로 라이브로 전부 녹음하는 거. 첫날에 〈Roll With It〉을 두 번 녹음했는데, 앨범에서 들을 수 있는 건 가장 처음 녹음한 버전이야. 마스터테이프에서는 앨런이 코크니 액센트로 "좋아, 얘들아! 첫 테이크다. 원테이크에 끝내자" 하는 목소리가 들려. 마스터링 단계에서 난 우리 곡에 코크니 말씨를 노래 처음부터 넣을 순 없다고 생각해서 잘라내 버렸지. 자르지 말 걸 그랬나 봐. 그런 게 다 나중에 사무치는 건데. 다른 곡들은 좀 더 복잡했어. 오언이 그때 "마크 볼런은 이렇게 했다더라" 했었는데, 아직도 그 말이 사실인지는 모르겠지만, 걔 말로는 마크 볼런은 메트로놈 하나 켜고 거기 맞춰서 어쿠스틱기타 치면서 녹음하고, 거기서부터 다른 파트를 하나씩 쌓아간다고 했어. 그래서 정 그러면 해보자고 했지. 그 이후로 여태 그 방식으로 녹음을 하고 있네.

본헤드 | 확실히 《Definitely Maybe》 할 때랑은 작업 방식이 달랐어요. 근데 이번에는 우리랑 서로 잘 아는 프로듀서가 있었잖아요. 오언은 뭘 하고 있는지도 아주 잘 알았어요. 앨런이 드럼을 치면 말도 안 되게 멋있는 드럼 트랙이 나오고, 귁시 베이스도 아주 쫄깃했어요. 거기다 오언은 옆에서 아주 열정이 넘쳤거든요. "가자!" 하면서 응원하고, "씨발, 좋아!"라고 소리도 질렀어요.

노엘 | 오언이 가져온 그 녹음 방식이 나한테도 잘 맞더라고. 한 명이 연주할 때 다른 사람들은 컨트롤룸에 앉아서 곡을 좀 익힐 수가 있었으니까. 나 혼자 아는 노래를 다 같이 한 방에서 연주하면 50번째 테이크까지 하게 돼. 왜냐면 할 때마다 누구 한 명이 자꾸 삐끗하게 되고, 그게 열네 시간이 되고, 그러다 보면 짜증이 올라온다니까.

오언 | 놀랍게도 《Morning Glory》 앨범 녹음은 대단히 순조로웠어요. 오아시스랑 작업한 모든 세션은 다 신속하고 쉬웠죠. 노엘한테 곡도 다 있고 편곡도 다 되어 있었으니 나머지 멤버들한테도 빠르게 잘 가르쳐줬고요. "자, 이것들아. 이게 곡이다, 이게 코드고. 몇 번 맞춰보고 녹음하자." 두 번 안에.

노엘 | 《Morning Glory》는 아마 녹음하는 데 16일 정도 걸렸을 거야.

리암 | 솔직히 말하면, 애들은 녹음하다가 맨날 내려가서 즉흥 연주나 처하더라고. 온종일 기타를 쳤다니까. 나는 그냥 위층에 앉아서 텔레비전이나 봤지, 뭐. 아니면 펍에 가 있든지. 난 녹음 과정에 빠져 있는 느낌이었어.

오언 | 하루에 한 곡씩 완벽하게 끝내버리곤 했었죠. 《Morning Glory》 앨범을 녹음하는 첫 주 동안 첫날에 〈Roll With It〉을 녹음하고, 둘째 날 〈Hello〉를 마치고, 셋째 날 〈Wonderwall〉을 하고, 넷째 날 〈Don't Look Back in Anger〉를 끝냈어요. 노엘은 신 아니냐고요, 진짜로. 금요일에는 〈Champagne Supernova〉의 90퍼센트를 끝냈다니까요. 정말 대단하죠.

I never overthink singing that much, it was just one take, two take, three take.

난 생각을 많이 하지 않아. 그냥 테이크 원, 테이크 투, 테이크 스리. 그게 끝이야.

노엘 | 우리는 틀어박혀서 이론을 따지거나 우리 음악을 공부해 보려는 밴드가 아니었어. 이게 곡이고, 내가 썼으니 그만이라는 주의였지. 내가 물 흐르는 대로 연주하면 나머지가 따라온 거야. 우리는 예술가가 아니라 기가 막힌 곡이 있는, 끝내주는 밴드다. 정말 그게 다였어. 오래 걸리지도 않았어. 지금까지도 스튜디오 녹음 때문에 스트레스받는 일은 없어. 어차피 중요한 건 노래니까.

리암 | 한 곡 세션 녹음이 끝나면 보컬 녹음이 필요해지고, 그때마다 내 앞에 마이크만 하나 놓여 있으면 나머지는 다 필요 없었지. 나는 다 상관없고 최고의 목소리를 내겠다는 생각만 있었어. 그렇다고 "아, 빨리 끝내고 밖으로 꺼져야지" 이런 적은 없었어. 뭐 가끔 "축구 시작하잖아? 얼른 끝내야겠다" 할 때도 있었지만. 난 그냥 힘껏 내지르는 건 잘했거든. 한 방에 쏟아내면 되더라니까. 난 생각을 많이 하지 않아. 그냥 테이크 원, 테이크 투, 테이크 스리. 그게 끝이야.

노엘 | 음악 산업에 종사하는 사람 중 99.9퍼센트는 이 방식으로 일할 거야. 보컬을 최대한 빨리 녹음하고. 베이스가 나오고 드럼이 완성되고 보컬이 괜찮으면 절반은 완성되는 거야. 근데 오아시스는 안 그랬어. 우리 방식은 빌어먹을 세션 먼저 다 만들고, 오버 더빙하고, 박수 소리 넣고, 코러스 넣고, 스트링 넣고, 종소리니 휘파람이니 하는 거 다 넣은 다음에야 맨 마지막으로 보컬을 얹었었지. 이게 나중에도 오아시스의 전통 같은 게 돼버렸어. 사실 어떤 곡이든 보컬이 올라가야 실감이 나는 법인데, 그게 맨 나중에 들어가니까 어떤 지랄이 벌어지고 있는지 몰라.

리암 | 난 항상 라이브로 노래하는 게 더 좋았어. 한 번에 쭉 하고 끝나니 더 긴장되지. 복싱 경기를 뛰는 기분이야. 스튜디오에서는 살짝 속일 수 있지만 공연에선 그게 안 되지. 그래서 정직할 수 있는 라이브가 더 좋았어.

노엘 | 그땐 분위기도 좋았고, 진도가 쭉쭉 나가더라고. 시간 낭비도 안 했고, 작곡 기술은 한 단계 더 올라갔고, 〈Live Forever〉 이후로 그보다 좋은 곡은 안 나올 줄 알았는데 그 앨범엔 〈Don't Look Back in Anger〉, 〈Morning Glory〉, 〈Champagne Supernova〉, 〈Wonderwall〉까지 있었으니까. 나도 완전히 몰입했고, 나머지 멤버들도 다 몰입해 있었어. 그러다 어느 날 밤에 사건이 하나 터졌지.

본헤드 | 우린 보통 오언한테 "다 꺼져, 술이나 마시러 나가" 이런 말을 듣곤 했죠. 그, 걔는 작업할 때 옆에 우리가 있는 걸 별로 안 좋아했거든요.

노엘 | 그 덕에 리암은 몬머스에서 한량처럼 시간을 보내면서 제일 좋아하는 취미 활동에 푹 빠졌지. 그게 뭐냐고? 등신 짓.

리암 | 그게 문제야. 레코딩 스튜디오도 좋고 동네도 좋으면 자꾸 끌린다니까. 마음을 단단히 먹어야 돼. 난 술집에 항상 끌렸어. 난 항상 "우리 언제 끝나? 시내 나갈까? 거기 분위기 좀 괜찮던데?" 그랬었지. 그런 유혹에 약했으니까. 물론 본헤드랑 앨런, 나머지 크루 멤버들도 전부. 귁시는 그닥 안 그랬고 노엘도 안 그랬어서 항상 "쟤는 또 지가 슬래시Slash인 줄 알고 온종일 처박혀서 기타만 치겠지. 안 그래? 그럼 우린 펍에나 가자" 하는 식이었어. 그럼 노엘이 밖에 나와서 "자, 얘들아! 어…… 다 어디 갔지?" 이랬어. 다들 망할 놈의 펍에 가 있지. 분위기가 그랬다니까. 난 그런 분위기가 좋은데 그러다가 싸움이 나게 된 거야.

브라이언 캐넌 | 그날 밤은 진짜 미쳤었어요. 리암이랑 같이 몬   ◆ 음악가, 언론인 겸 작가.
머스에 갔다가 존 롭John Robb◆이랑 마주친 거죠.

존 롭 | 난 그때 록필드 바로 옆에 있는 모노 밸리 스튜디오에 있었어요. 그때 케이블Cable이라는 밴드를 프로듀싱하던 중이었거든요. 우린 녹음도 마쳤겠다 시내에 나가서 술이나 몇 잔 마실까 했어요. 그런데 옆자리에 여자애들 두 명이랑 같이 있는 남자를 보니까, 세상에나, 리암인 거예요. 그래서 여기서 뭐 하냐고 물었어요. 그랬더니 리암이 "우리 록필드에서 앨범 작업하고 있어. 너희도 올래? 우리 파티할 거야." 그래서 가게 됐죠.

본헤드 | 존 롭이랑은 이미 아는 사이였어서 초대하게 됐어요. 취한 채로요. 썩 좋은 행동은 아니었죠. 왜냐면 노엘은 여태 스튜디오에서 오언이랑 작업하고 있었거든요. 그 마당에 우리가 생판 남들을 스튜디오에 끌고 들이닥친 거예요.

리암 | 난 앉아서 기다리기만 했는데 그럼 뭘 해? 여기가 감옥도 아니고. 나야 당장 할 일이 없는데 옆에서 하염없이 기타 치는 거나 보고 앉아 있어야 하냐고. 그럴 땐 펍에 가는 게 당연하지. 그럼 가서 떡이 되게 취하고……. 그때 아마 스튜디오에서 파티를 열겠다고 몇 명 데리고 간 것 같아. 노엘은 그걸 싫어했고 그러다가 안에 있는 물건을 때려 부수고 그랬지.

노엘 | 리암이 웬 후줄근한 새끼들 몇 명을 데리고 왔더라고. 오언이 걔들 전부 다 쫓아내고 농장 쪽으로 보내버렸어.

존 롭 | 리암이 막 춤추면서 "이 앨범 어때? 죽여주지?" 하더라고요. 근데 어떤 남자가 "아, 쓰레기네. 비틀스 같잖아" 하고 대꾸하는 거예요. 만취해서 리암을 손가락으로 쿡쿡 찌르기까지 했죠. 리암이 슬슬 열받는 게 보이더라고요. 그래서 난 그냥 "난 빠질게" 하고 자리를 떴죠. 근데 갑자기 엄청나게 큰 소리가 나더니 싸움이 벌어졌어요.

본헤드 | 밖에서 진짜 큰 싸움이 붙었어요. 걔네 밴드 중 한 명이 뭐라고 나불대길래 나도 주먹 한 방 날렸죠.

리암 | 난 사람들 불러다가 "이거 들어봐" 하는 거 좋아했어. 그땐 그래도 됐거든.

© Jill Furmanovsky

그 시절에는 가능했었지. 요즘 같으면 누가 와서 사진 찍고 난리가 났겠지만. 걔들 데리고 간 건 내 잘못 맞아. 근데 난 우리가 로큰롤 밴드라고 생각한 거야. 오아시스니까 뭐든 괜찮다고 생각한 거지. 알고 보니까 다른 애들은 각자 규칙이 있더라고? 씨발, 규칙 따위 알 게 뭐야?

노엘 | 나도 원래 그렇게 싸가지 없고 고집불통인 사람은 아니야. 물론 내가 하는 인터뷰를 보고 사람들은 그리들 생각하겠지만 원래 그렇지는 않다고. 그때 누가 내 신경을 제대로 긁었나 봐. 난 일할 땐 일만 존나 해. 누가 와서 지랄하는 건 사절이야. 스튜디오 들어가면 진짜로 집중해서 확 끝내고 나가야 할 거 아냐. 빌어먹을 앨범 하나 만들겠다고 5년 동안 질질 끌기는 싫거든.

본헤드 | 그날은 완전 폭발 수준이었죠. 난리도 그런 난리가 따로 없었다니까요.

노엘 | 왜 리암이랑 싸웠는지 존나 말해줄 수도 없어. 아마 내 기타 하나 해먹어서 그랬을걸?

It might have been the biggest fight we ever had.

*아마 그게 우리 사이의
가장 큰 싸움이었을 수도 있어.*

리암 | 싸우긴 싸웠지. 근데 생각보다 그렇게까지 많이 싸우진 않았어. 말싸움이야 대판 했지. "놔, 놓으라고! 잡지 마!" 그러다가 몸싸움으로까지 번진 건 한 다섯 번 정도?

노엘 | 아마 그게 우리 사이의 가장 큰 싸움이었을 수도 있어.

리암 | 나야 뭐 "씨발, 다 꺼지라 그래" 하고 있고, 노엘은 〈Bohemian Rhapsody〉 같은 걸 만들고 싶어서 그랬던 거겠지. 나는 "새끼야, 그래! 어디 쳐봐! 쳐보라고!" 이랬었고. 걔랑 나는 완전 음과 양이야. 걔는 프로페셔널하고, 나는 개판이나 치고. 걔는 밴드를 샌님으로 만들려고 했고 나는 정반대였어. 그게 이유야.

노엘 | 귁시는 항상 크리켓 배트랑 세트를 들고 다녔어. 크리켓에 미친 애라서. 걔랑 본헤드랑 크리켓하는 거 보면 웃겨 죽는다니까. 아무튼 그날 내가 리암 머리를 크리켓 배트로 후려쳤던 게 기억나네.

리암 | 그날은 난리도 아니었어. 진짜 심했어. 여기저기 전선이 지지직거리고 이것 저것 부서져 있고. 어휴, 끔찍했지. 스튜디오 전체가 개박살 났다니까. 앨런은 그때 방에 갇혀 있었고 난 거실에서 다 때려 부수고 있었고, 모든 게 싹 다 부서졌어. 노엘이 앨런을 데리고 나와서 집에 데려다줬던 것 같아.

노엘 | 나랑 앨런은 한밤중에 나왔어. 우리가 스튜디오를 나오니까 갑자기 리암이 어디선가 나타나서는 차에 쓰레기통을 던지는 거야. 그게 아마 앨런 차였을 텐데 그때면 우리가 앨런이랑 알게 된 지 고작 2주밖에 안 됐을 때거든? 앨런이 그러더라고. "이게 뭐…… 미친 밴드 아냐? 그래서 이렇게 끝이야? 이제 막 들어왔는데 바로 해체하는 건 좀 아니잖아." 그래서 내가 "아냐, 아냐. 늘 있는 일이야"라고 했지. 앨런은 "환장하겠네, 나 혹시 트록스Troggs●에 들어온 거야?"라고 했었고.

● 1960년대에 활동했던 영국 밴드로 스튜디오에서 벌어진 싸움과 욕설로 악명이 높았다.

리암 | 진짜 있었던 일이야. 그렇다고 머리를 크리켓 배트로 갈길 것까진 없잖아.

오언 | 다음 날 아침이 되니 이게 뭔가 싶었죠. 리암은 발이 부러져 있고, 본헤드는 코가 박살 났고. 나는 곯아떨어져서 아무것도 몰랐어요. 방에서 더바디샵의 딸기 입욕제 풀고 목욕하니까 끝내주더라고요. 아, 참 괜찮은 한 주였어, 하고 쿨쿨 자버린 거예요.

마이클 스펜서 존스 | 아침에 일어나서 리암 방에 갔는데, 눈앞에 보이는 걸 믿을 수가 없었죠. 그 방 사진을 찍었어야 했어. 텔레비전은 플러그 꽂힌 채로 창문 밖에 떨어져 있고 침대는 두 동강이 나 있었어요. 그러니까, 방에 뭔 수류탄이라도 떨어진 것처럼.

본헤드 | 스튜디오 직원들 반응은 오히려 쿨하던데요. 예전에 겪어본 일인 것 같았죠. "오, 네. 한판 했나 보네요. 치우면 되지."

마이클 스펜서 존스 | 그 뒤에 동네 수리공이 와서 보더니 "에이, 이건 아무것도 아니야. 오지 오스본Ozzy Osbourne이랑 블랙 사바스가 여기서 녹음했을 땐 더했어" 이러는 거예요.

노엘 | 그 후에 좀 쿨타임이 있었어. 도대체 왜 거기 갔는지는 모르겠는데 나는 저

지섬에 갔고 리암은 포르투갈에 갔었나 그래.

리암 | 집에 갔을 땐 발은 작살나 있고, 팔에는 깁스를 하고 있었지.

노엘 | 오아시스는 항상 그런 식이야. 뭔 일이 터지고 다시 뭉치면 아무 일도 없었던 것처럼 행동해. 말도 따로 안 해. 심각하게 "야, 얘기 좀 해" 이런 거 절대 없어. "너 어디 갔다 왔냐?" "저지섬. 너는?" "포르투갈, 왜?" "날씨 어떻디?" "존나 덥지. 거긴 어땠는데?" "쓰레기 같던데."
　우린 둘러앉아서 서로를 위로하고 자시고…… 그런 거 없었어. 그냥 아무 일도 안 일어난 척만 했지.

리암 | 나랑 걔는 텔레파시가 통하는 것 같아. 별말 안 해도 그냥 서로 아는 거 있잖아. 뭔지 알지? 형제나 자매나 가족한테 그런 거 느끼는 사람들 많을걸. 우리는 대화를 많이 안 했어. 단둘이 방에 앉아서 일대일로 진지하게 대화해 본 적은 한 번도 없는 것 같아. 어우, 하겠냐. 진짜 이상해. "있잖아, 노엘. 형은 신을 믿어?" "리암, 우리 잠시 얘기 좀 할래? 혹시 너 신을 믿니?" 이딴 대화를 나누는 거 상상만 해도, 미친. 소름 끼쳐. 존나 말도 안 돼.

We weren't nice, sensitive, middle-class boys that go off sulking if something ain't going right.

우린 나이스하고 예민한 중산층 애들처럼 "속상해 죽겠어" 이러면서 가만히 있기만 하는 애들은 아니었어.

노엘 | 우린 원래 살가운 가족이 아니었어. 우리 가족은 나랑 형, 동생, 엄마랑 아버지까지 다섯인데. 각자 엄마랑은 친해. 근데 형제들끼리는 전혀 안 친해. 이유는 나도 모르겠네. 그렇다고 막 이상하진 않아. 뭔지 알지? 살다 보면 다른 가족 얘기도 듣게 되잖아. 《로빈슨 가족》 영화에나 나올 법한 가족도 있잖아. 가족들끼리 살갑게 붙어 있는 모습을 보면 난 소름 끼쳐. 우리는 그렇게 안 자랐으니까.

본헤드 | 다시 모이게 됐을 때 분위기가 그렇게까지 나쁘지 않았어요. 누구 하나 구석에서 삐져 있지도 않았고 그냥 "그래, 다시 하자. 할 일 있잖아" 이런 분위기였네요. 분위기가 대단히 안 좋았던 기억은 없고요.

노엘 ǀ 우린 다 워킹 클래스 출신에, 아일랜드 부모 밑에서 자랐잖아. 다들 쌈닭 기질이 조금씩은 있었던 거지. 다들 제멋대로라 나이스하고 예민한 중산층 애들처럼 "속상해 죽겠어" 이러면서 가만히만 있는 애들은 아니었어. 우리 밴드는 좋든 싫든 누가 처맞을 짓을 하면 진짜 처맞았고, 그러고 나면 뒤끝 없이 그냥 끝났고.

리암 ǀ 그게 내 인생 철학이야. 인생은 그냥 지랄판이야. 지랄하고 살자고.

노엘 ǀ 그날 밤에는 폭발했지만 그러고 나선 괜찮았어. 다시 평소대로 돌아갔으니까. 위스키 어 고고에서 있었던 일도 마찬가지고. 우린 괜찮아. 뒤끝이 없다니까? 무슨 일이 터져도 그냥 그 순간에만 터지고, 끝나면 그대로 끝. 돌아와서 다시 일이나 하고. 우린 예술가가 아니어서 그딴 거엔 신경 안 썼어. 일꾼이었다고 보면 돼. 난 한 번도 "이제 다 끝장이군" 같은 생각은 안 했어. 누가 나갈 건데? 리암이 나가겠어? 나가면 걔는 뭘 할 건데? 난 뭘 하고? 난 밴드도 없고, 노래도 못 부르고…… 그렇게 되면 파국이었을 거야. 내가 리암한테 비틀스 벨트 버클을 사준 기억이 나. 내가 리암 팔을 부러뜨렸나 해서 죄책감에 사줬었나. 아니면 내가 하려고 샀는데 안 맞아서 준 것일 수도 있고.

리암 ǀ 그거 한 13파운드인가 해. 아무 데서나 다 팔아. 어쨌든 고마워, 형.

오언 ǀ 다들 돌아오니까 할 곡들이 쌓여 있었어요. 세션 속도는 좀 느려졌죠. 첫 주에 메인 트랙은 다 끝냈지만 〈Morning Glory〉나 〈She's Electric〉 같은 곡들이 남았고 B사이드 곡들도 있고, 할 게 많았어요. 시간을 아주 꽉 채워 썼어요.

노엘 ǀ 난 그냥 하루하루 사는 사람이라 미련 같은 건 없어. 지나간 건 지나간 거고, 그렇다고 내가 뭐 삐져 있겠어? 스튜디오로 돌아가면 2주 전에 무슨 일 있었는지도 까먹는다고. 얼른 앨범이나 마무리해야겠다는 생각만 해. 그래서 그 뒤로도 금방 다 끝냈어. 우리가 무슨 실험적인 음악을 하겠다는 애들도 아니었고. 본헤드가 가져온 기타 하나, 내 기타 두 대인가에 앰프 네 대 가지고 끝냈지. 뭐 더 할 거나 있었겠어? 지금이야 이펙터 페달에 미쳐 있지만 그땐 그런 게 뭔지도 몰랐거든. 튜너 하나랑 디지털 딜레이 하나가 전부였어. 넵워스 끝날 때까지도 그게 다였어. 쪽팔리긴 하네.

리암 ǀ 난 2집 노래가 《Definitely Maybe》 때보다 훨씬 풍부하다고 생각했어. 근데 〈Wonderwall〉은 처음 들었을 때 전혀 와닿지 않더라. "이게 뭐야, 모르겠는데." 좀 아닌 것 같고 이상하게 들렸어. 근데 나중에 완성된 걸 들어보고 "아! 이제 알겠다!" 했어. 내 느낌이 완전 틀렸고 그게 옳았던 거야. 난 그 노래를 정말 좋아해. 어릴 때 우리 집은 돈도 없고, 카펫도 없고, 벽지도 없어서 그냥 벽에 낙서하고 포스터나 붙이고 살았거든. 그래서 난 그게 우리만의 〈Wonderwall〉이라고 생각했는데, 전혀 아니더라. 웬 여자를 두고 썼는지. 아님 말고.

노엘 | 〈Wonderwall〉이랑 〈Don't Look Back in Anger〉 중에 하나는 내가 부르고 싶었어. 리암은 처음 듣고 〈Wonderwall〉을 싫어했어. "이딴 건 로큰롤이 아냐, 안 불러" 이랬었거든. 그럼 내가 불러야지. 곡이 점점 형태가 갖춰지면서 사람들이 대박 날 것 같다고 호들갑 떨기 시작하니까 갑자기 리암이 "내가 이 곡을 평범함에서 구원해 주마"라며 나서더라고. 그래서 내가 〈Don't Look Back in Anger〉를 부르게 됐지. 둘 중 하나는 무조건 내가 할 생각이었거든.

리암 | 그날 무슨 퀴즈 쇼처럼 두구두구두구 하면서 "자, 5초 안에 고르세요!" 이런 건 전혀 아니었어. 그랬으면 난 무조건 〈Don't Look Back in Anger〉를 골랐겠지. 말했잖아, 당시엔 〈Wonderwall〉이 좀 특이했으니까. 암튼 나한테 두 곡을 다 부를 수 있는 결정권 같은 건 없었어. 난 〈Don't Look Back in Anger〉를 샤워하면서도 불러본 적 없지만, 실제로 했다면 죽여줬을 거란 건 확실하지. 나라면 쉽게 불렀겠지만, 걔가 하고 싶어 했으니 뭐. 걔는 걔 노래 부르고, 나는 내 노래를 부른 거야. 그렇다고 내가 슬퍼서 크리스털 메스를 막 들이키면서 "〈Talk Tonight〉은 내가 부르고 싶단 말이야" 하면서 질질 짜지는 않았지. 잠깐, 그 곡을 걔가 부르긴 했었나? 응, 불렀지. 존나 잘.

오언 | 리암은 정말 특별해요. 소름 돋았던 게, 노엘이 컨트롤룸 안에 있는 리암한테 노래를 딱 한 번 어쿠스틱기타로 들려주고, 가사를 알려주면 리암은 곧바로 불러버렸어요. 노엘은 옆에서 리암이 한 번 노래 듣고 멜로디며 프레이징이며 전부 다 싹 잡아낸 걸 확인하더니 "잘했어, 리암" 한마디 던지고 그냥 나가버렸죠. 그럼 리암은 그 상태로 또 네 곡 정도를 더 녹음해 버려요. 그러면 이제 오후 1시쯤이에요. 차 한잔 들이키고, 리드보컬 완성. 와, 미친. 노래 딱 한 번 듣고서 다섯 곡을 닷새 안에 다 끝낸다? 말도 안 되는 수준이죠.

리암 | 우리는 맥주 마시면서 우리 애가 방 밖으로 나올 때마다 "야, 쟤 또 슬래시

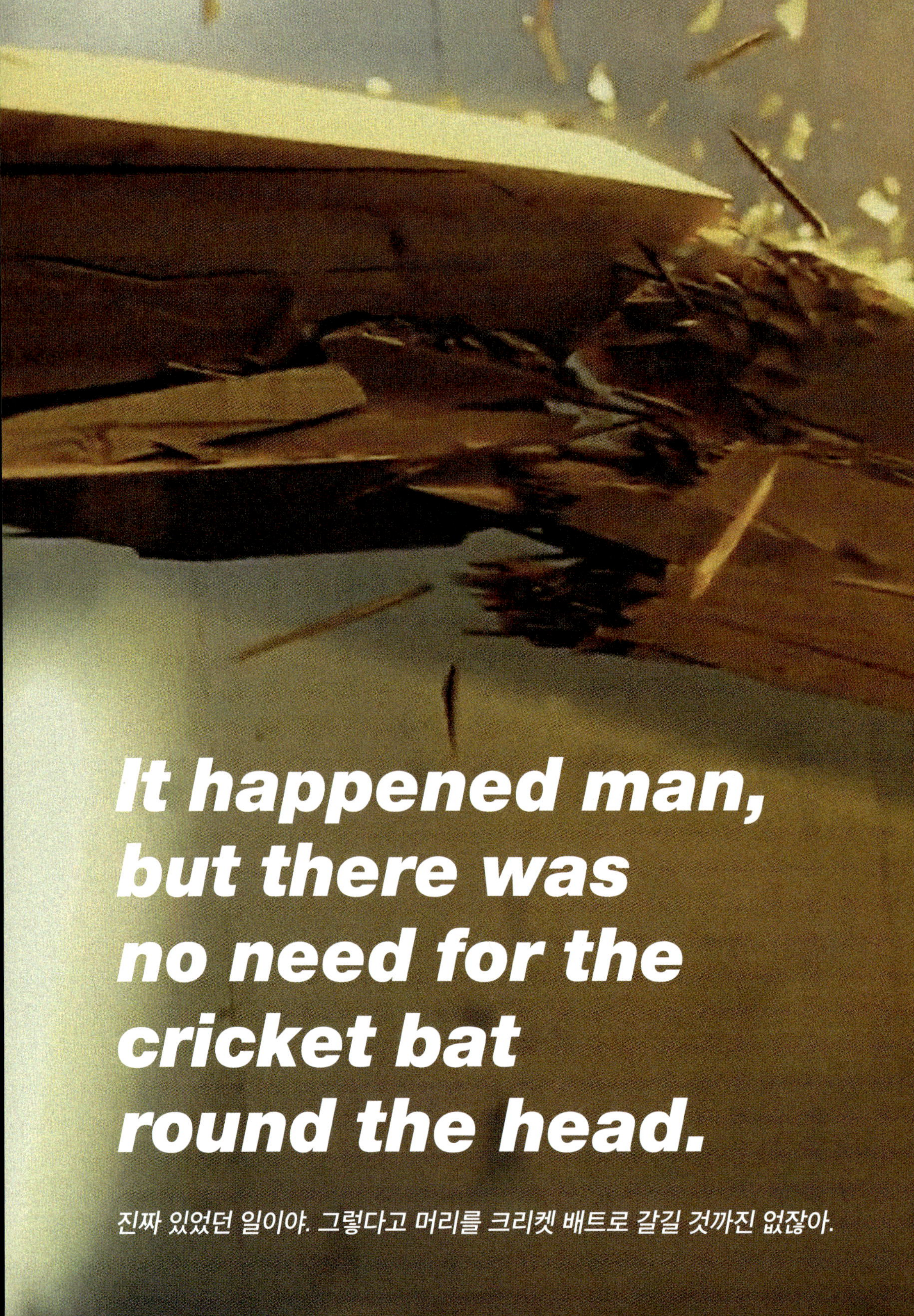

It happened man, but there was no need for the cricket bat round the head.

진짜 있었던 일이야. 그렇다고 머리를 크리켓 배트로 갈길 것까진 없잖아.

빙의했다" 하면서 놀리곤 했어. 그러다가도 또 일할 땐 제대로 일했고. 한바탕 재밌게 농담하고는 녹음할 땐 세상에서 제일 시끄럽게 굴고, 가장 날것의 자세로 한 거야. 시간이 지나면서 만난 프로듀서들은 희한한 용어를 쓰면서 음악 전문가인 것처럼 굴었지만 오언은 "내 정신머리 좀 날려줘 봐" 하는 식으로 말했고, 난 그대로 해줬었지. 진짜 그게 다였어. 우린 같이 앉아서 방금 보컬이 얼마나 훌륭했는지 턱 긁으면서 회의하고 그러지 않았다니까. 그냥 날것 그대로일 뿐이었어.

노엘 | 그때, 그때 걔는 정말 최고였지. 전 세계에서 최고였다고 생각해. 그렇다고 뭐 복잡한 건 아니야. 퓨전재즈도 아니니까. 난 작곡을 하자마자 바로 떠올렸어. '이거 리암이 부르면 정말 잘 어울리겠다.' 나한텐 그럴 힘도 없었고, 그런 애티튜드도 없었어. 곡에 필요한 특유의 으르렁대는 느낌도. 마찬가지로…….

리암 | 사람들이 맨날 나한테 로큰롤밖에 못 부른다고, 감성적인 곡은 안 어울린다고 하는데 됐다 그래. 난 그런 거 자다가도 부를 줄 알아. 근데 걔가 부르고 싶다고 하니까 마음대로 하라고 한 것뿐이야. 그때부터였을걸. 노엘이 곡을 고른 다음 자기가 부르기 시작하더라고. "이 곡은 내가 할게" 이러더라. 판도라의 상자처럼 이제 닫을 수 없어진 거지. 나중에는 아주 앨범의 절반을 지가 부르던데? 난 저 새끼가 날 밴드에서 빼버릴 셈인가 싶었어. 그때부터 좀 꼬이기 시작한 것 같아. 아니, 내가 노래 부르는 사람인데 당연히 내가 다 불러야 하는 거 아냐?

> # *I would write a song and immediately know Liam was going to sound great singing it.*
>
> *난 작곡을 하자마자 바로 떠올렸어.*
> *'이거 리암이 부르면 정말 잘 어울리겠다.'*

노엘 | 록필드에서 진짜 인상 깊은 순간 하나는 〈Wonderwall〉을 녹음할 때야. 스튜디오 바깥에 180센티미터쯤 되는 벽이 있는데 누가 그런 생각을 했는지 모르지만 "우리 저 벽 위에서 녹음할까?" 했어. 그래서 내가 그 벽 위에 앉았어. 엄청 큰 마이크스탠드를 기타 앞에 세우고 나는 스튜디오에 연결된 헤드폰을 끼고 있었지. 사운드 다 세팅하고 앉으니까 '와, 씨발, 미쳤다. 거의 비틀스 급으로 초월적인 녹음을 하고 있네' 하는 생각이 들더라. 그러다 눈을 딱 떴는데 양 네 마리가 날 흘겨보면서 풀을 씹고 있는 거야. '저 새끼 왜 저 벽 위에 앉아 있냐' 같은 표정으로. 그래서 바로 '아, 별로 좋은 생각은 아니네. 동물한테 저런 눈빛이나 받다니. 얼른 안에 들어가야겠다. 얼어죽겠다' 했던 기억이 생생해.

CHAMPAGNE SUPERNOVA

(1) HOW MANY SPECIAL PEOPLE CHANGE
INTO WHAT WE SEE AS STRANGE
WHERE WERE YOU WHILE WE WERE GETTING HIGH?
SLOWLY WALKING DOWN THE HALL?
FASTER THAN A CANNONBALL?
WHERE WERE YOU WHILE WE WERE GETTING HIGH?

(A)

SOMEDAY YOU WILL FIND ME
CAUGHT BENEATH A LANDSLIDE
WITH (MY/A) CHAMPAGNE SUPERNOVA IN THE SKY x 2

(2) WAKE UP THE DAWN AND ASK IT WHY —
YOU NEVER DREAM YOU NEVER TRY?
TRY AND SPEAK THE TRUTH UNTIL YOU LIE
YOU WAKE ME + GET ME HIGH
A DREAMER LIVES HE NEVER DIES
SO WIPE THAT TEAR AWAY NOW FROM YOUR EYE

REPEAT (A) x 2

MIDDLE 8

AND PEOPLE BELIEVE THAT THERE GONNA GET AWAY FOR THE SUMMER
WHILE YOU + I WILL LIVE AND DIE
THE WORLD STILL SPINNING ROUND
I DON'T KNOW WHY!

오언 | 우린 다들 어렸고, 열정 넘치고, 멍청했죠. 아마 좀 더 녹음을 잘했거나 고급스럽게 할 수도 있었겠지만 어쨌든 잘 끝나긴 했어요.

리암 | 난 오언이 좋아. 헛짓거리하는 법이 없거든. 오언은 그냥 자기 역할을 잘 해내는 새끼였어. 솔직히 우리랑 같은 부류라서 오언도 밴드의 일원처럼 느껴졌었지. 우리가 돌아오면 오언이 "들어봐, 어떤 것 같아?" 하고 묻고 난 좋다고 해. 그럼 오언이 "그럼 씨발 된 거야" 하고 끝. 우리 어깨가 축 처져 있으면 그 곡은 앨범에 안 실릴 거고, 방금 녹음한 것도 꽝이었단 뜻이야. 근데 우리가 어깨를 으쓱거리고, 술 들고 있고, 입에 한 대씩 물고 있으면 "됐다, 끝났네. 이제 펍에나 가자" 이렇게 됐었어. 그게 전부였다니까. 우린 절대 곡으로 몇 번씩 고민 안 했어. "한 다섯 번만 더 해볼까?" 이런 말도 안 했고. 매니저가 들으면 뭐라고 할까, 음반사에서는 뭐라고 할까, 던캐스터 사는 놈이 듣고 뭐라고 할까, 그런 건 아무 신경도 안 썼어. 다 좆까라고 하고, 그냥 우리끼리 "들어보니까 개쩌는 것 같냐?" 이런 것만 상관했다고.

노엘 | 나는 한번 시작하면 최대한 빨리 끝내버리고 싶은 편이야. 베이스드럼 하나 갖고 네 달씩 고민하기가 싫어. 그게 웬 시간 낭비냐고. 인생은 그러기에 너무 짧잖아. 게다가 축구 경기도 봐야 하니까. 이건 내가 리암에게 동의하는 것 중 하나기도 해. ◻

I want to get in and I want to get it done and I want to get out as quickly as possible.

나는 한번 시작하면 최대한 빨리 끝내버리고 싶은 편이야.

형제

리암 | 노엘은, 괜찮은 놈이고, 우리 애고, 사내자식이면서 불쌍한 개자식이지. 존나 웃긴 새끼기도 해. 웃긴데 짠하고……. 난 걔를 사랑해. 애틋할 만큼. 내가 없었다면 지금의 노엘은 없었을걸.

Love him dearly, man. Without me he wouldn't be the man he is.

난 걔를 사랑해. 애틋할 만큼.
내가 없었다면 지금의 노엘은 없었을걸.

노엘 | 난 리암을 사랑하지도 않고 싫어하지도 않아. 우린 가족이고, 가족은 특별하지. 어떻게 가족을 한 문장으로 덜렁 설명하겠어? "당신에게 엄마는 무슨 의미죠?" 존나 복잡한 질문이지. "아빠는요?" 그런 건 인터뷰에서도 대답 못 해. 사실 그냥 사랑한다고 말하는 건 쉬워. 사랑이 뭔지는 알아. 와이프를 사랑하니까. 그런 게 사랑이라면 내가 리암한테 하는 건 절대 사랑은 아니지. 내 말 이해돼? 그렇다고 싫지도 않아. 그냥 사랑과 미움 그 중간 어딘가에서…… 나도 걜 받아주고, 걔도 날 참아주는 거지.

리암 | 노엘은 개쩌는 작곡가야. 나한테 형인 걸 넘어서 그 사실도 중요하다고.

노엘 | 우린 맨날 싸웠어. 날이면 날마다.

페기 | 둘 다 성격이 세요. 걔네 둘이 싸우면 누구 하나 물러서질 않아요. 노엘은 항상 고집불통이었어요. 리암은 입을 가만히 못 두고요.

제이슨 | 형제란 붙었다 찢어졌다 하는 거죠. 나도 형제가 있는데 똑같아요. 서로 성질을 득득 긁으니까요. 사실 서로 너무 잘 알아서 어딜 찔러야 반응이 오는지도 아니까 폭발 직전까지 긁어대는 거예요.

리암 | 우리는 뭐, 소소하게 싸우긴 했어. 근데 난 다들 지나치게 과장하는 것 같아. 소문이 너무 부풀려진다니까. 그렇게 심하게는 안 싸워. 언론에서 싸움을 좋아해서 그래. 믹이랑 키스, 레이랑 데이브 관계처럼 좋아하는 거지. 그냥 으레 그러는 거라 나도 크게 신경 안 썼어. 개소리를 기사로 쓰고 싶으면 쓰라지. 난 개소리에 신경 쓸 시간 없거든.

매기 | 밴드처럼 폐쇄적인 환경에 친형제가 있다면, 불똥이 튀기 마련이에요.

노엘 | 나는 '형제간의 질투'라는 표현을 싫어했어. 이상한 표현이야. 근데 또 듣고 보면 사실이긴 하거든. 왜 이렇게 됐나 싶지만, 초창기에 크리에이션이 처음 관심을 가졌을 때까진 리암이 나한테 그랬어. "형이 뭐든 존나 잘 아니까 전부 다 맡길 게." 근데 런던으로 가자마자 태도가 싹 바뀌더라? 하나하나 다 캐묻고. 합주실에 티백이 있으면 왜 요크셔 티인지 묻질 않나. 아, 씨발, 그게 그냥 거기 있어서잖아. 요크셔 티가 세계 최고란 것만 명심하면 될 일이고. 걔가 그러더라. "싫어, 안 마셔. 커피나 처가져와." 좀 과장은 섞였어도 대충 비슷했다고 보면 돼.

리암 | 아마 모든 건 옛날에 우리가 방을 같이 쓰던 때에 걔가 스피커 하나를 사 온 뒤로 시작됐을 거야. 어느 날 밤에 약에 잔뜩 쩔어서 '아, 미친, 일어나서 오줌 싸야겠어' 하다가, 난 내가 제대로 일어난 줄 알았는데 스위치를 못 찾고 그러다가 그 스피커에 오줌을 잔뜩 싸버렸어. 걔가 일어나서는 "씨발! 뭔 짓거리야!" 하고 난 "오줌 싸는데" 하고 대꾸했지.

　그 일 때문에 모든 싸움이 시작된 거야. 아직도 뒤끝이 있는 거지. 왜 아직도 앙심을 품고 그래, 형.

노엘 | 리암은 항상 나보다 멋있었다고 생각해. 걸음걸이도 멋있고, 옷발도 더 잘 받았지. 나보다 키도 크고 머리 스타일도 더 예뻤어. 더 웃기기도 해. 말주변은 내가 더 나았던 것 같지만. 리암은 확실히 내 작곡 재능을 갖고 싶어 했었고 난 매일 리암처럼 파카가 잘 어울리기를 바랐지. 리암처럼 파카가 잘 어울리는 사람은 없잖아. 심지어는 표범 가죽 슬리퍼를 신고 파카를 입어도 잘 어울리고. 걔 말고 누가 그러겠어?

Diesel Dynamics

On stage, when he turns to me,
and I turn to him, and we just both look at
each other, everything just clicks and
it just, like, transcends music.
And it's only ever me and him that will
ever get this…
And that's what it's about for us.

"무대에서 리암이 날 바라보면 나도 리암을 바라봐요. 그렇게 서로 쳐다보고 있으면, 그 순간 모든 게 퍼즐 조각처럼
맞아떨어지는 기분이죠. 뭐랄까…… 그때는 음악이라는 걸 아득하게 뛰어넘어 버리는 느낌?
그 기분은 아마도 나랑 리암, 단둘만 이해할 수 있을 거예요. 우리 둘이 공유하는 감각이란게 바로 그런 거니까요."

BBC 라디오 1 〈더 이브닝 세션〉에서 노엘이 스티브 라맥과 한 인터뷰.

리암 | 걔는 뮤지션으로는 정말 대단하지. 그 방면으로는 내가 못 따라가. 근데 진짜 내 말 믿어봐, 내가 딱 우리 애 옆에 서 있잖아? 그럼 걔는 존재감 하나도 없어. 아예 눈에도 안 들어온다니까?

Liam, clearly, would have liked to have had my talent as a songwriter and there is not a day goes by where I don't wish I could rock a parka like that man.

리암은 확실히 내 작곡 재능을 갖고 싶어 했었고 난 매일 리암처럼 파카가 잘 어울리기를 바랐지.

노엘 | 우리가 매번 불꽃 튀기듯 싸웠던 건 아니고, 정확히 말하자면 권력 다툼이었다고 생각해. 내가 나머지 모두에게 대장 역할을 했으니까. 차 타 주는 여자부터 계약 담당한 남자, 그 사이에 낀 모든 사람을 포함해서 내가 대장처럼 모든 걸 지휘했고 리암은 거기에 화가 난 거야. 그것 때문에 우리가 싸우게 됐고 끝까지 그 이유 때문에 싸웠어. 권력 다툼. 심리 상담사도 다들 그렇게 말할걸?

리암 | 걔는 둘째잖아. 내 생각에 심리학적으로 따져보면, 둘째 녀석이 지가 최고인 줄 알고 사는데 어느 날 내가 뿅 하고 나타나서 앞길을 막은 거지. 심리학적으로는 다 거기서 그렇게 된 것 같아. 아니면 내가 그날 밤에 자기 스피커에 오줌을 싸서 그랬나? 그냥 내가 더 잘생겨서 그런 걸 수도 있어.

노엘 | 한때는 리암이 세계 최고의 싱어이자 세계 최고의 프론트맨이었지. 게다가 걘 존나게 잘생겼잖아. 인터뷰도 잘하고, 옷도 잘 입었고, 그냥 모든 게 완벽했어. 마법 같은 몇 년이었지. 어느 순간 리암이 〈Rock 'n' Roll Star〉나 〈Live Forever〉나 〈Morning Glory〉를 부르면 폭풍 같았어. 걔처럼 부를 사람은 없었거든.

리암 | 노엘이 날 대단하다고 생각하는 거 잘 알아. 어차피 우린 서로 등 두들기면서 잘했다고 치켜세워야 하는 사이가 아니었으니까. 노엘이 곡을 주면 내가 불렀지. 그런 응원 같은 건 우리한텐 필요 없었어.

노엘 | 리암은 강아지 같고, 나는 고양이 같아. 고양이는 아주 독립적인 동물이거든. 다 꺼지라는 마인드라 성질이 더럽지. 근데 걘 "놀아줘, 놀아줘, 얼른, 제발,

Liam is like a dog
리암은 강아지 같고,

and I am like a cat.
나는 고양이 같아.

제발, 제발, 공 좀 던져 줘, 나 친구가 필요해" 이런 느낌이잖아. 딱 그거라니까. 나는 고양이야. 타고난 게 그래. 난 내가 성질 더럽단 걸 받아들였어.

크리스틴 메리 빌러◆ ㅣ 걔들은 형제예요. 같은 집에서 자랐지만 두 명이 제각각 다르죠. 노엘은 눌릴 버튼이 많은 사람, 그리고 리암은 그 버튼 누를 손가락이 많은 사람이에요. 더도 말고 덜도 말고 그거죠.　　　◆ '록 시크'이자 밴드의 친구.

리암 ㅣ 나도 걔가 나랑 놀기 싫은 것처럼 걔랑 놀기 싫었어. 나도 친구들이 따로 있었거든. 노엘이든 나든 크리스마스 날에 둘러앉아서 하는 가족 식사 같은 거에는 관심 없어. 사실 그래본 적이 없어서 아쉽긴 하지. 우린 한 번도 "노엘, 우리 집에 놀러 와, 같이 영화 보러 가자, 공원에 산책 가자, 애들 사진 보여줘, 나도 우리 애들 사진 보여줄게" 이래본 적이 없었어. 그러질 않았지.

노엘 ㅣ 우린 그렇게 가깝지 않았어. 한 번도. 난 오히려 이걸 신기하게 보는 사람들이 더 신기해. 우린 원래 그랬으니까.

폴 ㅣ 아일랜드 출신 가족은 원래 살갑지 못해요. "동생아, 정말 사랑한다" 이러는 법은 없죠. 다만 살다가 애증 섞인 존경처럼 "그 녀석 나쁘지 않지" 이런 말이나 할걸요.

리암 ㅣ 나는 형이랑 잘 지내고 싶어. 미워하기보다는 잘 지내고 싶은 마음이 훨씬 커. 우리가 방송 욕심에 괜히 싫어하는 척했던 건 아니야. 확실히 불화가 있었지. 둘 다 너무 다른 사람이니까. 그렇다고 카메라 앞이라서 껴안은 건 아니었어. 그게 진심이고 우리 방식이니까. 나도 우리 애랑 싸우기 싫어. 잘 지내고 싶고, 같이 놀러 가서 술 마시고 웃고 떠들고 싶어. 이렇게 싸워서 안 보고 사는 게 싫다고. 너무 별로잖아. ▫

I would much rather not argue with our kid, I'd much rather have good times, go out and have a drink and have a laugh.

나도 우리 애랑 싸우기 싫어. 잘 지내고 싶고, 같이 놀러가서 술 마시고 웃고 떠들고 싶어.

코일리의 마지막 공연

노엘 | 오아시스는 공연 장소나 관객을 크게 신경 쓰지 않는 방식으로 일했어. 그 냥 무대가 어딘지만 알려주면 땡이었지. 우린 같이 일하는 동료들을 신뢰했거든. 마커스나 PR 쪽 사람들, 변호사들, 그리고 앨런 맥기까지. 그런 건 우리가 직접 처 리 안 해도 되는 거였으니까. 그때 셰필드 공연장에 들어서자마자 웃으면서 프로모 터한테 물어봤었어. "대체 이 공연은 언제 해요?" 그랬더니 "8주 있다가요" 하는 거 야. 그래서 난 "미쳤네요" 했었지. 엄청나게 큰 공연장이잖아.

언론에서 공연 규모를 부풀리기도 했지만, 우리는 항상 우리 스스로의 가치를 과소평가하고는 했어. 그래서 그런 중요한 결정은 밴드 멤버가 직접 내리면 안 된 다고들 하나봐.

리암 | 그 공연 기억하지. 내가 관객들한테 의자에서 내려오라고 하니까 다들 미쳐 버리더라고. 내 기억에 그때 맨 앞 줄에는 돈 많이 내고 들어온 사람들만 있어서 화 가 좀 났었어. 그래서 맨 앞이 오히려 조용하고 스탠딩석은 난리가 났었지. 그게 대 체 뭔가 싶더라고. 그래서 내가 사람들한테 그냥 자리에서 내려오라고 했어. 거기 서부터 반응이 제대로 터졌지. 그 시절은 그랬었어. 우리가 아레나급 공연장에서 공연하기 시작했을 때 관객들은 정말 미쳐 있었어. 근데 아레나에서 하는 다른 밴 드 공연에 가보면 솔직히 존나 심심해. 배드민턴 경기 같더라니까. 재미가 없어. 근 데 우리 공연은 아무리 규모가 커져도 그 개판스러움을 잃지 않았지. 큰 공연은 점 점 더 개판이 되어갔고. 2만 명쯤 되는 사람들이 다 물속에서 헤엄치는 것처럼 몰 려다니고, 미쳐 있는 모습을 보는 게 최고였거든. 800명, 2000명 되는 것보다 훨 씬 좋았어. 스탠딩에선 난리 나고, 관객들 미치고, 모든 게 다 폭발하고 나도 매 순

2
2 A
3
19 A
119
20 A
RETNA

SHEFFIELD ARENA
DON VALLEY STADIUM
SAT 22nd APR 95   7:00 PM
SHEFFIELD ARENA
SJM Concerts present
OASIS
plus Special Guests
BLOCK 120   F   6
DOORS OPEN 6:00PM
£0.00   PLUS £0.00   BOOKING FEE
PROMOTER   PRCO   10-APR-95
BLUE DOORS
Sheffield City Hall
Ponds
Forge
oasis
SHEFFIELD ARENA
22 APRIL 1995
you are invited to join
oasis
GIG, 22 APRIL '95
Malcolm Allison Bar
Hallam University Union
Street, opposite the train station
Admit One, includes admission to STOMP

간을 존나 즐겼어. 내가 밴드 멤버로서 제일 아쉬운 건 그 미쳐 있는 관객 틈에 직접 서 있을 수 없다는 거야. 그 관중 안에 있고 싶잖아. 우리가 무대 위에서 공연을 마치고 내려오면 "와, 쟤들은 진짜 신났겠네"라고 생각했지. 공연은 점점 커지고. 대체 뭔 일이 벌어지는 건지 모르겠더라니까. 우린 그냥 맨체스터 출신 등신 다섯 놈들일 뿐인데, 사람들은 도대체 우리한테서 뭘 보는 걸까? 우리 뒤에서 다른 일이라도 벌어지고 있는 걸까? 사람들 사이에 섞여서 무슨 생각을 하는지 알고 싶기도 했지. 솔직히 말해서, 우리가 초창기에 라이브로 얼마나 끝내줬는지는 앨범에도 채 못 담겼던 것 같아. 거의 펑크록 밴드처럼 날뛰었거든. 아무도 우릴 못 건드렸지. 브릿팝이니 뭐니 잔뜩 떠들어댔고 우리는 그냥 증기기관차처럼 듣는 사람 머리를 박살낼 기세였다고. 초반엔 정말 로트와일러 같았어. 그러다 나중엔 조금 비틀스스러워지고, 멜로딕한 노래도 하게 됐지만.

제이슨 | 무대에선 확실히 존재감이 필요해요. 누가 작곡을 하고 가사를 쓰든, 결국 무대 위에서 밴드를 이끄는 건 프론트맨이니까요. 배짱 좋고 캐릭터 확실한 사람이 꼭 필요하죠. 사파리 재킷 입고 휘파람 부는 애들 말고. 소리 빵빵 지르고 허세 부릴 줄도 알아야 해요.

리암 | 내 좌우명은 '그냥 무대에서 있는 그대로를 보여주면 세상은 굴러가게 돼 있다'거든. 난 솔직히 나 자신으로 사는 게 특기야. 그래서 모든 게 식은 죽 먹기였지. 완전 쉽던데? 존나 쉬운 일이라고. 만약에 무대 위에서 다른 사람인 척을 하면 결국 꼬리가 밟혀서 들키게 돼. 그러니까 그냥 쉬운 길로 갔지. 우리랑 같이 무대에 서본 애들은 다들 한 수 배웠을 거야. 우린 정말 엄청난, 엄청난 밴드였거든. 뭘 포장하거나 꾸며내는 것도 없었고, 그냥 존나 내달리는 트럭 같았다니까.

노엘 | 우린 18개월, 2년 만에 스타디움 공연까지 매진시켰어. 그땐 젊음의 힘이었을까? 대단히 고민한 것도 아니야. 아무 생각 없이 했던 것 같아. 미래를 내다보진 않았지. 순식간에 아레나급 밴드가 되고, 눈 깜짝할 사이에 스타디움급 밴드가 돼버렸지.● 한 열 단계는 건너뛴 느낌이었다니까. 유투도 그 정도까지 되는 데 우리의 두 배는 걸렸다고. 그런데도 우리는 공연 규모에는 별 신경을 안 썼어. 태도만 큰은 소규모 클럽에서 공연하던 때랑 똑같았지.

● 아레나는 약 1~2만 명 규모의 실내 공연장을 뜻하며, 스타디움은 수만 명을 수용하는 대형 경기장을 의미한다. 공연이 열리는 장소가 아레나에서 스타디움으로 바뀌었다는 것은 오아시스가 순식간에 폭발적 인기를 끌어 관객 규모를 몇 배로 확장했음을 보여준다.

리암 I 그 무대는 아름다웠지. 어마어마하게 거대한 느낌이었고, 사운드도 완전 좋았고. 사실 여기 앉아서 그냥 쿨한 척 얘기할 수도 있겠지만, 그냥 그때는 아레나 공연을 한단 거 자체가 너무 대단한 거였어. 난 긴장 같은 건 안 했어. 그건 확실해. 규모에 겁먹지도 않고, '좋아, 가보자고! 기대되는데?' 하는 느낌이었지. 그러고 나선 항상 다음이 뭔지 생각했고. '그래, 이만하면 됐다. 이제 씨발, 대체 이 다음은 뭐냐?' 그냥 바로 증명해 버렸지. 넵워스든 스타디움 공연이든 마음속으론 이렇게 생각했어.

노엘 I 공연 앞두고 긴장한 적은 없었어. 오히려 공연 일정표 볼 때 더 떨리더라니까. 뭔 페이지마다 '헬리콥터'라고 적혀 있잖아. '아, 좆 됐다. 몇 달간 헬기만 존나 타겠네' 싶었지. 죽을 확률이 쫙 올라가는 느낌이었어. 뭐, 록 스타의 삶이란 그런 거겠지만. 우린 어디든 헬기를 타고 이동했었어. 슬레인 캐슬 공연도, 로크 로몬드 공연도, 심지어 뭔 감자튀김 사러 갈 때도 헬기 탔다니까. 나중엔 존나 지겨웠어. 헬기는 너무 짜증 나. 헤드폰도 불편하고……. 난 헬기 싫어.

리암 I 헬기에서 내릴 때 내가 했던 유일한 생각은 '개같은 프로펠러 때문에 머리 모양 망가지면 걸어서 집 갈 줄 알아라' 였어. 진짜야. 멍청하고 좆같은 헬기는 내 머리 망쳐놓는 것 말곤 뭐 하는 일이 없다고.

노엘 I 슬레인 캐슬 갈 때 헬기 안에서 담배를 피웠었어. 조종사한테 담배 피워도 되냐고 소리 질러서 물어봤지. 불 붙이고 나서는 대체 왜 그랬는진 몰라도 재떨이도 있냐고 물어봤어. 그랬더니 조종사가 뭐라고 했게? 창문 열래. 그래서 아일랜드 들판 위를 날아가면서 담배 꽁초를 창밖에 던졌다니까. 정신 나간 짓거리였지.

리암 I 그때 우리 애들 중에 비행기나 헬기를 별로 안 좋아하는 애들이 있었어. 근데 공연장까지 헬기 타고 가는 거라면, 난 언제든 탑승이지.

본헤드 I 그 전날 벨기에서 공연했거든요. 난 당연히 역대급 숙취 상태였고요.

노엘 I 원래 본헤드는 감정적이야. 솔직히 그날 걔 태우는 건 거의 송아지를 트럭에 올리는 수준이었다고. "나 안 탈 거야. 안 타. 차 타고 갈래." "차 타면 아홉 시간 걸린데." "괜찮아." "세 시간 뒤에 공연이야." "그럼 뛰어갈게." "씨발! 그냥 타라고!" 하여간 본헤드는 겁이 많아.

본헤드 | 조종사가 눈치를 챘는지 무슨 베트남전에서나 보던 묘기를 부리는 거예요. 진심 개싫었다고요. 망할 헬리콥터, 정말 멍청한 발명품이에요. 그딴 게 대체 왜 있는지!

노엘 | 우린 헬기로 슬레인 캐슬에 도착해서 뒤쪽에 모였어. 거기서 기다리는데 갑자기 조니 뎁이 나타나서 자기소개를 하는 거야. 아니, 우리가 자기가 누군지 모르겠냐고! 그러더니 〈Live Forever〉랑 《Definitely Maybe》 얘기를 막 하더라고. "오, 그 노래들은 진짜……" 이러더라니까? 속으로 '씨발, 미친 거 아냐?' 이러고 있었지. 아무튼 슬레인 캐슬이 어떻게 돼 있냐면 앞은 평지고, 뒤쪽에는 엄청 가파른 언덕이야. 근데 희한하게도 사람들이 언덕을 돌아서 나무 주변으로 여기저기 올라가 서 있고, 바는 맨 위쪽에 있는 구조야. 그러니까 우리가 무대에 딱 섰을 때는 8만 명 정도가 바에 서 있는 느낌이었어. 우리가 앰프에 악기 꽂고 시작하니까, 갑자기 모든 사람이 언덕 아래로 미친 듯이 뛰어내려 오더라고. 우리는 뭐 무서울 건 없었지만 정말 장관이었어. 공연이 중단됐었는데, 사람들이 너무 밀어서 위험해 가지고. 얼마나 거칠었는지. 근데 우리 공연은 다 그랬어.

페기 | 그 공연 너무 좋았지. 우리 식구가 다 같이 갔었어요. 더블린 시내에선 경찰 호위도 받고 여기저기 비행기로 이동하고. 여동생이랑 제부도 다른 지역에서부터 왔고요. 정말 대단한 경험이었고, 애들이 너무 자랑스러웠어요.

노엘 | 리암이 그날 내내 아주 개자식처럼 굴더라니까. 왜 그런지도 몰라. 걔는 그

런 큰 공연을 앞두고선 꼭 긴장하거든. 봐, 그게 나랑 리암의 차이야. 난 그런 스케일 큰 걸 존나 좋아하거든. 8만 명, 15만 명? 다 오라 그래. 존나 환영. 근데 걔는 온종일 기분이 구렸던 모양이야. 난 도무지 이해가 안 갔지. 다 끝나고 뭔 사건이 하나 있었던 게 기억나는데, 나랑은 상관없는 일이었던 게 자랑스럽기도 하고. 솔직히 다행이었기도 해. 뭔 일인지는 모르지만, 지금 말하는 게 걔랑 우리 폴 얘기면…… 뭐 딱히 새삼스러울 것도 없는 얘기야.

페기 ㅣ 폴이 입은 스웨터 소매가 다 찢어져 있더라고요. 리암이 잡아챘나 보죠, 뭐. 별일 아니에요. 아마 폴이 리암한테 농담 같은 걸 던졌는데 리암이 발끈했나. 금방 털고 넘긴 일이에요.

리암 ㅣ 존나 하나도 기억 안 나.

노엘 ㅣ 가끔 생각하지. 내 두 형제가 그냥 평범한 두 동생이었는데, 어느 날 갑자기 유명인이 돼 있다는 게 도대체 어떤 기분일까 하는 생각.

리암 ㅣ 그런 얘기는 우리끼리 하지도 않았어. 폴은 그런 스타일 아니거든. "나도 따라가도 돼?" 그러지도 않아. "잘됐네, 동생아. 너 하고 싶은 거 해라" 하는 사람이야. 어딜 가든 졸졸 따라오는 형제 스타일도 아니었고. 솔직히 폴이랑 노엘 둘이 밴드를 했잖아? 난 아마 둘 다 죽여버렸을지도 몰라. 그럼 문제가 컸겠지. 근데 폴은 안 그랬어. 폴은 계속 맨체스터에 살았어. 우리가 사고 치고 나서 고향에 왔다갔다 할 때마다 사람들이 와서 "네 동생들 진짜 미친놈들이야" 라고 했을 거 아냐. 폴도 나름대로 힘들었겠지. 근데도 나한테 와서 한 번도 징징댄 적 없어. 다 같이 있을 때도 그런 대화는 한 적이 없었지. 폴은 여자랑 노느라 바빴거든. 폴이 투덜대는 얘기 믿지 마. 그 형도 자기 알아서 잘 즐기고 살았으니까.

노엘 ㅣ 폴은 음악 취향이 독특하다고 할 수 있지. 게다가 당나귀 뒷다리가 떨어져 나갈 때까지 쉴 새 없이 떠드는 재주가 있어. 당나귀 뒷다리가 왜 그런 뜻인지는 모르겠지만, 아무튼 폴한테는 그런 능력이 있어. 숨도 안 쉬고 수다를 떤다니까.

폴 ㅣ 혼자만 소외감 느꼈냐고요? 320킬로미터를 날아왔는데 지들이 좀 잘나간다고 게스트 명단에 날 안 끼워줄 때 그런 기분 느끼죠.

코일리 | 슬레인 캐슬에서의 공연이 나에게는 마지막이었어요. 그 뒤로는 한 번도 오아시스랑 일을 안 했어요. 집에 돌아갈 때마다 귀가 울려서 의사를 찾아갔어요. 의사가 나한테 그러더라고요. "내가 당신이라면 그만둘 겁니다. 안 그러면 청력을 잃을 거예요." 그래서 난 떠났어요. 마치 내 인생이 끝난 듯한 기분이었죠. 하지만 거기까지 간 것만으로도 충분했던 것 같아요.

노엘 | 슬레인 캐슬 공연이 끝나고 마크가 나한테 와서 "나 이제 더는 못하겠어"라고 말했던 게 기억나. 그 공연은 시끄러워서 무대에서도 볼륨이 느껴질 정도였거든. 《Definitely Maybe》 일정이 끝나고 《Morning Glory》 일정이 시작될 때쯤에 사람들이 대기실에서 "아휴, 소리 진짜 크네" 이러곤 했었어. 사실 그런 게 한두 번이면 괜찮겠지만, 매번 그랬으니까 문제였지. 어떤 애들이 볼륨 감각을 잃어서 끝없이 소리를 키워댔단 얘기지.

제이슨 | 노엘 기타 소리가 점점 커져서 코앞에서는 거의 120데시벨까지 올라갔었어요. 바지가 덜덜 떨릴 정도였거든요.

코일리 | 어릴 때 즐겼던 공연들은 전부 사흘간 이명이 들릴 정도로 시끄러웠어요. 사흘이나. 고통스러울 지경이었는데, 난 오히려 좋았죠. 밴드가 연주하는데 대화를 나눌 수 있으면 어떡해요.

노엘 | 마크가 전에 말했었어. 이제 밴드가 감당할 수 없을 만큼 너무 커진 것 같다고, 물론 좋은 일이라고. 사실 그렇게 말할 수 있다는 게 존경스럽지. 화가 나진 않았어. 다만 섭섭했던 건, 섭섭하다고 울진 않았지만, 마크는 내 절친이었고 이제 그 절친과 같이 투어를 다닐 수 없다는 사실이었지. 난 이제 마크랑 같이 다닐 수 없다는 게 정말 속상했어. 마크가 내뱉는 온갖 촌철살인을 못 듣는다는 게 슬펐지. 걔랑은 맨날 욕도 많이 하고, 대마초 피우면서 모든 사람을 까댔거든. 마크한테 다른 일자리를 줄 수 있었으면 난 누구든 잘라서 자리를 만들었을 거야. 근데 마크는 모니터링은 하기 싫어했었지. 그래서 그대로 은퇴했고, 그렇게 끝났어.

리암 | 난 매니지먼트 잘못이었다고 생각해. 걔들이 자꾸 이래라저래라했거든. 사람들이 우리더러 "이건 밴드가 아니야. 너희가 멤버로서 매니지먼트 애들한테 꺼지라고 하고, 크루 식구들 챙기라고 해야 해"라고 말했지. 마크한테는 그런 상황이 너무 사업처럼 느껴졌나 봐. 나는 마크를 원망하지 않아. 밴드와 함께 다니면 다섯

It felt like all the people that were with us at the beginning were kind of getting pushed out a bit.

*우리랑 초반부터 함께한 사람들이
서서히 밀려난 것 같아.*

명이 있다가, 일곱이 됐다가, 열 명이 투어버스에 타 있고는 하잖아. 버스에서 다 같이 약도 하면서 친구가 되는 거지. 나는 한 번도 코일리의 상사 나부랭이였던 적 없어. 코일리가 우리 직원이었던 적은 더더욱 없고. 우린 그냥 모든 걸 같이 한 거야. 장난이나 치면서 물 흐르는 대로. 근데 매니지먼트가 들어오면 다 바뀌어버려. 원래는 친구들이랑 어울려서 같이 놀고 있었는데 어느 순간 호텔을 따로 쓰고, 버스를 따로 쓰고, 친구들 대신 뭔 직원이 와서 그날 일정을 읊어주고 있더라고. 그러면 그때부턴 재미가 없어지고 거지 같다는 생각이 든다고. 우리랑 초반부터 함께 한 사람들이 서서히 밀려난 것 같아. 어떻게 그렇게 됐는지, 왜 그랬는지 모르겠지만 아마도 '저 맨체스터 놈들을 떼어놔야 우리가 운신할 수 있다' 싶었던 걸까? 우린 걔들을 붙잡았어야 해. 절대 못 나가도록. 월급을 올려주고 납치를 해서라도 옆에 붙여놨어야 한다고. 투어버스에서 막 "이 새끼야, 어딜 가려고? 당장 앉아. 아무도 못 나간다" 이랬어야 했어. 나 그때 좀 힘들었어. 당연하게도. 마크가 절대 나가지 못하게 했어야 해.

본헤드 | 그땐 정말 침통했어요. '어, 말도 안 돼. 코일리가 나간다고? 그렇게 끝이라고? 세상에⋯⋯.' 밴드 멤버를 잃어버리는 느낌이었어요.

노엘 | 만약에 오아시스에 여섯 번째 멤버가 있었다면, 그건 마크였어. 우리 둘 다 인스파이럴 카페츠에서 로드매니저로 일했었고, 내가 처음 만들었던 데모곡 중에 한두 곡은 마크 집에서 작업했거든. 〈Married with Children〉도 마크네 집 침실에서 녹음했었고. 걔는 닐 영Neil Young이나 버트 배커랙 같은 뮤지션을 엄청 좋아했고 옆에서 나도 영향을 많이 받았지. 솔직히 말하면, 마크 없이는 난 〈Slide Away〉도 〈Live Forever〉도 못 썼을 거야. 〈Half the World Away〉나 〈Talk Tonight〉, 〈Morning Glory〉도 마찬가지고. 마크는 그냥 우리 중 한 명이었어. 우리 밴드 멤버라고 하면 마크, 필, 제이슨까지 포함된 느낌이었으니까.

본헤드 | 마크는 그냥 재밌어 보인다고 끼어든 사람이 아니었어요. '얘들이랑 다니면 돈도 벌고 전 세계 돌아다닐 수 있겠네' 싶어서 들어온 게 아니었죠. 걔는 《Definitely Maybe》가 나오기도 전부터, 우리가 계약 따내기 전부터도 같이 있

DIAMOND
VISION

었고 처음부터 자기 시간을 쏟았다고요. 우리가 하려는 것에 진심으로 믿음이 있었고, 그걸 사랑했죠. 마크를 여섯 번째 멤버처럼 느꼈던 이유가 바로 그거예요. 걔한테도 우리만큼이나 오아시스가 중요했을 거라고 생각해요. 그때 매일 보드워크에 같이 앉아서 노엘이 곡을 발전시키는 데 도움을 많이 줬어요. 같이 시간 보내고, 녹음도 도와주고, 우리 사운드를 잡아줬어요. 마크는 귀가 정말 타고났거든요. 자기 분야에 특출났고, 본업도 사운드 엔지니어고요.

If anybody was a sixth member of that band, it was Mark.

만약에 오아시스에 여섯 번째 멤버가 있었다면,
그건 마크였어.

폴 l 실력 좋은 사운드 엔지니어가 하나 있으면 반은 먹고 시작하는 거예요. 자기 사운드 주관이 있고, 어떤 믹싱 데스크든 가서 원하는 대로 세팅할 수 있다면 그것만으로도 이미 성공한 엔지니어죠. 근데 마크는 찌질하게도 맨유 팬이에요. 그것만큼은 변하질 않더군요.

본헤드 l 우린 돈 한 푼 없던 시절에도 마크를 사운드 엔지니어로 데려갈 수 있었어요. 대부분의 밴드는 여유가 없어서 못 그래요. 그러면 공연장에서 생판 처음 본,

우리 음악 들어본 적도 없을 현장 테크니션한테 그대로 다 맡겨야 되거든요. 그런 사람들은 뭐, "또 20분 버려야 되네. 집에 가서 피시 앤드 칩스나 먹고 싶다. 아, 드럼 키우고 기타 올려. 기타 솔로도 있어? 어쩌라고, 짜증 나게. 돈이나 받고 떠야지." 공연장에서 일하는 인하우스 엔지니어들은 그래요. 모두가 그렇다는 건 아니지만 자기 일을 대충 하는 부류도 있거든요. 그런데 우리에겐 마크 코일이 있어서 천만다행이었어요. 우리를 이해하고, 우리 노래를 샅샅이 알고, 돈도 제대로 못 줄 무렵에도 우리 사운드를 잡아줬으니까요. 그 덕을 많이 봤어요. 우리는 훌륭한 밴드였고 연습도 잘돼 있었지만 마크야말로 스피커를 통해서도 우리가 우리만의 사운드를 낼 수 있게 도와준 사람이에요. 특히 초창기에 우리 공연을 보러 온 사람한테 잘 전해졌겠죠.

매기 ㅣ 마크가 떠난다니 좀 슬펐어요. 마크는 처음부터 같이 다니던 사람이었으니까요. 그런데 마크 귀에 문제가 생긴 거라 핑계 같은 건 아니었어요. 엔지니어들이 흔히 겪는 일이긴 한데, 제 생각엔 상황이 너무 거대해졌던 탓도 있는 것 같아요. 처음 하던 때랑은 분위기가 많이 달라졌으니까요. 무슨 말인지 알죠?

코일리 ㅣ 가장 좋았던 시절은 모두가 함께였던 때였어요. 초창기 멤버들끼리 투어

를 다니던 시절이죠. 그때가 최고의 순간이었어요. 작은 공연 다니고, 서로 옆구리에 딱 붙어서 다니는 기분이 진짜 좋았어요. 정말 근사하고 환상적이었죠. 근데 어느 순간 회사가 밴드에 개입하면 뭔가를 잃게 돼요. 갑자기 밴드와 다른 호텔에 묵고, 버스도 따로 타고, 어떤 면에선 그냥 '출근'한다는 느낌을 받게 되는 거죠. 난 이 업계에 출근하려고 들어온 게 아니거든요. 좋아서 이 일을 시작했고, 밴드 일을 사랑했고 내 삶 그 자체라고 여겼어요. 그런데 이게 출근처럼 다가오는 순간 떠나기로 마음먹었죠. 그때는 이것저것 소소한 문제가 있었지만, 결국 기계는 계속 돌아가는 법이고 밴드는 해야 할 일이 있으니 내가 걸림돌이 되긴 싫었어요.

노엘 | 마크가 이제 우리랑 같이 가지 않게 된 건 좀 슬펐어. 왜냐면 우리도 우리가 곧 있으면 정말 폭발할 거란 사실을 이미 알고 있었거든. 말 그대로 하늘까지 치솟을 시점이었어. 마크가 그 과정에 함께하지 못하게 된 건 서운했지. 그래도 잘릴 때까지 버틴 게 아니라 스스로 물러났다는 점에서 더욱 존경스럽긴 해. 지금도 마크랑은 연락하고 지내지. 내가 그 친구 밴드인 테일 거너Tail Gunner에서 드럼도 쳤어. 공연은 못 했지만 녹음엔 참여했지. 꽤 괜찮았어.

리암 | 코일리는 멋진 사람이야. 맨유 팬이고, 귀는 잘 안 들렸어도 난 코일리를 사랑해.

코일리 | 가슴이 찢어졌죠. 알잖아요. 그런 순간을 등진다는 건 절대 쉽게 잊을 수 없는 일이에요. 사실 여태 극복 못 한 것 같아요. 그래도, 그땐 떠나길 잘했어요. ◻

마음껏 떠들어라…

노엘 | 그 〈Country House〉 사건 전체가 정말 최고이자, 최악의 순간이었어.

리암 | 그때 딱 브릿팝 분위기가 막 끓어오르고 있었고, 우리도 거기에 끼어들었다는 말을 들었지. 근데 내 생각에 우리는 브릿팝도 아니고 캠던 스타일도 아니었어. 난 항상 우리를 제대로 된 로큰롤 밴드라고 여겼으니까. 진짜 리얼한 로큰롤 밴드라고. 걔들은 좀 영화에나 나올 것처럼 멍청하고 바보 같고 웃기고……. 글쎄, 코미디 같았어. 펄프나 그런 밴드들은 뭐, 좋은 밴드지만 난 우리가 걔네랑 같은 부류라고는 생각 안 했어. 걔들은 그냥 좀 희한하잖아.

노엘 | 난 사실 펄프를 대단히 존중했어. 아직도 그래. 난 펄프랑 더 버브를 좋아하지만 사실 우리가 밴드로서 브릿팝으로 함께 묶인 그 사람들이랑 무슨 공통점이 있거나 하지는 않거든. 우린 북부 출신들이랑은 잘 지냈는데, 솔직히 왓퍼드 남부 쪽 애들이랑은 영 안 되겠더라고.

Rivalries with other groups and all that, it doesn't really interest me.

다른 밴드랑 라이벌 관계 같은 거 난 관심 없었지.

리암 | 우린 런던 출신이 아니라서 사람들이 우리더러 "너희 이 펍 와봤어?" 이러기도 했어. 아마 사람들은 상황을 뒤흔들어서 뭔가 만들어내고 싶었나 봐. 우리가 시작한 건 아니었어. 굿 믹서 펍에도 가서 당구 치고 그랬는데, 그냥 흔한 펍 중 하나라고 생각했으니까. 내가 걔들을 싫어하진

않았는데. 아닌가? 존나 싫어했나? 아무튼 난 우리가 걔들보단 잘났다고 생각했어.

노엘 | 우연히 그레이엄 콕슨Graham Coxon이 바에 서 있었는데, 우리가 걔한테 진심으로 뭐라고 한 건 아니었어. 그냥 우리가 늘 해왔듯이 행동했을 뿐이야. 장난이야 살짝 쳤지만 비꼬거나 그런 건 아니었다고. 우리가 못되게 굴었다고는 생각 안 해. 무슨 말인지 알지? 그레이엄이 오해했을지도 모르지. 그때 일 때문에 라이벌 관계가 생긴 건 아니고 나중에야 엮이게 된 거야. 난 항상 걔 좋아했고, 걔도 항상 우리 좋아했어. 글쎄, 모르겠다. 그냥 리암 잘못이라고 하자. 보통 그런 건 다 리암 탓이거든.

본헤드 | 난 블러 음악은 꽤 좋다고 생각했어요. 같이 어울릴 정도로 성격이 잘 맞진 않았지만요. 데이먼을 좋아했고, 드러머도 괜찮고, 그레이엄은 최고였죠. 근데 베이시스트 녀석은 재수 없었어요. 음악은 좋았고, 사람들도 나쁘지 않았어요. 사실 런던에서 꽤 자주 마주치기도 했죠.

리암 | 우리 다 좀 찌질했는데, 뭐 씨발, 어쩔 거야? 그땐 그런 갈등이 필요했다고. 다들 서로 아부나 해대고 등이나 두들겨주는 마당에 우린 그냥 "야, 너네 머리에 토마토나 던져야겠어" 이랬던 거야. 그냥 무해한 장난이었어. 다친 사람도 없잖아.

본헤드 | 리암은 시비 걸기 선수예요. 심지어 시비를 점점 쌓아가다가 결국에는 그 사람을 정말로 싫어해 버린다니까요. 아닌가? 진짜 싫어했을까요? 모르겠네요. 저는 라이벌 관계 같은 거에는 흥미가 없었거든요.

리암 | 악의는 없었다니까. 그냥 머리에 포도나 좀 던지고, 방 들어올 때 물건 몇 개 던지고. 알렉스가 입에 물고 있던 담배를 팅겨버리거나 그레이엄 안경을 쳐버리든가. 그냥 장난이었어. 엉덩이 꼬집는 게 뭐, 장난 아니면 뭐겠냐고.

Looking back now, Blur are alright; when you get out of the bubble they were good. But to me they were a jokey band.

지금 돌이켜 보면 블러는 괜찮아.
그 거품 속에서 빠져나오면 좋게 느껴지더라고.
근데 그때 나한테 걔들은 좀 장난스러운 밴드였어.

ROLL WITH IT

YOU'VE GOTTA ROLL WITH IT
YOU'VE TAKE YOUR TIME
YOU GOTTA SAY WHAT YOU SAY DONT ANYBODY GE
COS ITS ALL TOO MUCH FOR ME TO TAKE

DON'T EVER STAND ASIDE
DON'T EVER BE DENIED
YOU WANNA BE WHO YOU BE IF YOU COMING WITH

I THINK IVE GOT A FEELING IVE LOST INSIDE
I THINK IM GONNA TAKE ME AWAY + HIDE
IM THINKING THINGS THAT I JUST CANT ABIDE

KNOW THE ROAD DOWN WICH YOUR LIFE WILL DRIVE
FIND THE KEY THAT LETS YOU SLIP INSIDE
~~LETS THE NIGHT THAT LIVES BEHIND THE DOOR~~ KISS THE GIRL SHE
DO YOU KNOW I THINK I RECOGNIZE YOUR FACE
BUT IVE NEVER SEEN YOU BEFORE

YOU'VE GOTTA ROLL WITH IT
YOU'VE GOTTA TAKE YOUR TIME
YOU GOTTA SAY WHAT YOU SAY DONT LET ANYBODY GE
COS ITS ALL TOO MUCH FOR ME TO TAKE

노엘 ㅣ 우린 아무와도 경쟁하지 않았고, 남들도 다 알고 있었어. 다른 밴드랑 라이벌 관계 같은 거 난 관심없었지. 근데 어떤 대사는 너무 끝내줘서 생각나면 무조건 뱉어야 되거든. 말을 안 하고는 못 배긴다니까, 이해가 돼? 우린 셰드 세븐Shed Seven이든 누구와든 경쟁 안 했어. 그리고 누구랑 경쟁을 하려고 했던들 우린 전설적인 존재들이랑만 경쟁했어. 그게 중요한 거니까. 그렇게 믿으면 현실이 되는 법이지.

리암 ㅣ 지금 돌이켜 보면 블러는 괜찮아. 그 거품 속에서 빠져나오면 좋게 느껴지더라고. 근데 그때 나한테 걔들은 좀 장난스러운 밴드였어. 가벼운 농담 같은. 우리는 존나 진지했으니까. 우리가 심하게 진지했을 수도 있지만. 우리는 걔들이랑은 다른 행성에 산다고 생각한 거야. 난 우리를 레드 제플린, 섹스 피스톨스, 비틀스, 롤링 스톤스, 킹크스, 그리고 더 후 같은 밴드들이랑 비교했거든. 솔직히 나는 우리가 한 번도 브릿팝 어쩌고라고 생각한 적 없어. 난 그냥 '꺼져, 걔들이랑 묶지 마' 하는 마인드였어.

노엘 ㅣ 대체 왜 〈Roll with It〉이 첫 번째 싱글로 채택됐을까? 아직도 알 수가 없어. 정신이 나갈 것 같아. 아마 결정권이 나한테도 있었을 텐데. 오아시스 모든 곡을 통틀어 제일 싫어하는 곡인데 순위는 꽤 높게 올랐었지. 뭐, 어쨌든 간에 그게 첫 번째 싱글이 됐지. 내 기억에 딕 그린이 나한테 와서 "발매일에 문제가 생겼어. 블러가 발매일을 같은 날로 잡았대"라고 말했었어. 그래서 우리는 한 주 뒤로 미루기로 했지. 근데 일주일 있다가 블러도 싱글 발매일을 늦춘 거야. 오, 그래, 지금 누군가 경쟁을 붙여서 차트 놀이를 하고 싶은가 보다, 했지. 그건 데이먼 아이디어였다고 생각해. 그때 난 그런 것에 관심 없었거든. 그런 게 뭐 소용이겠어? 블러가 발매일을 두 번 바꾸고 나서야 나는 '아하, 이렇게 나온다 이거지. 그럼 한번 붙어보자' 하고 생각했어. 그때부터 나도 진심이 됐고, 그렇게 쭉 갔던 거야.

본헤드 ㅣ 데이먼 입장에선 마케팅적으로 아주 똑똑한 계획이었죠. 정말 영리했어요. 데이먼, 끝내줘. 아무도 피해 안 봤잖아요? 그런 건 비틀스랑 롤링 스톤스 외에는 처음이었거든요.

노엘 ㅣ 내가 진짜 짜증 났던 건 언론에서 우리더러 발매일을 바꿨다고 떠들어댔던 거였어. 나를 뭐라고 부르든 상관없어. 인성 쓰레기라고 하든 말든. 그런데 난 거짓말은 안 한다고. 그러고서 그 이야기가 퍼지고 우리가 먼저 싸움을 걸었다는 소문이 나더라. 사실이 아니야. 아마 《NME》의 기레기 몇 명이 블러 팬이라서 그렇게 써댄 것 같아.

맥기 | 그 덕에 우리 몸값이 더 올랐어요. 잘나가는 복싱 선수가 한 급 낮은 애를 물고 늘어지는 것 같은 거예요. 같은 링에 올려주는 것만으로 비슷한 레벨로 인정받는 셈이죠.

노엘 | 인터뷰를 할 때마다 데이먼 얘기를 하게 됐는데, 그때 나한텐 자제력이라든지 생각머리란 게 별로 없어서 '이 말은 안 해도 됐는데' 같은 생각을 못 했어. 아마 블러도 똑같은 상황이었을 거야. 우린 잡지 에디터들한테 "오아시스가 표지에 나오나요?" 같은 질문을 받으면 아니라고 했지. 근데 그랬더니 우리가 안 하면 블러가 한다고 그러더라? 언론이 아주 모두를 가지고 논 거지. 조작된 게 아니라 실제 상황이었어. 우리가 한 말 중에 몇몇은 쓸데없는 소리였어. 당시에 나는 한껏 약에 취해 있어서 아무 말이나 내뱉었거든. 어떤 인터뷰가 기억나는데, 무대에 올라가기 전에 했던 인터뷰였어. 난 보통 인터뷰 초반에는 너무 거침이 없어서 언제 멈춰야 할지를 잘 몰라. 그러다가 "기타리스트는 나쁘지 않고, 드러머는 만난 적이 없고, 나머지 두 명은 뭐, 에이즈에나 걸려서 죽었으면 좋겠어"라고 해버렸어.

리암 | 그 발언은 너무 심하긴 했지? 안 그래? 나는 그냥 뭐, 손톱이나 부러져라, 종이 조각에 베어라, 새 뮤직비디오 찍을 때 코나 살짝 데여라 정도였다고. 난 걔들이 죽었으면 좋겠다고는 절대 생각 안 했거든.

노엘 | 그냥 냉소적으로 조롱하듯이 말한 거였는데 기자가 아주 못되게 글을 써버렸고 아주 난리가 나버렸지. 언론이란 것들이 다 그렇잖아? 그 여자는 내가 그냥 비꼬았다는 걸 분명히 알았으면서도 내 태도를 완전히 다르게 써버린 거야. 그래, 좋아, 씨발, 결국 내가 한 말은 맞으니까. 그래서 나중에 뭔 욕을 듣든 다 감당했던 거고.

리암 | 솔직히 사람들이 빡칠 일은 아니라고 생각해. 좆도 아니었어. 나도 걔들 싫어했고, 걔들은 우리가 입에 걸레 문 개새끼들이라 생각했겠지. 그게 다야. 난 우리가 걔들보다 낫다 생각했고, 걔들은 지들이 우리보다 낫다고 생각했을 거야. 그냥 말도 안 되는 다툼이었다고. 근데 또 난 즐겼어. 장난이잖아? 그렇다고 내가 밤마다 집에 가서 잠도 못 자고 블러 생각 했겠어? 걔들이야 맨날 우리 생각했겠지만.

노엘 ㅣ 지금 돌이켜 보니 그게 영국의 대중음악 역사에서 제일 큰 사건이었던 것 같아. 대단하다고 생각해. 온 나라가 음악에 뒤집어지다니. 음악 팬이라면 누구나 그리워할 만한 시절 아니겠어? 요새 음악은 쓰레기야. 차트에 온갖 무의미한, 언론에서 밀어주는 머저리들이 만든 끔찍한 노래들밖에 없다니까. 그런 노래는 또 어디 홈 카운티 지역의 무슨 창고 개조한 데서 쓴대. 작곡 팀이 있다나. 멍청한 애들이 만드는 멍청이 전용 노래들이야.

리암 ㅣ 그 시절에 우리 같은 밴드가 둘이나 있었다는 게 감사할 일이지. 안 그랬으면 너무 지루했을 테니까. 우리 아니었으면 셰드 세븐이랑 에코벨리Echobelly 뿐이었을 텐데, 말이 돼?

노엘 ㅣ 그때 정말 멋졌던 건 모든 일이 음악을 중심으로 일어났다는 거야. 차트에서 싸우고, 〈톱 오브 더 팝스〉에서 싸우고. 사람들이 다 편을 갈랐지. 오아시스냐 블러냐, 둘 중 하나를 골랐어야 했어. 학교에서나 운동장에서나, 2대8로 가르마 탄 범생이가 와서 "음, 난 둘 다 좋아해" 이러면 "닥쳐, 인마! 둘 다 좋아할 순 없어!" 이랬지. 난 그때 이탈리아 소렌토에 있는 호텔 수영장 옆에 앉아 있었는데 누가 전화해서 그러더라, "2위일 것 같아." 좀 아쉬웠던 게 기억나긴 해. 그렇다고 탁자 꽝꽝 두들길 만큼 극대노한 건 아니고, 그냥 아깝고 만 정도? 사실 차트 2위가 된다고 해도 별일 아니거든. 〈Wonderwall〉도 세상 어디에서도 1위를 못 했다니까. 그래도 우리 곡이 유명한 곡이 됐으니까 된 거지. 비틀스의 〈Strawberry Fields Forever〉도 엥겔버트 험퍼딩크Engelbert Humperdinck라는 듣보한테 밀려서 2위였으니까 부끄러워할 것도 없어. 그 시절은 정말 젊은 음악 팬으로서 살기에는 최고였어. 좋은 노래는 〈톱 오브 더 팝스〉에 나오고, 모든 사건이 뉴스에 나오고, 시상식에 나오고, 다들 뻔뻔하고 약 기운에 취해서 세상을 휘젓고…… 카사비안Kasabian, 리버틴스The Libertines, 레이저라이트Razorlight, 악틱 몽키스Arctic Monkeys, 더 코랄The Coral 같은 한 세대한테 대단한 영향을 줬지. 그래, 우리 싱글도 많이 팔았고. 하지만 진짜 중요한 건 《Morning Glory》라는 앨범이 지금까지도 명반으로 남았다는 거야. 지금은 데이먼이랑도 화해했고, 사이 좋아졌어. 이제 우리 다 친구로 지내. ❑

It was a brilliant and incredible time to be young and have a vested interest in the charts.

그 시절은 정말 젊은 음악 팬으로서 살기에는 최고였어.

OUT 30.10.95
oasis
European Tour Autumn 1995

October
Mon 2nd   Blackpool Empress Ballroom
Tue 3rd   Stoke Trentham Gardens
Thur 5th   Bournemouth International Ctr
Fri 6th   Gloucester Leisure Ctr
Fri 27th   Stockholm Erikdalshallen
Sun 29th   Copenhagen Grey Hall
Tue 31st   Brussels La Luna

November
Sat 4th   London Earls Court
Sun 5th   London Earls Court
Tue 7th   Paris Zenith
Wed 8th   Utrecht Music Ctr
Fri 10th   Berlin Huxley's
Sat 11th   Hamburg Grosse Freiheit
Sun 12th   Köln Live Music Hall
Tue 14th   Nantes Trocaderie
Wed 15th   Lille Aeronef
Fri 17th   Leicester Granby Hall
Fri 24th   Edinburgh Ingliston Ctr
Sat 25th   Whitley Bay Ice Rink
Sun 26th   Manchester Nymex Arena

All UK Shows Completely Sold Out

왓츠 더 스토리

노엘 | 사실 《Morning Glory》 앨범이 성공할 거란 생각은 못 했어. 마커스가 록필드에 와서 우리가 작업해 놓은 걸 가만히 듣다가 "이제 제법 진지해졌네"라고 했었지. 난 그렇게는 생각하지 않고 다른 곡들을 잔뜩 쓰기만 했는데, 마커스는 이제 내 작곡 능력이 정말 성숙해졌다고 표현했어. 물론 당연히 미성숙하기 이를 데 없었지만. 그때 내 노래를 들으면 다들 뒤로 넘어갔지만 난 그냥 덤덤했어. 사실 그게 맞다고 생각해. 다들 〈Rock 'n' Roll Star〉나 〈Cigarettes & Alcohol〉 같은 걸 기대했어서 더 놀랐던 건 아닐지. 두 앨범을 번갈아 들어보면 〈Supersonic〉이랑 〈Champagne Supernova〉는 차이가 꽤 커. 거기다 〈Wonderwall〉이나 〈Don't Look Back in Anger〉, 〈Champagne Supernova〉는 고작 1년 뒤에 나온 거거든. 두 앨범 사이에 연결고리 같은 게 빠진 느낌이랄까. 《Morning Glory》는 런던 남부에 있는 오리노코 스튜디오에서 믹싱했어. 페스티벌 투어 중이라 난 짬 날 때마다 비행기 타고 런던 와서 믹싱 작업에 참여했다가 그거 담긴 카세트테이프 들고 다시 투어하러 가고 그랬지. 그땐 우리가 가는 공연마다 폴 웰러도 라인업에 있었는데, 어느 날 투어버스에서 〈Morning Glory〉 노래 믹싱본을 들려줬었거든. 웰러는 듣고선 기타 솔로가 마음에 안 들었는지 기타를 치겠다는 거야. 그래서 런던에서 시간 맞춰 만났어. 근데 난 속으로 〈Morning Glory〉는 솔로 주지 말고 〈Champagne Supernova〉에 개쩌는 솔로를 부탁할까 했지. 그렇게 같이 택시 타고 스튜디오에 갔는데, 오언이 전날 코카인을 너무 해서 휴지에 둘둘 싸인 채로 기절해 있더라고. 웰러가 그 꼴을 보고 "마약의 그림자로군, 친구"라고 했다니까. 결국 웰러가 〈Swamp Song〉에 하모니카 불고, 〈Champagne Supernova〉에는 기타 솔로 넣고, 휘파람 소리 같은 것도 얹었어.

오언 | 난 그때 순 패닉 상태로 마스터링 작업을 했어요. 이거는 《Definitely Maybe》만 못하다 싶어서 초조하게 '하, 괜찮겠지? 괜찮을 거야' 하면서요.

노엘 | 사람들이 기억 못 하는 건, 그 앨범이 처음 나왔을 땐 평론가들한테 대차게 까였다는 거야. 음악계에서 진리처럼 떠도는 말이 있는데, 첫 앨범은 쓰는 데 10년 걸리고 2집은 10분이면 된다는 말이야. 1집이 성공하면 바로 다음 걸 내야 하잖아. 그래서 《Morning Glory》의 많은 곡은 1절, 후렴, 그리고 그 모든 걸 반복하는 형식이야. 2절이 없는 곡도 많고. "젠장, 또 스튜디오 들어가야 하잖아. 가진 곡 이 것밖에 없는데. 에라, 일단 해야지" 하면서 갔지. 요즘도 곡 하나하나를 붙잡고 끙 끙대다 보면 그 시절이 자주 떠올라. 그땐 아무도 뭐라 하는 사람이 없었거든. 사실 〈Wonderwall〉도 1절이랑 후렴 하나밖에 없다니까? 그나마 가사만 몇 개 바뀌는 수준이잖아.

리암 | 나는 《NME》 같은 것들이 우리를 이해 못 하는 게 당연하다고 생각했어. 걔네 잡지 절반 이상이 다 말도 안 되는 헛소리뿐인데, 걔들이 좋은 걸 알아보기 나 하겠어? 우린 완전 다른 차원의 존재였다니까. 난 롤링 스톤스나 비틀스 이후 로는 제대로 된 로큰롤이 안 나왔다고 생각했어. 근데 우리가 바로 그걸 한 거고. 《NME》는 그냥 패스트푸드 같은 음악이나 좋아하니까, 오히려 못 받아들여 줘서 고마울 지경이야. 중요한 건 듣는 사람이 알아들었냐는 거겠지.

노엘 | 사람들은 또 다른 《Definitely Maybe》를 기대하고 있었어. 난 평론에는 관심이 없어. 좋든 말든 상관없지. 내 작업물이 찬사를 받은 적도 없고. 《NME》는 그 앨범에 10점 만점에 6점 줬었어. 《Definitely Maybe》는 다들 9점 줬었거든. 근데 9점을 받았다는 사실이 그 앨범을 명반으로 만드는 건 아니야. 그 앨범이 성 공한 이유는 우리가 밴 타고 다니면서 전국 각지 무대에서 보여준 우리만의 기세 나 우리가 내뿜던 혼란스러운 에너지 덕분이겠지. 듣는 이들에게 전달됐을 테니까. 《사운즈》니, 《멜로디 메이커》니, 그딴 데서 쓰는 리뷰 따위는 아무 의미도 없는 것 들이야. 난 사실 그 앨범을 지금이라도 다시 녹음하고 싶어. 누가 허락만 해주면 그 럴 거야. 왜냐면 그때 그 곡들 다 급조된 거였거든. 16일 만에 다 녹음했다니까? 다 술에 꼴아서, 코카인에 절어서 싸움질하느라 정신 다 팔렸지만 정말 즐기면서 작업 했긴 해. 결국 그 앨범의 곡 자체가 중요하다기보다는 사람들에게 그 시절이 어떤 의미로 남았는지가 더 중요한 거야. 그러니 여태 살아남은 앨범이 됐겠지. 《Morn- ing Glory》는 역사상 가장 위대한 앨범 100위 안에 항상 포함되긴 하지만, 역사

상 최고의 음반인 건 역사상 최고의 음반이라서가 아니라, 역사상 최고의 음반이라
서야. 그걸 들었던 당시 사람들에게 어떤 감정을 줬는지가 핵심이지.

본헤드 ㅣ 그땐 정말 천하무적 같았어요. 뭘 만져도 다 황금으로 변할 것 같았고요. 그런데 그러다가도 순식간에 싸대기 한 대 맞는 거죠. 오, 아니, 아니, 우리 망할 수도 있어, 하면서요. 그래도 무대에만 오르면 그런 생각이 싹 사라지곤 했어요. 신랄한 리뷰를 읽고 착잡하다가도 관객이 공연에서 방방 뛰면서 모든 가사를 다 따라 부르는 걸 보면 '나쁘지 않은데?' 싶어지죠.

The record is not really about the songs, it is about the meaning people attach to those times.

결국 그 앨범의 곡 자체가 중요하다기보다는 사람들에게 그 시절이 어떤 의미로 남았는지가 더 중요한 거야.

노엘 | 발매 파티 날이 정말 또 하나의 대참사였어……. 도대체 어떤 새끼가 발매 파티를 아침에 잡아놨을까? 앨범 이름이 '모닝' 글로리라서 그랬나? 참 똑똑해, 천재 나셨어. 일어나 보니까 아침 10시야. 아, 씨발……. 우리 엄마도 파티에 왔고, 현악 사중주가 와서 곡을 연주하고 있었는데 그건 좋았긴 했어. 축구 경기는 기억 안 나고, 레코드 가게에서 했던 공연도 희미하게만 기억나. 아마 그때쯤에는 다들 만취 상태였을걸? 진짜 최악이었을 것 같네. 그날 밤 뭔 헛소리들을 지껄였을지 상상만 해도 끔찍해.

리암 | 내 기억에 난 멋진 재킷을 입고 있었고, 파티 장소에 얼음 조각상이 있었는데 되게 고급스러워 보였어. 오케스트라도 있었고. 음, 근데 한 줄 빠니까 여기가 어딘지 내가 누군지, 그렇게 되더라고.

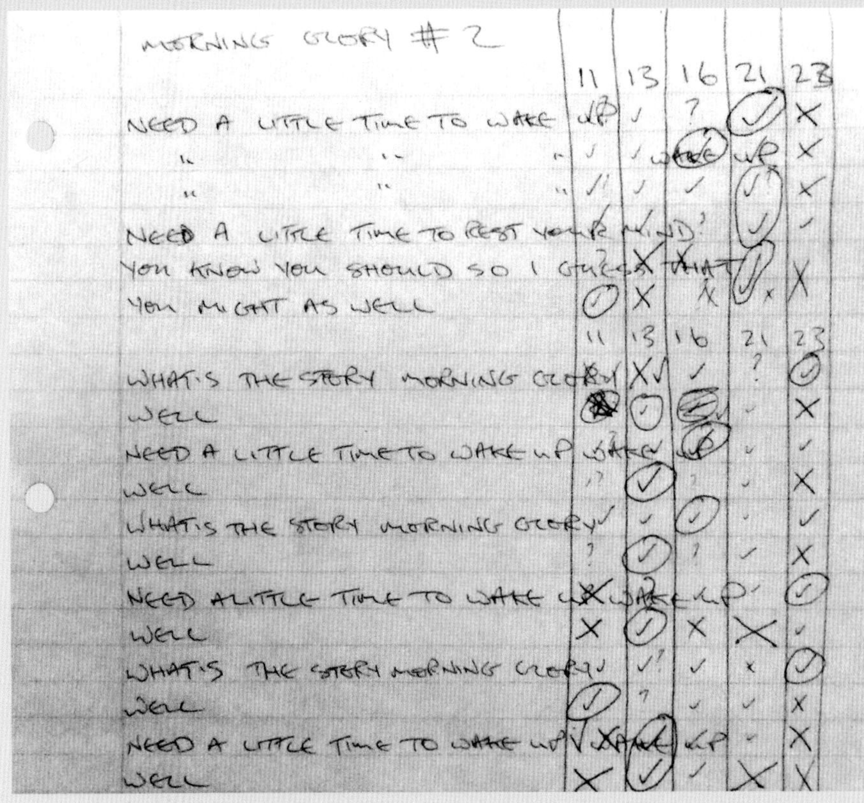

노엘 | 앨범 첫 싱글이 〈Roll with It〉이었으면 대단한 걸 기대하지 않는 게 맞지. 난 그 밴드 멤버였는데도 별 기대 안 했어.

오언 | 녹음할 때는 그냥 망치지만 말자, 《Definitely Maybe》만큼만 하자 싶었어요. 그런데 앨범 나오자마자 블러 얘기가 나오더니, 평론가들은 까대는데도 앨범이 존나 계속 계속 팔리는 거예요. 결국 나라 전체가 오아시스 국가라도 된 것 같았어요. 모든 사람이 앨범을 사는 것 같더라니까요. 이럴 줄 상상조차 못했죠. 우린 그저 망하지만 말라고 빌었으니까요.

노엘 | 전화를 몇 통 받았었지. 《Morning Glory》가 11주 연속 플래티넘을 달성했대. 40분쯤 뒤에 또 받아보니 이번에는 14주 연속이래. 난 속으로 '알았다니까, 나 축구 경기 봐야 돼. 어쩌라고, 잘됐네. 좋아. 잘했어. 새로 차나 뽑아라. 끊어' 하는 생각만 했어. 그러거나 말거나. 나는 앨범을 만들고, 그 앨범이 잘 뽑힌다면 그걸로 됐어.

코일리 । 환상적인 앨범이죠, 《Morning Glory》는. 근데 전 오아시스의 대표 앨범은 《Definitely Maybe》라고 생각해요. 그 두 앨범은 사운드가 전혀 달라요. 그 다르다는 점이 난 가장 훌륭하다고 생각했죠. 정말로, 제일 대단한 거예요.

노엘 । 그 앨범이 나왔던 주에 공연한 게 기억나는데, 《Morning Glory》에 들어 있는 노래를 연주하려고 악기에 케이블을 꽂자마자 관객들이 벌써 가사를 다 외더라니까. '와, 존나 끝내준다. 진짜로 끝내준다.' 《Definitely Maybe》는 사람들한테 스며드는 데 한참 걸렸거든. 투어를 한참 돌고서야 사람들이 가사를 외우더라니까. 이번엔 순식간이었고. ◻

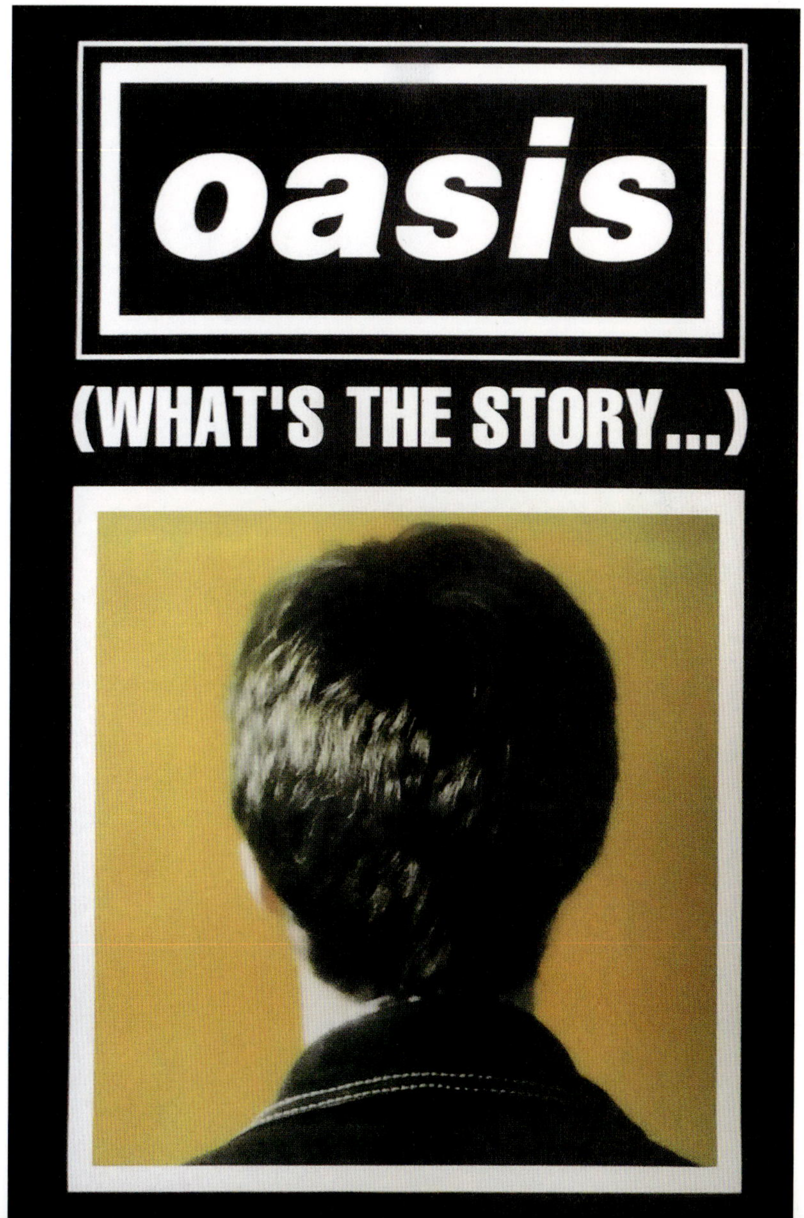

노엘 | 브릭스턴 아카데미에서 합주하고 나랑 귁시는 택시를 타고서 같이 집에 가고 있었거든. 택시 안에서 귁시는 창밖만 보더라고. 등 돌린 채로 말도 안 하고. 근데 난 뭐 별생각 없었어. 말했잖아, 난 고양이 성격이라 그런 거 신경 안 쓴다니까? 그냥 그게 귁시 성격이란 말야. 오벌 경기장 지나던 길이니까 속으로 크리켓 생각이나 했겠지. 다음 날 합주하러 가니까 귁시가 안 와. 30분쯤 기다리던 게 한 시간, 두 시간이 돼도 안 오는 거야. 그러더니 마커스가 와서 말하더라. "귁시가 밴드 그만두고 싶대." 그땐 나도 "씨발, 망했다" 했어.

본헤드 | 처음엔 눈치를 못 챘어요. 어느 순간 갑자기 귁시가 아예 투어를 못 다니겠다는 거예요. '뭐야, 무슨 일이야?' 싶었죠. 약간 무너졌나 보더라고요. 그러고 자책했죠. 아, 우리가 너무 멍청해서 친구 상태가 안 좋은 것도 몰랐나? 그런 건 하루 아침에 벌어지는 게 아니라 서서히 쌓여서 결국 펑 하고 터지는 거니까요. 귁시도 그랬던 거 같아요. 계속되는 투어랑 성과를 내야 한다는 압박감, 그게 한꺼번에 쌓였던 거죠. 그런 성격이 아니었거든요, 걔는.

리암 | 귁시는 유명세를 별로 안 좋아했던 거 같아. 나? 나야 그런 거 존나 좋아했지. 유명해지는 거, 미친 듯한 상황들, 난 다 받아들였어. 근데 귁시는 그냥 조용한 애였고, 되게 부드러운 녀석이었어. 뭐가 터질 거면 걔가 제일 먼저일 거라고 나는 태어나기도 전부터 생각했을 정도야. 내가 너무 나쁘게 몰아붙였나? 그런데 귁시는 조금 무너지고 있었는지도 몰라. 무대에 서는 것도 점점 무서워졌을지도 모르고. 아니면 대마를 너무 피웠나? 그냥 숨 돌릴 시간이 필요했나? 뭐 진실은 걔한테

직접 물어봐야 알지. 우리끼리는 그런 얘기를 딱히 나눈 적 없으니까.

노엘 | 귁시는 섬세한 사람이야. 주위가 정신없고 혼란스러우면 그냥 딱 마음을 닫아버려. 귁시는 신경쇠약으로 고생했었어. 그, 록 스타들 으레 겪는 거. 신경이 지쳐서 힘든 건지, 피곤해서 신경이 날카로운 건지 나도 모르겠다니까. 난 그런 거 안 겪어봤는데, 진짜 우스운 거더라.

리암 | 걔는 나나 노엘이나 본헤드처럼 미친 타입은 아니었지. 늘 조용한 애였어, 그게 걔 스타일이었고. 가끔 술 한두 잔 마시고는 "나 이제 간다" 이러는 게 다였으니까. 어쩌면 걔한테는 이 모든 게 너무 힘들었나 봐. 아니, 우리 모두에게 휴식이 필요했는지도 모르겠네. 그때 귁시는 좆같다고 생각한 거고.

본헤드 | 우리가 잠깐이라도 쉬었어야 했을까요? 노엘은 늘 계속 밀어붙여서 일하고 일하고 또 일해야 된다는 마인드였어요. 아휴, 우리 진짜 열심히 했거든요. 그게 우리 방식이었죠. 한 도시에서 공연하고, 또 다른 도시로 이동하고, 그다음 도시로 또 가고, 며칠 후엔 다시 원래 도시로 돌아가고, 사람들이 우리 잊어버리기 전에 또 하고. 그걸 계속 반복한 거죠.

노엘 | 그땐 인터넷도 없고 소셜미디어도 없었잖아. 우리 매니지먼트 방식은, '밴드를 성공시키려면 발로 뛰어야 한다'였어. 우리도 그게 좋았지. 공연을 못 하는 밴드도 아니고, 무대에 서는 걸 불편해하지도 않았으니까. 우리가 누구고 뭘 잘하는지도 정확히 알았고. 마지막까지도 계속 그렇게 했다고. 투어, 또 투어, 또 투어. 그게 밴드를 빵 터뜨리는 방법이었어. 체력적으로는 빡셌지만, 쉬는 건 쉬는 시간에 하면 되는 거니까.

A couple of weeks off wouldn't have done anyone any harm.

2주쯤 쉰다고 무슨 일이 나지도 않았을 텐데.

리암 | 나도 투어는 좋았는데, 가끔은 '야, 이건 좀 쉬어야겠는데?' 하는 상황이 있었지. 한동안 그렇게 열심히 굴렀으면 잠깐은 쉬기도 해야 했어. 투어 중에도 상태가 별로면 그냥 쉬어야 돼. 목이 나가든, 정신이 나가든 간에. 2주쯤 쉰다고 무슨 일이 나지도 않았을 텐데. 근데 그때는 할 수 있는 데까지 존나 쥐어짜내고 그랬어. 다 말아먹기 전에 달려야 하는 줄 안 거지.

본헤드 Ⅰ 맞아요, 그렇게 하다 보면 결국 희생자가 생기기 마련이죠. 안 그래요? 리암 목도 망가졌고요. 근데, 그렇다고 해서 매일 밤 10시에 자러 갈 순 없잖아요. 그럴 수 있겠냐고요. 어차피 한 번 사는 인생인데 미친 듯이 즐겨야죠. 우리는 진짜로 그랬었고요.

리암 Ⅰ 밴드라는 세계 안에 사는 건 좋았지, 근데 그래도 그냥 해변에 누워서, 내가 번 돈으로 휴가 한번 가고 싶다는 생각이 들긴 했어. 쉬는 게 꼭 맨체스터 돌아가서 친구들이랑 술 마시고 코카인 하는 일만 있는 건 아니잖아. 이 상황에서 잠깐 벗어나서 충전하고 싶다는 생각도 들지. 매일 술 마시고 담배 피우고 사니까, 그런 것도 좋긴 하지만 리셋이 필요할 때도 있어. 그런 시간이 없으면 결국은 누구한테 뭐 던지고 싸우게 되고, 사람들은 '얘네 진지하게 안 하네' 하면서 욕하지. 아니, 난 진짜 쉬어야겠다고. 피냐 콜라다 한 잔 들고 해변에서 좀 쉬는 거 몰라? 물론 거기서도 사고는 쳤겠지. 아무리 외딴섬에 갖다놔도 난 의자라도 집어 던졌을 테니까.

노엘 Ⅰ 우린 진짜 누가 좀 와서 "자, 이제 이걸 하시오" 하면서 처칠이 연설하듯 멋지게 훈계해 주길 바랐던 것 같아. 딴소리 말고, 가서 인생을 살아, 어쩌고저쩌고, 하는 식으로. 근데 그런 게 있을 수가 있겠어? 지금 생각해 보면 진짜 웃긴 게, 내가 세계에서 제일 잘나가는 밴드에 속했을 때도 집이 없었어. 그때도 나는 세인트 존스 우드에서 월세 내면서 살았어.

리암 Ⅰ 밴드 안에만 있다보면 매니저들한테 기대게 돼. 근데 걔네는 그냥 돈만 아는 애들이야. 우리도 그냥 '잠깐 쉴게' 하고 집 하나 사서 햇빛이나 쬐고 앉아 있을 수도 있었어. 근데 그걸 안 하고 '그래, 내가 모르는 어떤 등신이 우리 차를 운전하게 둘 바엔 절벽으로 가더라도 내가 몰고 가지' 이런 마인드였던 거지. 끝에 망치게 되더라도 내가 하든 우리 애가 하든, 우리가 직접 하는 게 낫다고 생각했던 거야.

본헤드 Ⅰ 정말로 피곤할 때도 많았고, 정신없는 날의 연속이었어요. 집에는 거의 못 있고, 계속 투어하면서 공연, 공연, 공연만 했어요. 오아시스 공연 기록 보면 정신없다고밖에 설명이 안 돼요. 그리고 그 사이에도 쉬는 날은 거의 없었어요. 여기서는 뮤직비디오 찍고, 저기서는 텔레비전 쇼 나가고, 이것도 하고 저것도 하고 왔다 갔다 하면서……. 스튜디오에도 들락날락했다니까요.

리암 Ⅰ 진짜 꽉 찬 스케줄이었어. 그래도 우리 중에 누구 하나 재활원에 들어가거나 병원에 실려간 적 없이 아직도 정신 멀쩡하게 살아 있다는 게 나는 진짜 자랑스러워. 근데 다른 새끼들은 다 집에 발 뻗고 앉아가지고, 가족이랑 돈 세고 앉아 있잖아. 우린 원숭이들마냥 투어 돌면서 미쳐가고 있었고. 한 세대에서 가장 중요한 밴드로 산다는 게 원래는 산책하듯 쉬운 일이 되어야 하는 건데. 그래야 되는데. 근데 존나 많은 일이 쏟아졌고, 그걸 어떻게 감당하는지가 결국 진짜 실력인 거지. 요새 나오는 밴드나 유투, 콜드플레이가 우리가 겪은 절반만 겪었어도 다 정신병원으로 기어갔을걸? 난 우리에게 닥친 그 모든 일도 자랑스럽고, 우리가 그걸 잘 버텨냈다는 것도 자랑스러워. 우리 중에 누구도 정신병원이나 재활원에 가지 않은 것도. 존나 멋지잖아.

노엘 | 지금 와서 생각해 보면 난 진짜 하루도 안 쉬었던 것 같아. 투어 중에 하루 비면 라디오 방송 가서 어쿠스틱 세션 하고, 하루에 인터뷰 네다섯 개씩 하고. 근데 난 투어 중에 쉬는 날도 싫어해. 존나 지루하거든. 지구를 두 바퀴쯤 돌고 나면, 솔직히 시애틀 같은 데는 볼 것도 없고. 도쿄 외곽은 뭐 할 게 있기는

It was hard, it was graft, but when you are on the way up, it's exciting.

물론 힘들었지, 할 일도 많았고.
근데 점점 몸값이 오르는 중일 땐 그게 또 짜릿했어.

해? 차라리 일을 줘. 일하는 게 훨씬 나아. 물론 힘들었지, 할 일도 많았고. 근데 점점 몸값이 오르는 중일 땐 그게 또 짜릿했어. 아, 그때 참 신났었지. 바로 다음 주에 무슨 일이 일어날지 모르고, 어디서 누구를 만날지 모르잖아. 갑자기 테니스선수 존 매켄로 만나고, 또 어느 날은 갑자기 토킹 헤즈Talking Heads를 만나기도 했고.

리암 | 돌아보면 다 좋아, 그치? 오아시스는 말 그대로 지금 이 순간을 살아가는 밴드였어. 계획 같은 거 없이 그냥 하루하루 살아가는 거. 그래서 더 멋졌던 거야. '그때 누가 이런 얘기해 줬으면……' 하는 사람들은 다 가식적이야. 우린 진짜 아무것도 모르고 아슬아슬하게 계획도 없이 냅다 구른 거지. 다음 날 어디 있을지도 모르고, 뭘 할지도 모르면서도 그게 오히려 짜릿했다고. 계획 따위 없었다는 게 바로 이 모든 것의 묘미였어. ◻

여친이 보고 싶어서

노엘 | 우리는 '아이고, 불쌍한 우리 귁시' 하는 성격들이 아니었어. "됐다 그래. 우리도 바빠죽겠는데" 하고 넘기려 했지. 소식 듣자마자 친구들 중 한 명이었던 스콧 매클라우드Scott McCleod한테 바로 연락했어. 드라마가 따로 없었다니까.

본헤드 | 스콧 매클라우드는 예전에 같이 공연도 했었던 야야스YaYa's라는 밴드의 멤버였어요. 생긴 것도 괜찮고 베이스도 잘 쳤고요. 좋잖아요. 안 그래요? "오아시스에서 베이스 칠래?" 하면 "아, 씨발, 당연하지" 할 수밖에요.

노엘 | 그 친구를 기차역에서 만났던 게 기억나. 아마 리암이랑 같이 갔던 것 같은데 기자 놈들이 잔뜩 몰려와 있었지. 올덤 출신 그 평범한 애가 베이스 메고 기차에서 내리자마자 근방이 바로 아수라장이 됐어.

우리는 합주 좀 하다가 바로 미국에 갔을 거야. 공연 몇 개 하고, 〈데이비드 레터맨 쇼〉에 나가려고 뉴욕 가는 길에 버스 맨 앞쪽에 앉아 있었거든. 그때 매기, 아, 매기한테는 우리가 갖은 지랄을 다 했었어. 아무튼 매기가 내가 있는 앞쪽으로 오는 거야. 그땐 이미 밤이 늦은 시간이었는데. 난 그냥 거기 앉아서 담배나 뻑뻑 피우면서 "영국 가면 침팬지를 몇 마리 데려올까, 로켓은 몇 대 살 수 있을까?" 이러고 있었거든? 근데 매기가 오더니 웃으면서 그러는 거야. "무슨 일이 있었는지 짐작도 못 할걸? 스콧이 밴드 그만두고 싶대."

매기 | 진짜 이상했어요. 공연 마치고 스콧이 갑자기 할 말이 있다더니 "나 이제 못 하겠어요. 집에 가고 싶어요" 하는 거예요. 그래서 "이제 막 오아시스에 들어온 건

0A
1
1A
2
2A

6   KODAK 5063 TX
7   KODAK 5063 TX
8   KODAK 5063 TX
6
6A
7
7A
8
8A

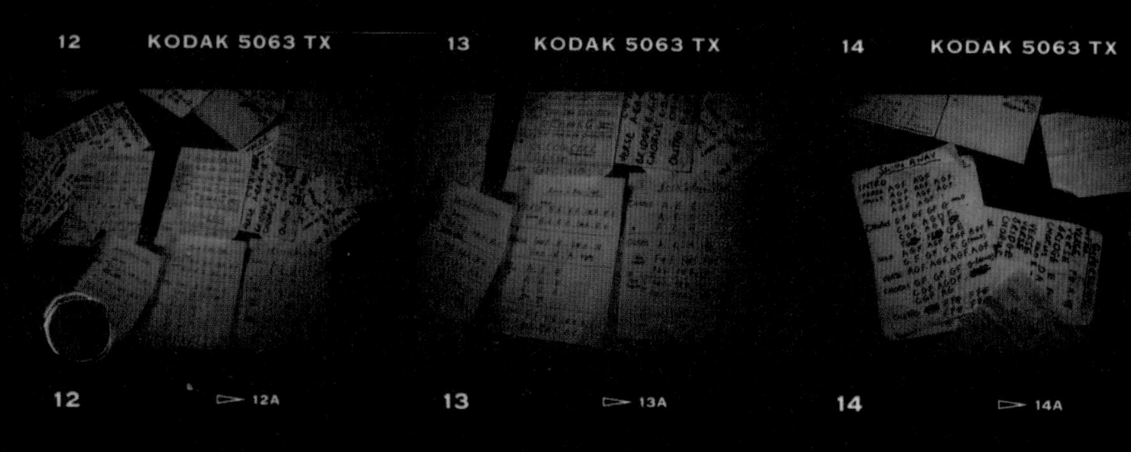
12   KODAK 5063 TX
13   KODAK 5063 TX
14   KODAK 5063 TX
12
12A
13
13A
14
14A

18   KODAK 5063 TX
19   KODAK 5063 TX
20   KODAK 5063 TX
18
18A
19
19A
Fr 20a scanned @ 35 m
FOR OASIS FILM

3   ▷ 3A
4   ▷ 4A
5   ▷ 5A
9   KODAK 5063 TX
10   KODAK 5063 TX
11   KODAK 5063 TX
Fr 10a scanned @ 35 mb G/S
FOR OASIS FILM - JUNE 16
9   ▷ 9A
11A
KODAK 5063 TX
16   KODAK 5063 TX
17   KODAK 5063 TX
Frame 16 scanned @
20 MB G/s MAY 14
▷ 15A
▷ 17A
21   KODAK 5063 TX
22   KODAK 5063 TX
23   KODAK 5063 TX
21   ▷ 21A
22   ▷ 22A
23   ▷ 23A

데, 대체 왜 그래요?" 했더니 집이 그립대요. 집이 그립다니 그게 뭔 소리냐고요.

노엘 | 그 친구는 리암이랑 나랑 계속 술 퍼마시고 싸우는 걸 감당 못 한 거야. 그리고 그 싸움 열 번 중 일곱 번은 최고의 크리스마스 노래가 뭔지에 대한 논쟁으로 번졌거든. "아니, 당연히 존 레논의 〈War Is Over〉 아냐?" "슬레이드가 부른 건 어쩌고?" "아, 슬레이드는 쓰레기야." "뭔 소리야! 슬레이드 존나 좋거든?" 진짜로 이랬을걸? 어쨌든 그 친구가 했던 말, 아직도 생생해. "나, 그냥 내 여친이 보고 싶어."

리암 | 할 수 있는 사람이 있고, 못하는 사람이 있는 거야. 걔는 그냥 '아 이건 내 길이 아닌갑다' 한 거지 뭐. 아니면 걔 여친이 존나 예뻤거나. 우리랑 어울리는 게 잘 안 맞았나 봐.

노엘 | 〈데이비드 레터맨 쇼〉 촬영장에 가는 길이고, 신경쇠약으로 빠진 베이시스트 자리 메꾸러 온 놈마저 이제 못하겠다는데, 웃음이 나오더라. 나랑 본헤드랑 리암은 그랬어. "우린 세상에서 제일 가는 개새끼들인가 봐. 그러니까 친구 한 놈은 집구석에서 크리켓 경기나 보고 앉았고, 또 한 놈은 영국 가면 실업수당이나 받아야 할 놈이 도저히 우리랑은 밴드를 못하겠다잖아. 우리 대체 뭐 하는 새끼들이지? 진짜 개자식들인가?" 그러고 셋이 존나 취해서 하이파이브나 했지 뭐.

본헤드 | 그렇게 스콧이 떠났어요. 투어의 열기, 장기 비행, 그런 걸 다 감당 못 한 거겠죠. 왜 못했을까요? 공연 네 번이었는데 그리 힘들 것도 없었는데요.

노엘 | 마커스가 그냥 일정을 다 취소하자는 거야. 난 "오, 무슨 개소리야! 절대 안 돼!" 했었고. 그런 건 우리 방식이 아니었다고. 걔가 못하면 다른 애를 데려오면 그만이야. 본헤드가 일어나서 뭔 일이냐길래 스콧이 도망갔다고 했지. "뭐?" "집으로 튀었다니까." "그럼 방송은 어쩌고?" "네가 베이스 치면 되지."

본헤드 | 공연도 연달아 잡혀 있었고 〈데이비드 레터맨 쇼〉 출연까지 예정되어 있었는데요, 그 방송은 정말로 큰 건이었어요. 놓칠 수 없는 기회였죠. 그래서 상황이 "본헤드, 베이스 칠 줄 알아?" 이렇게 됐어요. 씨발, 당연히 베이스 칠 수 있죠. 그래서 우린 뉴욕으로 가서 〈레터맨 쇼〉에 나갔어요. 내가 베이스를 쳤고요. 꽤 훌륭했어요. 베이스도 할 만하더라고요. 잘 끝났죠.

리암 | 난 한 번도 데이비드 레터맨이 웃기다고 생각한 적이 없어. 근데 그 장소는 비틀스가 〈에드 설리번 쇼〉에 나갔던 곳이거든. 우리도 그때 존 레논이 서 있던 구석 자리에 서 있게 됐는데 진짜 좋았지. 그런 방송에서 제일 좋은 점은 사실 믹싱이 끝내준다는 거야. 미국 방송국에서 믹싱하는 사람들 실력이 죽여줘서 모든 게 더 좋게 들리거든. 영국 방송에 나가면 뭔 사운드가 동네 파티 수준이야. 무대에서는 완전 잘해도 나중에 들어보면 다른 밴드 소리 같다니까. 그래서 난 미국에서 텔레비전 쇼에 나가는 게 좋았어. 우리 라이브랑 비슷하게 녹음돼서 좋았지.

노엘 | 내가 제일 짜증 났던 건, 스콧이 나한테 가죽 재킷을 빌리고 안 돌려준 거야. 리바이스 거였는데 존나 이뻤다고! 근데 걔가 가져갔어. 그게 나한텐 제일 속상한 일이었지. 〈레터맨 쇼〉는 상관없었어. 어차피 잘했을 거였으니까. 그러니까 내 재킷 내놔라, 이 자식아. ◻

노엘 ㅣ 다시 영국에 돌아왔고, 공연도 많이 잡혀 있었어. 모든 공연이 매진이었고, 진짜로 엄청난 공연이 될 거였는데 우리는 베이시스트가 없는 상태인 거야. 내가 그때 어디 살았는지 기억은 안 나는데 전화가 왔어. 받아보니 스콧이더라고. "생각 해 봤는데 내가 실수한 것 같아." "실수 맞지, 미친놈아." "다시 생각해 보니 할 수 있겠어." "버스 떠났다, 가라."

본헤드 ㅣ 난 진지하게 사람들이 나보고 베이스 치라고 할 줄 알았어요. 설마 했죠. 우리 같은 밴드가 얼스 코트에서 4인조로 이틀간 공연한다고요? 말이 안 되잖아 요, 그건.

노엘 ㅣ 우린 퀵시한테 먼저 물어봤어. "이 공연 할 거야, 말 거야?" 어쨌든 그 공연 은 무조건 할 거였어. 우리 엄마한테 베이스를 치게 해서라도 공연은 할 거였다고. 그때 좀 웃긴 제안들도 있었는데, 나도 살짝 흔들렸던 건 브루스 폭스턴Bruce Foxton이 자기가 베이스 쳐주 겠다고 연락한 거야. 그때 웰러 빡치게 하려고 그러겠 다고 할까 싶기도 했지.● 그래도 "미안한데 그건 안 되겠어요"라고 했지. 피터 훅Peter Hook도 연락 왔었 어. 그래도 난 "진짜? 장난해? 에이, 됐어" 이랬었고.

● 브루스 폭스턴은 영국의 밴드 더 잼 의 베이시스트였다. 더 잼의 프론트맨이 었던 폴 웰러는 1982년 밴드를 일방적 으로 해체한 뒤 재결합을 거부하며 폭 스턴과 소원한 관계를 이어갔다. 따라서 웰러와 가까웠던 오아시스에 폭스턴이 합류한다는 제안은 웰러를 자극할 만한 아이러니한 상황이었다고 할 수 있다.

본헤드 ㅣ 진짜로 누구든 섭외해 올 수 있었어요. 우린 오아시스였잖아요. 원하는 베이시스트 아무나 찍어도 다 왔을 거예요.

*If my fucking mam
has got to play bass,
I'll teach her to play
the bass, that gig is
happening.*

우리 엄마한테 베이스를 치게 해서라도 공연은 할 거였다고.

노엘 | 퀵시는 약 먹으면서 복귀했어.
예전이랑 그대로더라고.

본헤드 | 그냥 메시지 하나 받았죠.
"퀵시가 공연 하겠대." 뭐라고? 퀵시
가 진짜 돌아온다고? 와, 할렐루야!

리암 | 우린 그런 거 신경 안 써. 그냥
"잘 쉬다 왔냐, 새끼야." 한마디 던지고 끝이었어. "어디 갔다 왔냐?" "나간 줄도 몰
랐는데? 번아웃이었다고? 언제?" 이런 분위기였어. 걔가 돌아왔다고 해서 레드카
펫 깔아주고 그러지도 않았어. 아마 걔한테 대마초 몇 대 말아줬나? 안 그랬을 수
도 있어. 그러다가 또 걔 정신 없어지면 안 되니까. "그래, 이제 왔으니까 하던 거
마저 하자."

노엘 | 솔직히 말해서 나랑 리암이랑 본헤드는 지금까지도 꽤 단순한 놈들이거든.
우린 막 다른 사람 챙겨주는 밴드가 아니었어. 그렇게 감성적인 건 질색이야. 멤버
중 한 명이 상태가 안 좋다고? 아니, 보드워크 구석에서 연주 안 하게 된 걸 감사해
야지. 모든 건 적자생존이야. 내 입장에서 말하자면 책임은 내가 제일 컸지. 노래
내가 다 쓰고 창작 관련된 것도 다 내가 결정했으니까. 나라고 베이시스트 기분이
어떤지 살필 여유가 있었겠냐는 말이야. 자기 기분은 알아서 챙겨야지.

근데 베스트 시나리오로 퀵시가 다시 온다고 해도, 걔가 자기 인생에서 제일 거
대한 공연을 할 상태가 됐을까가 문제였지.

본헤드 | 난 정말 기대하고 있었어요. 브라스 섹션도 있고, 그랜드피아노에 오케스
트라에, 오프닝 밴드로 부틀레그 비틀스Bootleg Beatles가 서기로 했었거든요. 공
연 전체 바이브가 진짜 좋았어요. 정말 기대하고 있었으니까요. 난 항상 공연 직전
에, 백스테이지에서 나와서 로비 쪽으로 나가서는 관객이 입장하는 모습을 보는 걸
좋아했어요. 그리고 다시 백스테이지에 갔다가, 객석 불 꺼지고 서포트밴드가 공연
할 때 맨 위층에 올라가서 관객들 바라보는 게 정말 좋았죠. 빠져들더라고요.

팀 | 걔들은 2년간 단 한 번도 멈추지 않았어요. 거기까지 올라갔을 때는 기세가
말도 안 되게 대단했었죠. 내 인생 최고의 기억 중 하나가, 얼스 코트 공연 첫날에
멤버들이랑 무대 올라가기 전에 길을 쭉 같이 걸었던 순간이에요. 그때 리암한테

EARLS
EARLS COURT
oasis

COURT
oasis
© Jill Furmanovsky

KODAK 5063 TX
100
101
yes
Jill Furmanovsky

15A
16
16A
17
17A
18
K
K 5063 TX
22
KODAK 5063 TX
23
KODAK 5063 TX
24
K
21A
22
22A
23
23A
24
K 5063 TX
28
KODAK 5063 TX
29
KODAK 5063 TX
30
27A
28
28A
29
29A
30
K 5063 TX
34
KODAK 5063 TX
35
KODAK 5063 TX
36
K

기분이 어떠냐고 물어봤었죠. 관중 수만 명이 바로 앞에 있는 상황이었는데 걔가 뭐라고 했게요?

리암 | "또 하루 벌어 한 푼 모으는구나."

본헤드 | 그날 무대는 정말 의미 있었죠. 사람들이 우리 욕 많이 했거든요. "쟤넌 금방 소진될 거야. 1년도 못 갈걸? 금방 사라질 거야." 그렇게 말한 사람들한테 보란 듯이 보여준 공연이었어요. "자, 봐라. 이게 우리다."

개기 | 정말 대규모 공연이었어요. 얼스 코트에서 열린 스탠딩 공연 중에 규모가 가장 컸을걸요? 관객이 2만 명 가까이 입장했어요. 근데 동네 사람들은 너무 시끄럽다고 싫어했어요.

노엘 | 어느 순간부터 사람들이 막 점프하니까, 그 움직임 때문에 땅이 흔들리기 시작했어. 근처 주민들이 지진인 줄 알고 항의까지 했지. 사실 그때 ⟨Cigarettes & Alcohol⟩이 시작돼서 그렇게 됐던 건데. 정말 믿기지 않을 정도였지. 근데 몰랐던 사실은, 그때 카사비안의 톰이랑 서지가 당시 열네 살, 열다섯 살이었는데 그 공연에 왔었대. 부모님이 공연 끝나고 데리러 왔다더라고. 우린 나중에 친해졌는데 걔들이 그랬어. 그 공연 덕분에 음악의 불씨가 피어오른 것 같다고.

개기 | 동네 민원이 잔뜩 들어왔었죠. 동네가 동네였으니 더 그랬을 거예요. 첼시 사람들이잖아요. "저녁 먹고 있는데 촛대가 테이블을 가로질러 움직였다니까."

본헤드 | 얼스 코트에서 우리 같은 태도로 관객 반응을 이끌어낼 수 있는 밴드는 드물어요. 사실 우리 무대는 좀 칙칙하니까요. 조명이 요란해서 다행이었죠. 우린 무대에서 뭘 별로 안 하잖아요. 리암만 여기저기 좀 돌아다니고, 걔야 뭐 멋있었지만 관객은 아주 미쳐버렸죠. 위험했던 구석도 많았다고 생각해요. 사람들도 "이 다음에는 뭔 일 나는 거 아냐?" 했을걸요? 무대 위에 있을 때도 무섭던데요? 사실 무슨 일이 일어나도 이상하진 않았죠. 백스테이지 분위기가 훈훈했는데 무대 위에서는 안 그랬어요. 그 분위기에, 음악에, 무대 위 존재감까지 더해지니 관객 반응이 좋을 수밖에요.

노엘 | 그 공연 진짜 좋았지. 내가 인터뷰 중에 그게 역대 최고의 공연이라는 헛소

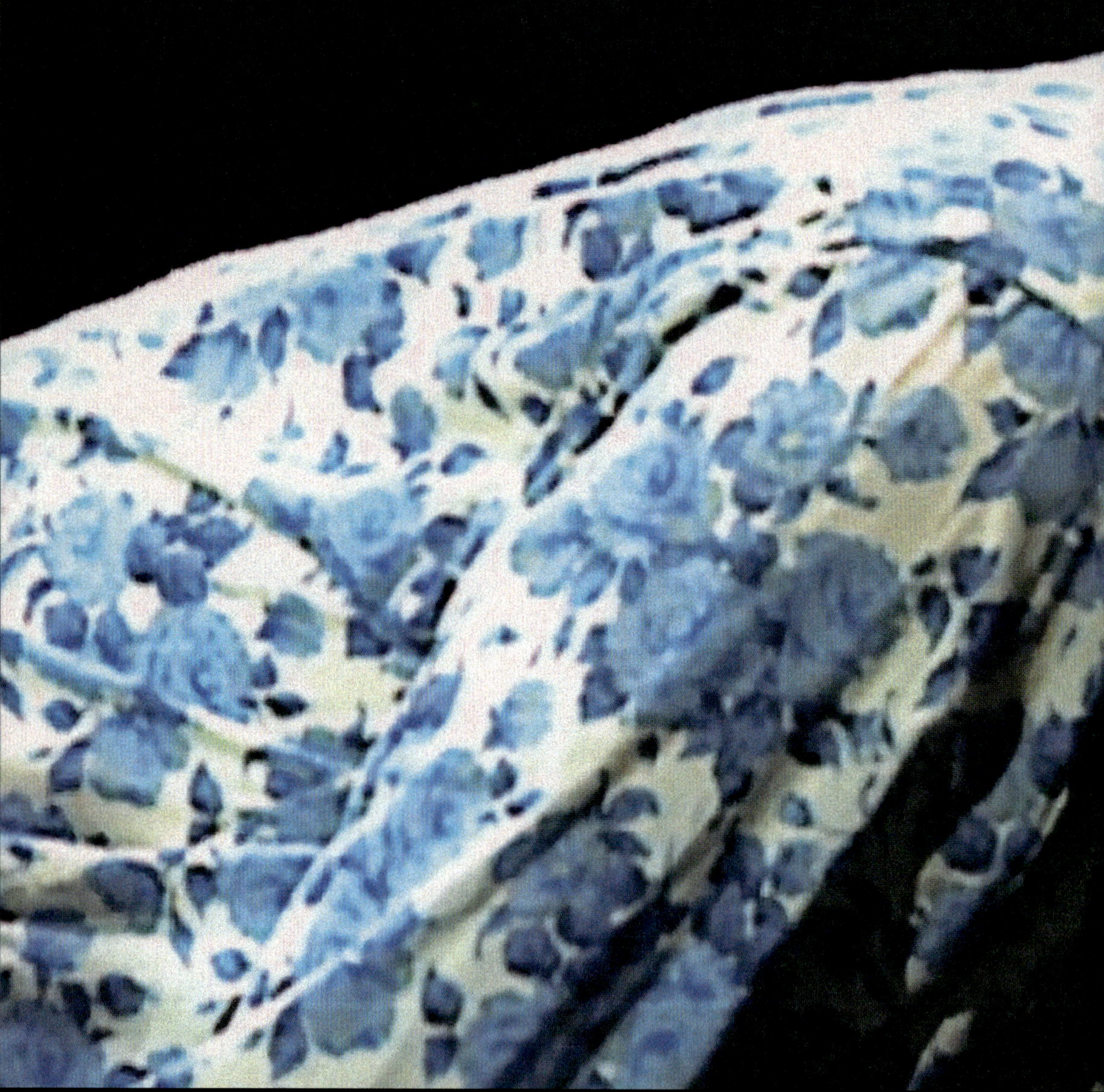
I would just be
stood completely
fucking still,
like a boxer...

그저 가만히 서 있는 거지. 복싱 선수처럼.

리도 했을 거야. 근데 당시에는 진가를 잘 몰랐고, 그냥 큰 공연이라고 생각했어. 난 그 공연에 보노Bono가 온 것도, 마돈나Madonna가 온 것도, 엘튼 존Elton John 이 온 것도 몰랐어. 나중에 기사 보고 알았으니까. 난 어떤 공연은 나중에 텔레비전으로 보고 떠올리기도 해. 뭐, 끝나고 나서 한 며칠 술에 절어 있어서 그랬겠지. 공연이 끝나고 〈Hey Jude〉를 틀어준 적이 있었거든. 대기실에 갔다가 나오니까 관객들이 그대로 남아서 노래를 따라 부르고 있더라. 그 공연 분위기는 뭔가 기념하는 것 같았을 정도야.

리암 ㅣ 그때는 어떤 공간에 들어간 것처럼, 그 혼돈 속에서도 완벽하게 가만히 서 있을 수 있었어. 애들은 날뛰고 있고 소리에 귀가 터질 것 같고, 기타가 으르렁대는 와중에도 그저 가만히 서 있는 거지. 복싱 선수처럼. 정말 기분 최고라고 생각했어. 순도 100퍼센트의 통제 속에 주변의 광기에 넘어가지도 않고 손끝 하나 움직이지 않는 거야. 그런 순간을 겪잖아? 내 주위가 다 미쳐 있는 와중에 고요히 서 있는 체험은, 열반 같은 거야. 하늘을 뚫어버릴 것 같아. 말도 안 되는 기분이지. ◻

스타 중의 스타

노엘 | 유명인들이 공연에 오기 시작했어. 뉴욕 공연이 있었는데 그 공연에 존 매켄로가 듀란 듀란Duran Duran이랑 같이 대기실에 온 거야. 그 사람들이 들어올 때 난 밖에 나갔어. 내가 존 메켄로를 싫어해서가 아냐. 난 존 메켄로든 듀란 듀란이든 존나 좋아해. 근데 그냥 할 말이 없더라고. 그래서 리암한테 떠넘기고 도망갔어.

리암 | 존 메켄로 왔던 거 기억나. 존나 쿨한 사람이지. 데이브 게한David Gahan도 왔었어. 좀 무섭긴 했는데 괜찮은 사람이더라.

제이슨 | 배우, 모델, 팝스타, 록 스타 같은 사람들이 우리 공연에 오겠다고 하는 순간 분위기가 완전히 달라져요. 색다른 사람들, 낯선 아이디어에 둘러싸이는 거죠.

노엘 | 공연하고 나서 케이트 모스, 조니 뎁이랑 나가게 됐었지. 아마 조니가 우리한테 그랬어. "너희 내일 밤에 클럽 공연 하는 거 어때? 프라이빗 공연이야." 그때 리암이 같이 차에 안 탔다면 그 공연은 안 했을 텐데 걔가 "그래, 그래. 하지 뭐" 이래버린 거야. 난 짜증도 났고 진짜 하기 싫었어. 뭔 크기는 신발 상자만 한 데서 공연을 왜 해? 게다가 관중이라곤 부자 새끼들 뿐인데. "오, 좋아! 좋네. 와, 오아시스라는 애들이래." 이럴 거 아냐. 근데 솔직히 걔는 무슨 크리스마스에 닭 다리 물고 신난 잭 러셀 테리어 같았다니까. 그래서 결국 하긴 했어. 난 비밀 공연 같은 거 진짜 싫어. 돈도 안 주는데, 씨발, 왜 하냐고. 그냥 남 좋자고 해? 결국 잘나가려고, 부자 되려고 공연하는 건데. 결국 그 공연이 무슨 전설의 공연이라도 됐으면 몰라. 아무도 기억 못 할걸? 하여간 관객은 꼴랑 60명인가 있었어. 하룻밤 시간 날린 거지.

차라리 밖에 놀러 나가서 술이나 떡이 되게 마시고 호텔 방에 가서 비싼 가운이나 입고, 레드와인 처마시면서 시가나 피우는 게 나았을 거야.

리암 ㅣ LA 어딘가에서 공연을 했는데 그때 두 번째 공연을 바이퍼 룸에서 했던 것 같아. 거기는 우리 장비를 다 넣을 수도 없어서 그냥 거기 있는 장비로 했는데 존나 별로였지. 공연 자체는 약간 거칠고 요란했어. 좋았지.

노엘 ㅣ 난 에번 댄도Evan Dando가 좋아. 아직도 좋아하지. 진짜 좋은 사람이거든. 인성이 정말 훌륭하다니까. 그 사람이랑 투어를 다니면 무슨 거대한 하운드 개 한 마리가 같이 있는 것 같아. 사랑스럽지. 난 에번을 정말 좋아해. 진짜야. 그 사람 노래도 좋아하고 그냥 사람 자체가 좋아. 근데 약간 미친놈이긴 해.

리암 ㅣ 그 사람은 맨날 약 빨고 맛이 가 있었는데 난 그게 너무 좋았어. 멋쟁이였지. 근데 그 사람이 우리 투어에 왜 왔는지, 왜 거기 있었는지 몰라. 그냥 미친놈이면서 진짜 좋은 사람이었어. 우린 같이 약 하고, 술 먹고, 미쳐 날뛰었지. 에번이 항상 텔레비전이랑 전화기 같은 걸 부숴가지고 자기 가방에 넣어 다녔었는데, 그대로 공항에 가면 공항 직원들이 "이거 폭탄 아닌가요?" 하고, 그럼 우리는 "아니, 뭐 하는 거야!" 이랬지. 하여튼 좀 이상한 인간이었어. 솔직히 자세한 건 기억도 안 나. 근데 진짜 재밌게 놀았어. 그때 이후로는 그 사람을 한 번도 못 봤네. 그냥 어느 순간 훅 우리한테 와서, 난리라는 난리는 다 쳐놓고서는 갑자기 사라졌다니까.

I guess you get a sense of people who you know you have got a great deal in common with, and they are usually songwriters.

가끔 나랑 친해지는 사람들이 생기는데, 공통점이 있다 싶으면 대개 송라이터들이더라고.

노엘 ㅣ 가끔 나랑 친해지는 사람들이 생기는데, 공통점이 있다 싶으면 대개 송라이터들이더라고. 근데 난 그 사람들이 셀러브리티라고 생각하진 않아. 보노는 셀럽이 아니고, 조니 마도 셀럽 아니고, 웰러도 아니야. 그냥 나랑 똑같은 부류야. 무슨 말인지 알겠어?

페기 ㅣ 난 그 사람들 만나는 걸 좋아해요. "어머, 실제로 보니 정말 조그맣네요. 화면에서 보는 거랑 다른데요?" 그랬죠. 노엘한테 "보노는 어떻게 지낸다니?" 하고 물으면, 노엘은 "잘 지낸대요" 하고. 전 그러면 "걔 진짜 작더라, 안 그러니?"라고 했고요.

노엘 ㅣ 맨체스터에서 공연 하나 마치고 대기실에 있었는데, 무슨 술이었는지 어쨌든 술이나 마시려고 술병을 가지러 가는 길이었어. 조지 마이클이 그 병을 먼저 집더라고. 그냥 멍하니 쳐다봤지. '아니, 씨발! 조지 마이클이 우리 대기실에 왜 있어? 이게 뭔 상황이야?'라고 생각했어. 말도 안 되는 일이었지.

리암 ㅣ 조지 마이클이 가끔 우리 공연에 왔던 거 기억나. 어느 날 바에 들어갔더니 거기 앉아 있잖아. 바나나라마Bananarama랑 같이 있더라니까. 그러고도 공연에

몇 번이나 더 왔었어. 우리 음악이 좋았나 봐. 난 조지 마이클 좋아했거든. 멋있잖아. 바나나라마도 멋있었고. 지금도 멋있지 않아? 어쩌면 사람들은 우리한테 치대고 싶었겠지. 그래도 우린 유명인 온다고 레드 카펫을 깔아주거나 하진 않았어. 우린 아무한테도 아부 떠는 법이 없었으니까. 나도 남들 공연에 가봤지만 거기선 막 레드카펫이 깔려 있고 "너무 훌륭하세요" 이러면서 추켜세우고 서로 등 두드려주고 난리야. 반면에 우린 누가 오든 말든, 그 사람이 영화 몇 편에 출연했든, 음반을 몇 장 팔았든 관심도 없었어. 난 그냥 "어, 저 사람도 왔네" 하고는 끝이었어. 다만 폴 매카트니Paul McCartney는 예외지. 우리 LA 공연에 폴이 왔고 난 완전 기절할 뻔했잖아. 너무 좋아서. 링고Ringo Starr도 만나긴 했어. 폴이랑 링고 말고는 연예인 봤다고 신난 적 없어. 보노 봤다고 신났겠어? 보노를 까겠단 건 아니지만 그냥 그랬었네. 차라리 존 메켄로 만난 게 더 신기했지. 왜냐면 존 메켄로는 멋있으니까. 근데 난 전반적으로 공연에 누가 오든 신경 안 썼어.

노엘 ㅣ 존 레논이 내가 있는 곳에 온다 해도 난 그냥 악수나 하고 말 거야. 난 존 레논의 음악이 좋은 것뿐이거든. 존 레논도 그냥 우리랑 똑같은 사람이라니까? 단지 재능이 더 많을 뿐이야. 폴 매카트니도 그냥 베이스 치는 리버풀 사람일 뿐이야. 그런 사람은 세상에 널렸는데 그냥 폴이 우리 모두보다 재능이 뛰어나다는 사실만 다르다고. 폴 매카트니도 정답은 몰라. 폴 웰러도 모르고, 피터 훅은 당연히 모르고, 조니 마도 모르고, 조지 해리슨George Harrison도 모르고, 이기 팝Iggy Pop, 루 리드Lou Reed도 몰라. 똑같은 사람이야. 다른 버전일 뿐이지. ❑

People just want to come and have a nosey, don't they?

아마 사람들은 우리한테 치대고 싶었겠지.

헤드라인 단골손님

노엘 ┃ 한참 정신 나간 시절에는 한 6개월 정도, 내가 무슨 말을 하든 리암이 뭘 하든 죄다 뉴스에 나올 때가 있었어.

리암 ┃ 오아시스 같은 밴드의 멤버로 살면 사생활이란 걸 많이 포기하게 돼. 근데 그럴 만한 가치가 있다고 생각해. 전 세계를 여행하고, 돈도 개많이 벌고, 개좋은 음악 만들고, 사람들한테 감동 주고, 그 사람들의 인생을 바꿔놓기도 하고, 남들 삶에 의미를 주면 내 삶에는 더 큰 의미가 생기곤 했으니까.

Writing songs is difficult; talking shit is easy.

작곡은 어렵지만 지껄이는 건 쉽거든.

노엘 ┃ 음악 산업에서 흔히 통하는 말이 있어. "최신 인터뷰를 홍보하려고 음반 낸다." 맞는 말이긴 해. 솔직히 앨범 내는 것보단 인터뷰가 나오니까. 작곡은 어렵지만 지껄이는 건 쉽거든. "지껄이는 건 쉽다." 아, 오디오북 낼 일 있으면 이거 제목으로 써야겠다. 그 시기에 난, 무슨 말만 했다 하면 그게 전부 신문에 나왔어. 남들은 그걸 연기라고 생각하더라고. 어떤 인터뷰에서 누가 그랬었어. "언론조작의 대가." 그거 보고 나는 '멍청한 질문에 멍청하게 대답한 것뿐인데' 싶었지. 인터뷰는 대부분 다 멍청한 헛소리들이거든. 존나 중요한 질문은 나중에나 나오지. "르완다에 대한 생각은요?" "그 사람은 해피 먼데이스에 피처링했나요?" 예? 뭐요?

인터뷰 초반은 이렇게 시작돼. "스스로의 불꽃은 어디서 찾았나요?" 난 바보 같은 질문에 준비가 잘돼 있었어. 지금도 그래. 간단하지, 그냥 똑같이 바보같이 답하는 거야. 기자랑 인터뷰하는 건 음반만큼이나 중요해. 난 주어진 대로 개자식처럼 굴고 최대한 문제를 많이 일으켜야 했던 거야. 그게 나다운 거였지. 첨예하게 의견 갈리는 얘기를 하는 거. 그래서 사람들이 나한테 마이크를 들이대면 나는 막 "비틀스요? 그 듣보가 누군데요? 우리가 낫죠. 섹스 피스톨스? 우린 섹스 비틀스인데요. 다 꺼지시든가." 하는 식으로 말했었어. 《NME》 잡지를 집을 때마다 무서웠다니까. 사실 그런 말들이 기사로 나오면 보기 좋진 않을 거였으니까. 근데 난 보통 다 웃으면서 말한 거야. 장난친 거지. 웃자고 누구나 까댔지. 그러면 "갤러거가 왕실을 비난하다"라고 기사가 나. 아니면 '힐난' 같은 단어가 나오거나. "로커가 쥐새끼와 버번 비스킷을 힐난하다" 같이. 그러니 인터뷰라면 지긋지긋하더라고.

매기 ǀ 95년, 96년도처럼 오아시스가 완전 초대박 났을 시절에는 허구한 날 신문에 기사가 났어요. 근데 그때도 걔들은 아직 어렸는데. 그런 스포트라이트를 받기엔 벅찼겠죠. 게다가 언론에 어떻게 대처해야 하는지 하나도 몰랐을 거고요.

노엘 ǀ 우리가 인터뷰 시작하자마자 "아, 근데 저희 코카인 하는 거 아세요?" 이런 적 없어. 남들이 먼저 묻지. "마약 하시나요?" 그럼 그렇다고 해야지. 마약을 한다고 뻐긴 적은 없지만 그렇다고 인터뷰하면서 거짓말은 안 했어. 안 하려고 노력했다니까. 난 그렇게 말한 적 절대 없어. 당시에도. "마약은 환상적인 라이프스타일이죠. 모두 마약 빠는 삶을 살아보도록 해요." 내가 진짜 그렇게 말했겠어?

리암 ǀ 마약을 왜 했냐면, 주변에 널린 게 마약이었으니까 그랬어. 다들 그렇지 않아? 다 커서 정신 차리기 전엔 그냥 주변에 뭐라도 있으면 하고 보는 거지. 그게 뭐 별거라고 그래? 아마 첫 시작은 대마초였겠지. 캔에 들어 있는 가스 들이마시면서 머리 띵해지고 그랬을 테고. 난 15살 때부터 환각 버섯을 했고 가끔 LSD 같은 것도 했어. 이미 정신이 나가 있었거든. 거기서 뭘 좀 더 한다고 큰일이라도 났겠냐고……. 코카인에, 각성제에, 이것저것 다 했지 뭐.

노엘 ǀ 맨체스터에 있는 임대주택에서 자라면 마약이 주변에 그냥 깔려 있어. 학교 땡땡이치고 본드 마시고 그랬었어. 그다음엔 각성제, 대마…… 우린 그걸 '드로'라고 했었는데. 아무튼 그다음엔 환각 버섯이랑 LSD, 코카인, 엑스터시까지 온갖 게 다 있었다고. 그렇다고 마약이 우리 인생의 전부였던 건 아니야. 아무도 헤로인까지는 안 했고, 누가 죽어 나가지도 않았잖아. 기억나는 건 뭐, 마약 때문에 내 창작력이 좀 무뎌졌다는 것 정도?

리암 | 사람들이 막, 그런 걸 방송에서 말하면 안 된다고 했는데, 난 거짓말하다가 들통나는 것보단 말해버리고 끝내는 게 낫다고 생각했어. 어, 야, 그래. 나 마약 한다. 한다고. 그렇게 쓰든가 말든가 알아서 해라. 그러고 넘기는 거지. 그게 현실이니까. 유명한 사람 중에서도 몰래몰래 약 하는 애들 진짜 많아. 근데 그런 애들은 들키는 순간 끝장이라고. 난 그냥 "마약 하세요?" 물으면 "예, 하고요. 계속 그렇게 멍청한 질문만 하면 당신 머리통 밟고 올라가서 마약 또 빨게요" 이래버렸어. 아, 한다니까? 넘어가자고, 좀.

제이슨 | 우와, 로큰롤 밴드가 마약을 하고 술을 마신다고요? 세상에 어떻게 이런 일이! 도서관에서 신문 읽다가 기절하겠네요!

노엘 | 예전에 《뉴스 오브 더 월드》에서 내가 일주일에 코카인을 4000파운드 어치씩 한다는 기사를 낸 적이 있어. 그래서 계산해 봤지. 하루에 16그램씩 했다는 건데, 하루는 고작 24시간이고…… 계산해 봐. 그렇게 약에 절어서도 세계적으로 성공한 밴드를 존나 굴렸다는 얘기야. 우리 엄마가 그런 기사를 보고 좋아했겠어? 다음에 만날 때 자기 아들이 무슨 커다란 비닐봉지에 오줌이든 뭐든 담아놓은 몰골일 거라고 생각할 거 아냐.

페기 | 가게에 가서 신문 표지를 볼 때마다, '누가 나 신문 산다고 쳐다보는 거 아니야?' 싶었어요. 그때 어딜 나갈 때마다 누가 나한테 와서 "아들들 기사 봤어요"라고 하잖아요. 나는 속으로 '맙소사' 하고. 다들 그렇게 한마디씩 거들더라니까요. "리암이 어쩌고 저쩌고, 노엘은 대체 왜 그런대요?" 난 그럼 기사를 읽고 그게 정말 사실인가 싶어서 리암한테 물었죠. "기사 내용 정말 사실이니?" 그럼 리암은, "아냐, 엄마, 아니야" 이랬어요. 그럼 리암이 설마 나한테 거짓말을 하는 건가 싶고, 신문에 나올 정도면 뭔 일이 있긴 했나 보다 했어요.

폴 | 엄마한테 좋은 상황은 아니었겠죠. 무슨 일이 있는 건지 알고 싶어도 리암은 그냥 "아냐 엄마, 신문에 나오는 말 믿지 마" 하고만 말했으니까요. 노엘은 "그거 나 아냐"라고만 했고요.

리암 | 내가 밴드맨이라고 해서 일부러 허세 부리거나 쇼한 것도 아니야. 사실 마약은 밴드 들어가기 전에 더 많이 했다니까? 약 빨려고 밴드 하는 놈은 그냥 찌질한 놈이지. 슬픈 인생이라고. 난 뭘 과장하거나 부풀리지 않았어. 그게 진짜 내 삶

이었고, 우리가 진짜 그렇게 놀았던 것뿐이야. 다른 밴드가 그랬으면 '센 척하고 있네'라고 생각했겠지. 근데 우린 정말로 즐겼어. 공연 잘 마치고, 술 퍼마시고, 그러다 보면 뭔 사고가 터지고. 인생이 다 그런 거 아니겠어? 난 원래 밴드 하기 전에도 그러고 놀았어. 그게 내 삶 자체였다고.

노엘 l 억지로 연기한 적 없어. 난 누가 질문하면 그냥 솔직하게 대답했어. 물론, 진짜 솔직하게 말하면 한 75퍼센트 정도는 뻥이거나 거짓말이 섞여 있을 때도 있긴 해. 재미를 위해 과장하거나 이야기를 지어낼 수는 있지. 그렇다고 내가 완전 거짓말쟁이인 건 아니야. 하나 확실한 건, 난 늘 내 자신에게 진실했어. 그게 우리가 사는 방식이었고, 싫으면 좆 까라고 해. 아무한테도 나 좀 좋아해 달라고 부탁한 적 없어. 그냥 앨범 좀 사 주고, 굿즈 좀 사 달라 한 거지. 돈은 거기서 나오니까. 리암 성격이 좀 그런 구석이 있어. 한없이 착한 놈이었다가 갑자기 눈깔이 돌아서 마이크한테까지 시비 걸다가 싸운다니까. 오아시스 관계자 중에 그놈한테 그렇게 화풀이 안 당해본 사람 없을걸? 근데 뭐, 우리가 원래 그래.

리암 l 나는 누가 부추길 필요도 없었어. 누구라도 나한테 "오늘 나가서 술 마시다가 시비 좀 걸어볼래?" 했으면 바로 잘렸을 거야. 왜냐면 우린 그런 게 필요 없었으니까. 그딴 식으로 슬슬 긁는 거 필요 없었어. 시비 거는 놈이야 우리가 좋든 싫든 항상 걸리기 마련이었거든. 길거리 코너를 돌면 뭔 약쟁이 놈이 내 마음을 읽겠다고 설쳤어. 아니면 내가 그 코너에 서 있던 약쟁이여서 남들 머릿속에 들어가고 싶었던 걸까? 아무튼 밤 11시쯤 펍에 가면 거기서 여섯 명 정도가 테이블에 약을 깔아놓고 코카인을 하고 있었다고. 그냥 조용히 맥주나 한잔하고 신문이나 읽으러 간 건데 지옥문이 열려버리는 거지. 낮 1시 반에도 다들 미쳐 있었어. 호시절이지.

노엘 l 난 비극 속 주인공이 아니고 술이나 마약 같은 건 다 조절할 수 있었어. 아무 문제 없었다고. 누구랑 비교해도 난 괜찮았어. 난 피트 도허티Pete Doherty 스타일로 청승 떨진 않아. 난 내 삶의 대부분을 통제하는 게 좋거든. 내가 마약 때문에 겪은 지옥 얘기는 못 해줘. 왜냐면 지옥을 겪은 적이 없으니까. 그냥 내가 스스로 "할 만큼 했다. 이제 그만" 할 때까진 계속 좋기만 했어. 힘든 얘기를 못 해주는 이유는, 내가 힘들지 않아서야. 좋기만 했다니까?

리암 l 나는 항상 약에 절어 있어서 뭘 신경 쓸 겨를도 없었어. 물론 누가 나한테 덫을 놓으려고 하면 열받긴 해. 근데 솔직히 난 모든 게 좋기만 했어. 그렇게 살고

내가 마약 때문에 겪은 지옥 얘기는 못 해줘.
왜냐면 지옥을 겪은 적이 없으니까.

싶어서 밴드도 하게 된 거니까. 사람들이 내 문 앞에서 기다리는 건, 내가 재밌는 놈이라서 그랬겠지. 재미없는 놈이면 누가 관심이나 가졌겠어? 그래서 난 그냥 "한판 붙자" 마인드로 살았어.

노엘 | 무슨 일이 있어도 난 아침에 잘만 일어났고, 거울을 봐도, 밤에 와서 똑같은 짓을 해도 아무 생각 안 들었어. 그냥 존나 쿨한 거지. 좆도 신경 안 써. 남들이 뭐라고 기사를 쓰든, 말하든, 생각하든 나한텐 아무 의미 없어.

리암 | 내가 프론트맨이고 밴드의 얼굴이니까 자연스레 내가 타깃이 된 거겠지. 뭐 씨발, 어때, 그냥 그러라고 해. 기자들이 헛소리하고 집 앞에 몰려오면 진짜 머리가 터질 것 같을 때도 있었지만 그런 것도 다 한때더라고. 얼굴이 알려진 순간 그 지랄

도 같이 따라온 거지 뭐.

노엘 | 그때 왜 걔한테 갔는지는 기억이 안 나지만, 그때 난 사진기자 무리를 뚫고 겨우 들어갔어야 했어. 우리 집 앞에도 사람이 많긴 했지만 리암 집 앞에는 아주 사람으로 미어터졌었거든. 그때 생각했지. '불쌍한 새끼…… 난 저렇게는 못 산다.'

리암 | 딱 하나 싫었던 건 카메라를 내 얼굴 앞에 아주 처박을 것처럼 들이대는 놈들이었어. 아, 찍을 거면 좀 떨어져서 찍든가 왜 얼굴 앞에 들이대냐고. 이건 그냥 유명해졌다고 징징대는 소리가 아니야. 아니, 퍼스널 스페이스는 좀 지켜야 할 거 아냐. 머저리 같은 놈, 썩 꺼져버려! 하필 취해 있을 때 누가 내 눈앞에 렌즈를 들이대면, 난 곧바로 이렇게 생각했어. '너 이 새끼는 내 공간을 침범했다. 그럼 한 대 처맞아도 싸다.' 망원렌즈가 괜히 있어? 씨발, 멀리서 찍으라고 만든 거 아냐? 망원렌즈를 왜 콧구멍에 들이미냐고. 물론 그것마저 즐기긴 했어. 그런 것 때문에 돈도 물어주고 하긴 했지만 어딜 가나 사진사가 따라다니는 게 재밌기도 하더라.

노엘 | 난 인터뷰 시작할 때마다 속으로 '그래, 난 록 스타다, 이것도 록 스타의 삶이니라' 하면서 다짐해. 근데 기자랑 마주 앉아서 30초만 지나도 바로 '응, 다음 머저리 등장' 하게 돼. 두 달 전에 다른 놈이 이미 한 질문을 또 하고 자빠졌어. 그럼 난 또 진절머리가 나서 속으로 이러는 거지. '좀 재밌게 굴어볼까? 앤드루 왕자를 죽여버리겠다고 할까? 그래야 15분이라도 좀 흥미롭게 보낼 수 있지 않을까?' 기자들은 "아, 존나 로큰롤이네. 코카인 좀 있어?" 하면서 친한 척하려고 들지를 않나 아니면 계속 리암이나 데이먼 욕하게 유도하질 않나. 나도 솔직히 리암이랑 데이먼 욕하는 건 좀 재밌긴 했어. 시간이 지나고 나서야 인터뷰를 좀 평온하게 대할 수 있었어. 멍청이 같은 질문에는 멍청이 같이 대답하겠다고 마음 먹었거든. 제일 유명해진 말이 있는데. "마약은 차 한 잔 마시는 거나 진배없다"라고 했었거든. 사실 진짜 그런 느낌이긴 했어. 젊은 애들은 지금도 다들 그럴걸? 근데 그 말이 아주 전 세계로 퍼져 나가서 난리가 난 거야. 그때가 《NME》 시상식 날이었는데, 난 인터뷰를 화장실에서만 하겠다고 했다고. 왜냐면 칸마다 들어가서 다들 약 빨고 있었거든. 그러다 보니까 나도 "약 빠는 거나 차 마시는 거나 똑같다" 이딴 말을 하게 된 거야. 그때 인터뷰 중에 "약? 다 하는 거 아니야? 정치인 중에도 약하는 사람 있을걸?" 이런 식으로 말했어. 별 생각 없이 그러고 나서 집에 갔다가 폴 웰러랑 버밍엄에서 로니 레인Ronnie Lane의 EP나 작업하고 있었지. 그땐 휴대폰도 없었으니까 다음 날 오후에 누가 옆에서 축구 경기 결과 보고 있었는데 내 이름이 딱 뜬 거지.

"어! 저게 뭐야! 다시 돌려봐……. 아니, 씨발, 저게 뭐야?" 런던 돌아오면서 기사 보고 우리 집 쪽으로 가는데 난리도 그런 난리가 아니었어. 앵커들이 조명 들고 와서 생방송 준비하고 있더라니까? 6시 뉴스에 라이브로 내보내려고 했다고. 그때로부터 한 6주쯤 전에 브라이언 하비Brian Harvey가 엑스터시 관련 발언 때문에 이스트17에서 쫓겨났었거든. 난 그때 팀네 사무실에서 뉴스 보고 있었는데 당시 내무장관이었던 마이클 하워드가 텔레비전에서 내 발언을 놓고 인터뷰를 하고 있는 거야. "나라의 수치입니다. 오아시스가 분별력을 발휘해서 그를 브라이언 하비처럼 퇴출하기 바랍니다." 나 참, 우리는 너무 웃겨서 깔깔대다가 술이나 마시러 나갔어.

Hypocrisy has never been in short supply in England, particularly in the media and in politics.

사실 영국에는 언제나 위선이 넘쳐났었어.
특히 언론이랑 정치인들이 그랬지.

리암 l 헤드라인을 장식했더라고. 근데 난 '될 대로 돼라' 였어. '오아시스는 코코아 한 잔 마시고 9시에 잔답니다. 아침에는 6시에 기상해서 요가를 한대요.' 이딴 것보단 그게 낫지 않아? 그런 일은 예전에도 흔했고 앞으로도 일어날 거야. 밴드 하는 놈 중에 그런 헤드라인이 싫다는 애들이 있으면 순 거짓말쟁이들이야. 우리는 "응, 그래, 멋있네" 하고 끝이었어. 웬 보수파 정치인이 마약하는 소식보단 우리가 한다는 기사가 나는 게 훨씬 낫잖아. 다른 새끼들이 커버에 뜨느니 우리가 뜨는게 좋지. 난 좋았어.

노엘 l 영국 언론도 참 위선적이야. 호들갑을 떤다니까. 나랑 같이 약 한 주제에. 나랑 같이 런던 클럽 화장실에 있었던 주제에. 이 거짓말쟁이 새끼들이. 모든 하원의원이 다 마약을 하지는 않겠지만 하는 놈들이 있었고 지금도 있다는 걸 시간이 지나면서 알게 됐지. 정치인들은 위선이나 떨면서, 지들은 더한 것도 하면서 록 스타들을 비난해 댔다고. 사실 영국에는 언제나 위선이 넘쳐났었어. 특히 언론이랑 정치인들이 그랬지.

리암 l 걔들도 우리만큼 마약 좋아했었어. 그것밖에 할 게 없는데 어째? 따져보면 재미도 없고, 별것도 아니고, 똑똑한 짓도 아니지만 그땐 시절이 그랬었어. 과장도 섞였겠지만 사실 맞는 말이기도 했고.

노엘 l 그 일 때문에 인생이 제법 복잡해지긴 했었지. 어딜 가든 누가 따라붙어서 뭔 집 밖에 나가기도 힘들었으니까.

리암 | 가끔은 진짜 '씨발, 마트도 못 나가네. 내 사생활이 죄다 신문에 까발려지는 구만' 싶을 때도 있었어. 근데 뭐 어쩌겠어. 난 금방 익숙해졌고, 징징거린다고 현실이 바뀔 것도 아니었어. 선택지는 딱 두 개였어. 밴드 그만두고 어디 산속에 들어가서 칩거하거나, 아니면 닥치고 펍에 가서 맥주 한잔 때리고 그냥 쿨하게 넘기거나. 내가 해야 할 일은 결국 밴드를 하는 거였어. 내가 하던 그 밴드는 당대 최고의 로큰롤 밴드였다고 생각해. 찌라시 신문에 이상한 기사 몇 개 나고, 언론에서 시비 좀 건다고 그게 뭐? 나한텐 그냥 오리털 위에 물방울 맺히듯이 털면 그만일 일이었어. 그딴 것에 신경 쓸까 봐? 다 덤벼보라지.

노엘 | 《뉴스 오브 더 월드》와 온갖 일요신문을 포함해서 찌라시 신문들까지도 우리 밴드가 가진 혼란을 이용해서 기삿거리를 짜내려고 했어. 왜냐면 오아시스 주변엔 항상 사건사고가 터졌거든. 그때 우리는 어떤 밴드보다 거대했고, 더 중요한 건 우리는 늘 멋대로였거든.

My band is better than every single tabloid newspaper put together.

'우리 밴드는 너희 기사를 다 합친 것보다 더 대단하다.'

약, 여자, 난장판이며 혼란이며 다 끼고 살았지. 근데 난 항상 그렇게 생각했어. '다 부질없다. 우린 이딴 기사보다 훌륭하다. 우리 밴드는 너희 기사를 다 합친 것보다 더 대단하다.' 진짜 신경 쓰이지 않은 거야. 우린 그보다 대단했으니까.

리암 | 걔들이 쓰는 기사도 거의 다 사실이긴 했어. 내가 원체 시끄럽기도 하고, 마약도 했었고……. 다 맞는 말이야. 숨길 재간이 없더라고. 근데 그렇다고 내가 쓰레기 같은 새끼인 건 아니잖아. 기사에서 얘는 어떻고 저떻고 그건 뭐 어떻고……. 아니, 난 나쁜 놈 아니야. 좋은 사람이라고. 음, 나머지 얘기들은 다 사실이야. 의심할 것도 없어. 그렇지만 그들이 쓴 걸 신경 쓰지는 않았어. '기사 쓴 새끼 고소해야지' 하지도 않았고.

노엘 | 어딜 가든 기자들이 따라다니길래 프림로즈힐에 있는 큰 집을 사서, 거기를 나이트클럽처럼 만들어버렸어. 그러고선 한 2년간 집밖을 거의 안 나갔지. 그땐 책임질 게 나 하나였으니 인생을 아주 풀액셀로 즐긴 거지. 슈퍼노바 하이츠에서는 언제나 파티가 열렸어. 집 청소하는 날에나 좀 조용했고 평소엔 사람들이 항상 들

락거렸지. 누가 왔는지 밝히진 않겠지만 다들 정말 환상적인 시간을 보냈거든. 지금도 그때 떠올리면 미소가 절로 나와. 그리고 집 밖에는 늘 15명, 20명은 기본으로 서 있었지. 기자랑 팬들을 합쳐서.

리암 I 난 그 집에 설탕이나 꾸러 가봤지 정식으로 초대는 못 받았어. 가끔 마트 갔다 오는 길에 노엘네 집 벽에 낙서는 했지. "리암은 신이다. 리암은 멋지다. 뽀뽀 쪽쪽." 뭐 이런 거?

노엘 I 흔히 말하는 파티랑은 달랐어. 시끄러운 음악을 틀지도 않았고. 그냥 내 지인들이 죄다 거기로 모였던 것뿐이야. 한번은 부엌 테이블에 웬 후줄근한 남자 하나가 앉아 있더라고. "야, 너 나 알아?" 했더니, 모른대. "근데 왜 여기 있는 거야?" "여섯 시간 전에 피자 배달하러 왔어요." "근데?" "있어도 된대요." "뭐래, 씨발, 빨리 헬멧 챙겨서 꺼져."

필 I 오아시스는 기타 음악을 비틀스 이후의 영국에서 할 수 있는 데까지 끌고 간 밴드예요. 물론 레드 제플린도 있었지만, 그들은 언론이나 대중 앞에서 눈에 띄는 밴드는 아니었거든요, 알다시피. 오아시스는 비틀스랑 롤링 스톤스 이후에 가장 많이 알려진 스타였어요. 그냥 대단한 밴드인 게 아니고, 그 시절엔 노엘이랑 리암이 영국에서 가장 대단한 셀럽이었어요. 누구나 걔들에 대해서 한마디씩은 했고, 길거리에선 사람들이 예전과는 다르게 대하고, 세상이 확 뒤집힌 거죠.

노엘 I 누군가에게 처음으로 사인을 해주는 건 존나 희한한 경험이야.

When people ask you for your autograph for the first time it is a fucking bizarre thing.

누군가에게 처음으로 사인을 해주는 건
존나 희한한 경험이야.

리암 I 길에서 누가 사인해 달라고 하면, 사실 2초면 해줄 수 있어. 그 2초가 그 사람의 하루를 행복하게 할 수도 있고, 망쳐버릴 수도 있어. 난 어느 누구의 하루도 망치기 싫어. 적어도 나는 그래. 난 진짜 내 기준에 개같은 날도 잘 없어. 열에 아홉은 항상 신나 있고, 지금도 그래. 당연히 나도 힘든 일 많았지. 남들도 그럴 거고. 그래도 난 항상 긍정적으로 생각하려고 해. 내일이 오면 괜찮아질 테니까.

© Jill Furmanovsky

노엘 | 난 그때 가끔 다른 멤버들이 한발 물러서서 바라볼 수 있어서 부러웠어. 나랑 리암은 살짝 달랐던 것 같거든. 언제나 상황의 한복판에 있었고, 지금도 그럴지도 몰라. 그래서 가끔은 뒤로 빠져서 '대체 그런 게 어떻게 가능했을까?' 할 수 있다는 게 부럽기도 해.

본헤드 | 왕이 된 것 같았죠. 네. 진짜로. 꿈같은 삶이었어요. 우리가 원하던 바로 그런 삶이었죠. 그러려고 밴드를 한 거고요.

리암 | 난 걸 껍데기나 속 알맹이나 똑같았지. 로큰롤 스타. 그게 나다. 쾅! 난 모든 걸 완전 사랑했어. 지금도 마찬가지고. 매일 웃으면서 일어나서 삶을 즐기려고 해. 정말이야.

노엘 | 걔는 혼돈 속에서 노는 스타일이지. 그리고 그 혼돈의 절반 정도는 자기가 초래한 거고.

제이슨 | 오아시스는 혼돈이 자연스레 따라붙는 밴드였어요. 하나 수습하면 또 다른 게 터지고, 끊임이 없었죠. 밴드가 점점 커질수록 혼돈의 정도도 심해졌어요. 근데 그 안에 있으면 감각이 무뎌져요. "또 뭐 터졌나 보네, 이번엔 뭔데?" 하고 넘어가게 되죠. "이제는 뭐 없겠지" 하다가도 또 나오고요.

리암 | 아무리 밴드가 커진다 해도 난 항상 우리 밴드에 날것 같은 거친 느낌을 유지하고 싶었어. 근데 사람들은 그 느낌을 없애고 싶어 하더라고. 그래서 규칙이니 뭐니 개같은 게 생겨난 거야.

매기 | 뭐든지 그렇게까지 대박을 치고 나면 비즈니스로 변하죠. 그게 삶의 차가운 현실인 것 같아요. 상황이 그렇게 흘러가면 재미라는 게 사라지기 마련이죠. 특히 밴드의 핵심 멤버 하나가 여전히 '로큰롤' 하나만 바라보는 사람이라면 사실 로큰롤이라는 이미지는 존재하지 않는다고 설득하는 건 정말 어려워요. 하지만 결국엔 받아들여야 하죠. 이제 모든 게 비즈니스였으니까요. ❑

I did exactly what it said on the tin: rock-and-roll star, that's me, boom.

난 걸 껍데기나 속 알맹이나 똑같았지.
로큰롤 스타. 그게 나다. 쾅!

시상식의 열간이들

리암 | 시상식에선 난 항상 잘 놀았어. "우린 정말 위대하답니다" 이러려고 가는 게 아니라 술 마시고, 친구들이랑 테이블에 둘러앉아서 한바탕 놀려고 간 거였으니까. 술 퍼마시고, 우리보다 못난 놈들한테 욕 좀 하고. 완벽했지.

We were there for a piss-up and a night out sitting round a table with your mates.

술 마시고, 친구들이랑 테이블에 둘러앉아서 한바탕 놀려고 간 거였으니까.

노엘 | 브릿 어워즈에 처음 갔을 때 진짜 좋았지. 우리도 있고, 블러도 왔고, 펄프도 있었고, 신인 밴드들이 다 모였거든. 그때 이제 어디서 어떤 여자 하나가 클립보드 들고 들어와서 "잠깐, 당신들이 여기 왜 있어요?" 하는 거 아니냐는 생각까지 들더라. 그때는 브릿 어워즈가 지금만큼 대중적이지도 않았어. 텔레비전에서 테이크 댓 같은 애들 나오는 거나 잠깐 보는 정도였지. 그러다 스웨이드Suede가 브릿 어워즈에 나왔는데 그때부터 '와, 스웨이드가 저기 나오다니. 대박이다' 했었어. 그렇게, 다시 말하면, 인디 음악이 점점 메인스트림에 진출하기 시작한 거지. 그때 매니저가 나한테 "몇 시까지 도착해야 하니까 차를 보내둘게요" 이랬었거든? 그냥 사설 콜택시였던 기억이 나네. 알렉산드라 팰리스에 도착했는데, 문도 아직 안 열었더라고. 길에는 사람들이 잔뜩 줄을 서 있는데 포토그래퍼조차 오기 전인 거야. 문앞에 가보니까 못 들어간대. 그래서 결국 난 한 시간 반 동안 주방에서 저녁 준비하는 직원들 틈바구니에 처앉아 있었다니까. 시상식 시작할 때까지 존나 기다리다가 나중에야 레드카펫에 나가게 됐지. 내 옆에 애니 레녹

스Annie Lennox가 앉아 있었는데 그 사람이 "난 그쪽 일 좋아해요" 이러는 거야. 그래서 나는 "예? 난 직업도 없는데 무슨 일?" 이랬었어. 테이블 아래에선 코카인이니 뭐니 빠느라 정신없고, 다 미쳐 있고……. 애니 레녹스가 존나 싫어했을 거야.

시상은 레이 데이비스Ray Davies가 했는데, 그땐 그 사실이 얼마나 대단한 건지 실감도 못 했어. 지금 생각하면 너무 아쉽지. 난 그들의 음악을 정말 사랑하거든. 레이 데이비스가 없었으면 브릿팝은 나오지도 못했을 테니까. 내가 진짜로 존경하는 아티스트야. 영국이 낳은 최고의 송라이터 중 한 명이고. 그다음 해엔 피트 톤젠드가 우리 상 시상자였어. 피트 톤젠드, 내 또 다른 우상이지. 피트랑 더 후가 없었으면 펑크록이 없었을걸? 그리고 그해에 데이먼이 베스트 밴드상을 받으면서 "이 상은 오아시스와 나눠 가지겠습니다" 했던 게 기억나네.

리암 | 나 기억나. 그때 블러 테이블에 가서 카녜이Kanye 같은 짓 했었어. 그때면 카녜이가 나오기도 전인데. 아무튼 내가 그레이엄한테 가서 "그거 우리 거잖아. 내놔" 이랬는데 걔가 나한테 꺼지라고 했지. 난 계속 "그거 우리 거 맞잖아" 하면서 시비 걸고 장난쳤어. 그날 밤은 진짜 재밌었지. 부어라 마셔라 퍼마시고, 이것저것 많이 했어. 끝내줬었어.

오언 | 1996년도 브릿 어워즈는 말 그대로 기가 막혔죠. 완전히 취해 있었어요. 궉시가 진짜 독한 대마를 들고 왔는데 뭔 연기가 증기기관차 같았어요. 그때는 오아시스가 너무 잘나가서 상이란 상은 다 줘야 하는 분위기였는데, 프로듀싱상은 안 줬거든요. 브라이노 이노Brian Eno라는 자식이 받았죠. 그래서 나랑 노엘이 "이게 뭔 상황이야?" 하면서 얼탔어요. 그래서 노엘이 올해의 앨범상 트로피를 나한테 가지라고 줬어요. 근데 그러고 다음 날 크리에이션한테 전화를 받았죠. "그거 돌려주세요." "노엘이 준 건데 내가 왜요?" 뭘 또 줬다 뺏었다 하려고. 우린 그때 토니 블레어 바로 옆 테이블이었어요. 토니 블레어가 지척에 있고, 셰리 블레어한테는 한 번만 안아달라고 할 수 있었죠. 아주, 아주 미친 밤이었네요.

리암 | 난 토니 블레어가 누군지도 몰랐어. 뭔 앨범 냈어, 응? 재즈 뮤지션이야? 토니 블레어가 누군데? 생전 처음 듣는 이름이었다고. 정치니 뭐니, 음악에 그런 얘기 섞는 거 난 진짜 관심이 없어. 존 레논이 정치적 발언 한 거? 보노가 그랬던 거? 하나도 관심없어. 우린 즐기자고 음악하는 거지, 그런 빌어먹을 정치 같은 건 각자 알아서 할 일이잖아. 음악이랑 정치는 엮이면 안 되는 것 같아. 난 항상 그렇게 생각했어. 한번 그런 쪽으로 가다 보면 결국은 자아도취에 빠진 꼰대 된다니까. 그리고 내 말이 사실이 됐잖아? 한번 정치니 뭐니 그딴 거에 빠지면 돌이킬 수가 없어. 끝이라고……. 그리고 이 세상에서 너보다 더 구라 잘 치는 인간이 있다면, 바로 정치인이겠지. 걔들이랑 같은 테이블에서 대화하잖아? 그럼 너희 머릿속에 들어가서 너를 조종해. 정신 차리면 걔들처럼 변해 있을걸? 그래서 난 정치인들한테 너네는 카나페에 샴페인이나 마셔라, 난 웨더스푼스에서 진실된 사람들이랑 술 마실 거다, 하고 생각했어. 사실 우리 때문에 여러 사람 골치 아프긴 했을걸? 마이클 허친스Michael Hutchence 같은 사람들 있잖아. "오, 젠장, 저 새끼들 또 왔네, 또 왔어" 했겠지. 근데 뭐, 세상이 그랬던 걸 어떡해. 그리고 우리가 자격도 없이 갔어? 그 사람들이 우리 보고 생각한 것처럼 우리도 똑같이 받아쳤어. "저 새끼들 아직 여기 있네? 쟤들이야말로 왜 온 거야? 누가 들여보내 줌?" 이런 식으로. 결국 판 뒤집는 건 우리였거든.

노엘 | 마이클 허친스라는 양반은 시상식 바로 전주에

오아시스 욕을 했거든. 난 그런 상황을 아주 목숨 걸고 즐길 작정이었어. 난 내가 먼저 시비를 걸지는 않는데 누가 나한테 "그 사람이 한 말 들었어?" 하면 "오호, 그랬단 말이지. 이제 무슨 일이 일어날지 전혀 모르시나 보네" 이랬었지. 무대에 올라가기 전에 마이클이랑 마주쳤는데 사과 비슷한 걸 하긴 하더라고. 자기는 장난이었대. 그래서 난 "15분만 기다려봐요. 뭐가 장난인지 제대로 보여줄라니까" 하고 대답했어. 너무 대사가 끝내줘서 말할 수밖에 없었지.

리암 | 그 사람 명복을 빌어. 근데 그날은 좀 깐족거려서 거의 얻어터질 뻔했어. 아마 폴라 예이츠 얘기 때문에 그랬을 것 같아. 폴라의 명복도 빌어. 누가 폴라가 좀 발랄해졌다는 소리를 했고, 나도 술에 취해 있었는데 마이클이 갑자기 "너희들, 내가 아주 맥주 캔 찌그러지듯 찌그러트릴 줄 알아" 이러는 거야. 그래서 나도 "그래? 씨발, 어디 한번 해봐" 하면서 소화기를 집어들었는데 때리진 않았어. 그걸로 끝이었지. 그 사람이 한마디하고, 나도 받아치고. 나라고 가만히 있을 순 없으니까.

노엘 | 한번은 브릿 어워즈에서 그냥 우리끼리 테이블에 앉아서 떠들고 있었어. 누가 오더니 이제 나가야 된대. 시상식은 이미 끝났고 다른 사람은 이미 다 갔더라고. 우린 그냥 거기 앉아서 〈몬티 파이선〉 방송처럼 헛소리를 계속 떠들고 있었던 거지. 아마 새벽 3시까지 그랬을걸? 뭔 온종일 앉아 있었다니까.

리암 | 우린 솔직히 좀 건방지긴 했어. 거만하기도 했고. 술도 많이 마셨고 시상식 나갈 때마다 그냥 앉아만 있지는 않았어. 거기서 뭔 음식 같은 거 먹지는 않았던 것 같아. 그땐 그냥 제대로 한바탕 놀았던 거지. 술고래마냥 술 퍼마시고, 욕 퍼붓고. 근데도 전부 장난이고 그냥 나댄 거였어. 아니, 좀 웃자고 하는 소리에 죽자고 달려들면 안 되는 거 아냐? 가끔 과하기도 했겠지. 근데 우리 동네에선 맨날 서로 디스하면서 놀리는 게 일상이야. 북부 사람들은 잘 받아넘기는데 어떤 사람들은 그런 거에 질색하더라고. 절대 악의는 없었어. 그냥 진짜 깔깔 웃자고 했던 거야.

노엘 | 나는 상이란 상은 다 남 줘버려. 받았다가 그냥 옆에 앉은 사람이 갖고 싶다 하면 줘버린다고. 딱 하나 남은 게 아이버 노벨로상인데, 그것도 와이프가 핸드백에 넣어놔서 남아 있는 거야. 나머지는 다 어디론가 갔어. 그딴 거 나한텐 아무 의미 없거든. 골든디스크도 하나도 안 갖고 있어. 그런 걸 간직한다고 내가 더 대단한 사람, 더 훌륭한 송라이터가 되는 것도 아니고 그 앨범이 더 위대해지는 것도 아니야. 중요한 건 오로지, 무대에서 보여줘야 하는 법이거든.

Music Club B
BRIT
Sponsored
Britannia
BRIT
BRIT
BRIT
BRIT

리암 | 우리 집에 와봐. 상이란 상, 골든디스크란 디스크, 하나도 걸려 있는 게 없어. 다 계단 밑에 처박혀 있다니까. 한 번도 꺼내서 걸어본 기억이 없네. 그런 걸로 나 자신을 보여줘야 하는 건 아니니까. 어떤 사람들 집에 가보면 온 벽에 상을 다 걸어놨더라고. 뭔데, 그게. 7080 감성인가? 난 안 그래. 그냥 다 계단 밑에 묵혀놔. 그러니까 시상식이 좋은 이유는 딱 하나야. 술, 그리고 어디서 기어 나온 무명 인디 밴드한테 욕이나 하는 거.

노엘 | 우린 세상에서 가장 거대한 밴드라는 타이틀을, 그 타이틀이 들어야 마땅한 무시와 조롱으로 뒤덮어 버렸지. 항상 그랬어. "그거 하기 싫어." "슈퍼볼 나갈래?" "2주 넘게 준비해야 되잖아, 안 해." 그런 관행 같은 건 따르지 않았어. 다 귀찮았고 우리한테는 즐기는 게 더 중요했거든. 어떤 해에는 MTV 어워즈에서 상을 다섯 개나 받았는데 까먹고 시상식에 아예 안 간 적도 있어. 우린 그냥 펍에 있었는데 누가 갑자기 "야, 우리 오늘 뭐 있지 않았냐?" 하는 거야. 그 순간 "수상자는 오아시스입니다!" 소리를 들은 거지. 무대에는 막 빈 의자 다섯 개가 있고. 그날 메이다 베일에 있는 워링턴 펍이라는 데서 죽자고 술 마시고 있었단 말이야. 그 뒤로 MTV에서 우리 뮤비 한 번도 안 틀어주더라. MTV는 우리를 존나 싫어했어. 《NME》도 우릴 존나 싫어했고. 우리 레이블이었던 에픽에서도 찬밥이었어. 근데 대중은 우릴 사랑했지. 그 덕에 지금까지 끌고 올 수 있었던 거고. ◻

우린 세상에서 가장 거대한 밴드라는 타이틀을, 그 타이틀이 들어야 마땅한 무시와 조롱으로 뒤덮어 버렸지.

그런 표정은 이제 그만

노엘 | 《Morning Glory》는 《Wonderwall》이 발매되고 나서 스스로 굴러가기[
시작하다가 《Don't Look Back in Anger》 싱글이 나온 뒤로는 온 세상을 아주
뒤집어 놓다시피 했어. 나는 〈Don't Look Back in Anger〉를 썼을 때 그 곡의 그[
어떤 부분도 뭔가 터질 거라든지, 라이브로 불렀을 때 좋을 거라든지, 후렴구가 좋[
으니 다음 곡에도 써먹어야겠다는 생각을 전혀 한 적이 없었어. 파리에서 어떤 스[
트립 클럽에서 공연한 적이 있어. 공연 자체는 기억이 안 나는데 싸움이 났던 건 기[
억나. 환장하게도 그때는 날이면 날마다 싸움이 났었거든. 난 그날 밖에 안 나가기[
로 하고 그냥 기타를 들고 호텔 방에 갔어. 내가 그날 쓴 곡이 나중에 〈Don't Look
Back in Anger〉가 될 줄 알았더라면 아마 난 그 곡을 완성하지 못 했을 거야. 딱[
맞는 가사를 절대 못 정했을 거거든. 이 곡이 나보다도 오래 살아남을 걸 알았으면[
'Slip inside the eye of your mind'라는 첫 줄보다 다른 걸 생각하려고 애썼겠[
지. 그게 뭔 헛소리인지는 모르겠지만. 난 그날 앉아서 그 곡을 썼고, 앉은 자리에서[
완성했어. 밤새 쓴 것도 아니야. 한두 시간 안에 작곡을 마쳤다니까. 가사 중에 '샐리[
어쩌고' 하는 한두 단어는 리암 아이디어였어, 내 의견이 아니라. 그러다 어찌저찌[
곡을 내고 나니, 노래가 스스로 생명을 얻은 듯 살아 숨 쉬기 시작했지.

리암 | 내 기억에 그거 파리 아니야. 희미하게 기억나는 걸로는 미국이었어. 공연[
장 뒤에 앉아 있는데 노엘이 무슨 죽이는 노래 하나를 연주하는 거야. '저기서 뭘[
부르는 거야?' 그러다가 머릿속으로 '저 가사 말고 이렇게 불러야 해' 싶었고 그게[
바로 'So Sally can wait' 부분이야. 약에 취했는지 꿈을 꿨는지는 모르겠지만 아[
무튼 내가 썼으니 크레디트를 달라고 시위하는 건 전혀 아니었고. 그러고 나서 얼[

"

마 뒤 그 노래가 발매됐고. 훌륭한 곡이었어.

노엘 | 작곡하는 과정에서 뭔가 막히거나 시류를 못 따라간다 싶어질 때마다 그날 밤을 떠올리고 생각해. '일단 쓰고, 듣는 사람이 판단하게 하자.' 그 곡은 결혼식, 장 례식, 축구 시합, 콘서트에서 나오거든. 그 곡이 특별한 이유는 사람들이 특별하게 만들어줬기 때문이야. 내가 쓰긴 했지만 내 역할은 미미했어. 나는 작곡할 때 그냥 말 그대로 써. 에이, 모르겠고 일단 쓰기나 하자. 녹음하고 있었으면 녹음하고, 제 일 멋지게 만들어. 그런 다음에 다른 사람들에게 이 곡이 훌륭한지 쓰레기인지 결 정하도록 넘기는 거야. 뭐, 둘 중 하나 아니겠어? 인생 최고의 곡이거나, 아니면 최 악의 곡이거나. 발매 몇 년 후에 이언 브라운 공연에서 어떤 여자애가 이렇게 물었 대. 〈Don't Look Back in Anger〉의 샐리가 〈Sally Cinnamon〉의 샐리냐고. 듣자마자 속으로 그랬어. '아! 등신같이! 왜 저 생각을 못 했지?' ◻

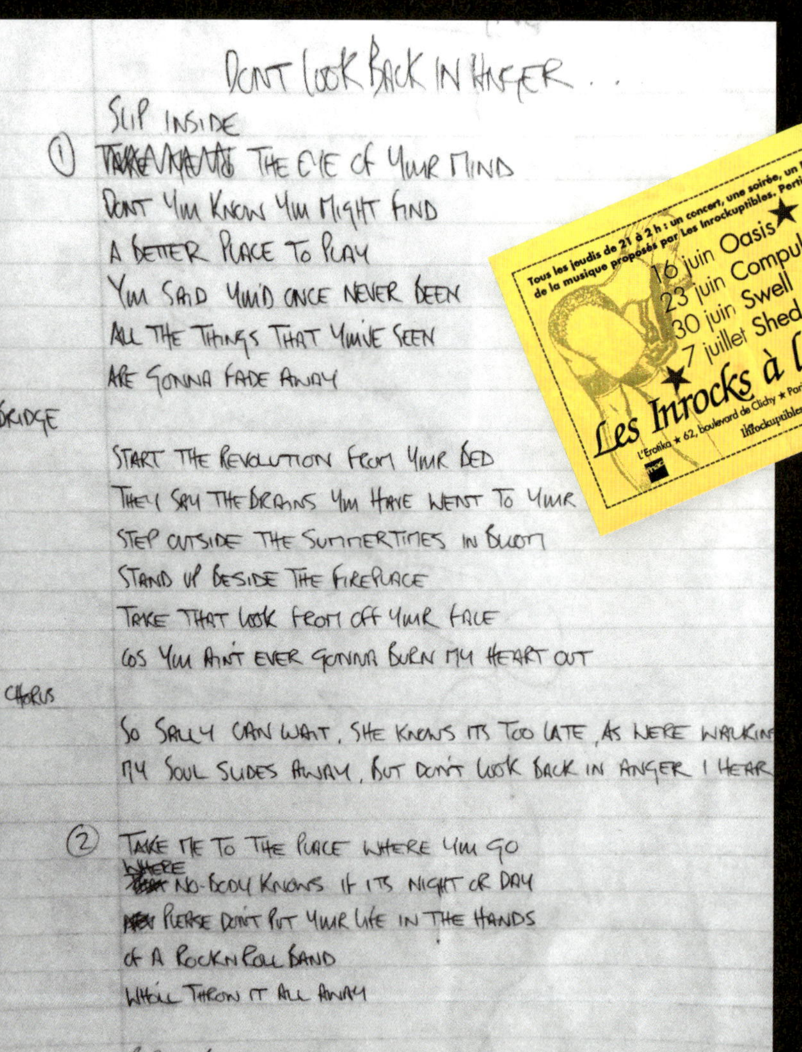

더 포인트

The energy and the vibe in the room, it was unbelievable.

그 에너지랑 분위기에 숨이 막힐 것 같았지.

노엘 | 더 포인트에서 했던 공연들은 진짜로 말도 안 되는 수준으로 관객과 감정이 폭발하던 순간이었어. 그 에너지랑 분위기에 숨이 막힐 것 같았지. 내가 그곳에 있다는 게 피부로 느껴졌어. 우리가 이런 환호를 받아도 되나 싶게 과분한 기분이 들었어.

페기 | 더 포인트 공연장에서 사람들이 막 "페기! 페기!" 하면서 내 이름을 소리쳤어요. 난 위층 발코니에 앉아 있었는데 아래에 있던 팬들이 다 "페기!" 이러니까 너무 창피한 거야. 얼른 나가고 싶었죠.

본헤드 | 우리 가족은 여름방학에 항상 6주 정도는 아일랜드에 가 있었어요. 노엘이랑 리암도 그랬고요.

리암 | 아일랜드는 아름다워. 항상 날씨가 좋거든. 우린 삼촌네 농장에 가서 건초 더미 가지고 놀았었지. 삼촌 집은 시내랑 떨어져 있어서 우린 시내까지 걸어가면서 장난도 많이 쳤어. 담배랑 이것저것 훔치기도 하고 말썽 부린 거지. 아빠는 한 번도 같이 안 갔어서 사실 늘 즐거운 시간을 보낼 수 있었어. 엄마도 가족들이랑 시간 보냈으니까 좋았을 거야. 나도 좋았고.

페기 | 애들은 아일랜드 가는 걸 좋아했었죠. 들판에서 마음껏 뛰어놀고 별짓을 다

해도 됐으니까. 애들 방학 때마다 갔었고, 다른 데는 간 적도 없어요.

노엘 | 오아시스 음악에는 분노가 서려 있거든. 그 얘기를 좀 해줄게. 내가 사람들한테 음악에 담긴 분노 얘기를 하면 다들 소리 지르거나 고함 치는 걸 상상하거든? 근데 사실 기쁘게 화를 낼 수도 있어. 아일랜드 사람들은 슬플 땐 세상에서 가장 슬프고, 기쁠 땐 세상에서 가장 기뻐해. 아일랜드 사람들이 아마 전 세계에서 술도 제일 많이 마실걸? 유별난 사람들이야. 오아시스가 전부 아일랜드계가 아니었다면 애초에 밴드가 존재하지도 못했을 거고, 그렇게 커지지도 못했을 거고, 그렇게 중요해지지도 못했을 거고, 우리의 모든 결점을 안고 그 정도로 애증의 대상이 되지도 못했겠지.

파올로 휴잇◆ | 이민자 감성이죠. 그게 바로 오아시스의 정체성이고요. 아일랜드 사람들은 오아시스를 자식처럼 생각했고 사람들은 모두 기분이 좋아 보였어요. 다 끝나고 호텔로 돌아가 보니, 사람들이 잔뜩 있더라고요.

◆ 오아시스의 초창기 일대기를 다룬 책 『게팅 하이getting high』의 저자이자 언론인.

폴 | 그래프턴 스트리트에 있는 그 호텔은 꽤 개방된 곳이라서, 아무나 들어올 수가 있었어요. 그때 아일랜드는 록 밴드를 위해서 가드가 문 앞을 지켜주는 느낌은 아니었거든요. 근데 아버지가 주변을 어슬렁거리는 거예요. '씨발, 이게 다 뭔 상황이지?'

리암 | 내가 기억하는 바로는, 누가 나한테 "너희 아버지가 기자랑 같이 와서 이상한 일을 꾸미는 것 같아"라고 했어. 난 죽여버리려고 했어. 너무 좆같잖아. 난 외가 친척들이랑 같이 있었거든. 아빠는 더블린 출신이라 거기 나타났던 거겠지. 이리저리 설치다가 기삿감 하나 물어볼 심산이었을 거야. 진짜 싸구려 짓거리 아냐? 말도 안 되는 짓이야. 나는 '그래, 너 이 새끼 오늘 잘 걸렸다' 싶었어. 그렇게 잘나고 용감해서 우리한테 덤비려고 하다니 존나 멍청한 거지. 기자들 다 있는데, 자기 아들이랑 한바탕하겠다고? 한심하더라고. 불쌍한 새끼야. 그냥 꺼져.

매기 | 정말 씁쓸하지 않나요? 당연히 상황을 다 미리 짜놓고, 분위기를 이상하게 끌고 가서 싸움을 붙여놓고, 그걸 언론에 내보내려고 했겠죠.

노엘 | 그때 아버지가 나타났던 거 말인데, 사실 아무도 제대로 마주치진 않았어.

나도 얼굴을 제대로 본 건 아니니까. 내가 화장실에 있었는데 누가 나한테 "나가지마. 밖에 너희 아버지가 《뉴스 오브 더 월드》 기자하고 같이 있어" 이러는 거야. 난그냥 "오, 그래, 그러든가" 싶었지. 요란을 떨기도 싫었고, 아버지와 관련된 감정은애진작에 다 털어버린 상태였거든. 우리 폴이 뭘 어쨌는진 모르겠네. 엄마는 자러갔었을 테고. 근데 리암은 좀 흔들렸던 것 같다고 생각해.

리암 | 그때 분위기가 뒤숭숭했는데 난 품위 있게 넘기려고 했어. '좆 까, 이제 나한테는 아무 의미 없는 인간이야. 우리는 이미 저 인간보다 나아.' 끝까지 엮이지 않으려고 정말 노력했어.

파올로 휴잇 | 노엘이 리암한테 계속 말하더군요. "반응하지 마." 그가 바 저쪽 끝에 있고 노엘이랑 리암이 다른 쪽 끝에 서 있었죠. 리암이 "씨발, 진짜 죽여버릴 거야"라고 했어요. 그때 노엘이 말렸죠. "반응해 주지 마. 절대." 솔직히 그 순간은 노엘이 리암을 지켜준 거예요. 리암이라면 진짜 덤볐을 거거든요. 노엘이 그걸 막아낸 거죠. 기자들은 큰 싸움이 나는 것만 벼르고 있었을 테고요.

리암 | 난 정말 진심으로, 한 톨의 의심의 여지 없이 죽여버리려고 했었어. 진짜로.근데 그럼 《뉴스 오브 더 월드》만 득 보는 상황일 거 아냐. 옆에 가기만 했어도 난정말 그 인간을 죽여버렸을 거야. 그때 우리 애가 말려서 좀 진정했지. 난 그런 상황을 오랫동안 곱씹는 성격은 아니야. 그냥 얼른 다른 개같은 일로 넘어가 버려.

노엘 | 아버지한테 기자 새끼들이 뭐라고 했을지 알 게 뭐야. "노엘이랑 리암이랑잘 아는 사이인데, 걔들이 아빠 보고 싶대요" 이딴 말이나 하면서 부추겼겠지. 모르지 뭐. 타블로이드 기자라는 것들은 사람들을 꼬여내서 몰래 영상을 찍고, 도청하고, 하여간 별 짓거리 다 하는 쓰레기들이니까. 그런 것들한테 대처하는 방법은 딱하나더라고. 그냥 더 나은 인간이 되면 돼.

리암 | 그때쯤에는 뭐, 몇 달 걸러 한 번씩 루머 기사가 나왔어. "외면당한 아버지,유명 인사가 된 아들들과 만나려고 안간힘을 쓰지만 아들들은 개자식처럼 엮이기를 꺼린다" 같은 기사들. 다 헛소리였어.

폴 | 정말 별로였어요. 《뉴스 오브 더 월드》 사람들을 달고 나타나다니. 나도 그 호텔에 같이 있었는데, 그 인간은 내 얘기는 한마디도 안 했어요. 그게 신경 쓰인다는

© Jill Furmanovsky

건 아니지만, 아들들이랑 화해하려면 우리 셋이 다 가야죠. 둘만 중요해요? 돈 되는 애들만 자식인가요?

페기 ㅣ 어휴, 얼마나 끔찍했는지. 그런 일이 벌어졌다는 거 자체를 믿을 수가 없었죠. 그 인간이 애들 밤을 완전히 망쳐버린 거잖아. 그 양반은 리암이 자존심 부리는 성격이란 걸 누구보다 잘 알았어요. 리암은 그런 일이 터지기만을 벼르던 상태였고요. 긴장은 노엘이 더 많이 했을 건데. 노엘은 그런 상황을 진짜 싫어해요. 그 인간은 화해할 마음도 하나도 없었을 거예요. 《뉴스 오브 더 월드》에서 돈을 받고, 다음 날 아침 그 기사가 당연히 신문 1면에 났고. 그 인간은 자기 인생을 애들 엄마랑 세 자식 새끼가 망쳤다고 평생 떠들어댔지만, 자기가 본인 인생 말아먹은 거예요.

노엘 ㅣ 나한테 아버지 일은 이미 오래전에 지나갔어. 내가 신경 쓰는 건 단 하나야. 음악. 그런 일들은 언젠간 지나가게 돼 있고, 결국 끝에 남는 건 노래들이지. ◻

In the end none of this will matter, when it's all said what will remain is the songs.

그런 일들은 언젠간 지나가게 돼 있고,
결국 끝에 남는 건 노래들이지.

홈 경기

노엘 | 우린 우리가 낸 앨범 두 장이 시대의 무언가를 포착해 냈단 걸 잘 알고 있었어. 그게 도대체 뭔지는 우리도 몰랐지. 따지자면 우리조차도 놀란 상태였어. 그렇다고 막 짓눌리거나 압도된 것도 아니었고. 메인 로드 공연이 매진됐을 때, 뭔 놈의 스타디움 공연이 20분 만에 매진되나 싶었어. 근데 그렇다고 "엄마한테 전화해야지!" 하지는 않았고 "공연이 언제라고? 4월? 그래, 그럼 1월에 리마인드 좀 해줘" 하고 끝이었어.

It was our first stadium gig and it was kind of a celebration of an era.

그건 우리의 첫 스타디움 공연이었고, 한 시대와 세대를 기념하는 축제 같았지.

리암 | 메인 로드 공연은 진짜 멋있었지. 그라운드에서 공연하고 백스테이지부터 경기장 내부를 다 누비고 다니다니, 짜릿했지. 거긴 내가 예전에 맨시티 경기를 보러 다니던 경기장이거든. 맨 처음 맨시티 팬이 된 것도 세인트 버나드 학교에 계시던 윌시 선생님 덕분이었어. 그분이 맨시티 광팬이라서 가끔 티켓을 열 장 정도 구해와서는 일주일 내내 말썽 안 부린 애들을 데려가곤 했거든. 난 대체 어떻게 받았는지 기억도 안 나네. 아무튼 경기장 뒤쪽 골대 앞에 앉아서 경기 보는데 신났었지. 완전 멋졌다니까.

본헤드 | 메인 로드랑 그 주변 동네는 진짜 내가 태어난 곳에서 엎어지면 코 닿을 거리예요. 어릴 땐 사실 맨유 팬이었는데 친구들이 다 맨시티 팬들이라서 맨시티 홈 경

MANCHESTER CITY
FOOTBALL CLUB
SJM CONCERTS & MCP present
By arrangement with Primary Talent International
OASIS
Plus Support
at Manchester City Football Ground, Maine Road, Manchester
Sunday, 28th April, 1996
Gates Open: 2.00 pm
Admit to DIRECTORS BOX
General Secretary
Nº 121
Manchester City
Football Club plc
ENTRANCE
OFFICIAL
DOOR
MAINE ROAD
To be given up
Nº 121

We walked into a football stadium playing the same game that we'd played in the Boardwalk two years before.

우린 스타디움에서도 2년 전에 보드워크에서랑 똑같이 했었어.

기를 할 때마다 집에서 다 같이 경기장까지 걸어갔어요. 서포터석에 앉아서 맨시티를 응원하기도 했죠. 경기장 안팎, 그 주변 모두 익숙했어요. 그래서 거기서 공연하는 게 각별한 느낌이었죠. 게다가 이틀 연속으로 했으니까요.

노엘 ㅣ 그건 우리의 첫 스타디움 공연이었고, 한 시대와 세대를 기념하는 축제 같았지. 그때까지도 우리는 스스로 컬트 밴드라고 생각했으니까. 완전히 주류라고는 생각 안 했거든. 그래서 스타디움 공연을 이틀 연속 매진시키다니 존나 멋진 일이었어.

리암 ㅣ 공연장에 막 도착했을 때가 기억나네. 뭘 입고 있었는지 기억은 잘 안 나는데 대기실 구석에 맨시티 옛날 트레이닝복이 한 벌 걸려 있었어. 그래서 내가 "나 이거 입을래" 하고 진짜 입고 나왔어. "와, 이제 우리 차례다. 이러다가 맨시티 선수로 뛰는 거 아냐?" 했다니까.

노엘 ㅣ 난 평생을 맨시티 팬으로 살았고, 살고 있거든. 그러니 그런 공연을 하게 돼서 웃음이 나왔어. 게다가 이틀 연속 공연이었으니까. 스타디움급 밴드가 된다는 건…… 유투나 건즈 앤 로지스 레벨이 된다는 얘기였어. 그런 밴드들은 스타디움에 어울리는 음악을 하고, 나름대로 기술이 있을 거거든. 우린 안 그랬어. 스타디움에서도 2년 전에 보드워크에서랑 똑같이 했었어. 스타디움용 기술이 뭔지는 조니 마가 나한테 짚어줄 때까지 전혀 몰랐지. 조니가 "스타디움에서 하는 기술도 없이 도대체 어떻게 한 거야?"라고 말하더라. "그게 뭔 기술인데요?" "이쪽 구역만 따라 불러라, 그런 거 몰라?" "아, 그런 거요? 음…… 귀찮으니까 안 할게요."

본헤드 ㅣ 무대로 딱 올라왔는데, '와, 씨발, 미쳤다' 싶더군요. 거기선 모든 게 다 보였어요. 중간중간 뚫린 곳 사이로 집도 보이고, 조명탑도 보였죠. 울컥하더라고요. 진짜 말 그대로 우리 모두에게 홈 경기 같은 공연이었어요.

노엘 ㅣ 메인 로드 무대에 올랐을 때 난 거리감 따위를 느끼지 않았어. 오히려 그 순간을 미친 듯이 즐겼어. 공연 규모나 언론이 떨어대는 호들갑, 앨범 판매량, 사람들

© Jill Furmanovsky

의 관심에 압도당한 적은 한 번도 없지. 오히려 난 그런 게 좋았고, 심지어는 즐기기까지 했어. 난 그런 마음이었지. 첫 번째, 이건 내가 받아 마땅한 것들이다. 두 번째, 난 지금보다 더 잘할 수 있다. '좋아, 바로 이 맛이야. 더 내놔, 난 감당 가능하니까.'

페기 I 그날은 최고의 날이었어요. 사람들이 막 우리 집 앞까지 찾아왔다니까요. 속으로 '이게 정말 실제 상황인가' 싶었죠. 정말 엄청난 경험이었어요.

노엘 I 게스트 명단에 들었어도 티켓을 받으려고 줄을 섰어야 했는데, 사람들이 가짜 이름을 쓰고 난리였지. 심지어 맨유 선수들까지 와서 밖에 있는 맨시티 팬들한테 욕 얻어먹고 있었대. 우린 그냥 '꼬숩다, 다 꺼지라고 해' 하고 생각했고.

리암 I 나도 맨유 선수들이 티켓 구하려고 했던 거 생각 나. 난 속으로 '꺼져라, 맨날 우리를 10대 0으로 발라버린 주제에……'라고 생각했었고.
　　그 공연은 정말 좋았어. 대단했지. 항상 무대 앞에서는 싸움이 나고 난장판이었는데. 누가 그러더라. 오아시스 공연에 갔다가 오줌 벼락을 맞았대. 근데 코 안 부러진 게 다행이지. 사내놈들이 좀 싸우겠다고 하면 말리지 말고 냅둬야 해. 그렇다고 여자를 때리거나 하면 그건 안 될 일이지만. 어쨌든 난 무대 앞쪽에서 싸우는 거? 오히려 좋았어.

The chaos surrounding those gigs was fucking insane.

공연장 주변은 정신 나간 급으로 난리가 났었지.

노엘 I 공연장 주변은 정신 나간 급으로 난리가 났었지. 메인 로드는 모스 사이드 한복판에 있거든. 축구장으로는 좋지만 공연장으론 별로야. 거기가 좀 험한 동넨데, 진짜 난리가 났다니까. 헬기까지 떴어. 맨체스터 동네 친구들도 막 "밖에 지옥이다" 이러면서 들어왔었고. 무대 위에 있으면 정작 그 난리통이 잘 보이진 않아. 신문에 기사로는 나지만. 기억나는 게, 공연 중에 북쪽 스탠드 쪽을 내려다보니까 지붕 위에 사람들이 올라가 있었어. 티켓 없어서 못 들어온 애들이.

매기 I 밖이 거의 베이루트 같았어요. 한 발짝만 나가도 사람들이 막 소방차에 매달려 있고, 그걸 타고 들어오려고 하고. 한쪽 스탠드에서는 화재 경보가 울렸는데, 사람들은 그 틈에 그걸 기회 삼아서 기어올라 가려고 했던 거죠. 어떤 사람들은 테라스 지붕 위에 있었어요. 대체 어떻게 올라갔는지 모르겠어요. 어디서 사다리를 들고 왔다나 봐요. 열댓 명인가 춤추고 있더라고요. 경찰도 와서 그냥 사다리만 치우고 갔었죠. 전 속으로 '아니, 내려오라고 할 것이지. 사다리만 치웠다가 다치면 어떡해?' 하고 걱정했어요. 말 그대로 총체적 난국 같았죠.

노엘 | 우리 노래는 사실 스타디움 전용이었던 거야. 내 아파트에서 틀어도 좋았고, 보드워크에서도 좋았고, 아폴로에서도 좋았고, GMEX에서는 더 좋았지. 게다가 메인 로드는 더 좋고, 넵워스에서는 더더욱 좋았어.

리암 | 소규모 공연도 좋긴 좋아. 펑크한 기분이 드니까. 근데 우리 노래들은 다 사운드가 웅장해서 작은 공연장이랑은 안 맞아. 우린 아레나랑 스타디움 공연에 어울렸어.

노엘 | 무대에 서 있는 남자가 내밀한 자기 마음을 담아서, 애비 문제나 어릴 때 콘플레이크 먹었던 얘기, 그때를 극복 못 했던 얘기를 곡으로 썼다고 상상해 봐. 사실 5만 관중 앞에서는 그런 의미 따윈 사라지게 돼. 〈Cigarettes & Alcohol〉 말인데, 그런 곡은 관객이 많으면 많을수록 좋지. 7만 명도 모자라. 12만 5000명도 모자라다고. 난 최대한 많은 사람이 그 곡을 들었으면 좋겠다 생각했어. 메인 로드 공연 두 번째 날에, 난 박스석에 앉아서 텅 빈 경기장이랑 조명탑을 바라보며 생각했어. "앞으로는 어떻게 될까?" 경기장이 점점 비워지는 모습을 보면서 그 모든 걸 받아들이려고 했지. 그러다 갑자기, 번쩍, 파티 장소에 가 있더라고. 열일곱 시간에서 사흘 정도 만취 상태로 있고 그랬어. 무슨 말인지 알지. 정신 차려보면 또 다른 일이 벌어지고 있더라니까. 그때의 그 공연은 우리가 한 단계 올라섰다는 증거였어. 우리가 도달한 그 수준을 거대하게 기념하는 셈이었지. 지금 돌이켜 봐도 아주 자랑스럽고 행복해. 나로서는, 내 입장에서는 존나 끝내주는 시간을 보낸 거야. ▫

Where does it

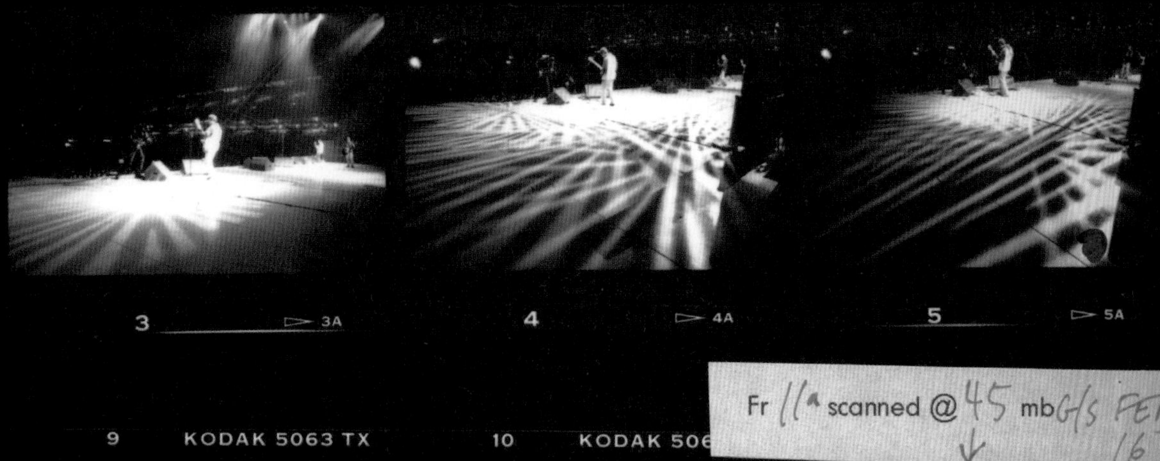

go from here?

앞으로는 어떻게 될까?

넵워스

노엘 | 누가 우리한테 다음 공연은 넵워스가 어떠냐고 했는데, 우리 반응은 "그래, 그러든지"였어.

오언 | 마커스 러셀이 나한테 오더니 그랬죠. "지금 가능할 때 큰 공연장 잡아 놓을까? 다들 가겠다고 난리야. 정말 끝내주지만 무슨 트럭이 언덕을 막 달려 내려가는 느낌이네. 불이 붙은 채로. 바퀴는 떨어져 나가고 있고. 언제 끝나버릴지 모르겠어, 오언."

노엘 | 오아시스에는 전략 같은 게 없었어. 한 번도 방에 다 같이 앉아서 미래 얘기 같은 걸 한 적이 없으니까. 넵워스는 이름만 간신히 들어봤었고 나한테 별 의미는 없었는데, 누가 나한테 거기가 배트맨 영화에 저택으로 나왔다 해서 그제야 '아, 거기? 좋네' 싶었어. 누가 날 넵워스까지 끌고 가서 어떠냐고 묻는 단계면 사실 계약이 다 된 거나 마찬가지거든. 거기까지 가서 '관심 없어요'라는 대답을 들을 사람은 없으니까. 그쯤 되면 이미 누구 하나 결심을 했다는 얘기야. 근데 그때 누가 내 귀에 대고 "역사상 가장 규모가 큰 공연이에요"라고 속삭였고 난 듣자마자 "고맙습니다. 그 얘기 들으니까 바로 군침이 도는군요" 이랬었지. 레드 제플린이나 핑크 플로이드Pink Floyd보다 거대한 밴드가 된다는 건데 당연히 해야지. 그렇게 공연장이 잡혔고, 공연을 진짜 하게 된 거야. 우리는 실력이 있었고 곡들도 훌륭했어. 나도 잘하고, 너도 잘하고, 다 좋으면 가는 거지. 비만 안 오면 완벽할 거라 생각했어.

매기 | 다들 이 공연이 매진될 거라고 믿고 큰 도박을 걸었죠. 그런데 첫날 공연이

티켓을 오픈하자마자 몇 분 만에 매진돼 버린 거예요. 말도 안 되게 빨리 매진된 거였어요.

노엘 | 남들은 숫자 얘기를 하고 있는데 난 애프터 파티가 어디서 열릴지나 걱정하고 있었어. 공연장 주변을 걸어봤는데, 셰필드 아레나랑 메인 로드에 갔을 때 느낀 감정이랑 비슷했어. 그냥 웃음이 나오더라고. '진짜 말도 안 된다' 싶었어. 동시에 '과연 정말 매진될까?' 하는 생각도 했고.

본헤드 | 우린 이미 어떤 경지에 이른 상태였죠. 이틀? 그래, 해보자 싶었어요.

리암 | 난 아직도 왜 공연을 이틀만 했는지 모르겠다니까. 대체 어떤 놈 아이디어야? 우린 지금도 거기서 공연하고 있어야 해.

노엘 | 유일하게 공연 규모가 실감 났을 때는, 이틀 치 티켓이 열자마자 매진됐을 때야. 그때 공연을 이틀 더 하자는 제안이 있었는데, 아마 그때 처음으로 우리가 한 발 물러섰던 것 같아. 뭔가 감당할 수 없을 만큼 커져버렸다는 걸 자각했을 수도 있고. 나중에 듣기로는 일주일 연속 공연도 할 수 있었을 거라던데, 사실 그랬어야 해. 그해는 우리가 맨체스터에서 넵워스까지 올라가 버린 해였어. 큰 도약을 세 번 한 거지. 셰필드 아레나에서 메인 로드로, 그리고 넵워스로. 보드워크의 지하 합주실에서 보드워크 무대에 섰을 때, 고작 관객은 11명이었지만 그때도 크게 발전했지. 그다음에 11명에서 700명이 됐었는데 그것 역시 큰 발전이었어. 그 모든 도약들이 다 중요했어. 덜 중요한 건 없었어. 그리고 대학생 동아리 수준에서 아레나급으로 간 게 진짜 컸던 것 같아. 내가 보러 갔던 대형 밴드 공연들은 죄다 아레나 공연이었으니까. 거기서 넘어가면 스타디움인데, 세상에, 스타디움에서 공연을 한다니 믿을 수 있겠어? 그때 공연 영상을 보면 신기해. 연출이랄 게 전혀 없고 무대에서 기타 치는 놈들만 나와.

> # *I can't believe that we only did two nights. Whose fucking great idea was that? We should still be playing there right now.*
>
> *난 아직도 왜 공연을 이틀만 했는지 모르겠다니까. 대체 어떤 놈 아이디어야? 우린 지금도 거기서 공연하고 있어야 해.*

리암 | 퍼포먼스는 같은데 장비가 더 좋은 거지. 관객도 더 많고. 근데 내 말 믿어. 난 모든 공연을 다 똑같이 대했어.

Same performance, but better gear, you know what I mean? And more people.

퍼포먼스는 같은데 장비가 더 좋은 거지. 관객도 더 많고.

노엘 | 요새 스타디움 공연은 화려하더라. 레이저 쏘고 백보컬 있고 별 짓거리를 다 하더라고. 다른 밴드들이 큰 공연 할 때 보면 무슨 NASA 우주센터를 무대에 갖다 놨어. 지금 누가 그 정도 급의 공연을 하려면, 어휴, 스크린에만 100만 달러 정도 써야 할걸? 근데 우리는 뭔 널빤지 몇 개 갖다 놓고 했거든. 심지어 컬러도 아니야. 흑백이었어. 나중에 어떻게 보일지 전혀 고려하지 못한 거지. 거창한 선언 같은 게 아니라 그냥 거기까지 신경을 안 쓴 거야. 후렴 쓰는 것도 힘든데 무슨 무대장치까지 신경을 쓰겠어. 보행자 통로 쪽을 따라서 두 번째 무대가 있었으면 더 나았을까? 모르겠네. 그때까지도 우린 좀 투박한 구석이 있었는데, 그게 매력이기도 했지. 우리 철학은 노래가 중요하다는 거였어. 당시에 우린 기죽지 않았고, 다들 제 몫을 잘해내기도 했지. 안 보이는 데선 기죽었을지 몰라도 우린 그냥 우리 노래에 자신감이 넘쳐서 그냥 물 흐르는 것처럼 해냈어. 내 이론은, 저 앞에 있는 관객 걱정은 하지 말자는 거야. 걔들은 어차피 잘 놀고 간다고. 무대 크기도 어차피 비슷하잖아? 그러니까 그냥 관객 보지 말고 발밑이나 보면서 연주하면 그만이야. 노래도 다 알고 있잖아. 그러니 그냥 새 옷이나 한 벌 샀지.

리암 | 나는 무대 뒤에서 손톱이나 깨물면서 어떻게 될지 걱정하진 않아. '다 왔다고? 좋아, 그럼 해볼까?' 이랬지. 그게 전부야. 지금도 마찬가지고. 난 소규모 공연이 더 이상하게 느껴져. 관중이 너무 내 코앞에 있잖아. 그게 더 긴장된다고. 큰 공연은 식은 죽 먹기지. 난 무대 공포증 같은 건 없었어. 못해먹겠다고 생각해 본 적 단 한 번도 없어. 우린 떨지 않았거든. 물론 조금 긴장감이 생기긴 하지. 그래도 '이런 미친, 이번 공연 못하겠다. 아니, 씨발, 돌겠네. 어쩌지? 환장하겠네! 세트리스트 까먹겠어! 돌아버리겠어!' 이러지 않았다고. 그냥 올 테면 와라 싶었을 뿐이야.

노엘 | 우린 넵워스에 헬리콥터를 타고 갈 예정이었고, 난 코일리랑 필한테도 헬리콥터에 타라고 했어. 걔들은 가장 오래된 친구들이었으니까 당연히 우리랑 같이 타야지. 결국 우리 다 같이 만들어냈던 거니까.

oasis

필 ┃ 우린 헬리콥터에 같이 타고 넵워스로 날아갔어요. 사실 공연장에 갈 수 있는 유일한 방법이긴 하죠.

노엘 ┃ 헬리콥터로 가장 높은 데까지 올라가니까 오히려 더 시시한 거야. 모든 게 너무 작게 보이니까. 근데 지상 가까이 내려왔을 땐 깜짝 놀랐지. '존나 크네' 싶었다고. 공터도 없고, 별달리 설치된 것도 없고, 두 번째 무대도 없었어. 그냥 만취한 오아시스 팬들이 들어올 곳만 있었지.

본헤드 ┃ 그 헬리콥터는 괜찮았어요. 그때쯤엔 나도 헬기에 익숙해져 있었거든요. 넵워스에 어떻게 가는데? 헬리콥터 타고? 에휴, 좋다. 이제 탈 수 있어. 익숙했다고요. 시골 위를 날면서 저 멀리 무대가 보이는데, "와, 저게 진짜 우리 공연장이라고?" 했어요. 기분 째졌죠. 헬기가 착륙하면 사람들이 잔뜩 모여들고, 그 순간 밴드가 도착한 걸 모두가 알게 되는 거잖아요. 정말 짜릿했어요. 최고였죠.

리암 ┃ 무대 위에서 그 사람들을 보면 정신이 나갈 것 같더라. 존나 미쳤잖아. 관중 속에서 밴드 공연을 본다면 존나 좋았을 것 같아. 나도 관중으로서 공연을 보고 싶었을 정도야.

노엘 ┃ 사람들이 같이 있고, 다들 노래만 잘 외우고 있다면 어려울 게 없었어. 긴장할 것 없이 그냥 나까지 관객 중 한 명이 돼서 공연을 즐기면 돼.

필 ┃ 결국 그것도 또 다른 공연이었어요. 무대에 올라서 공연을 하는데 앞에 100명이 있든 15만 명이 있든 다 똑같은 태도였죠. 초창기랑 다를 바가 없었어요.

노엘 ┃ "이건 역사다." 당시에 300만 명 가까이 되는 사람들이 티켓을 구하려고 했어. 역사적인 일이었긴 해. 근데 내가 그런 식으로 분위기에 휩쓸린 듯한 말을 하다니 이상하지. 보통 난 그런 건 속으로만 생각하거든. 아마 무대하기 전에 한두 잔 마셨던 것 같기도 해. 그러면 분위기 탈 수도 있지.

필 ┃ 저도 역사처럼 느껴졌어요. 그러니까, 제 역사이기도 했죠. 난 항상 오아시스가 뭔가 해낼 거라고 믿었어요.

리암 ┃ 정말 대단했어. 기가 막혔지. 공연 말고 다른 것들은 별로였지. 온종일 앉아서 인터뷰나 하고 그랬으니까. 공연은 존나 쩔었어. 진짜 생생했어. 나머지 것들은 빼고서라도 그 한 시간 반 동안 난 그렇게 생각했어. '이거다, 이거야말로 진짜다.'

노엘 | 존 스콰이어John Squire가 대체 어떻게 넵워스 공연에 합류했을까? 몰라, 존 아이디어는 아니었겠지. 나 아니면 리암이 해달라고 해서 해준 걸 거야. 신기한 일이긴 해. 그전엔 같이 어울리지도 않았으니까. 존은 그냥 나타났고, 자기들 투어 버스에서 내리더니 연주를 하더라고. 그 뒤로도 안 만났어. 좀 이상하지. 주말에 몇 번 놀 법도 한데. 뭐, 그럴 수도 있지.

리암 | 존 스콰이어는 지금도 세계 최고의 기타리스트고, 예전에도 마찬가지였어. 우리 다 '미쳤다, 존이 우리랑 연주하러 온다고?' 이랬지. 모두 감탄했다니까. 좋았 지. 존은 멋지니까. 근데 성격은 엄청 조용하고. 내면에 어딘가 미쳐 날뛰는 구석이 있는 사람이긴 해. 내성적이고 차분하면서. 우린 존 옆에서는 항상 쿨한 척했어. 왜 냐면 존은 막 난리 치거나 뛰어다니는 걸 안 좋아했으니까……. 차분한 사람이야. 우린 항상 그 옆에서 자제하려고 애를 썼어. 하지만 정말 좋은 사람이야.

노엘 | 정의 내리는 것조차 힘드네. 그런 순간은 어디 보존할 수도 없고, 어떻게 가 능했는지도 모르겠고, 다시 하려고 들지도 않는 거거든. 그냥 살면서 그런 일이 한 번이라도 있었다는 것에 행복해해야 돼. 아마 그때 공연을 보러 간 관중이었으면 갔다는 것 자체로 행복했겠지. 나도 20대고, 밴드도 20대일 무렵이었다면 더.

리암 | 난 설명도 못 하겠어. 난 그 공연은 우리보다도 팬의 것이라고 생각해. 음, 팬이라……. 난 팬이라는 단어가 싫더라. 그날 온 사람들의 것이라고 할게.

When the people are with you and they've taken those songs into their hearts, it's easy.

사람들이 같이 있고, 다들 노래만 잘 외우고 있으면 어려울 게 없었어.

본헤드 | 내가 상상했던 그 어떤 것보다도 더 높이, 더 멀리 갔으니 그때가 나한텐 정점이었 어요.

노엘 | 아무리 대단한 밴드가 됐다고 해도, 그 사소한 것들은 여전했어. 우린 보드워크에서 연주하던 바로 그 밴드였고, 옷은 그때랑 거의 똑같이 입고 다녔지. 달라진 거라곤 뭔가에 불 이 붙은 듯 사람들이 몰려들었단 것뿐이었어.

떼창 같은 것도 없고, 〈Wonderwall〉 후렴에서 마이크 내리고 '저쪽 사람들 불러
봐' 이런 짓도 안 했어. 다 집어치우고 연주나 하고, 나와서 차나 끓여 마시고 대기
실 음식이나 먹자. 그게 우리 철칙이었어.

리암 | 첫날 공연 끝나고서 좀 흥분하긴 했지. 다음 날 아침에 눈 떴는데 사람들이
문을 막 두들겨. "일어나, 사운드 체크하러 가야지." 난 "무슨…… 뭐? 누구? 뭔 사
운드 체크?" 이랬어. 공연이 한 번 더 남은 걸 새까맣게 잊어버린 거야. 갈아입을
옷도 없었는데 그때 두꺼운 스웨터가 하나 있어서 그거나 입었지 뭐. 같은 재킷 두
번 입기 싫었거든.

노엘 | 첫날 공연만 잘하면 그다음엔 식은 죽 먹기야. 왜냐면 갈수록 더 좋아질 게
뻔하니까. 아무리 걱정하고 긴장하고 기대하든 둘째 날 공연은 우리 집 거실에서
공연하는 듯이 편했지. 오아시스 공연은 항상 둘째 날 티켓이 먼저 빠지거든. 그래
서 첫날 공연 끝나면 '와, 내일은 진짜 광팬들이 몰려온다. 진짜 미친놈들이 올 차
례는 내일이다' 하는 생각도 들지.

리암 | 사람들이 와서 나한테 "나 넵워스 공연 갔었어" 이러면 난 "그래? 나도"라고
대답해. 우리끼리라고 뭐, 그걸 앉아서 곱씹지는 않거든. 지금 생각하면 참 미친 일
이긴 해. 엄청났지.

노엘 | 맞아, 그 순간에 그게 중요한 일인지조차
모르면 그건 그냥 멍청한 거지. 그게 뭐 대중문
화사의 중대한 족적이라고 생각할 정도는 아니
더라도 내 인생에 있어서 중요한 순간이란 건 명
백했으니까. 그래도 삶이 바뀌진 않더라. 넵워스
에서 이틀 공연하고도 난 그냥 전과 똑같은 록
스타였고, 사람들이 날 보는 시선도 밴드를 대하
는 태도도 똑같았어. 바로 다음 날에도 신문에
우리 씹는 기사가 났다니까. 어떤 타블로이드 기
자가 음식값이 어쩌고, 화장실 줄이 어쩌고 하는

Two days after Knebworth I was no bigger a rock star than I was two days before it.

넵워스에서 이틀 공연하고도
난 그냥 전과 똑같은 록 스타였어.

글을 썼더라고. 전형적인 영국 기자야. "공연은 대박이었는데 화장실 줄이 너무했
다." 그래, 씹어라, 씹어.

© Jill Furmanovsky

© Jill Furmanovsky

리암 | 정말 멋졌고, 아름다웠어. 정의가 구현된 느낌을 받았어. 우리랑 세상이 합체한 날이었지. 종교도 아닌데 그 많은 사람을 한자리에 모이게 했다는 건 정말 대단한 거야. 에너지가 엄청났어. 깊고, 또 깊고, 아름다웠어. 난 그걸 좀 더 원했었어. 본헤드는 맨날 그때 해체했어야 한다고 지껄이지만 해체를 왜 해? 그리고 해체하면 뭐 할 건데? 자동사 정비공 같은 거? 그냥 잠깐 쉬었다가 다음 해에 또 하는 거지. 그때 왔던 사람들을 위해서, 아니면 티켓 없어서 못 온 사람을 위해서 또 공연하는 게 맞잖아.

노엘 | 우린 그때 사라져서 해체했다는 뉘앙스라도 풍겼어야 해. 각자 흩어져서 삶을 좀 되찾았어야 해. 어마어마한 돈이 우리 손에 들어올 예정이었거든, 1집부터 2집까지 저작권 수입도 생겼고, 투어 소득에 메인 로드, 넵워스까지 했으니까. 우린 떠나서 록 스타다운 짓을 좀 했어야 해.

본헤드 | 그게 내 삶이었어요. 오아시스는 내 인생 그 자체였죠. 내가 상상했던 그 무엇보다도 높게 올라갔는데, 저한테는 그때가 딱 정점 같아요. 대체 앞으로는 어떻게 될지 모르겠더라고요. 내 태도는 이랬어요. '더 줘. 더 내놔. 더 달라니까? 난 이런 걸 또 원해, 계속하라고.' 그런데 지금 되돌아보면 솔직히 그때 "여러분 고마워요! 덕분에 여기까지 왔네요" 하면서 마지막으로 무대에서 인사했어야 해요. "지금까지 오아시스였습니다. 안녕히 계세요." 그러고 나서 걸어나가는 거죠.

노엘 | 돌이켜 보면 그 순간은 무언가의 시작이 아니라, 무언가의 종말이었던 것 같아. 넵워스 공연 도중에도 난 알고 있었어. 그런 일은 앞으로 절대 또 생기지 않을 거란 걸. 그보다 거대한 일이 있을 수 있겠어? 그보다 거대한 건 사실 공연 일수를 늘리는 것밖엔 없었거든. 그러니 그게 딱 한계였고, 앞으로는 반복할 일만 남았던 거지. 내년엔 사흘, 내후년에는 일주일…… 그때는 아날로그 시대가 저물고 디지털 시대가 서서히 다가오던 시기였어. 무대에 올라가서 봤을 때 관객석에 휴대폰이 하나도 없었어. 디지털 시대가 오기 전, 오디션프로그램도 없고 리얼리티쇼도 없던 시절이지. 의미 있는 것들이 훨씬 많았고, 참 살아 있기 괜찮은 시절이었고, 오아시스로 사는 건 더욱 끝내줬지. 유명인만 찾는 문화가 점점 흔해지던 시절이기도 했지. 난 항상 이런 생각을 해. 넵워스에서의 그 공연은, 인터넷과 카메라 달린 휴대폰, 비디오 폰, 아이패드가 발명되기 전 마지막 위대한 군중 결집이었다고. 나 이 얘기 꽤 자주 하는데, 듣는 사람들은 내가 미친 줄 알겠지만 난 오아시스가 마지막으로 남은 위대한 밴드가 될 거라고 생각했어. 우리는 옛날 방식을 고수했으니까. 예전의 그 위대함이 요새 사라진 건 우연이 아닐 거야. 인터넷과 디지털 세계가 찾아오면서 로큰롤의 마법이 대거 사라져 버린 것 같아. 역대 최고의 음악 현상은, 결국 임대주택에 살던 밴드가 만들어냈으니까. 난 그런 세상이 다시는 찾아오지 않을 것 같다. 사실 좀 걱정할 일이지. 앞으로 20년 뒤엔 대체 어떻게 돼 있을까?

리암 | 나는 그냥 모든 걸 원했었지, 내 말 알겠어? 마치 거대한 폭발처럼 광기가 터져 나오길 바랐지. 난 그 모든 순간을 사랑했어. 한순간 모든 걸 얻었다가 끝내는 것처럼. 삶과 죽음처럼. 난 단숨에라도 다시 할 거야. 말은 쉽지. 그때 끝냈어야 한다고? "됐다, 끝내자." 그럼 끝내고서 뭘 하는데? 집에 처박혀서 돈이나 셀까? 세상은 그렇게 돌아가는 게 아니거든. 다 헛소리야. 맨유랑 붙는데 초반 20분 동안 해트트릭을 했으니까 냅다 벤치 가서 앉아서 "이제 됐다, 내 할 몫 했으니 나갈랍니다" 이러진 않는 거랑 똑같아.

노엘 | 그때 좀 냉정했다면 좋았겠지. 한발 물러서서, 잠깐 떠나서 각자 길을 가자고 했다면 좋았을 거야. 그런 공연을 해놓고 갈라서는 걸 생각해 봐. 마치 연기처

Looking back on it now, it did feel like the end of something as opposed to the beginning of something.

돌이켜 보면 그 순간은 무언가의 시작이 아니라, 무언가의 종말이었던 것 같아.

I loved every minute of it. It meant the be-all and end-all, man.

난 그 모든 순간을 사랑했어.
한순간 모든 걸 얻었다가 끝내는 것처럼.

럼 사라질 수 있었어. 그랬다면 더 대단했을 거야. 나한테 그런 일이 다시 생긴다면, 지금 알게 된 것들을 마음속에 지닌 채로 무대 위에서 암호 같은 말이나 좀 하고서 5년간 사라져 버릴 거야. 그러면 나는 또 한 번 위대한 앨범을 내고, 더 좋은 곡을 쓸 수 있었겠지. 그냥 계속하고 또 계속하고 또 계속하기만 하는 게 아니라. 근데 사실 계속하기로 한 건 내 생각이었어. 놓지 못하고 덤벼든 거지. 중독돼 있었으니까. 그런 게 딱 촌놈들 발상이거든. 한번 달리기 시작하면 바퀴가 떨어져 나갈 때까진 일단 계속 가는 거야. 그러다가 바퀴 붙이겠답시고 셀로판테이프를 찾아서 절박하게 뛰어다니지.

리암 ㅣ 더 커질 수 없고, 더 높이 오를 수 없다고 해서 그만둘 필요는 없어. 하늘에 키스 한 번 했다고 멈춘다고? 아니, 키스를 했으면 키스 마크는 남겨야 할 것 아냐. ▢

oas
You shouldn't just stop because you kissed the sky. Give it a fucking love bite.
하늘에 키스 한 번 했다고 멈춘다고?
아니, 키스를 했으면 키스 마크는 남겨야 할 것 아냐.

© Jill Furmanovsky

후회란 없다

It is about the way that we made people feel, and people will never forget that.

중요한 건 우리가 사람들한테 전달한 감정이야.
그리고 사람들은 그때 느낀 감정을 절대 잊지 못하겠지.

리암 | 사람들이 나한테, 오아시스가 그렇게까지 성공한 게 신기하지 않냐고 묻는데 난 우리가 그보다도 훨씬 더 성공할 줄 알았어. 속으로 늘 그렇게 생각했어.

노엘 | 난 가끔 '대체 그건 다 뭐였을까' 하는 생각을 해. 모든 게 정말 순식간에 벌어진 일이거든. 계약서에 사인하고, 넵워스 무대에 서기까지 딱 2년 반이었어.

넵워스에 도달했을 때가 우리가 막 록 스타가 된 참이었지. 딱 2년 반 전까지 우린 그냥 촌놈 양아치였어. 사람들은 우리가 무슨, '우리 이거 해야지, 저것도 해야지' 하면서 똑똑한 비즈니스 전략을 가지고 그렇게 된 줄 아는데 사실 아무 전략도 없었어. 그냥 마법이었어. 지금 말하자면 말도 안 되게 단순한 거였어. 곡이 있었고, 열심히 일했고, 아무것도 없이 시작했으면서 모든 걸 원했던 한 밴드가 있었고, 그런 우리에게 사람들이 영감을 받고 믿음을 준 거야. 우리가 그 마지막이었고 동시에 가장 위대했어. 누가 뭐라 해도 오아시스만큼 대단한 건 없었거든.

리암 | 순수하게 스스로를 믿는 거지. 거만한 게 아니라, 진짜로 스스로를 믿는 것. 거만한 건 "우린 세계 최고의 밴드가 될 거야"라고 말하면서 속으로는 지금 쓰는 곡이 합주실 밖으로 못 나올 거라는 걸 아는 거야. 우리는 그렇지 않았잖아. 우리는 우리를 완벽하게 믿었어. 그게 전부야. 그렇게 대단한 건 앞으로도 없을걸. 우리가

제일 빼어나서 그랬던 건 아니고, 우린 그냥 우리 방식대로 했어. 그거 하나만으로도 우린 저 위에 있는 위대한 밴드 사이에 낄 수 있다고 생각해. 그 사람들이 싫어하건 말건 내 알 바 아니고.

노엘 | 우리가 겪었던 일을 다 이성적으로 설명하려고 해도, 나를 포함한 오아시스 멤버는 뭐라도 세계 최고라고는 말 못할걸. 내가 가사 쓰는 실력? 탑 20위에도 들지도 못해. 기타? 20위는 무슨. 리암도 최고의 보컬리스트까지는 아니지. 본헤드는 리듬 기타리스트였지만, 오아시스 안에서도 1등은 못했지. 귁시? 어림도 없지. 근데 그 모든 것들이 모였을 때, 공연장에서든, 들판 한복판에서든 뭔가 위대한 게 탄생한 거야. 사람들이 뭔지 모를 것을 느꼈던 거고, 그런 건 말로 표현하기 어려워. 난 우리가 최고라고 생각했고, 여전히 그 생각은 변함없어. 그건 리암 덕이기도 하고, 내 덕이기도 하고, 곡과 가사, 팬들, 그리고 밴드와 함께한 모두가 다 합쳐진 결과였겠지. 우리는 뭔가를 해냈고 그건 굉장했어. 나 스스로를 '그렇게 대단하다고 생각하진 않아. 내가 곡을 쓰긴 했지만, 나에게 그건 아주 작은 부분일 뿐이지. 아이를 낳는 것과 마찬가지야. 그 아이가 자라는 건 별개니까. 오아시스가 계속되고 존나 커지게 된 건 사람들 덕분이지. 난 어떤 곡들은 그냥 스스로 써진 것 같아. ⟨Slide Away⟩, ⟨Don't Look Back in Anger⟩, ⟨Live Forever⟩, ⟨Wonderwall⟩, ⟨Champagne Supernova⟩ 같은 곡들 말이야. 내가 그날 밤 그 노래들을 쓰지 않았다면, 다른 누군가가 그 곡을 써냈을 거라고 믿어. 닐 영은 그걸 두고 '토끼굴 옆에 앉아 있다가 토끼가 튀어나오면 재빨리 귀를 붙잡는 것'이라고 말했고, 키스 리처즈Keith Richards는 '하늘에서 떨어지는 것'이라고 표현했지. 난 그걸 낚시에 비유해. 직접 낚지 않으면 아무것도 못 건지는 거야. 내가 기타를 잡지 않았다 해도 그 곡들은, 그냥 어디선가 흘러나와서 다른 사람이 곡으로 만들었을 것 같아.

리암 | 우린 진심으로 음악에 미쳐 있었고, 절대 게으르지 않았어. 개처럼 일하고, 버릇없지도 않았어. 장난치고, 서로 놀리고, 누가 우리를 놀리면 받아치고, 다 웃자고 한 행동이지. 그래, 우린 마약도 했고, 사진기자도 때렸고, 맞아. 다 빌어먹을 사실이야. 하지만 그게 전부였어.

노엘 | 중요한 건 곡이 아니야. 옷차림, 태도, 신문 기사, 스캔들, 그 어떤 것도 아니야. 중요한 건 우리가 사람들한테 전달한 감정이야. 그리고 사람들은 그때 느낀 감정을 절대 잊지 못하겠지. 나한테 무슨 분석 같은 거 바라지 마. 나도 존나 모르니까. 난 그저 무대 위에 있었고, 스튜디오 안에 있었을 뿐이야. 하지만 사람들은 절

대, 절대로 잊지 못할걸. 그때 느낀 감정을.

리암 | 우리 진짜 재밌게 놀았어. 같이 놀아본 적도 없는 주제에 우리더러 재미없다고 말하는 놈들은 그냥 우리를 모르는 거지. 우린 24시간 내내 존나 재밌었는데.

노엘 | 그 모든 게 웃기고 재밌지 않았다면 말이야. 비행기에서 쫓겨나고, 새벽 4시에 호텔에서 내쫓기는 그런 짓거리를 다 겪으면서 어떻게 18년을 함께했겠어? 그것 자체로 의미가 있는 거지.

리암 | 그건 내가 원했던 모든 것이자 그 이상이었어. 그때의 그 어떤 것도 바꾸기 싫어. 난 혼돈도, 고생도, 돈도 즐겼고, 그때 겪은 모든 미친 짓까지 다 즐겼지.

노엘 | 오아시스는 항상 혼돈에 빠져 있었는데, 그 중심에 있던 우리가 겪었던 것은 훨씬 심했어. 비명을 지르는 일도 있고 소란을 피우는 일도 있고. 대기실 안은 더 심각했어. 이것저것 박살 나고, 사람들은 다 술에 절어 비틀댔고. 그래도 다 좋았지 뭐. 흔히 태풍의 눈은 잠잠하다는데, 우리 태풍의 눈은 오히려 더 심한 태풍 같았어.

리암 | 버스에 탔는데 처음부터 바퀴가 없었어. 우린 버스에 타 있기는 했는데, 빌어먹을 바퀴가 얼마 안 달려 있었다고.

노엘 | 결국 이것저것 떠들어봐야 남는 건 노래고, 노래에 대해선 어떤 의견을 가지든 상관없어. 호텔에서 일어난 어떤 사고도 〈Live Forever〉가 우리 세대에 남긴 임팩트보다 대단할 순 없지. 마약이든, 공연에 안 나타난 사건이든, 언론에서 뭐라고 떠들었든 7만 명 앞에서 〈Don't Look Back in Anger〉를 불렀던 일보다 대단할 순 없다고.

리암 | 우리가 알았던 건 그거지. 우린 이 오아시스라는 밴드를 개자식처럼 굴지 않는 선에서 가장 멀리까지 끌고 갈 생각이었고, 그렇다고 광대 같은 새끼들이 그랬듯이 서로를 빨아줄 생각도 없었어. 그저 완전히, 정말 완벽하게 진실된 것만을 원했거든. 우리 스스로를 위해서, 그리고 세상에 존재하는 진실된 사람들을 위해서. 말랑말랑한 밴드 따위 말고 진실한 사람들에게는 뭔가 다른 게 필요해. 우리는 밴드계의 마이크 타이슨이었어. 그냥 와서 다 때려눕히고 상황을 즐겼던 거야. 10라

운드까지 갈 것도 없어. 점수 따는데 관심도 없으니까. 후회란 없어. 후회 같은 거, 다시 봐도 없어. 사실 우린 망친 것마저 훌륭했어. 우리는 망할 때도 멋있게 망했다 니까. 망할 때도 항상 웃었고. 제일 쓰레기 같은 부분도 지나고 보면 대단했지.

노엘 ㅣ 오아시스의 큰 힘은 나와 리암의 관계에서 왔다고 생각해. 밴드를 이끄는 힘이자 땅에 처박는 힘이기도 했지만.

페기 ㅣ 난 가끔 그때를 돌아보면서 뭔가 다를 순 없었을까 생각하기도 해요. 하지 만 그렇지 못했죠. 두 명 다 심각한 문제를 겪었으니. 하지만 자기 삶은 자기가 사 는 거잖아요? 존중해 줘야지요.

리암 ㅣ 엄마 말 이해해. 나랑 우리 애는 이제 서로 무슨 사이랄 것도 없이 사니까. 근데 사실 우리가 생선 장수가 돼서 생선을 팔아도 때때로 송어 가지고 서로 때리 면서 살았을 거야. 내가 아는 사람들 중에도 자기 형제랑 정말 오랫동안 한마디도 안 하고 사는 사람들이 있어. 그 사람들은 심지어 로큰롤 밴드 멤버도 아니야. 난 이렇게 생각해. '좋은 순간이 나쁜 순간보다 많았을까? 존나 100퍼센트지!' 난 만 족해. 내 기준에 난 아직도 이것저것 망치며 살거든. 처음부터 아무것도 없이 시작 했으니, 떠날 때 아무것도 없이 뒷주머니에 10펜스밖에 없는 채로 떠난대도 행복 할 거야. 다 괜찮아. 나는 돈 많이 벌려고 오아시스에 들어간 것도 아니야. 우린 돈 벌자고 한 거 아니었거든. 뭐, 나는 그랬다고. 우린 그저 좋은 시간을 보내고 싶었 어. 우리끼리 있으면서 음악을 연주하고, 깔깔 웃고나 싶었거든. 돈은 곁다리야. 나 는 우리가 얼마를 벌었는지도 잘 몰라. 얼마나 잃었는지도 모르고. 신경도 안 써. 큰 집도 가져봤고 작은 집도 가져봤는데 집값보다 술값을 더 썼을 거야. 이것도 있 고 저것도 있는데 그런 거는 사실 다 부질없어. 좋은 시절 보냈던 게 빵빵한 계좌 보다 중요해. 자리에 앉아서 '되도 않은 로큰롤 밴드긴 했는데 뭐 어때, 통장에 9000만 파운드 있다' 하는 게 더 나을 리가 없지.

노엘 ㅣ 사람들이 착각하는 게 있는데, 무대 위에 있는 놈들이 핵심이라고 생각하더 라고. 아니, 무대에 아무도 안 올라오면 어쩔 건데? 그 순간을 만드는 건 객석에 있 는 사람들이야. 물론 우리가 지금 여기 앉아서 그 시절엔 260만 명이 티켓팅에 도 전했다면서 허세나 부릴 수도 있겠지. 근데 정말 대단한 건 그 260만 명이야. 우리 가 했던 것들이 아니라. 그 사람들이 없었다면 우린 아무것도 아니었겠지. 사람들 이 우리 옆에 있어준 거고, 난 감동했어. 그 기분 덕분에 난 내가 제법 천하무적이

I'd do it all again in a fucking heartbeat, the exact same way.

*당연히 지금이라도, 단숨에 다시 할 거야.
그때랑 똑같이.*

된 기분이었어. 그 순간에 있어서 사람들은 곡만큼이나, 그 혼돈만큼이나, 말도 안 되는 헛소리 인터뷰만큼이나, 망할 놈의 마약 같은 것들만큼 중요했던 거야. 절대 잊혀지지 말아야 할 게 있다면 팬들 그리고 팬들이 만들어 낸 특별한 순간이겠지. 그 곡들이 대단한 건 내가 썼기 때문이 아니야. 난 그냥 작곡했을 뿐이야. 그 노래들은, 날이 지나면 지날수록 특별해졌어. 10년, 20년…… 결국 사람들 덕분에 특별해지더라. 〈Champagne Supernova〉를 어쿠스틱기타로, 사운드 체크하다가 부를 때는 그 자리에 사람들이 한 열한 명 있거든? 그건 좋지만, 존나 좋지만, 특별하진 않지. 근데 똑같은 곡을 다섯 시간 뒤에 1만 2000명 글래스고 사람들 앞에서 부르잖아, 그건 특별하고 굉장한 일이야. 내가 뭘 잘해서가 아니야. 난 똑같이 했다니까? 모든 건 사랑, 분위기, 열정, 그리고 정확히 뭔지는 몰라도 관중 속에서 터져나오는 격정과 환희 덕분이었어. 그리고 그런 게 바로 오아시스였는지도 몰라. 밴드와 관중 사이에도 케미스트리라는 게 있어. 밴드와 관중은 자석처럼 서로 끌리게 되거든.

리암 | 우린 모든 순간에, 들숨 날숨 하나까지도 진심이었어. 그 모든 것들에. 망한 일, 내 입에서 나온 욕 한마디, 부숴먹은 테이블, 우리가 마신 술 한 잔, 코랑 입에 쑤셔 넣었던 것들을 다 포함한 모든 게 다 진심이었지. 그리고 어떤 것도 바꿀 생각 없어. 당연히 지금이라도 단숨에 다시 할 거야. 그때랑 똑같이. 우리가 거기까지 갔다는 건 정말 기적 같은 일이야. 내가 바라온 모든 걸 뛰어넘었으니까. 맞아, 우린 정말 무적이었어.

말 그대로.

슈퍼소닉. ◻

© Jill Furmanovsky

© Jill Furmanovsky

사이먼 핼폰의 감사의 말

이 프로젝트의 시작부터, 영화와 책이 나오기까지 지원해 준 노엘과 리암에게 고맙다고 전하고 싶습니다. 그리고 이 여정을 함께하며 시간과 지원을 아끼지 않은 팀 애벗, 크리스틴 메리 빌러, 본헤드, 클린트 분, 브라이언 캐논, 마크 코일, 폴 갤러거, 페기 갤러거, 파올로 휴잇, 조니 홉킨스, 조니 마, 토니 매캐럴, 앨런 맥기, 오언 모리스, 매기 무자키티스, 제이슨 로즈, 존 롭, 필 스미스, 다니엘라 소아베, 마이클 스펜서 존스와 데비 터너에게도 감사의 말씀을 드립니다. 그리고 그 무엇보다도, 우리의 모든 기대를 훌쩍 뛰어넘어 최고의 로큰롤 다큐멘터리를 만들어낸 맷 화이트크로스에게도 깊은 감사를 드립니다.

피오나 닐슨, 제임스 게이리스, 폴 모너핸, 마크 냅턴, 라엘 존스, 아르투로 안톨린, 해나 그린, 아시프 카파디아, 줄리안 버드와 조 베리까지, 이 영화를 함께 만들어준 모든 팀원에게도 감사의 인사를 전합니다. 데비 귀더에게도 정말로 고맙습니다. 이그니션의 마커스 러셀, 알렉 매킨리, 데이지 블랙퍼드, 세라 맨스필드와 캣 킬링리를 비롯해 마틴 제임스와 질 퍼마노브스키, 퍼펙트 바운드의 댄 뉴먼, PFD의 팀 베이츠, 존 파울러, 데이지 챈들리에게 감사합니다. 그리고 헤드라인의 모든 팀, 그중에서도 특별히 세라 엠슬리와 에마 테이트에게 감사합니다. 세심한 편집 솜씨를 보여준 로비 엘슨에게는 특별히 감사의 뜻을 전합니다.

끝으로, 많은 도움을 준 조 핼폰과 잊지 말아야 할 우리 특별한 팀원 레브, 이라, 아나에게도 진심으로 고맙습니다!

사진 출처

Jill Furmanovsky: 3, 7, 90-91, 92-93, 132, 133, 141, 186, 190-191, 192, 224-225, 226-227, 244-245, 252, 265, 268-269, 272-273, 280-281, 282-283, 300, 304-305, 310-311, 312-313, 321, 332-333, 346-347, 348-349, 354, 358-359, 369, 370-371, 378, 386-387, 388-389
Jon Gorrigan © Burnage Films: 8, 9
Courtesy of Paul Gallagher: 13
Phil Smith: 17
Mark Knapton The Brewery VFX: 18, 19, 46, 47, 72-73, 125, 126, 208
Shutterstock: 19(Paul Lewis/ANL); 35(Peter J. Walsh/PYMCA); 59(Roger Sargent); 61; 80; 89(Roger Sargent); 104; 115(Sawmills/Bournemouth News); 172-173(Andre Csillag); 266; 352(Colorsport); 357(Stephen Sweet); 360(Ilpo Musto); 380-381(Andre Csillag);
Courtesy of Big Brother Recordings Ltd.: 28-29, 40, 67 위, 74-75, 98-99, 168-169, 183, 189, 213, 222-223, 239, 244 아래, 261, 273 아래, 287, 291, 296, 297, 316-317, 342 중앙, 342 아래, 352 아래, 356 아래, 362-363 배경, 364-365, 373 아래
Noel Gallagher: 44
Courtesy of Burnage Films Ltd.: 51, 83, 120-121, 180-181
Alan McGee: 80
Alamy Stock Photo: 86(Matthew Richardson); 86(Stefan Rousseau); 113(Joseph Clemson 2); 113(music Alan King); 113(Dave Porter); 150(Mike Kemp); 150(Mikhail Olykaynen); 152-153(CBW, reproduced by courtesy of Big Brother Recordings Ltd.); 154-155(James Boardman); 176-177(Andrew Carruth); 200-201(Robert Landau); 241(Peter D. Noyce); 276(Stephen Barnes/Transport); 294(CBW, reproduced by courtesy of Big Brother Recordings Ltd.); 315(Ilpo Musto); 327(Mike Segar); 336-337(Fiona Hanson), 339(Mirrorpix), 366-367(Stefan Rousseau); 372(Mirrorpix); 376-377(Stefan Rousseau)
Dan Newman: 101, 185, 218, 219(all reproduced by courtesy of Big Brother Recordings Ltd.)
The Brewery VFX: 110-111, 138-139, 146-147, 199, 202-203, 258-259,
Simon Halfon: 117
Aidan O'Rourke@AidanEyewitness: 159

추가 출처
p.99 Chris Salmon 인터뷰 발췌

엮은이 사이먼 핼폰 Simon Halfon

영국의 그래픽 디자이너이자 아트 디렉터, 영화 프로듀서. 1980년대부터 폴 웰러, 더 잼, 오아시스, 조지 마이클 등 유명 뮤지션의 앨범 재킷을 작업하며 경력을 쌓았다. 2007년에는 마이클 케인과 주드 로가 주연한 영화 「슬루스」를 제작하며 장편 영화계에 데뷔했다. 2016년에는 음악 다큐멘터리 『슈퍼소닉』을 제작하며 흥행과 비평 양쪽에서 큰 성공을 거두었고, 영화 러닝타임 안에 다 담지 못한 나머지 인터뷰는 몇 달간의 확인 과정을 거쳐 동명의 공식 인터뷰집으로 기획해 출간 즉시 베스트셀러가 되기도 했다. 이후로도 텔레비전 드라마 「올 유 니드 이즈 미」, 영국아카데미영화상 후보에 오른 음악 다큐멘터리 『웸!』 등을 제작했다. 현재는 런던을 중심으로 음악, 영화, 출판 분야를 넘나들며 활발하게 활동하고 있다.

옮긴이 김하림

번역가. 오아시스의 첫 앨범인 《Definitely Maybe》가 발표된 1994년에 태어났다. 한국외국어대학교를 졸업하고 로컬라이제이션 벤더와 클래식 음악 전문 방송국, 외국계 기업에서 근무하며 번역의 기쁨을 맛보았다. 「뉴스룸」, 「석세션」, 「오복임문」 등 여러 드라마와 영화 번역에 참여했고, 현재는 넷플릭스 등 글로벌 플랫폼과 영화제, 도서를 넘나들며 의미 있고 다양한 콘텐츠를 번역하고 있다.

슈퍼소닉
오아시스 공식 인터뷰집

초판 1쇄 인쇄 2025년 9월 9일
초판 1쇄 발행 2025년 10월 14일

옮긴이 김하림
펴낸이 김선식

부사장 김은영
콘텐츠사업본부장 임보윤
기획편집 채윤지 디자인 박영롱 책임마케터 이고은, 최민경
콘텐츠사업2팀장 김보람 콘텐츠사업2팀 박하빈, 채윤지, 김영훈, 박영롱 마케팅2팀 이고은, 지석배, 최민경, 이현주
미디어홍보본부장 정명찬 브랜드홍보팀 오수미, 서가을, 김은지, 박장미, 박주현
채널홍보팀 김민정, 정세림, 고나연, 변승주, 홍수경 영상홍보팀 이수인, 염아라, 이지연
편집관리팀 조세현, 김호주, 백설희 저작권팀 성민경, 이슬, 윤제희
재무관리팀 하미선, 임혜정, 이슬기, 김주영, 오지수 인사총무팀 강미숙, 이정환, 김혜진, 황종원
제작관리팀 이소현, 김소영, 김진경, 이지우, 황인우, 유미애
물류관리팀 김형기, 김선진, 주정훈, 양문현, 채원석, 박재연, 이준희

펴낸곳 다산북스 출판등록 2005년 12월 23일 제313-2005-00277호
주소 경기도 파주시 회동길 490
대표전화 02-704-1724 팩스 02-703-2219 이메일 dasanbooks@dasanbooks.com
홈페이지 www.dasanbooks.com 블로그 blog.naver.com/dasan_books
종이 신승INC 인쇄 및 제본 상지사 코팅 및 후가공 제이오엘앤피
ISBN 979-11-306-6965-6 (03670)